Textquellen untersuchen

Wenn du Textquellen genau und kritisch befragst, kannst du herausfinden, wie es damals gewesen sein könnte. Fachleute nennen diesen Vorgang „Rekonstruktion von Geschichte". Um Ereignisse und Entwicklungen „rekonstruieren" und beurteilen zu können, kannst du diese Fragen beantworten.

1. Wer ist der Verfasser? Ist sein Name bekannt? Wissen wir etwas über seinen Beruf, seine Aufgaben, seine politische Haltung? Hat er erlebt, was er berichtet?
2. Aus welcher Sicht schreibt er? Steht er auf der Seite einer Gruppe mit bestimmten Wünschen und Interessen?
3. Wertet er? Wie glaubwürdig ist der Autor?
4. Handelt es sich um Urkunden, Gesetze, Flugblätter, Briefe, Reden, Lebenserinnerungen aus der dargestellten Zeit (*Primärquellen*) oder um eine nachträglich verfasste Beschreibung eines Ereignisses oder einer Person (*Sekundärtexte*), die Fakten und Zusammenhänge deutet?
5. Welche Sprache kennzeichnet den Text? Spielen bestimmte Wörter eine besondere Rolle?

Um den *Inhalt* einer Textquelle zu erfassen, sind diese Arbeitsschritte sinnvoll:

1. unbekannte Begriffe klären,
2. den Text in Abschnitte gliedern,
3. eine Zusammenfassung der wichtigsten Aussagen schreiben.

Karten auswerten

Geschichtskarten behandeln meist ein besonderes Thema und beziehen sich dabei auf eine bestimmte Zeit und einen ausgewählten Raum (z. B. ein Land).

Mögliche Leitfragen:

1. Worüber informiert die Karte? Was zeigt sie nicht?
2. Auf welche Zeit(en) und Region(en) bezieht sie sich? Zeigt sie einen Zustand oder eine Entwicklung?
3. Welche Bedeutung haben die Zeichen der Legende (Zeichenerklärung)?
4. Welche Bodenschätze oder Güter waren wann wo in welchem Umfang vorhanden?

Wenn du alle Informationen verknüpft und im Zusammenhang betrachtet hast, kannst du das Ergebnis aufschreiben oder vortragen.

Siehe auch den Lerntipp auf Seite 142 f.

Kunstwerke verstehen

Bauten

Abbildungen von Tempeln, Palästen oder Kirchen im Geschichtsbuch zählen wir zu den Bildquellen. Du kannst folgenden Fragen [illegible]

1. Wer ließ das C[illegible] ahlte es?
2. Wann war das [illegible]
3. Welche Interes[illegible] abt haben?
4. Welchem Zweck sollte das Bauwerk dienen?
5. Was kennzeichnet das Bauwerk (Größe, Lage, Form und Stil)?
6. Bildet das Bauwerk mit anderen eine Einheit?
7. Wurde es später verändert? Warum?

Gemälde und Statuen

Kunstwerke wie Gemälde und Statuen bilden die Wirklichkeit nicht ab; sie sind aber keine reine Erfindung des Künstlers. Die Wahl des Themas und die Art der Darstellung spiegeln das Denken der Zeit ihrer Entstehung. Sie können deshalb geschichtliche Quellen sein. Uns interessieren ihre Themen und ihre Gestaltung sowie die Aussageabsicht des Künstlers.

Antworten auf folgende Fragen sind dazu hilfreich:

1. Welche Informationen gibt uns der Bildtitel?
2. Wie ist das Kunstwerk aufgebaut?
3. Ist das Kunstwerk auffallend groß oder klein?
4. Welche Personen werden dargestellt?
5. Welche Gegenstände sind zu sehen?
6. Wie groß sind sie gemalt?
7. Aus welcher Sicht?
8. Wofür wurden welche Farben oder Materialien verwendet?

Versuche, das Kunstwerk mit Ereignissen seiner Entstehungszeit zu verknüpfen. Überlege, welche Wirkung der Künstler erzielen wollte.

1. Wer war der Künstler?
2. Hatte er einen Auftrag?
3. Aus welchem Anlass entstand das Kunstwerk? Für welchen Zweck?
4. Wo wurde es gezeigt?
5. Berücksichtige deine Kenntnisse aus dem Kunstunterricht oder informiere dich über Kennzeichen der künstlerischen Epoche, aus der das Kunstwerk stammt.

Schaubilder erklären

In einem Schaubild lässt sich übersichtlich darstellen, wie ein Staat oder eine Gesellschaft aufgebaut waren und vieles mehr. Es kann gut Zusammenhänge und Beziehungen zwischen Teilen eines Ganzen darstellen.
Beispiel Verfassung: Sie legt fest, wer regiert, also die Macht im Staat hat, wie der Staat aufgebaut ist, welche Rechte und Pflichten die Bürger haben. Überlege zunächst, an welcher Stelle des Schaubildes du am besten mit der Beschreibung beginnst. Halte eine sinnvolle Reihenfolge ein. Wichtig sind die Beziehungen zwischen den Bestandteilen eines Schaubildes. Beachte die verwendeten Zeichen. Manchmal ist die Form des Schaubildes wichtig für die Deutung. Prüfe, welche Begriffe du erklären solltest.
Mögliche Arbeitsfragen für Schaubilder, die die Verfassung oder die Gesellschaft eines Staates wiedergeben:

1. Welche Ämter und Einrichtungen werden erwähnt? Wer hat Zugang zu ihnen, wer nicht?
2. Welche Teile der Bevölkerung werden genannt, welche nicht?
3. Wer arbeitet mit wem zusammen? Wobei?
4. Wer hat welche Aufgaben, Rechte oder Pflichten?
5. Wer hat wie viel Macht? Ist jemand von der Macht ausgeschlossen?

Schreibe die Antworten jeweils auf, ordne sie auf einem Stichwortzettel und präge sie dir ein. Trage die Ergebnisse möglichst frei vor.

Comics und Jugendbücher beurteilen

Comics und Jugendromane mit historischen Themen erzählen fiktive (erfundene) Geschichten, historische Quellen für die Zeit und die Ereignisse, die sie darstellen, sind sie nicht. Meist haben sie eine Hauptfigur, deren Gedanken und Gefühle die damalige Zeit veranschaulichen sollen. Aus ihrer Sicht werden dir vergangene Ereignisse vorgestellt und erklärt.
Wichtig für historische Jugendbücher und Comics ist, dass die Verfasser die Personen und Handlungen glaubwürdig darstellen. Die erfundenen Geschichten sollten so dargestellt sein, dass sie unser gesichertes Wissen über die Vergangenheit berücksichtigen.*

*Solche fiktiven Geschichtserzählungen findest du in diesem Buch auf den Seiten 9, 81, 121 und 157. Lies dazu auch die Seiten 30 und 203.

Karikaturen kommentieren

Karikaturen sind gezeichnete Kommentare, beispielsweise zu Ereignissen oder Personen. Sie vereinfachen oder verzerren die Wirklichkeit, um etwas hervorzuheben. Sie zeigen Schwächen von Personen, bemängeln Zustände und Entwicklungen in übertriebener Form.
Um Karikaturen als historische Quelle auswerten zu können, solltest du zunächst beschreiben, wer oder was auf welche Weise dargestellt ist. Kläre dann, in welchem politischen Zusammenhang die Zeichnung entstanden ist und woher sie kommt. Was will der Zeichner ausdrücken? Welche Darstellungsmittel wendet er an? Lässt sich sein politischer Standort bestimmen? Überlege, welche Wirkung die Karikatur erzielt haben könnte.

Anregungen dazu findest du auch auf den Seiten 181 und 190.

Filme untersuchen

Im Fernsehen und in den Kinos laufen oft Filme, deren Handlung in Zeiten spielt, die vergangen sind: Filme über das Leben einzelner Persönlichkeiten, über Caesar, Luther oder Kolumbus, über Gladiatoren, Ritter, Piraten oder Kriege. Diese Spiel-, Historien- und Unterrichtsfilme oder Doku-Dramen (eine Mischung aus Dokumentar- und Spielfilmen) versuchen, Ereignisse und Personen in einen geschichtlichen Zusammenhang zu setzen. Sie erzählen – oft auf der Grundlage von Romanen – von bestimmten Menschen und außergewöhnlichen Ereignissen. Dabei zeigen sie alte Stadtansichten, Kutschen, Schiffe, Waffen oder Kleider und stellen vergangene Lebensbedingungen dar. Ob das Dargestellte historisch richtig wiedergegeben worden ist, kannst du nur feststellen, wenn dir zuverlässige Informationen über die Zeit bekannt sind.
Filmemacher interpretieren mit ihren künstlerischen Mitteln bewusst die Personen und Themen einer bestimmten Zeit. Insofern sind Filme auch historische Quellen über die Zeit, in der sie produziert wurden.
Wenn du einen Film untersuchst, solltest du festhalten, mit welchen filmischen Mitteln gearbeitet worden ist. Entscheidend für jede Filmanalyse ist daher die Frage: *Was wird mit welcher Wirkung gezeigt?* Anhaltspunkte für eine Untersuchung sind folgende Fragen:

- Was ist zu sehen? Aussagen über Ausstattung und Dekoration, Wirkung der Schauspieler und Orte der Handlung
- Wie sind die Filmbilder und -szenen gestaltet? Aussagen über Kameraperspektiven (normale oder verfremdete Ansichten), Kamerabewegungen (ruhig oder hektisch) und Szenengestaltungen (Überblendungen oder Szenenwechsel)
- Wie wirken Sprache, Geräusche und Musik auf uns?

Zum Umgang mit Filmen siehe auch den Ausblick „Legenden um Luther" auf Seite 191.

Das waren Zeiten 2

Von der römischen Antike zur frühen Neuzeit

Neue Ausgabe Hessen

herausgegeben von
Dieter Brückner
und Harald Focke

C.C.BUCHNER

Das waren Zeiten – Neue Ausgabe Hessen

Unterrichtswerk für Geschichte an Gymnasien, Sekundarstufe I

Band 2: Von der römischen Antike zur frühen Neuzeit

Herausgeber: Dieter Brückner und Harald Focke

Bearbeiter: Peter Adamski, Dieter Brückner, Harald Focke, Klaus Gast, Steffi Hummel und Martina Tschirner

Lektorat: Klaus Dieter Hein-Mooren

Gestaltung: Peter Lowin und Günter Sieling

Dieses Werk folgt der reformierten Rechtschreibung und Zeichensetzung.
Ausnahmen bilden Texte, bei denen künstlerische, philologische und lizenzrechtliche Gründe einer Änderung entgegenstehen.

1. Auflage [3 2 1] 2015 2014 2013
Die letzte Zahl bedeutet das Jahr dieses Druckes.
Alle Drucke dieser Auflage sind, weil untereinander unverändert, nebeneinander benutzbar.

www.ccbuchner.de

Korrektorat: Kerstin Schulbert

Einband: Artbox Grafik & Satz GmbH, Bremen
(Die Abbildung zeigt die „Reichskrone"; siehe M 2, Seite 132)

Grafik und Satz: Artbox, Bremen

Druck- und Bindearbeiten: Pustet, Regensburg

ISBN 978-3-7661-**4472**-0

Inhalt

Aufstieg und Zerfall des römischen Weltreiches

Leben im Mittelalter

Herrschen im Mittelalter

Neues Denken – neue Welten

Kleines Lexikon zur Geschichte

Die Auswahl der Ausblicke im Unterricht richtet sich nach den Schwerpunkten des schulinternen Lehrplans.

Mit diesem Buch erfolgreich lernen

Liebe Schülerinnen und Schüler,

im ersten Jahr eures Geschichtsunterrichts habt ihr euch mit den ersten Menschen, den frühen Hochkulturen und dem antiken Griechenland beschäftigt. Lehrbuchtexte, Bild- und Textquellen sowie Schaubilder und Karten haben euch eine Vorstellung davon gegeben, wie Menschen damals lebten.
In diesem Buch findet ihr Informationen über das antike Rom, das Mittelalter und die tief greifenden Veränderungen um 1500, als die Neuzeit begann. Ihr erfahrt darüber hinaus, was alles aus dieser Zeit uns heute noch prägt und warum sich eine Beschäftigung damit lohnt. Ihr lernt noch besser als bisher, Spuren der Vergangenheit zu entdecken, zu untersuchen, zu erklären, zu verstehen und zu beurteilen sowie Geschichte selbst zu erzählen.

Wir haben euer Geschichtsbuch so aufgebaut:

◀ Auftaktseiten

- Jedes Hauptkapitel beginnt mit einem großen Bild und einer interessanten Erzählung (Geschichte erzählt). Sie stellen euch ein besonderes Ereignis vor und machen euch auf die kommenden Themen neugierig.

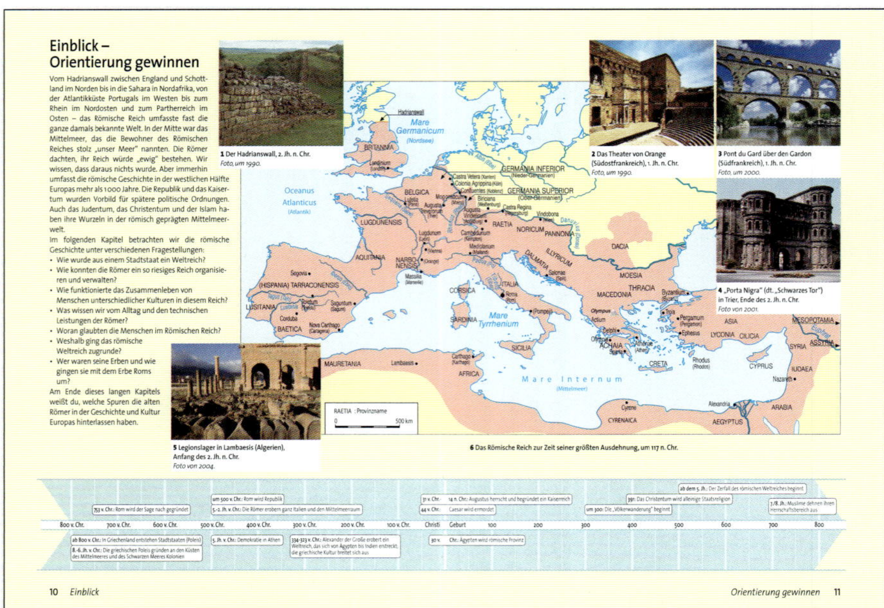

◀ Einblick-Seiten

- Die Informationen auf den Einblick-Seiten dienen der ersten Orientierung. Sie deuten an, was euch auf den nächsten Seiten erwartet und welche Fragen ihr anhand der von uns ausgewählten Texte und Abbildungen beantworten sollt.

- Auf den *Darstellungsseiten* haben wir Schulbuchautoren das zusammengefasst was Wissenschaftler (Historiker) zu bestimmten Themen erforscht haben. Wir beschreiben und erklären euch, was wir für wichtig halten.

- Mit den Seiten Mit Material arbeiten könnt ihr euch ein eigenes Bild über frühere Zeiten machen. Achtet auf die Herkunft und die Entstehungszeit der Vorlagen. Lest die Bildunterschriften und Einführungen genau.

- Unsere *Arbeitsvorschläge* geben vielfältige Anregungen für den Umgang mit unseren Darstellungen und Materialien. Damit klar ist, was zu tun ist, haben wir die Verben der Arbeitsvorschläge farblich unterschiedlich gekennzeichnet. Vorn im Buch findet ihr dazu die notwendigen Hinweise („Aufgaben begreifen"). Stellt auch eigene Fragen an unsere Darstellung und die von uns ausgewählten Materialien!

- Zusätzliche Angebote findet ihr auf unseren Ausblick-Seiten. Sie vertiefen bereits bekannte oder behandeln neue Themen. Gedacht sind sie für eure unterschiedlichen Interessen und Fähigkeiten.

- Lerntipp-Seiten helfen euch, bestimmte Arbeitsweisen erfolgreich anzuwenden. Einführende Hilfen dazu findet ihr vorn und hinten im Buch.
- Wenn ihr noch mehr wissen wollt, könnt ihr die *Lese-*, *Film-*, *Internet-* und *Exkursionstipps* nutzen.

- Die Durchblick-Seiten helfen euch, das Gelernte anzuwenden und zu behalten. Nach jedem Großkapitel haben wir Materialien und Aufgaben zusammengestellt, mit denen ihr euer Sachwissen wiederholen und eure Fertigkeiten (Kompetenzen) festigen und anwenden könnt. So seid ihr fit für Tests und Klassenarbeiten.

- In dem *Kleinen Lexikon zur Geschichte* am Ende des Buches findet ihr kurze und knappe Informationen zu ausgewählten Daten, Begriffen und Namen.
- Beim Nachschlagen helfen euch zwei *Register*: Das eine enthält die Stichwörter („*Wo steht was?*"), das andere die Namen („*Wer steht wo?*").

Viel Freude mit diesem Buch wünschen euch die Herausgeber im Namen aller, die daran mitgearbeitet haben.

Dieter Brückner und Harald Focke

▼ Seite mit unserer Darstellung

▼ Seite mit Materialien

◀ Ausblick-Seiten

▼ Lerntipp-Seiten

▼ Durchblick-Seiten

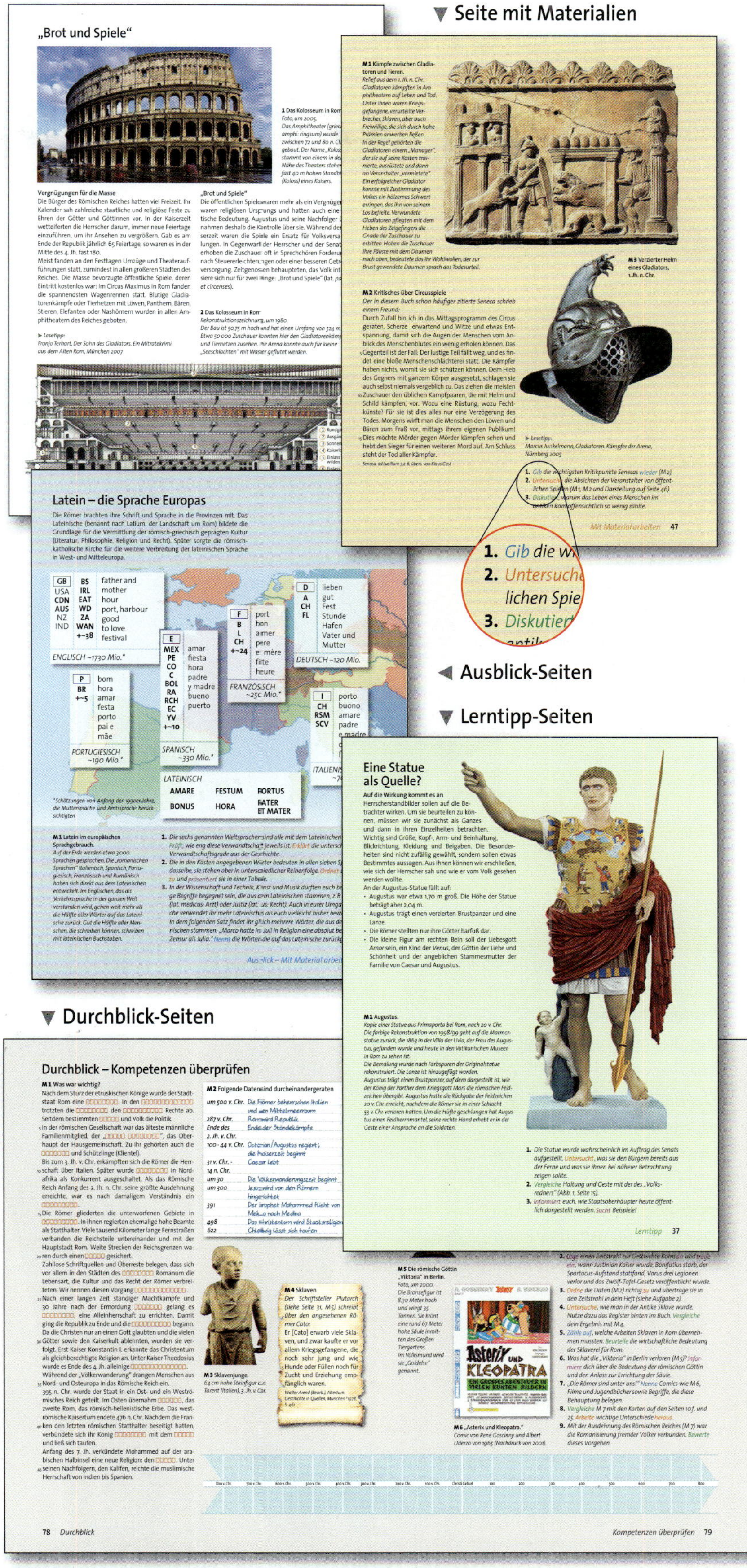

Aufstieg und Zerfall des römischen Weltreiches

Roms Wahrzeichen: die „Kapitolinische Wölfin".
Foto, um 2000.
Die bronzene Figur der Wölfin wurde wohl nach Vorbildern aus dem 6./5. Jh. v. Chr. zwischen dem 9. und 13. Jh. hergestellt. Sie ist 75 cm hoch und 114 cm lang. Das Original soll über Jahrhunderte auf dem Kapitol, dem religiösen Mittelpunkt Roms, gestanden haben. Die Figuren der Zwillinge Romulus und Remus stammen erst aus dem 16. Jh.

Brudermord am Tiber

„Du bist wie immer ein schlechter Verlierer, Remus!" Spöttisch und verärgert zog Romulus die Mundwinkel nach unten und ging ein paar Schritte weiter. Seit einiger Zeit mäkelte sein Zwillingsbruder an allem herum, was er anordnete oder tat. Offensichtlich konnte er es nicht verwinden, dass er, Romulus, nun König der Stadt sein würde, die sie gemeinsam mit anderen Männern hier auf dem Palatin, einer der Anhöhen über dem Tiber, gründen wollten. Romulus spürte den bohrenden Blick seines Bruders. Er drehte sich noch einmal um. „Was willst du? Die Götter haben ihren Willen unmissverständlich kundgetan, indem sie mir zwölf, dir aber nur sechs Geier geschickt haben. Du solltest dich dem Götterwillen fügen." Als er das verschlossene Gesicht des Remus sah, fügte er hinzu: „Ich bin mit all den anderen Männern hierher gekommen, um eine Stadt zu gründen, und niemand wird mich davon abhalten – auch du nicht. Hier ist nur Platz für einen König. Und der bin ich. Auf keinen Fall wirst du verhindern, dass die Stadt meinen Namen trägt: Roma!"
Während Remus trotzig die Fußspitze in die Erde bohrte, ergriff Romulus wortlos den Pflug. Feierlich schritt er hinter dem Gespann mit einem weißen Ochsen her. Die Furche, die er auf dem Hügel zog, nahm allmählich die Form eines Quadrates an. Auf ihr sollte sich bald Roms Stadtmauer erheben. Als Romulus die Furche vollendet hatte, blickte er stolz auf sein Werk. „Die Stadt wird ewig stehen; die Götter schützen sie. Kein Bewaffneter darf sie betreten, denn sie ist heilig. Kein Feind soll je ihre Mauern überwinden, ohne dafür mit dem Tod zu büßen ..."
Noch bevor Romulus zu Ende gesprochen hatte, zog Remus, auf den er gar nicht mehr geachtet hatte, sein Schwert und rief herausfordernd: „Dann versuche doch, mich aufzuhalten, wenn du dich traust! Mich wird deine ‚Mauer' nicht aufhalten." Mit einem weiten Satz sprang er über die Furche. Romulus wurde blass vor Zorn. Er zog ebenfalls seine Waffe, setzte dem Bruder nach und schlug auf ihn ein, bis er sich nicht mehr regte. Als er endlich wie aus einem tiefen Rausch wieder zu sich kam, stieß er keuchend hervor: „Bei meinem Vater Mars, so soll es jedem ergehen, der es wagt, Roms Mauern zu missachten."

Dieter Brückner

Einblick – Orientierung gewinnen

Vom Hadrianswall zwischen England und Schottland im Norden bis in die Sahara in Nordafrika, von der Atlantikküste Portugals im Westen bis zum Rhein im Nordosten und zum Partherreich im Osten – das Römische Reich umfasste fast die ganze damals bekannte Welt. In der Mitte war das Mittelmeer, das die Bewohner des Römischen Reiches stolz „unser Meer“ nannten. Die Römer dachten, ihr Reich würde „ewig“ bestehen. Wir wissen, dass daraus nichts wurde. Aber immerhin umfasst die römische Geschichte in der westlichen Hälfte Europas mehr als 1000 Jahre. Die Republik und das Kaisertum wurden Vorbild für spätere politische Ordnungen. Auch das Judentum, das Christentum und der Islam haben ihre Wurzeln in der römisch geprägten Mittelmeerwelt.

Im folgenden Kapitel betrachten wir die römische Geschichte unter verschiedenen Fragestellungen:

- Wie wurde aus einem Stadtstaat ein Weltreich?
- Wie konnten die Römer ein so riesiges Reich organisieren und verwalten?
- Wie funktionierte das Zusammenleben von Menschen unterschiedlicher Kulturen in diesem Reich?
- Was wissen wir vom Alltag und den technischen Leistungen der Römer?
- Woran glaubten die Menschen im Römischen Reich?
- Weshalb ging das römische Weltreich zugrunde?
- Wer waren seine Erben und wie gingen sie mit dem Erbe Roms um?

Am Ende dieses langen Kapitels weißt du, welche Spuren die alten Römer in der Geschichte und Kultur Europas hinterlassen haben.

1 Der Hadrianswall, 2. Jh. n. Chr.
Foto, um 1990.

5 Legionslager in Lambaesis (Algerien), Anfang des 2. Jh. n. Chr.
Foto von 2004.

753 v. Chr.: Rom wird der Sage nach gegründet

um 500 v. Chr.: Rom wird Republik

5.-2. Jh. v. Chr.: Die Römer erobern ganz Italien und den Mittelmeerraum

31 v. Ch

44 v. Ch

800 v. Chr. | 700 v. Chr. | 600 v. Chr. | 500 v. Chr. | 400 v. Chr. | 300 v. Chr. | 200 v. Chr. | 100 v. Chr. | Chris

ab 800 v. Chr.: In Griechenland entstehen Stadtstaaten (Poleis)

8.-6. Jh. v. Chr.: Die griechischen Poleis gründen an den Küsten des Mittelmeeres und des Schwarzen Meeres Kolonien

5. Jh. v. Chr.: Demokratie in Athen

334-323 v. Chr.: Alexander der Große erobert ein Weltreich, das sich von Ägypten bis Indien erstreckt; die griechische Kultur breitet sich aus

30

2 Das Theater von Orange (Südostfrankreich), 1. Jh. n. Chr.
Foto, um 1990.

3 Pont du Gard über den Gardon (Südfrankreich), 1. Jh. n. Chr.
Foto, um 2000.

4 „Porta Nigra" (dt. „Schwarzes Tor") in Trier, Ende des 2. Jh. n. Chr.
Foto von 2001.

6 Das Römische Reich zur Zeit seiner größten Ausdehnung, um 117 n. Chr.

ab dem 5. Jh.: Der Zerfall des römischen Weltreiches beginnt

…n. Chr.: Augustus herrscht und begründet ein Kaiserreich

391: Das Christentum wird alleinige Staatsreligion

7./8. Jh. Muslime dehnen ihren Herrschaftsbereich aus

…esar wird ermordet

um 300: Die „Völkerwanderung" beginnt

…burt 100 200 300 400 500 600 700 800

…r.: Ägypten wird römische Provinz

Roms Geschichte beginnt

1 Aus der Gründungssage Roms.
Münze, Anfang des 2. Jh. v. Chr.

■ *Beschreibe das Münzbild. Stelle fest, welcher Augenblick der Gründungssage dargestellt ist.*

Die Gründungssage

Schon die römischen Kinder lernten vor über 2 000 Jahren, dass Romulus Rom gegründet habe. Sogar den angeblichen Gründungstag hatten Geschichtsschreiber festgelegt: den 21. April 753 v. Chr.

Von der Kindheit der Zwillinge berichtet die Sage, sie seien Söhne der Königstochter *Ilia* gewesen, zu deren Vorfahren der Troianer *Aeneas* gehört habe. Dieser Held der griechischen Sage und Sohn der Göttin *Venus* sei mit seinen Leuten aus dem brennenden Troia geflohen und nach langen Irrfahrten in Italien gelandet. Und der Vater der Kinder? Laut Sage war es der Kriegsgott *Mars*.

Angeblich trieb ein machtgieriger Onkel Ilia in den Tod und setzte ihre beiden Säuglinge in einem Körbchen auf dem Tiber aus. Ans Ufer gespült, blieb es an einem Feigenbaum hängen. Dort fand eine von ihrem Vater Mars gesandte Wölfin die Zwillinge, säugte sie und bewahrte sie vor dem Verhungern. Ein Hirte entdeckte die Kinder und zog sie mit seiner Frau groß. Die beiden Brüder gründeten später nahe dem Ort ihrer Rettung eine Stadt. Im Streit habe Romulus seinen Bruder Remus getötet.

Die Sage berichtet weiter, Romulus sei der erste König der Stadt gewesen und nach seinem Tode in den Kreis der Götter aufgenommen worden. Sechs weitere Könige hätten nach ihm die Stadt regiert, bevor 510 v. Chr. der siebte mit Namen *Tarquinius Superbus* („der Überhebliche") von den Römern vertrieben worden sei.

War es wirklich so?

Archäologen haben im Bereich der Hügel am Tiber Spuren von Lehmhäusern und Gräbern aus dem 11. bis 9. Jh. v. Chr. gefunden. Demnach lebten dort schon lange vor Roms angeblichem Gründungsjahr Menschen. Im 7. Jh. v. Chr. muss der Ort für das Volk der *Etrusker* interessant geworden sein. Könige aus verschiedenen Familien übernahmen dort die Herrschaft. Eine trug den Namen *Ruma*. Die Zahl der Einwohner wuchs während der Monarchie, in der nur ein Einzelner die Macht hatte. Es wurden Tempel, Häuser aus Stein und eine Brücke über den Tiber errichtet, ein großer Abwasserkanal (*Cloaca maxima*) gebaut, ein zentraler Markt angelegt und die Stadt mit einer Mauer umgeben. Die ältesten Überreste der Stadtbefestigung datieren die Archäologen auf die Zeit um 600 v. Chr.

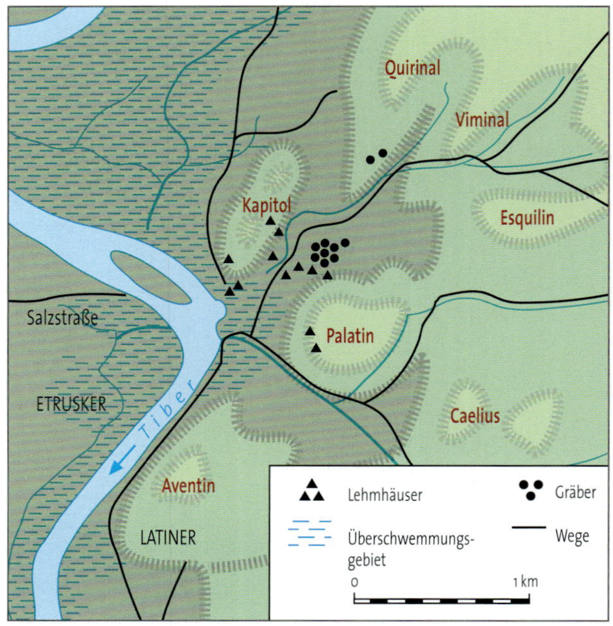

2 Rom – die Hügel, um 900 v. Chr.

▶ ***Lesetipps:***

- *Simon Adams, Das alte Rom. Zwischen Blütezeit und Untergang, Würzburg 2006*
- *Simon James, Das alte Rom, München 2011*
- *Ernst Künzl, Das alte Rom, Nürnberg 2000*

1. *Überprüfe, ob du in der Sage einen Teil der tatsächlichen Entstehungsgeschichte wiederfindest.*
2. *Erkläre, weshalb die Römer auf ihre Herkunftssage stolz waren.*
3. *Beschreibe die Karte (Abb. 2). Stelle fest, welche Vorteile die Landschaft für die Gründung einer Stadt bot. Nutze dazu auch eine Karte von Italien in einem Atlas.*

3 Etruskisches Ehepaar.
Terrakottafiguren auf einem Sarkophag (Prunksarg), um 525 v. Chr.

4 Italien zur Zeit der größten etruskischen Ausdehnung, Ende des 6. Jh. v. Chr.

Die Etrusker – ein rätselhaftes Volk

Auf dem Gebiet der heutigen italienischen Regionen Toskana, Umbrien und Latium lebte im Altertum das Volk der Etrusker. Wegen ihrer fremden Kultur nahmen bereits die Geschichtsschreiber der Antike an, dass sie von weither nach Italien eingewandert seien, vielleicht aus der heutigen Türkei. Vor ihren Städten legten die Etrusker hausförmige Grabanlagen mit bunten Wandmalereien an. Diese zeigen ihre Bewohner im Alltag. Aus gebranntem Ton (*Terrakotta*) formten sie kunstvolle Figuren. Sie beherrschten die Metallverarbeitung und schufen aus Bronze großartige Darstellungen von Menschen und Tieren.

Was die Etrusker aufgeschrieben haben, können wir lesen, weil ihr Alphabet griechischen Ursprungs ist. Wir kennen aber nur einen kleinen Teil ihrer Sprache. Die Inschriften sind kurz und enthalten fast immer dieselben Wörter. Aus ihnen wissen wir, dass Kinder oft nach ihrer Mutter benannt wurden. Vermutlich besaßen Frauen bei den Etruskern ähnliche Rechte wie Männer.

Bevor die Etrusker eine wichtige Entscheidung trafen, opferten sie ihren Göttern Tiere und untersuchten die Leber und andere innere Organe. Sie deuteten die Flugbahnen der Vögel und den Lauf der Blitze bei einem Gewitter, um herauszufinden, ob die Götter mit ihrem Tun einverstanden waren oder nicht.

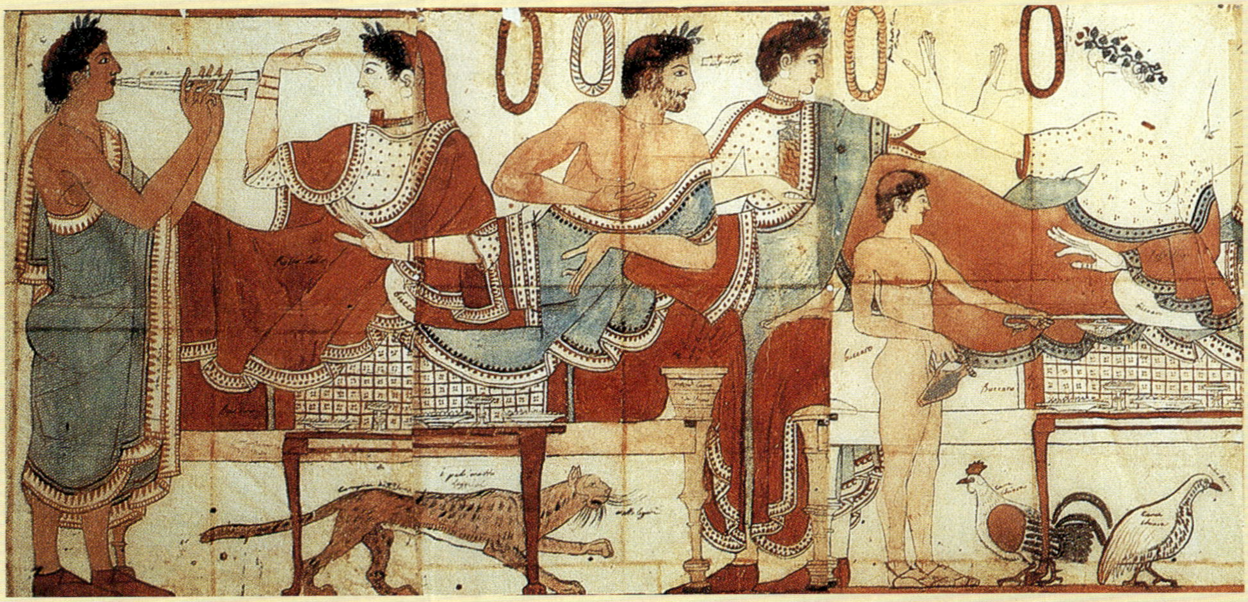

M1 Gastmahl.
Etruskische Wandmalerei, um 460 v. Chr. Kolorierte Durchzeichnungen von Carlo Ruspi, 1832 (Ausschnitt).

M2 Ein Grieche über die Etrusker und Römer
Der griechische Geschichtsschreiber Diodor aus Sizilien, der im 1. Jh. v. Chr. eine Weltgeschichte in 40 Büchern verfasst hat, berichtet:

Es bleibt uns noch übrig, von den Etruskern zu sprechen. Dieses Volk, das sich von alters her durch Tapferkeit auszeichnete, eroberte viel Land und gründete zahlreiche ansehnliche Städte, gleichzeitig beherrschte es aufgrund seiner Seemacht lange Zeiten das Meer [...]. Auch ihre Landstreitkräfte bildeten die Etrusker mit großem Eifer aus [...].

Dazu verstanden sie es, den obersten Beamten das nötige Ansehen zu verschaffen, indem sie ihnen die Liktoren* beigaben und den elfenbeinernen Stuhl und die purpurgesäumte Toga** verliehen. Im Häuserbau erfanden sie die Vorhallen, eine gute Hilfe, die Störungen durch das Gedränge der aufwartenden Volksmenge zu vermeiden. Das meiste davon haben die Römer nachgeahmt und es – noch verschönert – in ihr eigenes Gemeinwesen übernommen.

Auf die Weiterbildung der Wissenschaften und die Natur- und Götterlehre haben sie viel Eifer verwendet. Sie haben die Beobachtung und Deutung des Donners und Blitzes mehr als alle übrigen Menschen ausgebildet, um die göttlichen Vorzeichen durch den Donner auszulegen.

Das Land, das sie bewohnen, ist in jeder Weise fruchtbar, und sie gewinnen durch seine Bearbeitung eine nicht endende Fülle an Feldfrüchten, die ihnen über den nötigen Unterhalt hinaus reichlichen Genuss und Schwelgerei ermöglichen. Zweimal am Tage lassen sie sich nämlich köstliche Speisen auftischen, und sie lassen sich auch alles andere zukommen, was zu übermäßiger Üppigkeit gehört: Bunte Teppiche mit Blumen breiten sie beim Mahle aus, eine Menge silberner Trinkgefäße von allen Formen stehen bereit, und eine große Zahl von Sklaven steht jederzeit dienend zur Verfügung.

Walter Arend (Bearb.), Altertum. Geschichte in Quellen, München [3]1978, S. 391 (vereinfacht)

***Liktor**: *Siehe Abb. 2, Seite 17.*
****Toga**: *Siehe Abb. 1, Seite 15.*

1. *Beschreibe das Wandgemälde (M1). Vergleiche es mit dem Bericht Diodors (M2).*
2. *Beschreibe die Figuren auf dem Sarg (Abb. 3, Seite 13) und die Wandmalerei (M1). Was sagen sie über die Vorstellungen der Etrusker vom Leben nach dem Tod aus?*

Rom wird Republik

Wer bestimmt im frühen Rom?

Die vornehmen und reichen Römer verbannten um 500 v. Chr. den letzten etruskischen König. Sie übernahmen selbst die „öffentlichen Angelegenheiten" (lat. *res publicae*) und gründeten damit eine *Republik*. Anders als die Athener errichteten sie aber keine Demokratie. Die Macht im Staat übernahmen die Patrizier, die Nachfahren der „Väter" (lat. *patres*), die angeblich mit Romulus die Stadt gegründet hatten. Sie wurden Feldherren, Beamte, Richter oder Priester. Außerdem gehörte den Patriziern das meiste Land. Um ihre besondere Stellung zu sichern, durfte ein Patrizier keine Frau aus dem Kreis der übrigen Bürger heiraten. Für sie waren Bauern, Handwerker, Händler und Tagelöhner – der größte Teil des Volkes – *Plebejer* (lat. *plebs*).

Patrizier und Plebejer streiten

Die Plebejer wussten, dass die Patrizier sie als Arbeitskräfte und Soldaten benötigten. Im Krieg waren die vielen plebejischen Fußsoldaten wichtiger als die wenigen patrizischen Reiter. Was lag da für die Plebejer näher, als für mehr Rechte zu streiken? Als das Heer 494 v. Chr. für einen Kriegszug versammelt werden sollte, zogen sie nach der Überlieferung aus der Stadt auf den nahen „Heiligen Berg" und stellten Bedingungen für ihre Rückkehr.

Die Plebejer setzen Rechte durch

Damals und in den folgenden 200 Jahren erstritten die Plebejer in den sogenannten „Ständekämpfen" weitere Zugeständnisse, um ihre Rechte, ihr Leben und Eigentum gegen die mögliche Willkür der Patrizier zu schützen.

- Jährlich durften sie aus ihren Reihen Volkstribune wählen, die gegen Entscheidungen der Patrizier ein Veto (lat. *veto*: ich verbiete) einlegen und während ihrer Amtszeit weder angeklagt noch verurteilt werden konnten.
- Die Plebejer wurden an der Wahl der Heerführer beteiligt.
- Gesetze wurden auf Bronzetafeln veröffentlicht (*Zwölf-Tafel-Gesetz*, um 450 v. Chr.).*
- Patrizier und Plebejer durften heiraten.
- Plebejer konnten in höchste Staatsämter gewählt werden (367 v. Chr.).
- Kein Römer durfte mehr wegen Überschuldung versklavt werden (Aufhebung der Schuldknechtschaft).
- Beschlüsse der Plebsversammlung (*Plebiszite*) waren für alle verbindliche Gesetze; sie mussten auch von den Patriziern befolgt werden, obwohl sie an diesen Versammlungen nicht teilnehmen durften.

*Siehe dazu auch Seite 68.

1 „Der Volksredner."
1,85 m hohe Bronzefigur, um 80 v. Chr.
Der Mann trägt eine Toga mit einem eingewebten Streifen auf dem Saum. Am Finger der linken Hand ist ein Ring. Beides kennzeichnet ihn als Patrizier.

1. *Nenne die Ursachen für die Auseinandersetzungen zwischen Plebejern und Patriziern.*
2. *Erläutere, wieso die Plebejer langfristig erfolgreich waren.*
3. *Nur freie römische Bürger durften eine solche Toga (Abb. 1) tragen. Ausländern und Sklaven war das verboten. Diskutiert Vor- und Nachteile einer solchen „Kleiderordnung".*

M1 Der Magen und die Glieder

Wie es an dem Tag des Jahres 494 v. Chr., als der Streit zwischen den Plebejern und Patriziern seinen ersten Höhepunkt fand, im alten Rom genau zuging, wissen wir nicht. Aber so, wie es unsere Hauptfigur Lucius Cornelius erlebt hat, könnte es schon gewesen sein ...

Es schien ein Morgen wie viele andere zu sein. Der vornehme Lucius Cornelius ging zum Forum. Das Gedränge war so groß wie immer um diese Zeit. Aber plötzlich fiel Lucius Cornelius auf, dass die Leute heute nicht in die Stadt zum Marktplatz gingen. Nein, ganze Familien zogen mit all ihren Habseligkeiten aus der Stadt.

Da erkannte Lucius Cornelius in der Menge den Plebejer Quintus. „Was ist hier los?", wollte er wissen. Ohne den sonst üblichen Respekt gegenüber dem vornehmen Patrizier raunzte Quintus zurück: „Was soll schon los sein? Es reicht uns. Wir gehen." Lucius Cornelius war so verblüfft, dass er ganz vergaß, Quintus wegen seines groben Tons zu tadeln. „Was reicht euch? Wohin geht ihr?" Quintus baute sich breitbeinig vor ihm auf: „Wir haben es satt, dass ihr Patrizier, mit euren angeblich so vornehmen Vorfahren, hier in der Stadt schaltet und waltet, wie es euch in den Kram passt. Ihr plündert uns aus, ihr biegt euch die Gesetze so zurecht, wie ihr sie braucht. Wir arbeiten, und ihr schiebt euch die hohen Ämter gegenseitig zu. Ihr befehlt, wir buckeln! Jetzt hat es sich ausgebuckelt. Wir haben beschlossen, Rom zu verlassen und einen eigenen Staat zu gründen."

Quintus blickte Lucius Cornelius triumphierend an, dem bei diesen Worten beinahe die Luft weggeblieben wäre. Der Plebejer ging weiter, doch nach ein paar Schritten drehte er sich noch einmal um: „Und eure hübschen Töchter könnt ihr für euch behalten. Ihr gebt sie uns ja sowieso nicht als Bräute."

Auf dem Forum hatten sich unterdessen die Oberhäupter der Patrizierfamilien in heller Aufregung versammelt. Lucius Cornelius hörte sie schon von Weitem durcheinanderreden. Gerade rief einer mit sich überschlagender Stimme: „Sie erklären uns den Krieg. Wir müssen sie züchtigen. Das bedeutet Krieg! Bürgerkrieg!" „Und ich kann dir sagen, wer ihn verlieren wird: Wir!", lautete die knappe Antwort eines anderen. „Sie sind viel mehr als wir. Und den Zeitpunkt ihres Auszugs haben sie gut gewählt. Unsere Neider in der Nachbarschaft werden sich die Gelegenheit nicht entgehen lassen und uns angreifen. Wie sollen wir uns ohne Hilfe der Plebejer verteidigen?" „Er hat Recht", meinte ein Dritter. „Wir müssen versuchen, sie zurückzuholen." „Das kannst du gerne tun", spottete der erste Patrizier. „Ich bin gespannt, wie lange sie dich reden lassen." Nach langem Hin und Her ergriff Menenius Agrippa das Wort: „Ich werde gehen."

Im Lager der Plebejer wurde er mit einer Mischung aus Überraschung und Misstrauen empfangen. Als sich die Menge um ihn versammelt hatte, begann er: „Stellt euch einen Körper vor mit Kopf, Armen, Beinen, Rumpf und Magen. Eines Tages empörten sich die Glieder dieses Körpers. Denn sie mussten ja schließlich alle für den Magen arbeiten, der selbst nichts anderes tat, als faul ... –" Weiter kam Menenius Agrippa nicht. Wütende Zwischenrufe unterbrachen ihn: „Wir wollen keine Märchen hören! Wir wollen endlich mitbestimmen, was im Staat geschieht, und wir wollen gerecht behandelt werden!"

Nur mühsam beruhigten einige der Umstehenden die aufgebrachte Menge. Menenius Agrippa konnte fortfahren: „Die empörten Glieder sprachen sich untereinander ab. Die Hände wollten keine Speisen mehr zum Mund führen, der Mund weigerte sich, Essen aufzunehmen, die Zähne hörten auf, Nahrung zu zerkleinern. Bald mussten sie aber erkennen, dass der ganze Körper verfiel. Sie selbst wurden immer schwächer, nur weil sie geglaubt hatten, sie könnten den Magen durch Hunger bestrafen und auf ihn verzichten." An dieser Stelle hörte Menenius Agrippa einfach auf zu sprechen. Wortlos ging er durch die Menge der schweigenden Plebejer zurück nach Rom.

Livius, Römische Geschichte II, 32 (nacherzählt von Dieter Brückner)

M2 Menenius Agrippa erzählt den Plebejern die Geschichte vom Magen und den Gliedern.
Wandgemälde von August Eisenmenger, um 1885.

Grundlage der Erzählung (M1) ist die Fabel vom „Magen und den Gliedern", die der Geschichtsschreiber Livius (siehe M2, Seite 27) in seiner „Römischen Geschichte" wiedergibt.

1. *Erkläre, was Menenius Agrippa den Plebejern mit der Fabel sagen wollte.*
2. *Untersuche, ob der Verfasser der Fabel eher auf der Seite der Patrizier oder der Plebejer steht.*
3. *Beurteile, ob dich die Fabel als Plebejer überzeugt hätte.*
4. *Du kannst für dein Portfolio aus der Erzählung einen Comic mit dem Schluss machen, den du für wahrscheinlich hältst.*

Wer regiert in Rom?

Eine neue Führungsschicht

Die einfachen Römer erkämpften sich viele Rechte. Trotzdem entstand in Rom keine Demokratie wie in Athen. Die Patrizier konnten verhindern, dass die Plebejer mächtig wurden. Zum einen ließen sie lange Zeit keine Ehen ihrer Kinder mit Plebejern zu, zum anderen war es üblich, dass ärmere Bürger sich einem einflussreichen Mitbürger unterstellten: Sie wurden so zu Klienten eines *Patrons* (dt. Schutzherr). Die Klienten kamen regelmäßig in das Haus des Patrons und boten ihm ihre Dienste an. Er gewährte ihnen Schutz, vertrat sie vor Gericht und half in Notfällen. Strebte der Patron ein Amt an, stimmten seine Klienten bei Wahlen für ihn. Klienten und Patron gelobten sich gegenseitige Treue (lat. *fides*). Sie galt lebenslang und wurde sogar auf die Kinder übertragen. Für die Römer war es selbstverständliche Pflicht, an diesen Regeln festzuhalten.*

Im Laufe der Zeit entstand auf diese Weise eine aristokratische Führungsschicht von etwa 30 Patrizier- und Plebejerfamilien: die *Nobilität* (dt. „die Namhaften"). Sie allein bestimmte über Jahrhunderte die Politik Roms.

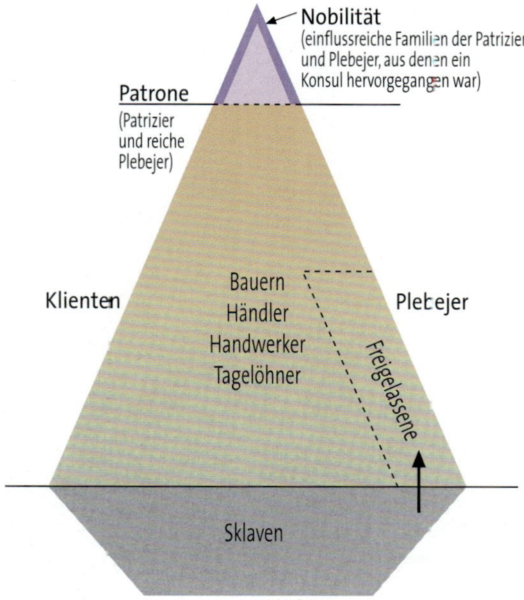

1 **Die sozialen Verhältnisse in der Republik.**

■ *Erläutere mit diesem Schaubild die Beziehungen der Menschen in der römischen Gesellschaft.*

Zahlreiche Ämter

An der Spitze des Stadtstaates standen zwei gewählte *Konsuln*. Im Krieg hatten sie den Oberbefehl über das Heer.

Weitere Regierungsbeamte (*Magistrate*) standen ihnen zur Seite:

- *Praetoren* vertraten die Konsuln, sie leiteten und überwachten die Gerichte.
- *Aedile* sorgten für die Sicherheit und die Lebensmittelversorgung in Rom, prüften Preise, Maße und Gewichte und organisierten auf eigene Kosten Feste und Spiele.
- *Quaestoren* verwalteten die Staatskasse.

Um jede Rückkehr zu einer Königsherrschaft (*Monarchie*) zu verhindern, wurde die Amtszeit aller Regierungsämter auf ein Jahr beschränkt und jedes Amt mit mindestens zwei Männern besetzt, von denen jeder gegen die Entscheidungen seines Kollegen Einspruch erheben konnte. Keiner durfte dasselbe Amt zweimal, zwei Ämter gleichzeitig oder unmittelbar hintereinander bekleiden.

Zensoren

Alle fünf Jahre wurden zwei *Zensoren* gewählt. Sie schätzten (lat. *censere*) das Vermögen der Bürger und teilten diese nach der Höhe ihres Vermögens in Gruppen ein. Darüber hinaus konnten sie entscheiden, wer in den „Rat der Alten" (*Senat***) aufgenommen wurde. Außerdem durften sie Bürger, die sich schlecht benahmen und gegen Regeln verstießen, öffentlich rügen.

Diktator – ein außerordentliches Amt

Wenn Gefahr für den Staat drohte, war eine Alleinherrschaft möglich. Im Auftrag des Senats konnten dann die beiden Konsuln einen *Diktator* ernennen. Seinen Anweisungen hatten sich alle unterzuordnen. Er blieb sechs Monate im Amt.

2 **Liktor.**
11,6 cm hohe vergoldete Bronzefigur, 1. Jh. n. Chr.
Konsuln und Praetoren wurden in der Öffentlichkeit von Liktoren (Amtsdienern) begleitet.
Als Zeichen des hohen Amtes und seiner Macht trugen sie Rutenbündel (lat. fasces), die aus Ulmen- oder Birkenzweigen bestanden.

**Siehe dazu Seite 20.* ***Lies dazu die nächste Seite.*

3 Der Senat tagt.
Wandgemälde (450 x 280 m) von Cesare Maccari, 1882-1888. Das Bild befindet sich in einem Sitzungssaal des Palazzo Madama in Rom.

Erfahrene Männer machen die Politik

Dem Senat gehörten 300 ehemalige Magistrate auf Lebenszeit an. Er tagte mehrmals im Monat. Jede Sitzung wurde von einem Konsul einberufen und geleitet. Wenn im Senat diskutiert wurde, richtete sich die Reihenfolge der Redner danach, wie alt ein Senator war und welche Ämter er bisher ausgeübt hatte. Stimmte die Senatsmehrheit einer Meinung zu, wurde daraus ein Beschluss, dem die Regierungsbeamten folgen mussten.

Die Senatoren überwachten die Einnahmen und Ausgaben des Staates, empfingen auswärtige Politiker und schlossen Verträge mit anderen Staaten. Sie bereiteten Gesetze und Wahlvorschläge vor und gaben den Magistraten verbindliche „Ratschläge" für ihre Amtsführung. Daher waren die Senatoren die einflussreichsten Männer im Staat. Ihre besondere Stellung wurde durch ihre Kleidung deutlich gemacht: Nur sie trugen eine Toga mit breitem Purpurstreifen und rote Schnabelschuhe.

Das „Volk" entscheidet mit

Alle wehrfähigen Männer Roms durften Regierungsbeamte wählen, Gesetze beschließen oder über Krieg und Frieden abstimmen. Dazu wurden unterschiedliche Volksversammlungen einberufen. Demokratisch war dies nicht, da die Stimmen der reichen Bürger mehr zählten als die der armen. Anders als in Athen diskutierte man auf den Versammlungen auch nicht, sondern stimmte nur mit Ja oder Nein ab.

Alle Magistrate wie auch die Mitgliedschaft im Senat waren Ehrenämter. Gehälter gab es für die Arbeit nicht. Daher konnten es sich die meisten Römer gar nicht leisten, öffentliche Ämter zu übernehmen.

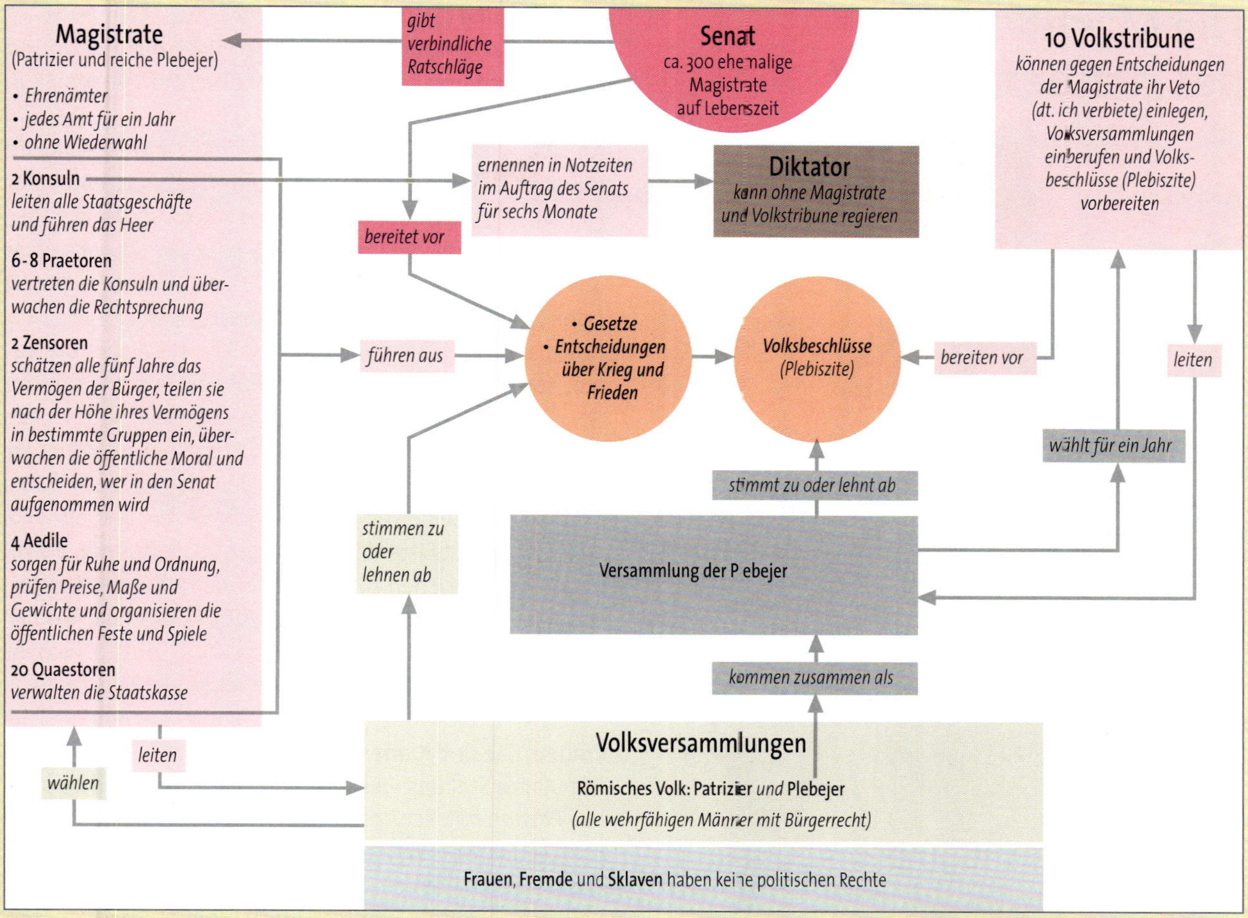

M 1 Die Verfassung der Römischen Republik.
Da es bei den Römern keine geschriebene Verfassung wie unser Grundgesetz gab, kann diese Grafik nur einen ungefähren Einblick in die Herrschaftsform geben. Wichtige Entscheidungen wurden häufig auf anderen Wegen getroffen als in der Verfassung vorgesehen. Darüber hinaus änderte sich im Laufe der Zeit die Zahl der Senatsmitglieder. Sie stieg von 300 auf 600 und zuletzt auf 900 Senatoren.

M 2 Stimmabgabe in einer Volksversammlung.
Diese Silbermünze wurde unter der Aufsicht des Münzmeisters Publius Nerva um 113 v. Chr. geprägt.

M 3 SPQR.
Foto, um 1990.
Die Abkürzung der Formel „Senat und Volk von Rom" (lat. Senatus Populusque Romanus) finden wir auf Münzen und öffentlichen Gebäuden. Noch heute dient die Abkürzung in Rom – wie auf diesem Kanaldeckel – zur Bezeichnung öffentlichen Eigentums.

1. *Erkläre, wer in der Römischen Republik herrschte. Wie war die Macht verteilt? Wer hatte den größten Einfluss? Das Schaubild (M 1) und die Darstellung auf Seite 17 f. helfen dir, diese Fragen zu beantworten.*
2. *Die Römer achteten darauf, dass alle Staatsämter (Magistrate) mit mindestens zwei Beamten besetzt waren. Außerdem blieben die Magistrate höchstens ein Jahr im Amt. Prüfe die Vor- und Nachteile dieser Regelung.*
3. *Nenne eine Ausnahme bei der Besetzung der Staatsämter (M 1). Womit wurde sie begründet?*
4. *Durch das Kürzel SPQR (M 3) gaben die Römer zu erkennen, wie sie die Machtverteilung in ihrem Staat sahen. Prüfe, ob die Annahme stimmt (siehe M 1 und die Darstellung auf Seite 17 f.).*

Die Macht des „Pater familias"

1 **Patrizier mit Ahnenbildnissen.**
1,65 m hohe Marmorstatue aus dem 1. Jh. v. Chr.
Ahnenbildnisse wurden zu festlichen Anlässen gezeigt. Für vornehme Römer waren sie Zeichen für das Weiterleben in der Erinnerung der Nachfahren. Die Römer trugen mindestens drei Namen: den Vornamen (z. B. Lucius), den Familiennamen (z. B. Iunius) und den Beinamen (z. B. Brutus).
Für die Frauen genügte dagegen die weibliche Form des Familiennamens (z. B. Cornelia, Claudia).

Der Vater und die „familia"
Zur römischen *„familia"* gehörten nicht nur Eltern und Kinder, sondern alle Generationen einer Familie mit Sklaven und Freigelassenen.
An der Spitze des Familienverbandes stand das älteste männliche Mitglied: der *„Pater familias"* (dt. Vater der Familie). Er besaß aufgrund seines Alters und seines Ansehens die Entscheidungsgewalt über alle Angehörigen der „familia" und das Vermögen. Nur er konnte sich und seine „familia" vor Gericht vertreten.
Der „Pater familias" durfte die Familienmitglieder bestrafen, sogar mit dem Tode. Er konnte bis ins 4. Jh. n. Chr. Neugeborene aussetzen, wenn sie unehelich, krank oder nicht zu ernähren waren. Er war auch das religiöse Oberhaupt der Familie. Nur er durfte den Hausgöttern Opfer bringen. Sich seinem Willen zu widersetzen, war ein Verstoß gegen die „Sitten der Vorfahren" (lat. *mos maiorum*), die ungeschriebenen Gesetze der ehrenhaften Lebensführung. Sie zu missachten, konnte zum Ausschluss aus der Familie führen. Nur der „Pater familias" durfte wählen und öffentliche Ämter übernehmen.

Frauen, Ehe und Kinder
Die starke Stellung des römischen Familienoberhauptes, das *Patriarchat*, kennzeichnete die römische Gesellschaft. Lediglich einige Frauen aus vornehmen Familien durften Priesterinnen werden, z. B. Vestalinnen, die der Göttin des häuslichen Herdes (lat. *vesta*) dienten. Frauen konnten nicht vor Gericht aussagen. Das begründeten die Männer damit, dass Frauen keinen Kriegsdienst leisten müssten.
Der „Pater familias" bestimmte Ausbildung, Beruf und oft die Ehepartner der Kinder. Mädchen waren mit zwölf Jahren volljährig, die Jungen mit 14. Meist wurden Mädchen zwischen dem 13. und 17. Lebensjahr verheiratet.
Seit dem Ende des 3. Jh. v. Chr. konnten Paare einen Ehevertrag abschließen, bei dem die Frau im Besitz ihres Vermögens blieb. Diese Form der Ehe konnte geschieden werden, wenn einer der Ehepartner das verlangte.
Auch wenn die Römer erwarteten, dass die Frau im Haus arbeitete, gab es viele berufstätige Frauen: Hebammen, Näherinnen, Friseurinnen, Gastwirtinnen und seltener Ärztinnen oder selbstständige Geschäftsfrauen. Anders als in Athen lebten die Frauen also weniger zurückgezogen. Sie nahmen an den Mahlzeiten mit Gästen teil, gingen allein in die Öffentlichkeit und besuchten nicht nur Läden, sondern auch Wagenrennen oder Gladiatorenkämpfe.

■ *Erläutere den Begriff „Patriarchat" an einem Beispiel.*

M1 Ein Mann trauert

Aus der Grabrede eines Römers für seine Ehefrau (1. Jh. v. Chr.):

Ehen von so langer Dauer, die durch den Tod beendet, nicht durch Scheidung getrennt werden, sind selten. Ward es uns doch beschieden, dass unsere Ehe ohne eine Trübung bis zum 41. Jahre fortdauerte [...].

Was soll ich deine häuslichen Tugenden preisen, deine Keuschheit, deine Folgsamkeit, dein freundliches und umgängliches Wesen, deine Beständigkeit in häuslichen Arbeiten, deine Frömmigkeit, frei von allem Aberglauben, deine Bescheidenheit im Schmuck, die Einfachheit im Auftreten? Wozu soll ich reden von der Zuneigung zu den Deinen, deiner liebevollen Gesinnung gegenüber der ganzen Familie? [...]

Wir haben uns so die Pflichten geteilt, dass ich die Betreuung deines Vermögens übernahm und du über dem meinen wachtest [...]. Als ich vor politischer Verfolgung fliehen musste, warst du es, die mir mithilfe deines Schmuckes die meisten Mittel dazu verschaffte [...].

Wir sehnten uns nach Kindern, die ein neidisches Geschick uns für lange Zeit verweigert hatte [...]. Verzweifelnd an deiner Fruchtbarkeit und untröstlich darüber, dass ich ohne Kinder bleiben sollte [...], sprachst du von Scheidung und dass du das kinderlose Heim einer anderen, fruchtbareren Gattin abtreten wolltest [...] und versichertest, du wollest ihre Kinder wie deine eigenen halten [...]. Du bist bei mir geblieben; hätte ich doch dir nicht nachgeben können, ohne mir selbst Unehre und uns beide unglücklich zu machen.

Jochen Martin, Das alte Rom. Geschichte und Kultur des Imperium Romanum, München 1994, S. 188, übersetzt von Hans-Jürgen Hillen (vereinfacht)

M3 Porträt einer Frau aus der Oberschicht.
Malerei auf Holz, um 180 n. Chr.

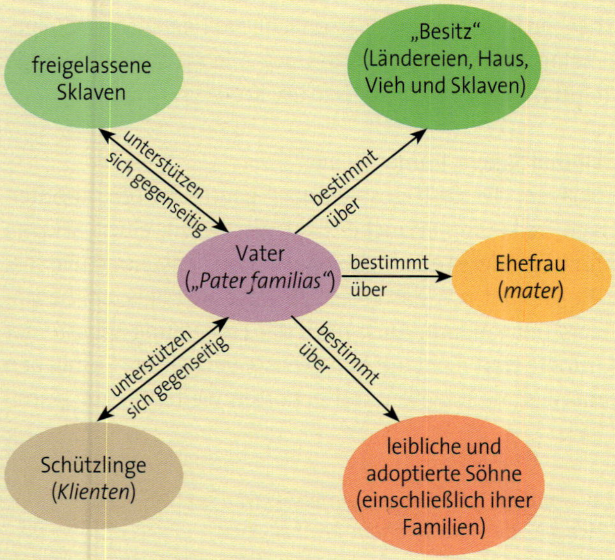

M2 Die Macht des „Pater familias".

1. *Arbeite aus der Grabrede (M1) heraus, was der Mann an seiner Frau schätzte. Welches Verhältnis hatten die Eheleute zueinander? Begründe deine Meinung.*
2. *Beschreibe die Macht des „Pater familias" (M2).*
3. *Prüft, ob es bei uns noch patriarchalische Verhältnisse gibt.*

Nichts läuft ohne Sklaven

1 Sklavenmarke aus Rom oder der Umgebung, 4. Jh. n. Chr.
Manche Sklaven trugen Marken am Halsband. Die Aufschrift lautet sinngemäß: „Hindere mich an der Flucht und bringe mich zu meinem Meister, Viventius, der im Hof des Callistus wohnt, zurück."

Sklave – Eigentum anderer
Auch die Sklaven unterstanden der Gewalt des „Pater familias". Sie und ihre Nachkommen waren sein Eigentum. Er durfte über sie verfügen wie über Haustiere oder Sachen, sie zu härtesten Arbeiten zwingen, sie bestrafen oder belohnen, verkaufen, verleihen oder verschenken.

Wie wurde man Sklave?
Die meisten Menschen gerieten wie in Griechenland als Kriegsgefangene in die Sklaverei. Die Römer glaubten, sie hätten nach einem Kampf auf Leben und Tod das Recht, die Unterlegenen zu töten und deren Eigentum zu übernehmen. Ließ der Sieger den Besiegten am Leben, so konnte er ihn als Arbeitskraft einsetzen oder zu Geld machen.
Da die Römer in ihren Kriegen ganze Heere gefangen nahmen und zahllose Städte eroberten, gerieten Hunderttausende in die Sklaverei. Im Frieden wurden die Sklavenmärkte von Menschenräubern beliefert, vor allem von Piraten.
Der Preis für einen Sklaven richtete sich nach Alter, Gesundheit und Ausbildung. Junge und gesunde Männer und Frauen kosteten in Rom Ende des 1. Jh. v. Chr. etwa den Jahreslohn eines Arbeiters. Für Spezialisten wie Sprachlehrer für Griechisch oder Ärzte wurde das Hundertfache gezahlt.

Ein Leben in Ketten?
Sklaven brauchten keinen Wehrdienst zu leisten. Während der Kriegszüge mussten sie Nahrungsmittel anbauen sowie Güter herstellen und transportieren. Insofern war die Sklaverei eine Voraussetzung für Roms Eroberungen. Die Zahl der Sklaven in Italien betrug im 1. Jh. n. Chr. etwa 2,5 Millionen, das entsprach etwa einem Drittel der Bevölkerung.
Die Lebensbedingungen der Sklaven hingen davon ab, ob sie zu einem städtischen oder einem ländlichen Haushalt gehörten und welche Aufgaben sie dort erfüllten. Sklaven und Sklavinnen wurden meist als ungelernte Arbeiter, Diener, Köche, Bäcker, Töpfer, Hausgehilfinnen oder Ammen beschäftigt, manchmal auch als Privatsekretäre, Lehrer und Ärzte. Einige leiteten im Auftrag ihres Herrn Geschäfte und Handwerksbetriebe, außerdem gab es Sklaven im Dienst der Gemeinschaft, z. B. bei der Feuerwehr.
Viel schlechter erging es den Sklaven, die in großen Arbeitskolonnen auf Landgütern bei der Feldarbeit eingesetzt wurden oder in Bergwerken und Steinbrüchen arbeiten oder auf Kriegsschiffen (*Galeeren*) rudern mussten. Römische Schriftsteller beklagten zwar den unmenschlichen Umgang mit Sklaven, abschaffen wollten sie die Sklaverei aber nicht.

Sklaven erheben sich
Nicht von ungefähr brachen die großen Sklavenunruhen (135-132 v. Chr. und 105-101 v. Chr.) in Sizilien auf dem Lande aus. Der Aufstand des Gladiatorensklaven *Spartacus* wurde zur größten Sklavenerhebung Italiens. Bis zu 120 000 Sklaven und verarmte Bürger lehnten sich 73 bis 71 v. Chr. gegen die römische Macht auf und zogen plündernd umher. Sie forderten ihre persönliche Freiheit, nicht die allgemeine Beseitigung der Sklaverei. Alle Aufstände endeten blutig. Überlebende starben am Kreuz.

Einmal Sklave, immer Sklave?
Sklaven, die Geld gespart oder geerbt hatten, konnten sich freikaufen. Mancher Herr war bereit, einen Sklaven für besondere Leistungen oder treue Dienste freizulassen. Die Freiheit war das Lebensziel fast aller Sklaven, besonders mit Kindern. Auch nach der Freilassung musste der frühere Herr nicht auf ihre Dienste verzichten: Sie blieben meist seine Klienten und gehörten weiterhin zur „familia".

▶ ***Lesetipp:*** *Sylke Tempel, Dürfen Sklaven sich verlieben? Wie die alten Römer lebten, Reinbek 2004*

M1 Aus Gefangenen werden Sklaven

Der jüdische Geschichtsschreiber Josephus, der an einem Aufstand der Juden gegen das römische Reich teilgenommen hat (66-70 n. Chr.), berichtet:

Als die Soldaten vom Töten bereits ermüdeten, jedoch noch eine große Menge Überlebender zum Vorschein kam, befahl der spätere Kaiser Titus, nur die Bewaffneten und die aktiv Widerstand Leistenden zu töten, die übrige Menge aber lebend gefangen zu nehmen [...]. Von den jungen Leuten sonderte man die körperlich größten und ansehnlichsten aus und sparte sie auf für den Triumphzug. Von der übrigen Menge schickte man die Gefangenen, die älter waren als 17 Jahre, in die ägyptischen Bergwerke und Steinbrüche, die meisten aber verteilte Titus als Geschenke auf die Provinzen, wo sie in den Amphitheatern* durch Schwert und wilde Tiere umkommen sollten. Gefangene unter 17 Jahren verkaufte er.

Werner Eck/Johannes Heinrichs (Hrsg.), Sklaven und Freigelassene in der Gesellschaft der römischen Kaiserzeit, Darmstadt 1993, S. 6 (vereinfacht)

**Siehe dazu die Bildunterschrift zu Abb. 1, Seite 46.*

M3 Sklavenarbeit.
Römisches Grabrelief, um 250 n. Chr.

M2 Sklavenschicksale

Im Jahre 54 v. Chr. schreibt der Politiker, Redner und Philosoph Cicero (106-43 v. Chr.) seinem Schreibsklaven Tiro:

Ich bin tief beunruhigt wegen deiner Gesundheit [...] und würde dir mehr schreiben, wenn ich glauben könnte, dass du schon gern Briefe lesen magst. So richte deinen Geist, den ich sehr hoch schätze, darauf, dass du ihn für mich und für dich bewahrst [...].
Nachdem ich den Brief geschrieben habe, kommt endlich Hermia: Ich habe nun deinen Brief in der Hand, geschrieben mit zittrigen Buchstaben; kein Wunder, bei einer so schweren Krankheit! Ich schicke dir Ägypta – weil er ein feinfühliger Mensch ist und dich zu lieben scheint – damit er dich umsorgt; und mit ihm einen Koch.
Lebewohl!

Der Philosoph und Schriftsteller Apuleius (2. Jh. n. Chr.) beschreibt das Los der Mühlensklaven:

Gute Götter, welch elende Menschlein gab es dort: Ihre ganze Haut mit graublauen Striemen gezeichnet, ihr zerschundener Rücken mit zerschlissenen Lumpen mehr behangen als bedeckt, einige überhaupt nur mit einem winzigen Lappen in der Schamgegend; und alle waren so wenig und schlecht bekleidet, dass man ihre Körper durch die Fetzen hindurch sah; ihre Stirn war mit Buchstaben markiert, ihr Haar halb abrasiert, ihre Fußgelenke steckten in Eisenringen.

Erster Text: Cicero, ad fam. 16,15, übers. von Klaus Gast; zweiter Text: Werner Eck/Johannes Heinrichs (Hrsg.), Sklaven und Freigelassene in der Gesellschaft der römischen Kaiserzeit, a. a. O., S. 113

M4 „Warum denken sie so?“

Der Politiker und philosophierende Schriftsteller Seneca (4 v. Chr.-65 n. Chr.) schreibt um 62 n. Chr. an einen Freund:

Ich lache über die, die es für schimpflich halten, mit ihrem Sklaven zu speisen!
Warum denken sie so?
Nur weil die überaus hochmütige Gewohnheit herrscht, dass um den Herrn beim Speisen eine Schar von Sklaven herumsteht! Dieser stopft mehr in sich hinein, als er verdauen kann, und belädt mit ungeheurer Gier seinen vorstehenden Bauch, der seine Pflicht schon nicht mehr erfüllen kann, sodass er mit größerer Mühe alles wieder hervorbringt, was er in sich hineingetan hat – aber den unglücklichen Sklaven ist nicht einmal erlaubt, die Lippen zu bewegen, um zu sprechen. Mit der Rute wird jedes Flüstern unterdrückt. Sogar unwillkürliche Laute ziehen Prügel nach sich: Husten, Niesen, Schluckauf. Mit harter Bestrafung wird jede Unterbrechung der Stille geahndet. Die ganze Nacht hindurch stehen die Armen da, stumm und ohne Essen.

Seneca, ad Lucilium 47,2-4, übers. von Klaus Gast

1. *Arbeite heraus, was du aus den Quellen (M1 bis M4) Neues über die Sklaverei erfahren hast.*
2. *Entwickelt ein Rollenspiel zu folgendem Thema: Ein „Pater familias“ hat vor mehreren Jahren viel Geld für einen griechischen Hauslehrer bezahlt. Der Sklave unterrichtet dessen einzige Tochter erfolgreich. Sie bittet den Vater um Freilassung des Lehrers.*

Ein Stadtstaat wird Weltreich

1 Das Heer verschanzt sich.
Rekonstruktionszeichnung von Peter Connolly.
Das römische Heer bestand zunächst aus vier Legionen von je etwa 6 000 Fußsoldaten. Die Soldaten mussten für ihre Ausrüstung selbst aufkommen. Sie trugen auf den Feldzügen neben den Waffen noch Werkzeuge zum Bau von Schutzwällen und Lagern, Töpfe und Pfannen zum Kochen sowie Proviant für mehrere Tage. Alles zusammen wog etwa 40 kg.

Kriege ohne Ende?

In den ersten vier Jahrhunderten nach der Königsherrschaft führten die Römer mindestens 150 Jahre lang Krieg. Wie kam es dazu?

Die Völker Italiens lebten zunächst von der Landwirtschaft und kämpften nur, um sich gegen Angreifer zu verteidigen. Allmählich wandelte sich ihre Haltung. Die Bevölkerung war stark angewachsen. Sie brauchte mehr Nahrung und damit mehr Ackerland. Hinzu kamen Abenteuerlust und die Hoffnung auf Beute. Manche Völker waren reicher als andere. Das weckte den Neid der einen oder die Überheblichkeit der anderen, die noch mehr wollten.

Italien wird römisch

Die Römer waren ihren Nachbarn militärisch überlegen. Seit dem Ende des 5. Jh. v. Chr. beanspruchten sie die Vorherrschaft im *Latinischen Bund*, einem Bündnis mehrerer Städte im Umkreis Roms. Alle, die Rom den Rang streitig machten, wurden Opfer der römischen Heere.

Während römische Soldaten versuchten, Mittelitalien zu unterwerfen, überfielen im Jahre 387 *Kelten*, die die Römer später *Gallier* nannten, ihr Land. Sie plünderten Rom und zogen erst nach Zahlung eines hohen Lösegeldes ab.* Gegen die südlich von Rom lebenden Samniten führten die Römer über 30 Jahre lang Krieg. Erst nachdem sie Tarent und andere Städte im Süden unterworfen hatten, beherrschten die Römer ganz Italien. Das war um 270 v. Chr.

Rom wird Weltmacht

Nun hatten die Römer neue Nachbarn jenseits des Meeres: Makedonien, Sizilien und Karthago. Sie herauszufordern war weit gefährlicher als der Kampf gegen die bisherigen Gegner. Das Ringen um die Vorherrschaft im Mittelmeerraum zog sich von 264 bis etwa 133 v. Chr. hin. Mehrfach drohte den Römern dabei der Untergang.

**Livius (siehe M 2, Seite 27) überliefert die Geschichte, dass die Römer ihre Burg auf dem Kapitol nur halten konnten, weil schnatternde Gänse sie vor dem nahenden Feind gewarnt hatten. Nach der Zahlung des Lösegeldes entstand die Redewendung „Vae victis!“ (dt. „Wehe den Besiegten!“). Der Grund: Als die Römer sich über die Höhe des Lösegeldes bei den Galliern beschwerten, erhöhten diese es sogar noch. Mit anderen Worten: Der Besiegte hat keinen Anspruch auf eine faire Behandlung.*

2 Das Römische Reich dehnt sich aus.
Die Vergrößerung eines Machtbereiches nennen wir Expansion.

Nachbarn werden Feinde

Karthago war um 800 v. Chr. von den Phöniziern an der nordafrikanischen Küste als Kolonie gegründet worden. 500 Jahre später beherrschte es Nordafrika und das westliche Mittelmeer. Roms Krieg mit Karthago gingen Kämpfe zwischen den griechischen Kolonien Syrakus und Messana (heute Messina) voraus: In die Enge getrieben, baten die Machthaber Messanas zuerst Karthago und dann Rom um Hilfe. Der römische Senat überlegte lange, ob er helfen und damit einen Krieg mit Karthago riskieren sollte. Schließlich stimmte die Heeresversammlung dafür. 264 v. Chr. setzte das römische Heer nach Sizilien über. Der *Erste Punische Krieg* begann (*punisch = phönikisch = karthagisch*), in dem die Römer die Herrschaft im westlichen Mittelmeerraum anstrebten. Die Römer gewannen ihn erst nach 23 Jahren, nachdem sie gelernt hatten, einen Seekrieg zu führen. Karthago musste hohe Entschädigungen zahlen. Sizilien wurde römisch.

Eine schlimme Niederlage

Rom konnte trotz des Sieges die Macht der Karthager nicht brechen. Diese bauten ihre Herrschaft auf der spanischen Halbinsel aus. Dort wuchs *Hannibal* auf. Schon als Neunjähriger soll er den Römern Rache geschworen haben. Im Jahre 219 v. Chr. griff er Roms spanischen Verbündeten Saguntum an. Danach begann der *Zweite Punische Krieg* (218-201 v. Chr.). Hannibal zog mit seinen Truppen vom südlichen Spanien aus über Gebirge und Flüsse nach Südfrankreich, um Rom von Norden her anzugreifen. Er verlangte sich, seinen Soldaten und den Kriegselefanten viel ab: die Überquerung der Alpen auf verschneiten Pässen! Der Marsch machte Hannibal berühmt. Dabei bleibt oft unbeachtet, dass über die Hälfte der Menschen und Tiere ums Leben kam.
In Norditalien begrüßten die Kelten Hannibal als Befreier von der römischen Herrschaft. Sie schlossen sich seinem Zug nach Süden an. Im Jahre 216 v. Chr. erlitten die Römer in der *Schlacht bei Cannae* die schlimmste Niederlage ihrer Geschichte: Etwa 60 000 Mann starben.

3 **Hannibals Marsch über die Alpen.**
Kolorierter Holzstich nach einer Zeichnung von Heinrich Leutemann, 1866.

4 **Der Kriegsgott Mars.**
Münze, nach 289 v. Chr. In dem nach dem Gott benannten Monat März (ursprünglich der erste Monat des römischen Jahres) begann das Wachstum der Pflanzen und die Zeit der Kriegszüge.

Vor den Toren Roms

Hannibal beherrschte nun fast ganz Italien. Aber er griff die Stadt Rom nicht an. Stattdessen versuchte er, Roms Bundesgenossen für sich zu gewinnen. Das gelang ihm nur teilweise. Der Krieg in Italien erstarrte. Die Römer ließen sich auf keine weitere Schlacht mit Hannibal ein, sondern störten mit ihrer Flotte seinen Nachschub aus Karthago. Erst nach 15 Jahren hatten sie Erfolg.

Inzwischen hatte der junge Feldherr *Scipio* das karthagische Spanien für Rom erobert und seine Soldaten nach Nordafrika übersetzen lassen. Karthago wurde von den Römern bedroht. Hannibal blieb keine Wahl. Er musste Italien verlassen, um seine Vaterstadt zu verteidigen. In der *Schlacht bei Zama* (202 v. Chr.) siegte Scipio durch die überlegene Reiterei. Karthago musste alle Außengebiete einschließlich Spanien an Rom abtreten, fast seine gesamte Flotte ausliefern und hohe Wiedergutmachungen zahlen.

Musste Karthago zerstört werden?

Trotz der Niederlage blieb Karthago eine erfolgreiche Handelsmacht. Rund 50 Jahre nach dem Zweiten Punischen Krieg forderten daher viele römische Senatoren: „Karthago muss zerstört werden!" Sie ermutigten die benachbarten *Numider*, Karthago immer wieder herauszufordern. Nach dem Frieden von 201 v. Chr. durfte sich Karthago nicht ohne römisches Einverständnis gegen seine unfriedlichen Nachbarn wehren. Als es dies im Jahre 149 v. Chr. doch tat, hatte Rom den ersehnten Anlass für den *Dritten Punischen Krieg*.

Drei Jahre später war Karthago verschwunden. Die Sieger versklavten die Bevölkerung, rissen die Mauern der Stadt ab, pflügten das Land um und streuten Salz in die Furchen: Karthago sollte für immer zerstört und unfruchtbar bleiben.

„Unser Meer"

Nun beherrschten die Römer das westliche Mittelmeer. Mit der Eroberung Makedoniens und der griechischen Staaten bestimmten sie nach 133 v. Chr. auch über das östliche Mittelmeer.

Das Mittelmeer war zum Meer Roms geworden, zum *„mare nostrum"* (dt. unser Meer). Aus der Sicht der Zeitgenossen waren die Römer damit zur Weltmacht aufgestiegen. Weit und breit gab es für Jahrhunderte keinen Staat, der ihre Vorherrschaft bedrohen konnte. Schon bald bürgerte sich die Bezeichnung *Imperium Romanum* (dt. römisches Weltreich) ein.

„Gerechte Kriege"?

Ihrer Meinung nach führten die Römer nur „gerechte" Kriege. Immer sahen sie im Gegner den Angreifer und beanspruchten das Recht, ihr Vaterland zu schützen – durch Verteidigung oder Angriff. Die römische Führung verbreitete die Vorstellung, Rom sei von den Göttern dazu bestimmt, die Welt zu regieren. Dass die Kriege der Nobilität auch die Möglichkeit boten, Ruhm und Reichtum zu erwerben, stand auf einem anderen Blatt.

Kolonien und Provinzen

Ihre militärischen Erfolge sicherten die Römer politisch ab. Bevor sie einen Krieg begannen, boten sie ihren Gegnern meist ein Bündnis an. Sie sollten sich verpflichten, „auf ewig dieselben Feinde und Freunde zu haben wie das römische Volk". Gingen sie darauf ein, mussten sie Rom künftig in jedem Krieg mit Soldaten unterstützen. Als Gegenleistung gewährten die Römer ihnen Schutz. Lehnten die Gegner ab, begann der Krieg. Nach einem Sieg zwangen die Römer die Unterlegenen zum Bündnis.

Ein weiteres Mittel, ihre Vorherrschaft zu sichern, war die Gründung von Kolonien im Land der besiegten Gegner. Sie dienten anders als die Kolonien der Griechen vor allem militärischen Zielen. Ostia, Roms späterer Hafen an der Tibermündung, war eine der ersten römischen Kolonien. Um 218 v. Chr. gab es bereits zwölf befestigte Küstenkolonien.

Nach dem Ersten Punischen Krieg erklärten die Römer die außerhalb Italiens eroberten Gebiete zu *Provinzen*: zu Amtsbereichen römischer Magistrate. Die Bewohner mussten Dienste leisten und hohe Steuern zahlen. Die erste römische Provinz wurde Sizilien. Bündnisse, Kolonisation und Provinzen trugen dazu bei, dass die besiegten Völker die römische Lebensweise annahmen.*

**Zu dieser „Romanisierung" siehe die Seiten 50 ff.*

1. *Nenne die wichtigsten Stationen Roms vom Stadtstaat zum Weltreich. Nutze dazu die Karte auf Seite 25.*
2. *Erkläre, mit welchen Methoden es den Römern gelang, ein Weltreich zu erobern und zu verwalten.*

M1 **Römische Disziplin**

Der Geschichtsschreiber Polybios (um 200-120 v. Chr.) berichtet:

Bei Wachvergehen tritt sogleich das Standgericht der Offiziere zusammen, und wenn der Betroffene verurteilt wird, ist die Strafe das Schlagen mit Stöcken [...]. Die meisten Verurteilten finden dabei schon im Lager den Tod [...].

Das Folgende rechnen die Römer als Verletzung der soldatischen Pflicht und Ehre und als Feigheit: wenn jemand aus Furcht seinen Platz verlässt; wenn jemand während des Kampfes aus Furcht eine Waffe fortwirft. Deshalb gehen viele in den Tod und wagen trotz vielfacher Übermacht des Feindes nicht, ihren Posten zu verlassen, aus Furcht vor der Strafe, die sie im eigenen Lager erwartet [...]. [...]

Wer bei der Einnahme einer Stadt als Erster die Mauer erstiegen hat, erhält einen goldenen Kranz.* Ebenso, wer einem Kameraden, Bürger oder Bundesgenossen das Leben gerettet hat, indem er ihn mit seinem Schilde deckte.

Walter Arend (Bearb.), Altertum, a. a. O., S. 420f. (vereinfacht)

**Siehe M2 auf Seite 36.*

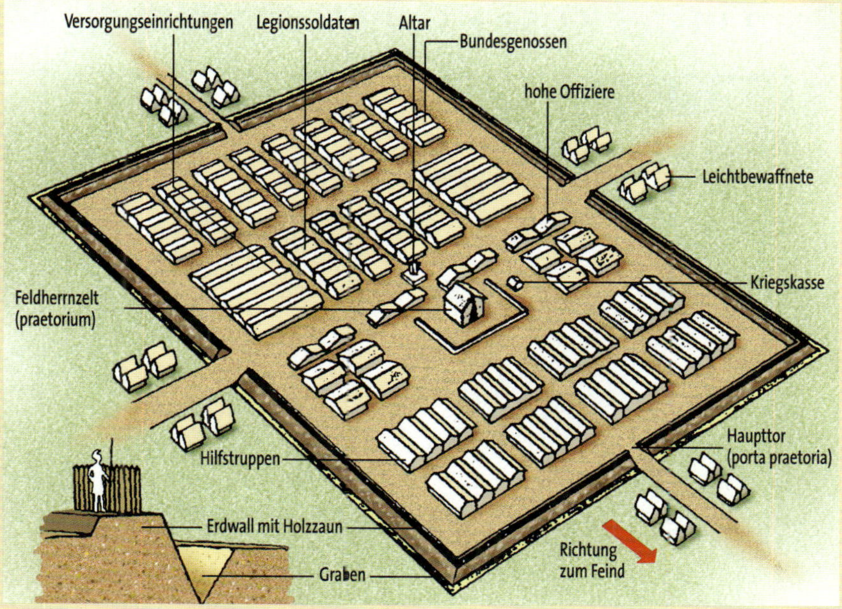

M3 **Ein römisches Lager.**
Vereinfachter Grundriss.

M2 **Über den Aufstieg und die Herrschaft Roms**

Der römische Geschichtsschreiber Livius (59 v. Chr.-17 n. Chr.) überliefert uns eine Rede, die Hannibal vor der ersten Schlacht auf italischem Boden (218 v. Chr.) vor seinen Soldaten gehalten haben soll:

Dieses höchst unmenschliche und sehr hochmütige Volk will überall besitzen, überall entscheiden. Immer maßt es sich die Entscheidung an, mit wem wir Krieg führen, mit wem wir Frieden haben sollen. Es engt und schließt uns in Grenzen von Bergen und Flüssen ein, die wir nicht verlassen dürfen; und selbst achtet es die Grenzen nicht, die es setzte.

Im Jahr 69 v. Chr. soll nach dem Geschichtsschreiber und Politiker Sallust (86-35 v. Chr.) ein von den Römern vertriebener Fürst aus Kleinasien folgenden Brief an seinen Nachbarfürsten in Armenien geschrieben haben:

Denn für die Römer gibt es seit eh und je diesen einzigen Anlass, mit allen Stämmen, Völkern und Königen Krieg zu führen: ihre unermessliche Begierde nach Herrschaft und Reichtum [...].

[...] Mit diesem Verhalten werden sie alles vernichten oder selbst zugrunde gehen.

Texte nach: Livius, Römische Geschichte, Buch XXI, 43f., hrsg. von Josef Feix, Zürich/Düsseldorf [4]1991 und Sallust, Historiae/Zeitgeschichte VI, 5 und 21, übers. u. hrsg. v. Otto Leggewie, Stuttgart 1975

M4 **Weitere Urteile**

Der aus Sizilien stammende griechische Geschichtsschreiber Diodor (um 80-29 v. Chr.) schreibt:

Die Römer errichteten ihre Weltherrschaft durch die Tapferkeit ihrer Heere und brachten sie zur größten Ausdehnung durch die überaus anständige Behandlung der Unterworfenen [...]. Als die Römer aber nahezu die ganze bewohnte Erde beherrschten, da begannen sie, ihre Herrschaft durch Terror und die Vernichtung der ansehnlichsten Städte zu sichern.

Der römische Dichter Vergil schreibt um 20 v. Chr. über die Aufgabe der Römer:

Du, Römer, lenke durch deine Herrschaft die Völker! Bedenke, das kannst du am besten: gesitteten Frieden stiften, die Unterworfenen schonen und die Hochmütigen bezwingen.

Texte nach: Walter Arend (Bearb.), Altertum, a. a. O., S. 456 (Diodor) und Vergil, Aeneis 6, 847ff., übers. von Klaus Gast

1. *Begründet, warum Polybios bestimmte Verhaltensweisen der Römer hervorhebt (M1). Prüft, ob diese die römischen Erfolge erklären.*
2. *Beschreibe den Grundriss des Lagers (M3).*
3. *Vergleiche die Urteile über die Herrschaft Roms (M2 und M4). Welche Unterschiede stellst du fest? Begründe, warum es zu diesen unterschiedlichen Sichtweisen kommt.*

Rom in der Krise – Caesar erobert die Macht

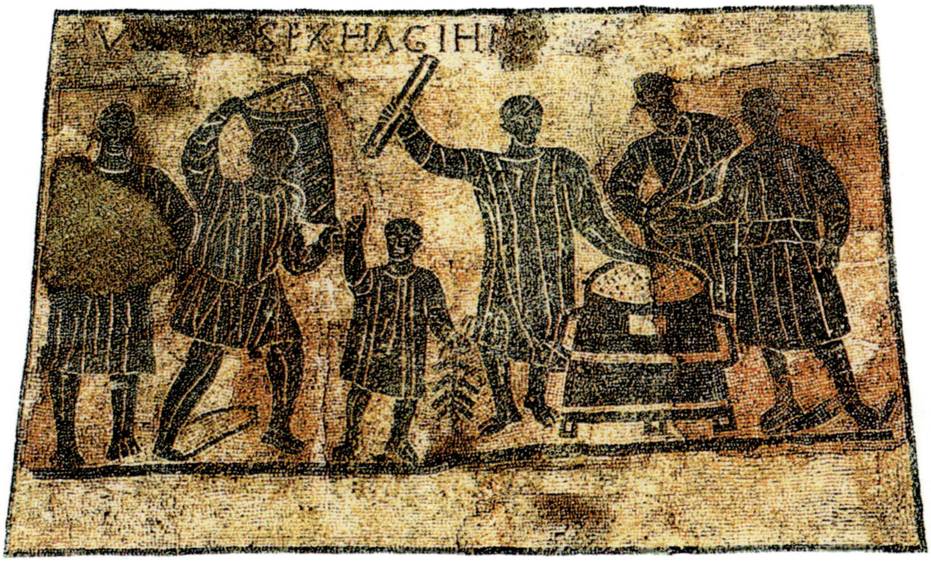

1 **Öffentliche Getreideausgabe.**
Mosaik aus Ostia, 2. Jh. n. Chr. Dargestellt ist, wie Getreide an arme Bürger verteilt wird.

Gewinner und Verlierer

Kriegsbeute und Steuerleistungen (*Tribute*) der unterworfenen Länder machten Rom reich. Die größten Vorteile hatten die römischen Statthalter, ehemalige Konsuln und Praetoren. Sie beuteten die ihnen überlassenen Provinzen aus. Dabei halfen ihnen Geschäftsleute, die Steuern und Kriegsschulden eintrieben und die römischen Heere belieferten. Obwohl den Senatoren solche Geschäfte verboten waren, beteiligten sie sich daran. Ehemalige Soldaten und besitzlose Bürger erhielten zwar aus dem Besitz der besiegten Völker kleine Grundstücke. Ab 177 v. Chr. wurden solche Landzuteilungen aus dem Staatsland (lat. *ager publicus*) jedoch eingestellt. Die Gründe dafür sind unklar. Häufig übernahmen reiche Römer die Grundstücke, da nur sie in der Lage waren, sie nutzbar zu machen.

Die kleinen Bauern gehörten zu den Verlierern der Expansion. Sie hatten in den Krieg zu ziehen und konnten in der Zeit ihr Land nicht bestellen. Wurden ihre Höfe zerstört, mussten sie sich bei den Großgrundbesitzern verschulden, um sie wieder aufzubauen. Viele Kleinbauern gerieten in Not. Sie litten unter dem billig eingeführten Getreide aus den eroberten Provinzen und konnten mit der Konkurrenz der Großbauern nicht mithalten. Der Militärdienst bot keine Lösung, denn die Zeit der beutereichen Feldzüge war vorbei.

Immer mehr Familien zogen vom Land in die Stadt, vor allem nach Rom. Arbeit suchten sie dort meist vergeblich, weil Sklaven oft billiger waren. Der einzige Reichtum dieser verarmten Bürger waren ihre Kinder. Deshalb nannte man sie *Proletarier* (lat. *proles*: Nachkommen).

Römer gegen Römer

Die Probleme der Menschen spalteten die politische Führung in zwei große Gruppen: Die eine forderte, Staatsland an verarmte Bauern zu verteilen. Nicht nur, um den besitzlosen Bürgern Land zu beschaffen, sondern auch mit der Absicht, die Macht im Staat zu übernehmen. Die andere wollte alles beim Alten belassen. Statt gemeinsam Lösungen für die Probleme zu suchen, entstanden Bürgerkriege mit zahllosen Opfern. Diese Entwicklung trug dazu bei, dass der Senat sein bisheriges hohes Ansehen in der Bevölkerung verlor.

Die Heeresreform

Eine Gefahr von außen rückte die Konflikte vorübergehend in den Hintergrund. Die Germanen kamen! So nannten die Römer die Völker im Norden. Kimbern und Teutonen hatten in Gallien (Norditalien und Südfrankreich) das römische Heer geschlagen. Roms Macht war in Gefahr. In dieser Lage wählten die Römer den Feldherrn *Gaius Marius* fünfmal hintereinander zum Konsul (von 104 bis 100 v. Chr.), obwohl er nicht aus dem Adel (Nobilität) stammte. Er machte aus dem Bürgerheer eine Berufsarmee. Die Soldaten erhielten *Sold* (Gehalt) und Ausrüstung vom Staat. Nun konnten auch Proletarier in die Armee eintreten.

Das neu organisierte Heer schlug die Germanen zurück. Später zeigte sich ein Nachteil der Heeresreform: Die Soldaten folgten ihren Feldherren oft bedingungslos, da sie von ihnen außer dem Sold nach dem Ende ihrer Dienstzeit Land als Altersversorgung erwarteten. Politiker und Feldherren nutzten immer öfter das Heer für ihre Interessen in den Bürgerkriegen.

2 Gaius Iulius Caesar.
Diese 33 cm hohe Marmorbüste wurde wohl kurz nach Caesars Tod angefertigt. In Schriften verteidigte Caesar sein Vorgehen als Feldherr und Politiker. „Caesar" wurde zum Beinamen, später zum Titelbestandteil der römischen Kaiser. Er lebt in den Herrschertiteln „Zar" und „Kaiser" fort.

Eine steile Karriere

Im Jahre 100 v. Chr. wurde *Gaius Iulius Caesar* in Rom geboren. Er stammte aus einer sehr alten, aber verarmten Familie Roms. Von Jugend an setzte er sich für die einfachen Plebejer ein. Um bekannt zu werden, veranstaltete Caesar mit geliehenem Geld prächtige Spiele. Seine riesigen Schulden konnte er erst begleichen, nachdem er 61 v. Chr. Statthalter in Spanien geworden war.

Ein Zweckbündnis

Mit dem angesehenen Feldherrn *Pompeius*, der das Mittelmeer von Seeräubern befreit und im Osten bis zur Grenze Arabiens römische Provinzen errichtet hatte, und *Crassus*, dem reichsten Mann Roms, schloss Caesar nach seiner Wahl zum Konsul 59 v. Chr. das erste *Triumvirat* (dt. „Dreimännerbund"). Dieses Zweckbündnis, das sich auf die Treue der Proletarier im Heer stützte, sollte dafür sorgen, dass in Rom nichts mehr geschah, was einem der drei missfiel.

Caesar unterwirft Gallien

Die Macht des Triumvirats, das von seinen Gegnern „dreiköpfiges Ungeheuer" genannt wurde, vergrößerte Caesars Einfluss. Als Statthalter von Provinzen in Oberitalien und Gallien unterwarf er zwischen 58 und 50 v. Chr. alle nicht schon mit Rom verbündeten gallischen Völker. Außerdem unternahm er mehrere Kriege in Germanien und Britannien. Eine Million Gallier sollen in den sieben Kriegsjahren umgekommen, eine weitere in die Sklaverei gegangen sein. Die Reichtümer des Landes füllten Caesars Kassen und die seiner Anhänger.

3 Die Unterwerfung Galliens.

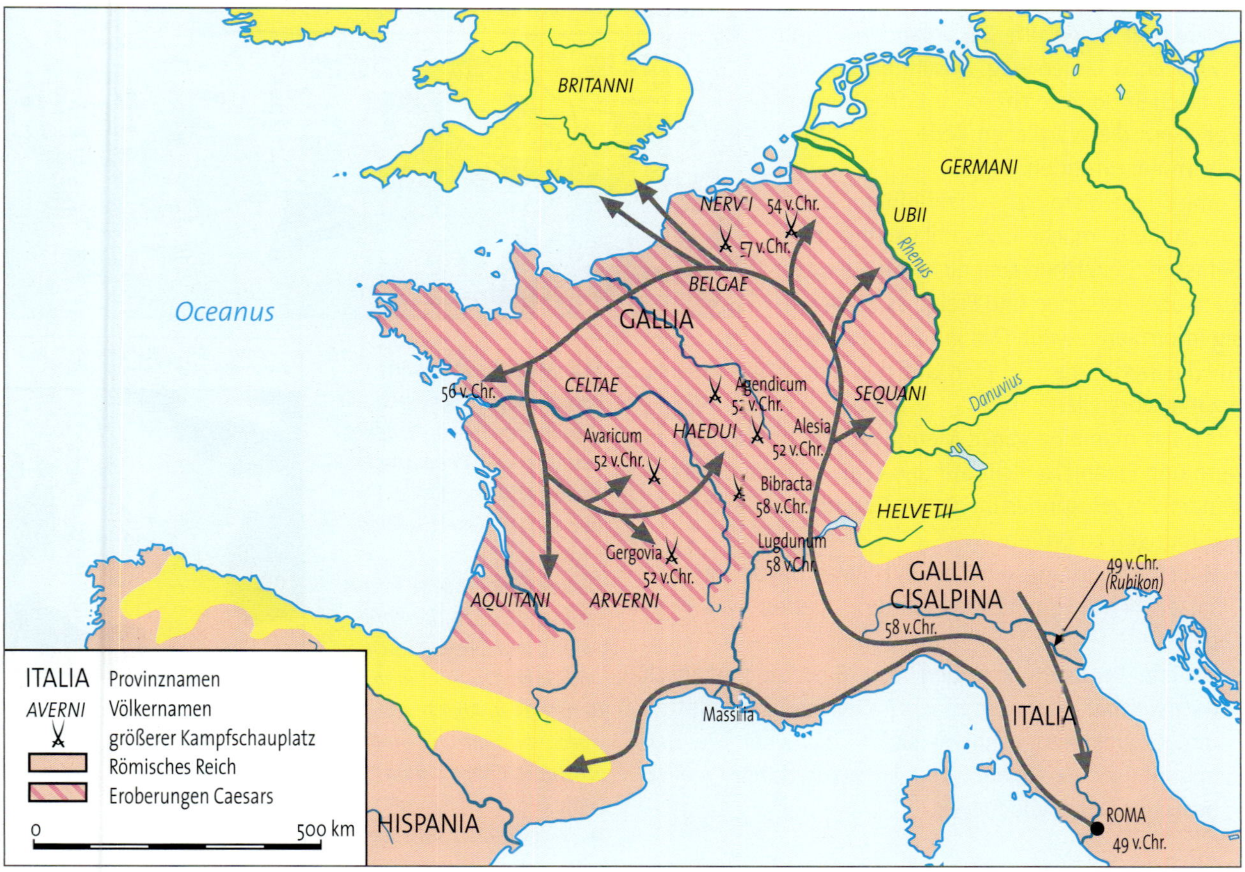

Geschichte in Comics und Jugendbüchern

„Wir befinden uns im Jahr 50 v. Chr. Ganz Gallien ist von den Römern besetzt .... Ganz Gallien? Nein!“ – Kennt ihr diese Sätze? Mit ihnen beginnt jeder Comic über den kleinen Gallier Asterix (von *astérisque*: Sternchen), der sich mit seinen Freunden Caesar, dem mächtigsten Mann Roms, in den Weg stellt. – Was hat Asterix und was haben Comics aber in eurem Geschichtsbuch zu suchen? In manchen Comics kommen Personen und Ereignisse aus der Geschichte vor. In den gezeichneten Bildern werden sie vorgestellt und in Sprechblasen reden sie zu uns. Aber Vorsicht: Im Comic werden Geschichte und Erfindung bunt gemischt, ohne dass wir das immer auf Anhieb erkennen.

Dasselbe gilt für historische Jugendbücher. Deren Autoren verwenden aus der Geschichte, was ihnen entweder unterhaltsam erscheint oder was sie für ihre Zwecke brauchen können.

Sie wollen Interesse für die Geschichte wecken, aber kein historisches Sachbuch schreiben. Manchmal folgen sie den historischen Quellen, manchmal gehen sie frei mit ihnen um: Sie verändern, fügen etwas hinzu, lassen weg, was ihnen langweilig erscheint oder nicht in ihr Konzept passt. Vor allem die wörtlichen Reden sind so gut wie immer erfunden.

Comics und historische Erzählungen sollen uns „Appetit“ machen, uns mit Geschichte zu befassen. Sie reichen aber nicht aus, wenn ihr euch über Personen und Ereignisse zuverlässig informieren wollt. Das gilt übrigens auch für die Texte, die wir euch auf den Seiten „Geschichte erzählt“ vorstellen.

Oft muss man eine ganze Menge wissen, um den Zeichnern und Erzählern nicht auf den Leim zu gehen. Die folgenden Fragen können dir helfen, Comics und Geschichtserzählungen zu prüfen:

- Welche Handlung wird erzählt? Was davon hat sich tatsächlich ereignet? Was wurde erfunden, was weggelassen?
- Welche Personen kommen vor? Sind sie historisch nachweisbar oder ausgedacht? Welche Eigenschaften und Charakterzüge haben sie? Entsprechen sie den historischen Personen? Lässt sich dies durch Quellen bestätigen oder widerlegen?

M1 „Wie alles begann ...“
*Asterix-Hefte erscheinen seit 1959 in Frankreich; die Texte stammen von René Goscinny (1926-1977) und die Zeichnungen von Albert Uderzo (*1927).*
Die abgebildete Seite ist aus: Gallische Geschichten mit Asterix und Obelix. Goscinny und Uderzo präsentieren das Beste aus 29 Abenteuern, übers. von Gudrun Penndorf, Stuttgart: Ehapa Verlag ^{2}1994, Seite 6.

■ **Prüft** *die erste Aussage des Comics.*

M 2 Interview mit einem Geschichtenerzähler

Warum stellen Sie, Herr Brückner, jedem Hauptkapitel von „Das waren Zeiten" eine Erzählung voran?

Ein Geschichtsbuch für die Schule muss in erster Linie sachlich informieren. Meine kurzen Erzählungen fallen da absichtlich etwas aus dem Rahmen: Sie wirken durch die wörtliche Rede locker, denn sie sollen Interesse bei den Schülern wecken. Sie sprechen auf unterhaltsame Weise ein Thema an und führen so in das Kapitel ein.

Woher bekommen Sie die Anregungen für die Erzählungen?

Die Anregungen für die Geschichte „Brudermord am Tiber" (*siehe die Seite 9*) verdanke ich den „Sagen des klassischen Altertums", die der Pfarrer und Dichter *Gustav Schwab* in den 1840er-Jahren erstmals veröffentlichte – und die ich schon in meiner Schulzeit gelesen habe.

Gehören solche Erzählungen überhaupt in ein Geschichtsbuch?

Ich finde, sie bereichern es ganz wesentlich. Erstens beruhen sie alle auf geschichtlichen Quellen oder Dokumenten. Zweitens sind sie kurz. Und drittens: Auf jede Erzählung folgt ein langes Kapitel mit einer sachlichen Darstellung und einer bunten Reihe historischer Quellen. Schüler lernen Geschichte ja nicht aus der einen Erzählung. Vielmehr werden sie von ihr angeregt, dem angetippten Thema mit sachlich zuverlässigen Informationen auf den Grund zu gehen.

Gesprächsprotokoll vom Oktober 2003

M 3 „Caesar und der Gallier."
Umschlagbild von Tilman Michalski, um 2000.

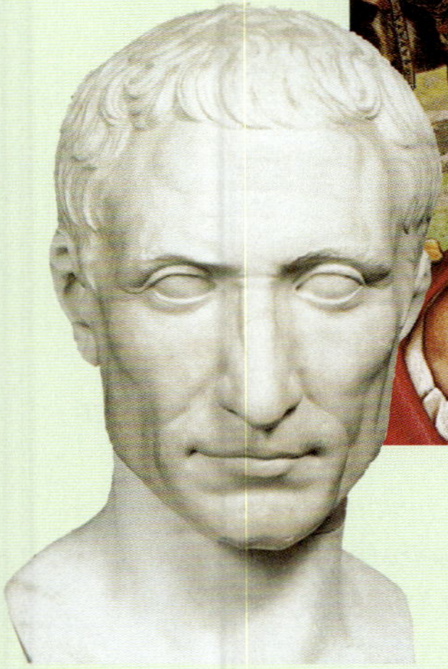

M 4 Gaius Iulius Caesar.
26 cm hohe Marmorbüste, um 20 v. Chr.

M 5 Wie sah Caesar aus?

*In dem Roman „Caesar und der Gallier" von Hans Dieter Stöver (*1937) wird Caesar von dem 17-jährigen Römer Sextus, der Hauptfigur der Erzählung, so beschrieben:*

So dunkel hatte er sich Caesars Augen nicht vorgestellt. Er spürte, welche Kraft von ihnen ausging, doch er sah auch, dass die Strapazen und Anstrengungen der vergangenen Wochen Spuren in seinem Gesicht hinterlassen hatten. Scharf zeichneten sich die Falten an den Seiten des Mundes ab. Noch mehr fiel ihm auf: die helle, weiche Haut, die feinen, sehr gepflegten Hände, die scharfen Backenknochen, die hagere und doch kraftvolle Gestalt. Caesars Bewegungen waren geschmeidig, schnell, gezielt, besonders die der Augen. Ihnen schien nichts zu entgehen.

Der aus Griechenland stammende Schriftsteller Plutarch (um 45-120 n. Chr.) lebt in Rom und beschreibt Caesar so:

Er war von hagerer Gestalt und hatte eine zarte weiße Haut [...].

Sueton (siehe M 2, Seite 33) berichtet:

Er soll von stattlicher Figur gewesen sein, weiße Haut, schlanke Gliedmaßen, ein etwas zu volles Gesicht, schwarze, lebhafte Augen [...]. Um sein Aussehen war er allzu besorgt. [...] Über seine Glatze war er sehr ärgerlich, da sie seinen Gegnern oft Anlass zu Witzen bot. Deshalb pflegte er seine Haare vom Scheitel nach vorn zu bürsten [...].

Erster Text: Hans Dieter Stöver, Caesar und der Gallier, München ^{2}2001, S. 268 f.; zweiter Text: Plutarch, Von großen Griechen und Römern, Caesar 17.2; dritter Text: Sueton, Leben der Caesaren, Caesar 45

▶ ***Lesetipps:***
- *Harald Parigger, Caesar und die Fäden der Macht, Würzburg 2006*
- *Susanne Rebscher, Julius Caesar, Bindlach 2009*

1. *Nenne Gründe, weshalb Comics oft lustig wirken (M 1, Seite 30).*
2. *Beurteile, was eine Geschichtserzählung unterhaltsam macht (M 2). Untersucht dazu in diesem Buch die Beispiele auf den Seiten 9, 81, 121 und 157.*
3. *Vergleiche das Bild von Caesar auf dem Buchumschlag (M 3) mit M 4, M 5 und Abb. 2 auf Seite 29. Was fällt dir auf?*
4. *Prüfe, welche Aussagen Stöver erfunden hat und welche er aus schriftlichen und bildlichen Quellen übernommen hat (M 3 und M 5).*

Tödlicher Machtkampf

1 **Freiheitsmütze zwischen zwei Dolchen.**
Münze von 43/42 v. Chr.
Die Münze ließ der Caesarmörder Brutus nach seiner Flucht im Osten des Reiches prägen. Die Aufschrift EID[ibus] MAR[tiis] ist die abgekürzte Datumsangabe (an den Iden des März). In der Mitte ist eine Kappe (lat. pileus) zu sehen. Solche Kopfbedeckungen trugen freigelassene Sklaven.

„Ich kam, ich sah, ich siegte"

Der Senat beobachtete misstrauisch Caesars Erfolge und seine wachsende militärische Macht. Seine Gegner fürchteten um ihre führende Stellung. Ihnen gelang es, den eifersüchtigen Pompeius auf ihre Seite zu ziehen. In einem widerrechtlichen Senatsbeschluss setzten sie Caesar als Statthalter und Heerführer ab. Caesar erfuhr davon am Rubikon, dem Grenzfluss zwischen seiner Provinz und Italien. Da er wusste, dass er ohne Amt und Truppen seinen Gegnern ausgeliefert war, überschritt er am 10. Januar 49 v. Chr. mit seinen Soldaten den kleinen Fluss Rubikon, um nach Rom zu marschieren. Ein vier Jahre dauernder Bürgerkrieg begann.
Ungehindert zog Caesar in Rom ein. Seine Gegner flohen übers Meer zu den Truppen in den Provinzen, die dem Senat unterstanden. Caesar folgte ihnen rund ums Mittelmeer. Zunächst unterwarf er Spanien, dann schlug er Pompeius in Thessalien und entschied in Ägypten einen Thronstreit zugunsten von *Kleopatra VII*. Nach weiteren Erfolgen in Nordafrika und Südspanien endete der Bürgerkrieg 45 v. Chr. Aus dieser Zeit stammen Caesars stolze Worte: „Ich kam, ich sah, ich siegte" (lat. *veni, vidi, vici*).

Caesars Reformen

Der Senat übertrug Caesar ab 48 v. Chr. immer wieder auf Zeit das Amt des Diktators, 45/44 v. Chr. erhielt er diese Stellung auf Lebenszeit. Sein Amt nutzte Caesar für einige Neuerungen:

- Die Bewohner Norditaliens erhielten das Bürgerrecht, die Städte Italiens konnten sich selbst verwalten.
- Zur Altersversorgung der Soldaten sowie für Proletarier wurden auch außerhalb Italiens Kolonien gegründet.
- In Rom erhielten nur noch 150 000 Proletarier Getreidespenden, weil die Arbeitslosigkeit gesenkt werden konnte.
- Die Zahl der Senatoren stieg auf 900; außerdem durften sie jetzt aus den Provinzen stammen.
- Ein neuer Kalender wurde eingeführt, da sich die Jahreszeiten verschoben hatten und die Bäume Ende Januar blühten.

Zugleich startete Caesar ein Bauprogramm. Er wollte den Tiber umleiten, den Hafen vergrößern und Sümpfe trockenlegen.

Mord im Senat

Der neue Senat überhäufte Caesar mit Ehrungen. Er durfte das Purpurgewand des Triumphators mit goldenem Lorbeerkranz tragen, erhielt den Ehrennamen *Vater des Vaterlandes* und sein Geburtsmonat bekam den Namen Iulius.
Caesar regierte seitdem wie ein König. Dies war für die republiktreue Minderheit im Senat unerträglich. An den *Iden des März* (15. März) 44 v. Chr. wurde Caesar vor einer Senatssitzung von einer Gruppe von Senatoren durch zahlreiche Dolchstiche getötet. Unter den Mördern war sein junger Freund *Brutus*, zu dem er sterbend gesagt haben soll: „Auch du, mein Sohn?" Die Attentäter retteten die Republik nicht.

▶ ***Lesetipp:***
Waldtraut Lewin, Wenn die Nacht am tiefsten. Caesar und Kleopatra – eine historische Liebe, Bindlach 2005

1. *Nenne die wichtigsten Ereignisse in Caesars politischer Laufbahn.*
2. *Prüfe Caesars Reformen. Welche lagen im Interesse des Staates, welche nutzten ihm selbst?*
3. *Erläutere, warum Brutus eine Münze nutzte, um auf das Ereignis aufmerksam zu machen (Abb. 1).*

M1 „Caesar und Kleopatra."
Szenenfoto aus dem amerikanischen Spielfilm „Cleopatra", 1962. Kleopatra VII., die letzte Königin von Ägypten, wurde Caesars Geliebte und gebar ihm einen Sohn. 46-44 v. Chr. lebte Kleopatra in Rom.

M2 Sueton über Caesar
Der Schriftsteller Sueton (70-140 n. Chr.) schreibt über ihn:
Seine Soldaten beurteilte er weder nach ihrer Moral noch nach ihrer äußeren Stellung, sondern nur nach ihren militärischen Fähigkeiten [...]. Weder nahm er alle Vergehen zur Kenntnis, noch bestrafte er sie ihrer Schwere entsprechend, war aber gegenüber Deserteuren* und Meuterern ein sehr strenger Richter und Rächer; im Übrigen drückte er ein Auge zu [...].
Bei Ansprachen redete er sie nicht mit „Soldaten", sondern mit dem schmeichelhafteren „Kameraden" an, und er hielt auch auf ihr Äußeres: So stattete er sie mit silber- und goldverzierten Waffen aus, einmal des Aussehens wegen, dann auch, damit sie im Kampf eher darauf achteten und Angst hätten, sie zu verlieren [...]. Auf diese Weise spornte er sie zu größter Ergebenheit und Tapferkeit an. [...]
Gegenüber seinen Freunden war Caesar immer zuvorkommend und nachsichtig [...]. Auf dem Gipfel seiner Macht erhob er auch Leute aus den untersten Schichten zu hohen Ehren [...].

Sueton, Gaius Iulius Caesar, 65ff., zit. nach: ders., Leben der Caesaren, übers. u. hrsg. von André Lambert, Reinbek 1960, S. 38f.

***Deserteur**: *Soldat, der zur Gegenseite überläuft oder seinen Platz verlässt*

M3 Plutarch über Caesar
Der griechische Schriftsteller Plutarch (siehe Seite 31, M5) berichtet:
Vor Caesars Glück indes beugten die Römer trotz alledem das Haupt und fügten sich willig ins Joch. Und da sie [...] Erholung zu finden hofften von den Leiden der Bürgerkriege, ernannten sie ihn zum Diktator auf Lebenszeit. Dies bedeutete die unverhüllte Tyrannis [...].
Wenn aber der Hass gegen Caesar immer sichtbarer hervorbrach und ihn schließlich in den Tod hineinriss, so trug daran sein Streben nach der Königswürde die Schuld. Für das Volk war dies der erste Anlass, sich von ihm abzuwenden, für seine Gegner [...] ein besonders günstiger Vorwand.

Plutarch, Große Griechen und Römer, Caesar 57 u. 60, übers. von Walter Wuhrmann, München 1994

1. *Beschreibe Caesars Auftritt auf dem Szenenfoto (M1).*
2. *Vergleiche die Äußerungen Suetons (M2) und Plutarchs (M3) über Caesar. Wie beurteilen die beiden Autoren jeweils Caesars Verhalten?*
3. *Erkundige dich im Internet nach neueren Filmen über Caesar und seine Zeit. Erstelle eine Übersicht mit Informationen über die gefundenen Filme. Diskutiert mögliche Gründe dafür, warum Caesars Leben immer wieder verfilmt wurde.*

Rettet Augustus die Republik?

1 Triumphzug auf dem Forum Romanum zur Kaiserzeit.
Rekonstruierte Ansicht von Johannes Bühlmann und Friedrich von Thiersch, 1900/02.
Auf dem Forum Romanum fanden Versammlungen, Gerichtsverhandlungen, religiöse Umzüge (Prozessionen) und Siegesfeiern (Triumphzüge) statt. So durfte beispielsweise ein Feldherr nach einer siegreichen Schlacht an der Spitze seiner Soldaten mit der Kriegsbeute und gefangenen Gegnern, die sie danach versklavten oder töteten, über das Forum ziehen.

(1) Tempel der Vesta, (2) Dioskuren-Tempel, (3) Basilica Iulia, (4) Tempel des Iuppiter, (5) Tempel des Saturn, (6) Bogen des Kaisers Tiberius, (7) Tempel des Kaisers Vespasian, (8) Staatsarchiv, (9) Tempel der Concordia, (10) Triumphbogen des Kaisers Septimius Severus, (11) Basilica Aemilia, (12) Rednertribüne, (13) Goldener Meilenstein

Gaius Octavius setzt sich durch

Um Caesars Erbe entbrannte ein neuer Bürgerkrieg. In ihm begann der Aufstieg des *Gaius Octavius*. Sein Großonkel Caesar hatte ihn adoptiert und zum Erben bestimmt; der 18-Jährige nannte sich nun *Gaius Iulius Caesar Octavianus*. Für den Krieg gegen die Caesar-Mörder verbündete Octavian sich mit *Antonius*, einem Anhänger seines Adoptivvaters.

Nach dem Sieg wollte Octavian sein Erbe nicht mit Antonius teilen. Er warf ihm vor, eine unerlaubte und für Rom gefährliche Verbindung mit der ägyptischen Königin Kleopatra eingegangen zu sein. Rom erklärte Kleopatra und Antonius den Krieg. Die Entscheidung fiel 31 v. Chr. in der *Seeschlacht bei Actium* an der Küste Griechenlands. Octavians Flotte siegte. Kleopatra und Antonius begingen Selbstmord.

Aus Octavian wird Augustus

Nach seinem Sieg über Antonius ließ Octavian mehr als 2000 politische Gegner umbringen, darunter 300 Senatoren. Er war nun der unumstrittene Herr des Römischen Reiches. Im Jahre 27 v. Chr. veranstaltete er einen Triumphzug und erklärte vor dem Senat den Rücktritt von allen Ämtern. Die Senatoren protestierten und baten ihn, wenigstens in den von Feinden bedrohten Provinzen den Oberbefehl zu behalten. Als er zögernd zustimmte, wurde er vom Senat mit Ehrungen überhäuft. Dazu verlieh man ihm den Ehrennamen *Augustus* (dt. „der Erhabene"; daraus wurde später die Formel *Imperator Augustus*, dt. Kaiserliche Majestät).

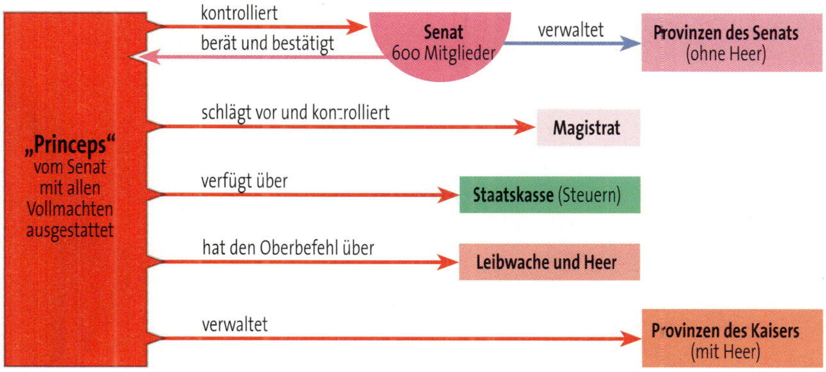

2 Wie viel Macht hat der „erste Bürger“?
■ *Vergleiche die Macht des Senats mit der des „Princeps“.*

Ein mächtiger Mann

Augustus – unter diesem Namen ging Octavian in die Geschichte ein – behielt lebenslang den Oberbefehl über alle römischen Truppen. Hinzu kamen bald weitere Rechte:

- Augustus erhielt auf Dauer die Rechte eines Volkstribunen; sie schützten ihn vor gerichtlicher Verfolgung und gaben ihm die Möglichkeit, Gesetze vor die Volksversammlung zu bringen.
- Er erfüllte die Aufgaben eines Zensors, einschließlich der Auswahl der Senatoren.
- Er übernahm das Amt des Ersten Priesters, des obersten Wächters über Religion und Sitten.

Das Heer wurde von Augustus neu organisiert. Es entstand eine auch im Frieden ständig einsatzbereite Truppe aus 28 Legionen und etwa 150 000 Mann mit zwanzigjähriger oder längerer Dienstzeit: das *stehende Heer*. Augustus behielt sich die Versorgung der Soldaten vor. Sie mussten ihm Treue schwören. Die höchsten Kommandostellen vergab er selbst.

Augustus änderte auch die Verwaltung. Der Senat behielt nur die Aufsicht über die befriedeten Provinzen. Die Verantwortung für die gefährdeten Provinzen, in denen die Legionen stationiert waren, lag bei Augustus.

„Erster Bürger“

Hinter einer republikanischen Fassade entstand eine Monarchie, ein Kaiserreich. Augustus aber behauptete, die Republik wiederhergestellt zu haben. Er übertreffe die vom Volk gewählten Magistrate nicht an Macht, sondern nur durch das Maß der Verantwortung und sein persönliches Ansehen. In der Öffentlichkeit trug er wie die übrigen Senatoren die purpurgesäumte Toga. Er sah sich als *Princeps*, als „ersten Bürger“ (lat. *princeps civium*) des Staates. Nach dieser Bezeichnung erhielt die Herrschaftsform des Augustus ihren Namen: der *Prinzipat*.

Die Kaiserzeit beginnt

Für weite Teile der Bevölkerung war es Augustus, der die über 100 Jahre andauernden Bürgerkriege beendet und eine Zeit des Friedens und Wohlstandes eingeleitet hatte: die *Pax Augusta*. Augustus setzte den Ausbau Roms zur prunkvollen Hauptstadt fort und rühmte sich später, „eine Stadt aus Ziegelsteinen vorgefunden und eine aus Marmor hinterlassen“ zu haben. Die von ihm durchgeführten Spiele für das Volk übertrafen die seiner Vorgänger – von denen Caesars abgesehen. Kunstwerke, Inschriften und Münzen verbreiteten seine Taten. Zahlreiche Dichter verkündeten, mit Augustus sei ein „goldenes Zeitalter“ angebrochen.

Als die Frage anstand, wer ihm nach seinem Tod folgen solle, bestimmte Augustus, der keine leiblichen Söhne hatte, seinen Stiefsohn *Tiberius* zu seinem Nachfolger. Ihm vererbte er mit Zustimmung des Senats seine außerordentliche Macht. Damit begann die eigentliche Kaiserzeit. Sie dauerte beinahe fünf Jahrhunderte.

3 Römischer Adler.
Schmuckstück (Durchmesser: 22 cm), 1. Jh. n. Chr. (die Fassung stammt aus dem 16. Jh.).
Der Adler, der Vogel Iuppiters (Zeus'), wurde zum Sinnbild der kaiserlichen Macht; in seinen Klauen hält er außer dem Eichenkranz einen Palmenzweig, das Ehrenzeichen für eine siegreiche Schlacht.

■ *Vergleicht die politischen Laufbahnen von Caesar und Augustus. Diskutiert, weshalb Augustus nicht von den Senatoren ermordet wurde.*

M 1 **Augustus legt Rechenschaft ab**

Augustus fasst in seinem 76. Lebensjahr sein gesamtes politisches Handeln in einem „Tatenbericht" zusammen. Dieser wird nach seinem Tode im Senat verlesen und seinem Wunsch gemäß dann in Bronzetafeln eingraviert und vor seinem Grabmal in Rom aufgestellt. In Ankara (Türkei) hat man eine Kopie des Textes an der Wand des dortigen Augustus-Tempels gefunden.

Im Alter von 19 Jahren stellte ich aus eigenem Entschluss und aus eigenen Mitteln ein Heer auf, mit dem ich die Gewaltherrschaft einer Partei in Rom beendete und die Republik in die Freiheit zurückführte [...].

Die meinen Vater getötet haben, habe ich in die Fremde getrieben und sie für ihre Tat in rechtmäßigen fünf Prozessen bestraft [...].

Ich habe zu Wasser und zu Land [...] Kriege auf dem ganzen Erdkreis geführt und als Sieger allen Bürgern Schonung gewährt, wenn sie um Verzeihung baten [...].

Die Diktatur, die mir in Abwesenheit und Anwesenheit vom Volk und Senat einstimmig angeboten wurde, habe ich nicht angenommen.

Princeps des Senats war ich bis zu dem Tag, an dem ich dies schrieb, 40 Jahre lang.

Die Senatsliste habe ich dreimal erneuert und drei Volkszählungen* durchgeführt [...].

Die Tür des Ianus-Tempels, den unsere Vorfahren geschlossen haben wollten, wenn im ganzen Reich durch Siege gewonnener Friede eingetreten sei, was vor meiner Geburt seit der Gründung der Stadt zweimal geschehen war, ist unter meiner Führung durch Senatsbeschluss dreimal geschlossen worden.

Viermal habe ich mit meinem Geld die Staatskasse unterstützt [...]. Aus meinem Erbe habe ich in die Kriegskasse bezahlt, damit die Soldaten, die 20 Jahre und mehr gedient hatten, Prämien bekamen.**

Augustus, Res gestae, ausgewählt und übersetzt von Klaus Gast

**„Es begab sich aber zu der Zeit, dass ein Gebot von dem Kaiser Augustus ausging, dass alle Welt geschätzet würde ..." Kennst du diesen Text? Erkundige dich nach seiner Fortsetzung!*

***Augustus nennt Beträge von zusammen fast einer Milliarde Sesterzen (an Kaufkraft heute etwa sechs Milliarden €). Er zählt seine Bauten auf, darunter elf neu erbaute und 82 renovierte Tempel.*

M 2 **Bildnis des Augustus.**

Etwa 8 cm hoher Anhänger, 2. Jh. n. Chr. (die Fassung stammt aus dem 17. Jh.).

Im Jahre 27 v. Chr. erhielt Augustus vom Senat „für die Rettung aller Bürger" die „corona civica", den Eichenkranz. Er wurde seit Langem für die Rettung eines Mitbürgers in der Schlacht verliehen. Lies dazu nochmals M 1, Seite 27. Dieses Ehrenzeichen nahm später mehr und mehr den Charakter eines Herrschaftssymbols an.

M 3 **Wie die kaiserliche Macht entsteht**

Der wohl bedeutendste römische Historiker, der Senator Cornelius Tacitus (um 56-117 n. Chr.), schreibt:

Sobald Augustus das Militär mit Geschenken, das Volk durch Getreidespenden, alle miteinander durch die Annehmlichkeit einer Friedenszeit für sich gewonnen hatte, erhob er allmählich höher sein Haupt und zog die Befugnisse des Senats, der Staatsverwaltung und der Gesetzgebung an sich. Dabei fand er keinen Widersacher, da die tatkräftigsten Männer auf den Schlachtfeldern geblieben oder den öffentlichen Verfolgungen zum Opfer gefallen waren, während die übriggebliebenen Angehörigen der Nobilität bereitwillig das Joch der Knechtschaft auf sich nahmen und dafür umso höher an Reichtum und Ehren stiegen [...].

So hatte sich denn die Staatsform gewandelt [...]. Die Gleichheit der Staatsbürger war beseitigt, und alle schauten nur noch auf die Befehle des Princeps [...].

Tacitus, Annalen I.2, übers. von Walther Sontheimer, Stuttgart 1964 (vereinfacht)

1. *Die Textquellen (M 1 und M 3) stellen unterschiedlich dar, wie die Macht ausgebaut und gesichert wurde. Gib beide Sichtweisen wieder.*
2. *Erkläre, wie es zu den verschiedenen Darstellungen (M 1 und M 3) kommen konnte.*
3. *Nenne das Herrschaftssymbol, das seit Augustus alle Kaiser trugen (M 2).*

Eine Statue als Quelle?

Auf die Wirkung kommt es an

Herrscherstandbilder sollen auf die Betrachter wirken. Um sie beurteilen zu können, müssen wir sie zunächst als Ganzes und dann in ihren Einzelheiten betrachten. Wichtig sind Größe, Kopf-, Arm- und Beinhaltung, Blickrichtung, Kleidung und Beigaben. Die Besonderheiten sind nicht zufällig gewählt, sondern sollen etwas Bestimmtes aussagen. Aus ihnen können wir erschließen, wie sich der Herrscher sah und wie er vom Volk gesehen werden wollte.

An der Augustus-Statue fällt auf:

- Augustus war etwa 1,70 m groß. Die Höhe der Statue beträgt aber 2,04 m.
- Augustus trägt einen verzierten Brustpanzer und eine Lanze.
- Die Römer stellten nur ihre Götter barfuß dar.
- Die kleine Figur am rechten Bein soll der Liebesgott *Amor* sein, ein Kind der *Venus*, der Göttin der Liebe und Schönheit und der angeblichen Stammesmutter der Familie von Caesar und Augustus.

M1 Augustus.
Kopie einer Statue aus Primaporta bei Rom, nach 20 v. Chr.
Die farbige Rekonstruktion von 1998/99 geht auf die Marmorstatue zurück, die 1863 in der Villa der Livia, der Frau des Augustus, gefunden wurde und heute in den Vatikanischen Museen in Rom zu sehen ist.
Die Bemalung wurde nach Farbspuren der Originalstatue rekonstruiert. Die Lanze ist hinzugefügt worden.
Augustus trägt einen Brustpanzer, auf dem dargestellt ist, wie der König der Parther dem Kriegsgott Mars die römischen Feldzeichen übergibt. Augustus hatte die Rückgabe der Feldzeichen 20 v. Chr. erreicht, nachdem die Römer sie in einer Schlacht 53 v. Chr. verloren hatten. Um die Hüfte geschlungen hat Augustus einen Feldherrnmantel, seine rechte Hand erhebt er in der Geste einer Ansprache an die Soldaten.

1. *Die Statue wurde wahrscheinlich im Auftrag des Senats aufgestellt. Untersucht, was sie den Bürgern bereits aus der Ferne und was sie ihnen bei näherer Betrachtung zeigen sollte.*
2. *Vergleiche Haltung und Geste mit der des „Volksredners" (Abb. 1, Seite 15).*
3. *Informiert euch, wie Staatsoberhäupter heute öffentlich dargestellt werden. Sucht Beispiele!*

Wo schlägt Arminius die Römer?

1 Das Hermannsdenkmal bei Detmold.
Foto, um 2000.
Es ist bis zur Schwertspitze 26 m hoch und steht auf einem ebenso hohen Unterbau. Das Denkmal wurde 1875 auf Wunsch vieler Bürger und mit Unterstützung des deutschen Kaisers errichtet.

▶ ***Internettipp:***
www.hermannsdenkmal.de

2 Der Hinterhalt der Germanen.
Das Foto wurde Pfingsten 2003 im Museum und Park Kalkriese anlässlich der „Römer- und Germanentage" aufgenommen. Es zeigt den rekonstruierten Wall mit einigen „Germanen".

Ein Denkmal steht falsch

An Sommerwochenenden wandern viele Touristen nach Hiddesen, einem kleinen Ort in der Nähe von Detmold in Ostwestfalen-Lippe. Ihr Ziel ist das Hermannsdenkmal. Es erinnert an den Sieg der Germanen über die Römer im Jahre 9 n.Chr. Damals hatte der Cheruskerfürst *Arminius*, ein in römischen Diensten stehender Offizier, der später „Hermann" genannt wurde, den Feldherrn *Varus* mit drei Legionen in eine Falle gelockt und nach drei Tagen besiegt. Die Römer verloren etwa 20000 Mann und zogen sich danach an den Rhein zurück. Ihre Eroberungspolitik gaben sie trotzdem nicht auf. Geschichtsschreiber haben später die Varus-Schlacht als den Anfang vom Ende der römischen Herrschaft in Germanien dargestellt. Sie sei ein Grund dafür gewesen, weshalb der mittlere und nördliche Teil Deutschlands und Europas nicht römisch wurde.
Wo genau die unter Arminius kämpfenden Germanen die Römer besiegten, ist noch immer umstritten. Die entscheidende Schlacht fand aber mit Sicherheit nicht da statt, wo das Hermannsdenkmal steht. Archäologen fanden dort keine Spuren eines größeren Kampfes.

Münzen weisen den Weg

Bereits 1884 hatte der Altertumsforscher *Theodor Mommsen* nach der Auswertung von Münzen behauptet, die Schlacht sei in Kalkriese bei Bramsche etwa 20 Kilometer nördlich von Osnabrück geschlagen worden. Seine Kritiker warfen ihm vor, ein paar römische Geldstücke seien kein Beweis für den Untergang von drei Legionen.
Hundert Jahre nach Mommsen zog ein Hobby-Archäologe mit einem Metallsuchgerät über die Wiesen und Felder bei Kalkriese. Er fand 160 Münzen. Das Auffallende daran: Sie alle waren vor 9 n.Chr. geprägt worden. Noch sensationeller war ein anderer Fund: drei knapp 4 cm lange Schleudergeschosse, wie sie römische Soldaten benutzten.
Ende der 1980er-Jahre begannen Wissenschaftler in Kalkriese mit systematischen Grabungen. Sie fanden römische Wurfspieße, Teile von Helmen, Schilden und Pferdegeschirr, Werkzeuge, Münzen, medizinische Instrumente und Alltagsgegenstände – vom Besteck bis zu Spielsteinen. Sie entdeckten auch eine von den Germanen errichtete Wallanlage, die diesen als Hinterhalt diente. Die Funde belegen: Bei Kalkriese fand eine Schlacht statt. Ob es die Varus-Schlacht war, diskutieren Forscher noch immer.

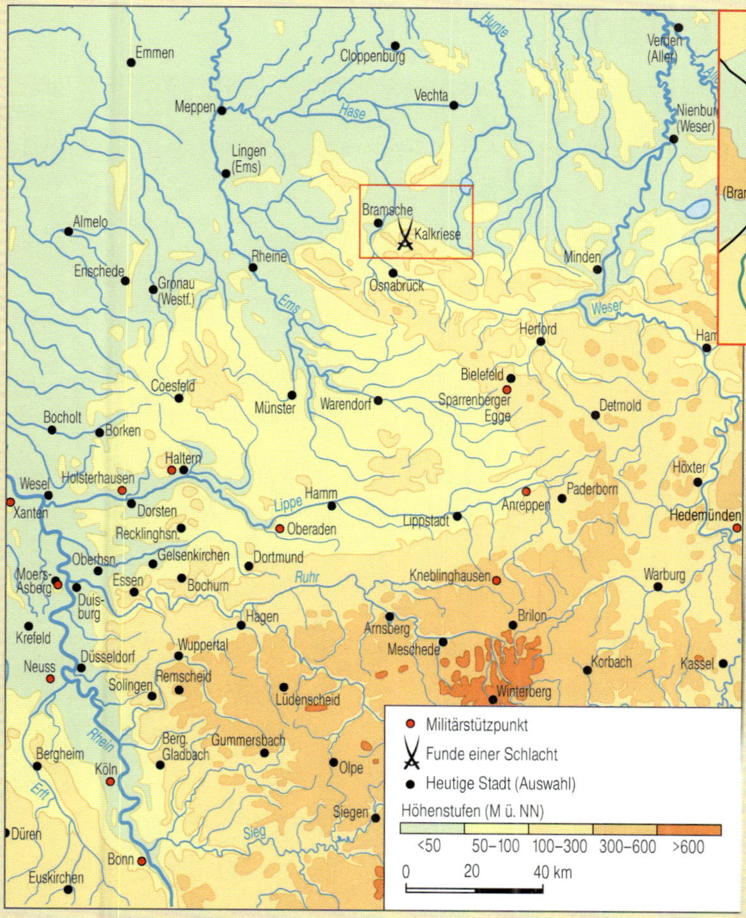

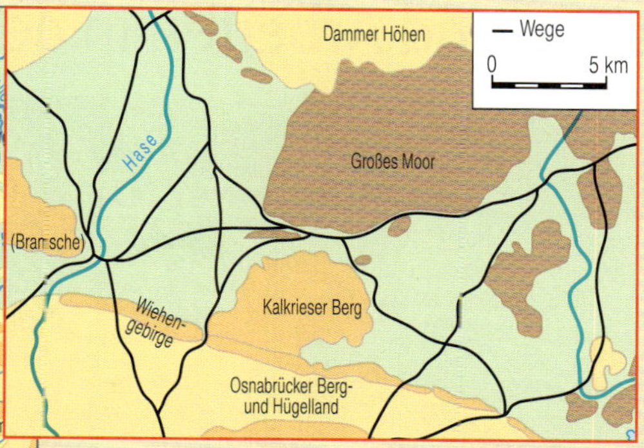

M1 Lage und landschaftliche Gliederung des Fundplatzes Kalkriese.

M2 Zwei Geschossspitzen, ein Lanzenschuh, drei Lanzenspitzen.
Länge der größten Lanzenspitze: 20,5 cm.

M3 Eiserne, ursprünglich mit Silberblech überzogene Maske.
Teil eines etwa 17 cm hohen Prunkhelms, der vor allem bei Paraden getragen wurde. Links: kaum zu erkennender Rostklumpen. Rechts: restaurierter Zustand.

M4 Alltagsgeld der römischen Soldaten.
Diese in Kalkriese gefundene Kupfermünze (As) wurde 8-3 v. Chr. geprägt. Sie trägt einen Stempel mit den Buchstaben VAR (= Varus).
Varus, der in der Schlacht fiel, war seit 7 n. Chr. Statthalter und Oberbefehlshaber in Germanien. Vermutlich hat er die mit seinem Kürzel versehenen Münzen an die Soldaten ausgegeben.

▶ ***Lesetipps:***
- *Matthias Raidt/Christoph Haußner, Drei Legionen für Rom. Ein Abenteuer um die Varusschlacht, Mainz 2008*
- *Hans Dieter Stöver, Der Sieg über Varus, München 2009*

▶ ***Internettipps:*** *Über den Ort und die Schlacht informieren*
- *www.kalkriese-varusschlacht.de*
- *www.planet-wissen.de (Die Varusschlacht)*
- *www.varusschlacht2009.de*

1. *Nennt Gründe, weshalb die Funde des Hobby-Archäologen die Wissenschaftler aufmerksam gemacht haben.*
2. *Untersucht, warum das Denkmal (Abb. 1, Seite 38) errichtet wurde. Wie wurde damit die Varus-Schlacht gedeutet?*
3. *Untersucht, inwiefern die Karten (M1) einen Anhaltspunkt für den Ort des Überfalls liefern.*
4. *Erläutert, welche Funde in Kalkriese noch gemacht werden müssten, um zu bestätigen oder zu widerlegen, dass die Varus-Schlacht dort stattgefunden hat.*

Leben und Arbeiten in der Stadt

Einsturzrisiko

In Rom lebten im 3. Jh. n. Chr. knapp eine Million Menschen. Die meisten sorgten sich um ein ausreichendes Einkommen, einen sicheren Arbeitsplatz oder eine Wohnung. Grundstücke waren Mangelware. Freistehende Stadthäuser konnten sich nur sehr reiche Familien leisten. Die einfache Bevölkerung lebte auf engstem Raum in großen Mietshäusern. Mauern und Wände bestanden aus dünnem Holz oder Fachwerk, das für Risse anfällig war. Die Bauunternehmer sparten an Ziegelsteinen, Mörtel und Zement. Häufig stürzten Häuser ein. Möglicherweise wurde deshalb im 1. Jh. n. Chr. die Höhe der Mietshäuser in Rom auf etwa 21 m (sechs Stockwerke), später auf rund 18 m begrenzt.

Feuergefahr

Im Erdgeschoss der Stadthäuser lagen Läden mit Werkstätten oder Lagern. In den ersten und zweiten Etagen befanden sich jeweils drei bis fünf Räume, in den höheren Stockwerken wurden sie immer kleiner und dunkler. Es gab kein fließendes Wasser.

Eine ständige Gefahr war das Feuer. Wenn ein Bewohner unvorsichtig mit einer Fackel, einer Kerze oder einem Wärmebecken umging, konnte ein ganzes Stadtviertel in Flammen aufgehen. Die römische Feuerwehr, die unter Augustus aus 7000 Mann bestand, kam oft zu spät.

Getreide kam per Schiff

Zur Versorgung Roms wurden jährlich etwa 270000 Tonnen Getreide, meist aus Sizilien, Sardinien, Ägypten und Afrika, eingeführt. Kaiserliche Frachtschiffe brachten Korn, Wein, Olivenöl und andere Güter nach Ostia, dem Seehafen Roms. Lastkähne transportierten die Waren dann über den Tiber in die Stadt.

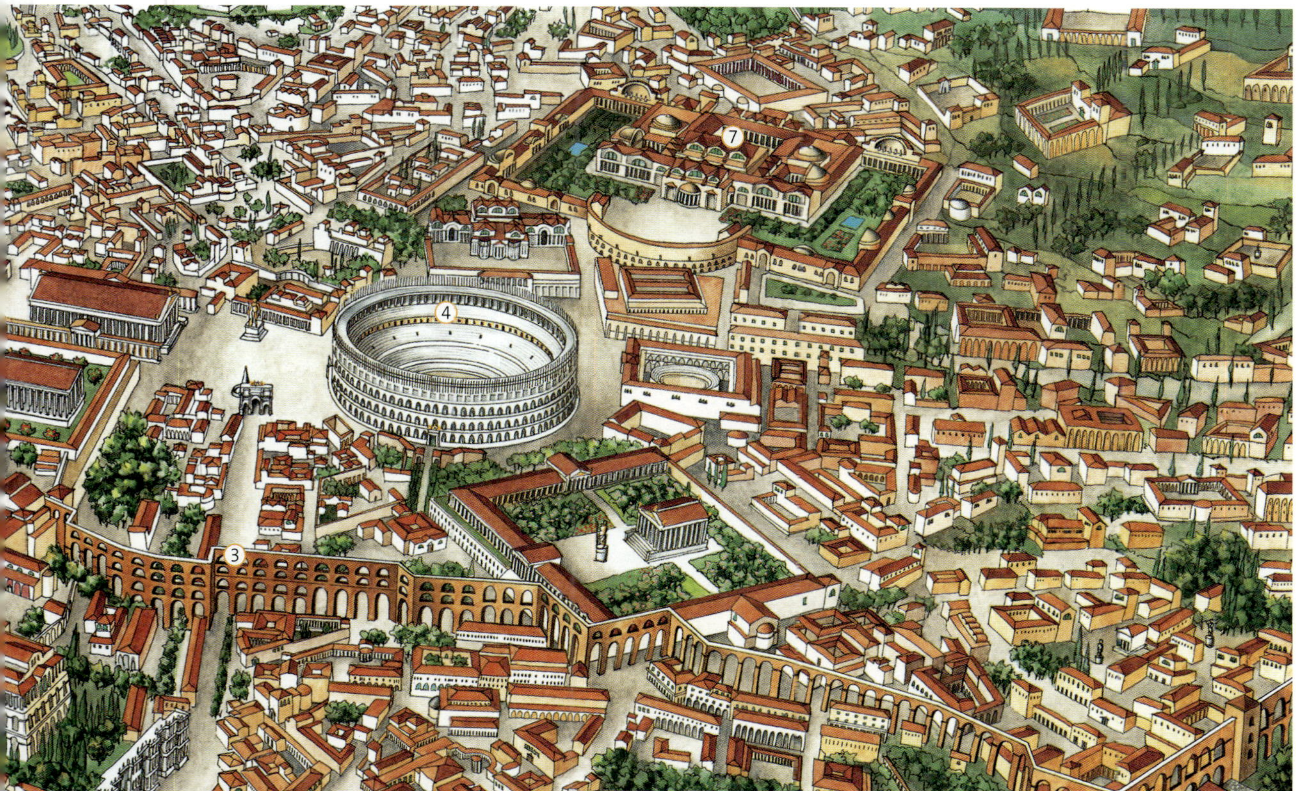

1 Rom zur späten Kaiserzeit im 4. Jh. n. Chr.
Rekonstruktionszeichnung auf der Grundlage des Stadtmodells von Italo Gismondi, das 1935 begonnen und erst 1971 fertig wurde.

① **Circus Maximus**: *der älteste und größte Circus in Rom – die Wagenrennbahn war 600 m lang und 150 m breit, hier soll Platz für 225 000 Zuschauer gewesen sein*
② **Palatin**: *bevorzugtes Wohngebiet der Herrscher*
③ **Wasserleitungen** *(Aquädukte) des Kaisers Claudius (1. Jh.)*
④ **Kolosseum** *(siehe Seite 46)*
⑤ **Forum Romanum** *(siehe Seite 34)*
⑥ **Tempel des Iuppiter** *auf dem Kapitol*
⑦ **Thermen des Kaisers Traian** *(Anfang des 2. Jh.)*

2 Rom in der Antike.

▶ ***Lesetipp:***
Stephan Biesty, Rom. Ein Spaziergang durch die ewige Stadt, München/Wien 2003

▶ ***Internettipps:***
Über das antike Rom findest du Informationen unter:

- *www.planet-wissen.de (Das antike Rom)*
- *www.roma-antiqua.de*
- *www.die-roemer-online.de*

M2 Geschäfts- und Wohnhaus, 2. Jh. n. Chr.
Modell.
In solchen Mietshäusern (lat. insulae), die in Rom noch zwei Stockwerke höher sein konnten, lebte die Masse der städtischen Bevölkerung. Im 4. Jh. gab es in Rom etwa 47 000 solcher Häuser.

M1 Rom – ein Albtraum?

Der römische Dichter Juvenal (um 60-140 n. Chr.) stellt das Großstadtleben so dar:

Hier sterben viele, weil Schlaflosigkeit sie krank gemacht hat; denn in welcher Mietwohnung kann man schlafen? Sehr reich muss man sein, um in Rom schlafen zu können. Das ist die Hauptursache des Übels: Wagen biegen in scharfer Wendung um die Straßenecken, die Treiber schimpfen laut, wenn ihre Herde nicht weiter kann [...].
Und sieh nur, mit wie viel Rauch die Überreichung des Essens zum Mitnehmen vor sich geht. Da sind hundert „Gäste", deren jeder seinen Wärmeapparat [gemeint ist ein kleiner Holzkohleofen] hinter sich hertragen lässt [...].
Auf dem Karren, der dir entgegenkommt, schwankt gefährlich ein langer Fichtenstamm, auf einem anderen Wagen führt man Pinienholz, das hochgetürmt bebt und die Passanten bedroht. Wenn aber ein mit Marmorblöcken beladener Karren umkippt und seine Ladung auf die dichte Menschenmenge ergießt, was bleibt da noch vom Körper übrig? [...]
Betrachte jetzt noch andere Gefahren der Nacht: Wie hoch die Häuser sind, von denen dir ein Dachziegel auf den Schädel fällt, wie oft man ein undichtes oder gesprungenes Gefäß aus dem Fenster wirft, mit welcher Wucht sie auf dem Pflaster ihre Spuren hinterlassen oder sie zerbrechen. Für leichtsinnig magst du gelten oder als einer, der sich vor plötzlichem Unfall nicht vorsehen will, wenn du zum Abendessen ausgehst, ohne dein Testament gemacht zu haben. So viele Gefahren bedrohen dich, wie beleuchtete Fenster offen stehen, unter denen du vorbeigehst.
Begnüge dich also mit der kläglichen Hoffnung, dass man wenigstens nur den Inhalt flacher Becken* auf dich ausleert.

Juvenal, Satiren, übers. von Harry C. Schnur, Stuttgart 1969, S. 36 f. (vereinfacht)

**Gemeint sind Nachttöpfe.*

M3 Typische Küche aus dem 1. Jh. n. Chr.
Rekonstruktionszeichnung von Peter Connolly (Ausschnitt), um 1990. Neben dem Herd befindet sich die Toilette.

1. *Beschreibe die Gefahren, die einem Fußgänger drohten (M 1).*
2. *Juvenal hat Umweltprobleme erkannt (M 1). Nenne sie!*
3. *Vergleiche ein römisches Geschäfts- und Wohnhaus (M 2) mit einem modernen von heute.*
4. *Beschreibe die Küche (M 3). Was hat sich gegenüber damals alles verändert?*

M4 Geschäftsstraße im antiken Pompeji.
Rekonstruktionszeichnung von Peter Connolly, 1979.
Die süditalienische Hafen- und Marktstadt Pompeji wurde 79 n. Chr. durch den Ausbruch des Vulkans Vesuv unter einer zum Teil über 5 m hohen Aschenschicht begraben; etwa 2000 (von 10000) Einwohner sollen dabei umgekommen sein. Erst im 18. Jh. wurde die verschüttete Stadt wiederentdeckt. Inzwischen haben Archäologen den größten Teil der Stadt freigelegt. Von Rom abgesehen, gibt es keine andere Stadt, an der sich das antike Leben in seiner Vielfalt besser zeigen ließe, als Pompeji.

▶ ***Lesetipps:***
- *Josef C. Grund, Asche auf Pompeji, Würzburg 2003*
- *Melanie Rice u.a., Pompeji. Der Untergang einer Stadt, Hildesheim 2007*
- *Simone van der Vlugt, Chloe – Die Zerstörung von Pompeji, München 2006*

M5 Haus in Pompeji.
Rekonstruktionszeichnung, um 1980.

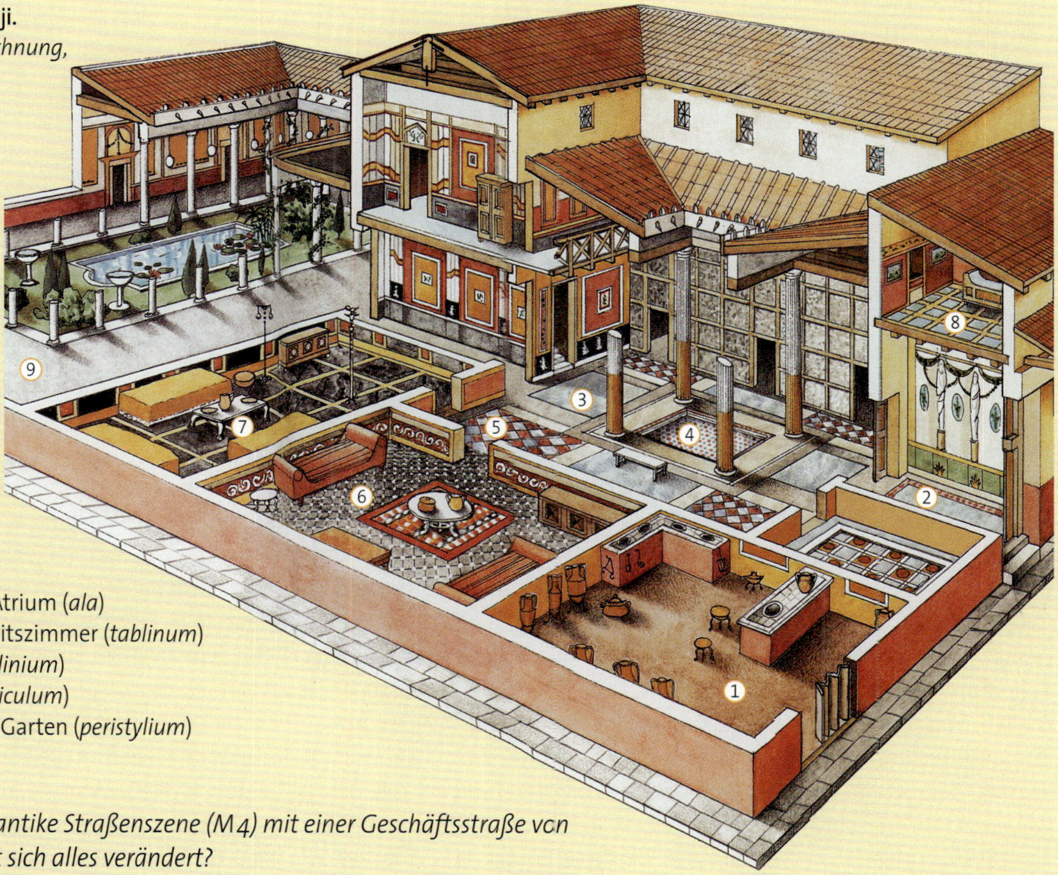

① Geschäft, Lokal (*taberna*)
② Flur (*fauces*)
③ Eingangshalle (*atrium*)
④ Wasserbecken (*impluvium*)
⑤ Seitenraum im Atrium (*ala*)
⑥ Empfangs-, Arbeitszimmer (*tablinum*)
⑦ Speiseraum (*triclinium*)
⑧ Schlafraum (*cubiculum*)
⑨ Säulengang mit Garten (*peristylium*)

1. *Vergleiche die antike Straßenszene (M4) mit einer Geschäftsstraße von heute. Was hat sich alles verändert?*
2. *Erkläre, woran man erkennen kann, dass es sich bei M5 um ein Stadthaus in einem warmen Land handelt.*
3. *Stelle dir vor, du stehst in der Eingangshalle (atrium) des Hauses. Nenne die Räume, in die du gehen oder hineinsehen kannst (M5).*

Umgang mit der Natur

1 Öffentliche Badeanlage.
Rekonstruktionszeichnung von Peter Connolly, 1979.
Die Abbildung zeigt eines von drei großen Bädern in Pompeji. Badende gingen zunächst in einen ① ungeheizten Raum (frigidarium) und nahmen ein kurzes, kaltes Bad. Danach kamen sie in einen ② Warmluftraum (tepidarium). Von dort aus ging es ins ③ caldarium, einen Raum voller Dampf mit heißen Bädern und einem warmen Brunnen zum Waschen, ähnlich der heutigen Sauna. Wer heiß gebadet oder geschwitzt hatte, konnte sich von Masseuren durchkneten lassen und sich im Kaltbad oder im großen Schwimmbecken unter freiem Himmel erfrischen.

■ *Die Badeanlagen belasteten die Umwelt. Erläutere diese Aussage.*

Wasser für Rom

„Die Wassermengen, die in die Stadt geführt werden, sind so groß, dass ganze Flüsse durch die Stadt und die unterirdischen Kanäle strömen, dass nahezu jedes Haus Wasserbehälter und Wasserleitungen hat und reichlich sprudelnde Brunnen besitzt“, schrieb der Grieche *Strabon* im 1. Jh. n. Chr. Damals hatte Rom sieben große Fernwasserleitungen, später elf. Die Bevölkerung holte das Wasser aus öffentlichen Brunnen. Im 4. Jh. n. Chr. gab es in Rom davon 1350; ein Brunnen je Hektar Stadtfläche. Nur der Kaiserpalast und die Häuser reicher Bürger hatten Direktanschlüsse.

Viel Wasser verbrauchten die Bäder. Allein in Rom gab es im 4. Jh. n. Chr. neben fast 900 kleinen Badeanstalten elf große *Thermen* (dt. warme Bäder), oft riesige Anlagen mit Baderäumen, Wandelgängen, Läden, Gaststätten, Bibliotheken, Museen, Gärten, Sportplätzen und Parkanlagen.

Das überfließende Brunnenwasser und das verbrauchte Wasser der öffentlichen Badeanstalten, Toiletten und gewerblichen Einrichtungen wurde in ein unterirdisches Kanalsystem geleitet, dessen Zentrum die Cloaca maxima war, eine gewaltige Abwasseranlage in der Stadtmitte. Von dort flossen die Abwässer in den Tiber. Die meisten europäischen Großstädte erhielten erst vor 100 Jahren ein vergleichbares Abwassernetz.

Die Umwelt leidet

Der Städte- und Straßenbau sowie der Bergbau und die Landwirtschaft veränderten die Natur. Kriege verwüsteten die Äcker, denn die Vernichtung von Ernten gehörte zur Kriegsführung. Auch die Nutzung von Rohstoffen schadete der Umwelt. Holz wurde nicht nur für Häuser, Brücken und Schiffe benötigt, sondern auch zum Heizen öffentlicher Bäder und privater Häuser sowie für die Metallverarbeitung.

Um den Bedarf zu decken, entwaldeten die Römer wie schon die Griechen das Landesinnere sowie die Küsten des Mittelmeeres. Auch Flusstäler wurden gerodet. Bei starkem Regen riss nun das Wasser das Erdreich mit sich. Der Schlamm lagerte sich an den Mündungen der Flüsse ab. Einige Häfen wie Milet in Kleinasien, Ravenna und Ostia in Italien verlandeten.

Der Abbau von Metallen und Gesteinen veränderte die Landschaft. In Spanien förderten die Römer Silbererze aus über 200 m tiefen Stollen. Was sie nicht wussten: An manchen Orten enthielten die Abraumhalden Schwermetalle wie Blei, die das Wasser, die Pflanzen und die Menschen belasteten.

M1 **Der Tiber – eine trübe und dreckige Brühe**

Der Lehrer und Forscher Karl-Wilhelm Weeber schreibt in einem 1993 veröffentlichten Buch:

Der Tiber dürfte angesichts der hohen Konzentration von Abfällen und Schmutzwasser [...] im Stadtgebiet Roms schon damals eine trübe, dreckige Brühe gewesen sein [...]. Unangenehm – und unhygienisch – wurde es, wenn der Tiber Hochwasser führte. Dann überschwemmten die Fluten des Stromes nicht nur die niedriger gelegenen Stadtgebiete, sondern es bestand auch große Rückstaugefahr: Vieles von dem, was zuvor in die Kanalisation gelangt war, wurde dann auf die Straßen zurückgeschwemmt; keine schöne Vorstellung, wenn man sich klarmacht, dass außer Toilettenrückständen auch Tierhäute, Aas und ähnlich eklige Abfälle wieder auftauchten.

Karl-Wilhelm Weeber, Smog über Attika. Umweltverhalten im Altertum, Zürich – München 1993, S. 126 (vereinfacht)

M3 **Wasserver- und -entsorgung in Ostia bei Rom.**
Zeichnung von A. Pascolini, 1980.

M2 **Umweltschutz im alten Rom**

Im 2./3. Jh. n. Chr. gibt es bereits verschiedene Maßnahmen, um die Umweltprobleme in den Griff zu bekommen. Der Rechtsgelehrte Günter Heine schreibt:

Nach dem römischen Recht hatte der Eigentümer eines Grundstückes das Eindringen von Wasser, Rauch usw. vom Nachbargrundstück nur dann zu dulden, wenn es das gewöhnliche Maß nicht überschritt. Der Staat versuchte bereits zu dieser Zeit, mit Verordnungen die Wasser- und Luftverschmutzung in den Griff zu bekommen: So gab es in Rom schon im Jahre 235 eine Verordnung, nach der die Betriebe der Gerber, Ölpresser und Wäscher (mit Harnstoffen) nur jenseits des Tibers liegen durften, dort also, wo keine Wohnsiedlungen standen. Ähnlich durften die Schmelzöfen der Glasfabriken wegen ihrer luftverunreinigenden Abgase nur in einem begrenzten Stadtgebiet angesiedelt werden. Ferner sahen bereits frühe Bauordnungen der Städte Zuzugsbeschränkungen für besonders laute Handwerksbetriebe vor.

Günter Heine, Ökologie und Recht in historischer Sicht, in: Hermann Lübbe/Elisabeth Ströker (Hrsg.), Ökologische Probleme im kulturellen Wandel, München 1986, S. 119 f. (der Text wurde stark vereinfacht)

M4 **Latrine in Ostia bei Rom, 1. Jh. n. Chr.**
Foto von 2000.
In den meisten Wohnungen der großen Mietshäuser (siehe M2, Seite 42) gab es keine Toiletten. Die Bewohner waren auf öffentliche Latrinen angewiesen. Sie waren über eine Drehtüre zu erreichen und bestanden aus aneinandergereihten Marmorsitzen. Darunter befand sich ein Kanal, dessen Wasser zur Spülung diente. In der Rinne am Boden vor den Sitzen floss Wasser zum anschließenden Händewaschen.

1. *Stelle fest, in welchen Bereichen die Römer umweltbewusst waren (M1 bis M4).*
2. *Täglich flossen rund 500 000 m^3 Trinkwasser in die Stadt Rom. Findet heraus, wie groß das Wasserangebot pro Einwohner war. Vergleicht den Wert mit heutigen Verhältnissen. Informiert euch dazu über den Wasserbedarf in eurer Gemeinde oder bei den Stadtwerken.*
3. *Erkundigt euch über Maßnahmen, die heute zur Reinhaltung der Gewässer getroffen werden.*

„Brot und Spiele“

1 Das Kolosseum in Rom.
Foto, um 2005.
Das Amphitheater (griech. amphi: ringsum) wurde zwischen 72 und 80 n. Chr. gebaut. Der Name „Kolosseum“ stammt von einem in der Nähe des Theaters stehenden fast 40 m hohen Standbild (Koloss) eines Kaisers.

Vergnügungen für die Masse

Die Bürger des Römischen Reiches hatten viel Freizeit. Ihr Kalender sah zahlreiche staatliche und religiöse Feste zu Ehren der Götter und Göttinnen vor. In der Kaiserzeit wetteiferten die Herrscher darum, immer neue Feiertage einzuführen, um ihr Ansehen zu vergrößern. Gab es am Ende der Republik jährlich 65 Feiertage, so waren es in der Mitte des 4. Jh. fast 180.
Meist fanden an den Festtagen Umzüge und Theateraufführungen statt, zumindest in allen größeren Städten des Reiches. Die Masse bevorzugte öffentliche Spiele, deren Eintritt kostenlos war: Im Circus Maximus in Rom fanden die spannendsten Wagenrennen statt. Blutige Gladiatorenkämpfe oder Tierhetzen mit Löwen, Panthern, Bären, Stieren, Elefanten oder Nashörnern wurden in allen Amphitheatern des Reiches geboten.

▶ ***Lesetipp:***
Franjo Terhart, Der Sohn des Gladiators. Ein Mitratekrimi aus dem Alten Rom, München 2007

„Brot und Spiele“

Die öffentlichen Spiele waren mehr als ein Vergnügen. Sie waren religiösen Ursprungs und hatten auch eine politische Bedeutung. Augustus und seine Nachfolger übernahmen deshalb die Kontrolle über sie. Während der Kaiserzeit waren die Spiele ein Ersatz für Volksversammlungen. In Gegenwart der Herrscher und der Senatoren erhoben die Zuschauer oft in Sprechchören Forderungen nach Steuererleichterungen oder einer besseren Getreideversorgung. Zeitgenossen behaupteten, das Volk interessiere sich nur für zwei Dinge: „Brot und Spiele“ (lat. *panem et circenses*).

2 Das Kolosseum in Rom.
Rekonstruktionszeichnung, um 1980.
Der Bau ist 50,75 m hoch und hat einen Umfang von 524 m. Etwa 50 000 Zuschauer konnten hier den Gladiatorenkämpfen und Tierhetzen zusehen. Die Arena konnte auch für kleine „Seeschlachten“ mit Wasser geflutet werden.

M 1 Kämpfe zwischen Gladiatoren und Tieren.
Relief aus dem 1. Jh. n. Chr.
Gladiatoren kämpften in Amphitheatern auf Leben und Tod. Unter ihnen waren Kriegsgefangene, verurteilte Verbrecher, Sklaven, aber auch Freiwillige, die sich durch hohe Prämien anwerben ließen. In der Regel gehörten die Gladiatoren einem „Manager“, der sie auf seine Kosten trainierte, ausrüstete und dann an Veranstalter „vermietete“. Ein erfolgreicher Gladiator konnte mit Zustimmung des Volkes ein hölzernes Schwert erringen, das ihn von seinem Los befreite. Verwundete Gladiatoren pflegten mit dem Heben des Zeigefingers die Gnade der Zuschauer zu erbitten. Hoben die Zuschauer ihre Fäuste mit dem Daumen nach oben, bedeutete das ihr Wohlwollen, der zur Brust gewendete Daumen sprach das Todesurteil.

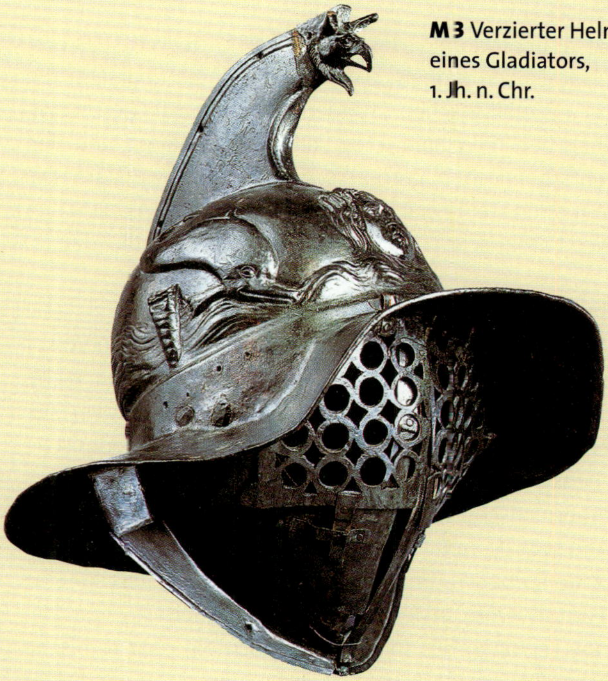

M 3 Verzierter Helm eines Gladiators, 1. Jh. n. Chr.

M 2 Kritisches über Circusspiele

Der in diesem Buch schon häufiger zitierte Seneca schrieb einem Freund:

Durch Zufall bin ich in das Mittagsprogramm des Circus geraten, Scherze erwartend und Witze und etwas Entspannung, damit sich die Augen der Menschen vom Anblick des Menschenblutes ein wenig erholen können. Das Gegenteil ist der Fall: Der lustige Teil fällt weg, und es findet eine bloße Menschenschlächterei statt. Die Kämpfer haben nichts, womit sie sich schützen können. Dem Hieb des Gegners mit ganzem Körper ausgesetzt, schlagen sie auch selbst niemals vergeblich zu. Das ziehen die meisten Zuschauer den üblichen Kampfpaaren, die mit Helm und Schild kämpfen, vor. Wozu eine Rüstung, wozu Fechtkünste? Für sie ist dies alles nur eine Verzögerung des Todes. Morgens wirft man die Menschen den Löwen und Bären zum Fraß vor, mittags ihrem eigenen Publikum! Dies möchte Mörder gegen Mörder kämpfen sehen und hebt den Sieger für einen weiteren Mord auf. Am Schluss steht der Tod aller Kämpfer.

Seneca, ad Lucilium 7,2-6, übers. von Klaus Gast

▶ ***Lesetipp:***
Marcus Junkelmann, Gladiatoren. Kämpfer der Arena, Nürnberg 2005

1. *Gib die wichtigsten Kritikpunkte Senecas wieder (M 2).*
2. *Untersuche die Absichten der Veranstalter von öffentlichen Spielen (M 1, M 2 und Darstellung auf Seite 46).*
3. *Diskutiert, warum das Leben eines Menschen im antiken Rom offensichtlich so wenig zählte.*

Was wissen die Römer über die Germanen?

Woher haben die Germanen ihren Namen?

Unsere Informationen über die Germanen verdanken wir archäologischen Funden sowie griechischen und römischen Textquellen. Schriftliche Selbstzeugnisse der Germanen fehlen. Sie kannten noch keine Schrift.

Den Namen Germanen übernahmen die Römer wohl von den Galliern. Sie selbst sahen sich als Angehörige ihrer Stämme. Ein germanisches Einheitsbewusstsein gab es in dem dünn besiedelten Gebiet nicht. Im Gegenteil: Sie führten oft Kriege gegeneinander.

Angst vor der „teutonischen Raserei“

Die Römer hatten erstmals Ende des 2. Jh. v. Chr. mit germanischen Völkern Kontakt. Die Kimbern, Teutonen und andere waren über die Alpen gekommen und hatten ihnen einige Niederlagen zugefügt. Der Schrecken vor der „teutonischen Raserei“ blieb in Erinnerung. Er wurde bestärkt von der Ansicht der antiken Geografen: Je weiter aus dem Norden, umso größer und wilder würden die Menschen.

Caesar übernahm dieses Vorurteil. Er hatte Mitte des 1. Jh. n. Chr. Gallien erobert, zweimal den Rhein überschritten und aus militärischen Gründen den Rhein zur Grenze zwischen den linksrheinischen keltischen Galliern und den rechtsrheinischen germanischen Stämmen erklärt. Die Germanen stellte er in seinem Bericht über den Gallischen Krieg barbarischer und kriegerischer als die Gallier dar.

Über die römisch-germanischen Beziehungen

Die Römer nahmen Angehörige der germanischen Völker gefangen und versklavten sie. Das hinderte sie nicht, mit ihnen auch Handel zu treiben. Abgesehen davon gefiel einigen germanischen Heerführern die römische Lebensweise, sodass sie und ihre Leute sich freiwillig den Römern anschlossen.

Rund sechzig Jahre nach Caesar versuchte Kaiser Augustus, den Lebensraum der germanischen Völker bis zur Elbe zu unterwerfen. In der Varus-Schlacht scheiterten 9 n. Chr. seine Legionen.* Es folgen zwar noch ein paar römische Rachefeldzüge, doch bald darauf gaben sie sich mit dem Rhein als Grenze zufrieden. Über sie hinweg entwickelte sich ein reger Austausch.

**Lies dazu Seite 38f.*

▶ ***Internettipps:***
- *www.planet-wissen.de (Germanen)*
- *www.funkenburg-westgreussen.de*
- *www.ask-alamannen.de*

1 Wo die Germanen wohnten.
In den römischen Quellen genannte germanische Stämme und ihre Siedlungsgebiete im 1. und 2. Jh. in Auswahl.

2 Gefangene Germanen.
Relief auf einem Säulensockel (85 cm hoch) aus Mainz, etwa 70 bis 80 n. Chr.

M1 Handel zwischen Germanen und Römern.
Rekonstruktionszeichnung von Ute Thönissen, 2002.

M2 Was weiß Caesar von den Germanen?

Caesar berichtet in seinem um 52 bis 50 v. Chr. verfassten Werk über den „Gallischen Krieg":

Der Stamm der Sueben* ist der weitaus größte und kriegerischste unter allen Germanen. [...] Es gibt bei ihnen kein Land, das in gesondertem Privatbesitz wäre [...]. Sie ernähren sich auch weniger von Getreide als überwiegend von Milch und Fleisch und sind viel auf der Jagd. Dieser Umstand, verbunden mit der Art der Ernährung, der täglichen Übung und der Freiheit der Lebensführung, die darin besteht, dass sie von Kind an nicht zu irgendwelchen Verpflichtungen oder zu Disziplin erzogen werden und nichts gegen ihren eigenen Willen tun, stärkt die Kräfte und bringt Menschen von ungeheurer Körpergröße hervor. Obwohl die Gegend dort überaus kalt ist, haben sie sich angewöhnt, in den Flüssen zu baden und nichts außer Fellen als Kleidung zu tragen.** Da diese sehr kurz sind, bleibt der größte Teil des Körpers nackt. Die Verbindung zu Handelsleuten wird vorwiegend zu dem Zweck aufrechterhalten, dass sie das, was sie im Krieg erbeutet haben, verkaufen können, weniger mit dem Wunsch, irgendetwas einzuhandeln.

Gaius Iulius Caesar, De bello Gallico 4, 1-2; zit. nach: De bello Gallico/Der Gallische Krieg, übersetzt und herausgegeben von Marieluise Deißmann, Stuttgart 1980

__Sueben__: eine Sammelbezeichnung für verschiedene germanische Völker; der Stammesname überdauerte in der Bezeichnung „Schwaben".

***Die Aussage ist falsch. Archäologische Funde belegen gewebte Kleidung in Nordeuropa seit dem 6. Jh. v. Chr.*

▶ Lesetipps:

- *Hildegard Elsner, Die Germanen, Nürnberg 2010*
- *Hauke Kock, Germanen, Würzburg 2008*

M3 Was fällt Tacitus auf?

Der römische Geschichtsschreiber Tacitus fasst um 98 n. Chr. das Wissen über die Germanen zusammen. Er selbst hat das Land nie gesehen und greift bei seiner Darstellung auf andere Autoren zurück.

Besitz und Verwendung von Gold und Silber reizt sie nicht sonderlich. Man kann beobachten, dass bei ihnen Gefäße aus Silber, Geschenke, die ihre Gesandten und Fürsten erhalten haben, ebenso gering geachtet werden wie Tonkrüge. Allerdings wissen unsere nächsten Nachbarn wegen des Handelsverkehrs mit uns Gold und Silber zu schätzen, und sie kennen bestimmte Sorten unseres Geldes und nehmen sie gern; doch im Innern herrscht noch einfacher und altertümlicher Tauschhandel. [...] Dass die Völkerschaften der Germanen keine Städte bewohnen, ist hinreichend bekannt, ja dass sie nicht einmal zusammenhängende Siedlungen dulden. Sie hausen einzeln und gesondert, gerade wie ein Quell, eine Fläche, ein Gehölz ihnen zusagt. Ihre Dörfer legen sie nicht in unserer Weise an, dass die Gebäude verbunden sind und aneinanderstoßen. Jeder umgibt sein Haus mit freiem Raum, sei es zum Schutz gegen Feuersgefahr, sei es aus Unkenntnis im Bauen. Nicht einmal Bruchsteine oder Ziegel sind bei ihnen im Gebrauch; zu allem verwenden sie unbehauenes Holz, ohne auf ein gefälliges oder freundliches Aussehen zu achten.

Tacitus, Germania 5 und 11; zit. nach: P. Cornelius Tacitus, Germania, Lateinisch/Deutsch. Übers., erl. und hrsg. von Manfred Fuhrmann, Stuttgart 1972 (leicht vereinfacht)

1. *Beschreibe das Geschehen auf dem Bild (M1). Was erfährst du über den Handel? Vergleiche die Informationen mit M2 und M3.*
2. *Untersuche, ob die Aussagen von Caesar und Tacitus (M2 und M3) Vorurteile über die Germanen enthalten.*
3. *Erkläre, welche Quellen du bräuchtest, um die Aussagen von Caesar und Tacitus (M2 und M3) zu überprüfen.*

Die Römer bei uns und anderswo

1 Das römische Trier im 4. Jh.
Rekonstruktionszeichnung, um 1990.
Unter römischer Herrschaft entwickelte sich eine Siedlung der Treverer seit etwa 15 v. Chr. zum Mittelpunkt des Moselgebietes. 293 wurde Augusta Treverorum (Trier) eine der vier Hauptstädte des Reiches. Im 4. Jh. lebten in der Stadt etwa 80 000 Menschen.

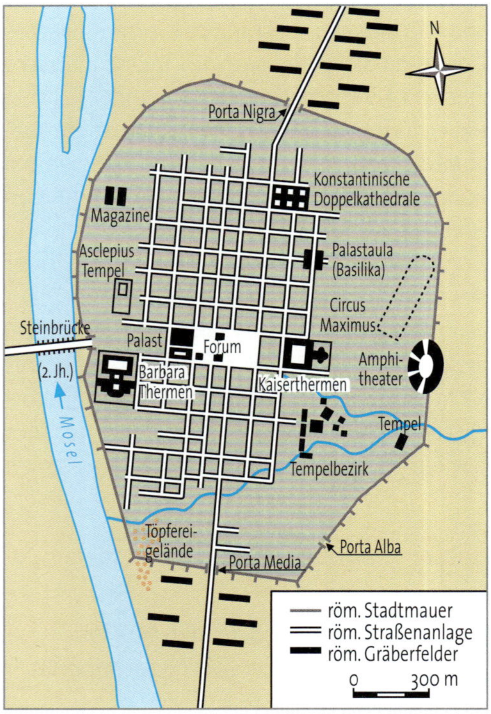

2 Stadtplan von Trier im 4. Jh.

▶ ***Internettipp:***
www.planet-wissen.de (Römer in Germanien)

Römische Lebensart breitet sich aus

„An die Stelle berüchtigter Einöden sind lachende Kulturen getreten, Kornfelder haben die Wälder, Herden die wilden Tiere verdrängt. Sandwüsten werden bepflanzt, Felsen durchbrochen, Sümpfe getrocknet. Schon gibt es so viele Städte, wie einst nicht einmal Hütten […]. Überall Anbau, Bevölkerung, staatliche Ordnung, Leben."

So beschrieb der christliche Schriftsteller *Tertullian* Anfang des 3. Jh. die Leistungen der Römer, die für mehrere Jahrhunderte über weite Teile Europas herrschten.

Um ihre Macht in den eroberten Gebieten zu sichern, unterwarfen oder vertrieben die Römer die bisherigen Bewohner. Aus den besiegten Völkern warben sie später Hilfstruppen zur Unterstützung der eigenen Soldaten an. Die Angehörigen dieser Einheiten erhielten nach 25 Dienstjahren das römische Bürgerrecht. Bis dahin hatten sie viele römische Gewohnheiten übernommen.

Auf dieser Grundlage begann die *Romanisierung*, die Ausbreitung römischer Lebensart. Von Anfang an beteiligten die Römer einflussreiche einheimische Familien an ihrer Herrschaft. Diese übernahmen die fremde Lebensweise, um die Unterschiede zu den neuen Herren auszugleichen. Die Verleihung der römischen Bürgerrechte an alle freien Bewohner des Reichs im Jahre 212 verstärkte die Romanisierung. Alle Provinzbewohner konnten nun öffentliche Ämter bekleiden. Einige von ihnen wurden sogar Mitglieder des Senats in Rom.

1. *Beschreibe die Bauweise der Brücke (Abb. 1).*
2. *Untersuche den Stadtplan (Abb. 2). Welche Informationen enthält er über Politik (Herrschaft), Religion, Wirtschaft und Freizeit?*

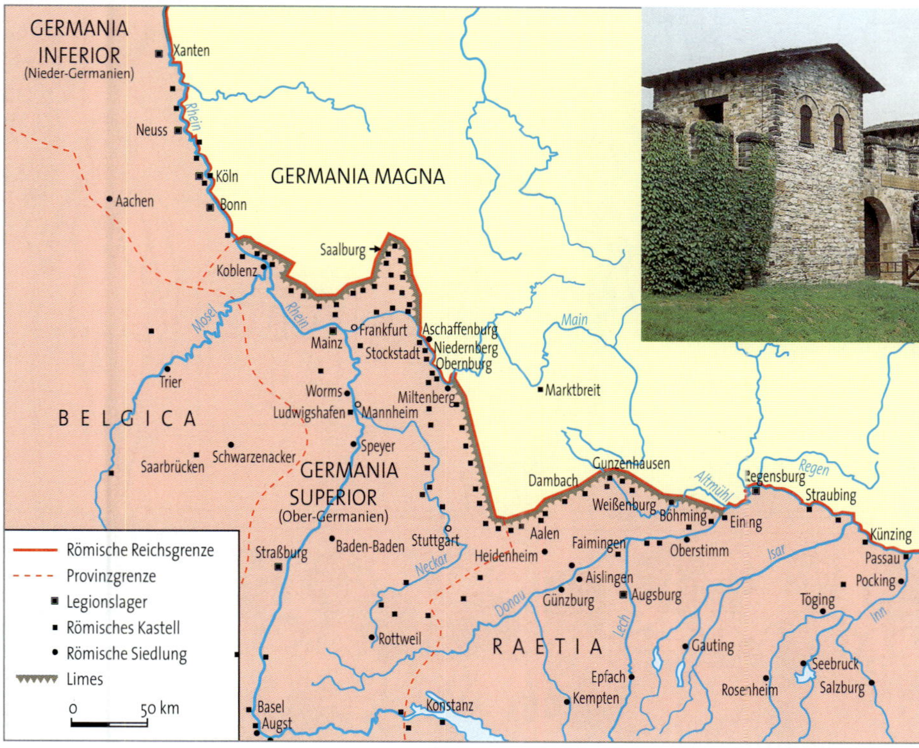

3 Der Limes um 200 n. Chr.

4 Haupteingang zum Kastell Saalburg (Bad Homburg).
Foto, um 1990. Rekonstruktion vom Anfang des 20. Jh. Der ursprüngliche Bau stammt aus der 2. Hälfte des 2. Jh.

Immer mehr Städte

Während die Römer an den Küsten des Mittelmeers bereits befestigte Städte aus der Zeit der griechischen Kolonisation oder des *Hellenismus* vorfanden, waren solche Ansiedlungen in Mitteleuropa selten. Zur Romanisierung gehörte die *Urbanisierung*, es entstanden also immer mehr Städte (lat. *urbs*: Stadt). Die Zahl ihrer Bewohner übertraf aber nie mehr als fünf bis zehn Prozent der Bevölkerung des Reiches.

Ihre große Bedeutung erlangten die Städte als Mittelpunkte von Verwaltung, Handel und Kultur. In ihnen bauten die Römer Tempel, Theater und Thermen für ihre Soldaten. Hier lernte die einheimische Bevölkerung die fortschrittliche bürgerliche römische Lebensart kennen. Im 5. Jh. sollen in allen Provinzen über 1500 Städte römische Kultur verbreitet haben. Viele hatten mehr als 10 000 Einwohner.

Auf germanischem Gebiet

Die Römer schützten die Grenze ihres Reiches zum Teil durch Wälle und Wachtürme, hinter denen sich militärische Befestigungsanlagen (*Kastelle*) befanden. Mit dem Bau des *Limes* auf germanischem Gebiet wurde Ende des 1. Jh. begonnen. Er erfüllte seinen Zweck bis ins 3. Jh. und war rund 550 km lang. Etwa 1000 Wachtürme und 100 Kastelle sicherten ihn.

Wozu war der Limes gut?

Der Limes trennte das gut verwaltete und wirtschaftlich erschlossene Römische Reich von dem weniger erschlossenen Siedlungsraum kleinerer Völker. Militärisch war der Limes kein uneinnehmbares Bollwerk, eher eine bewachte Grenzlinie. Über ihn hinweg gab es einen lebhaften Handel. Die angrenzenden Völker lieferten Rohstoffe und erwarben von den Römern Keramik, Bronzegefäße, Schmuck und Waffen.

5 Wachturm des obergermanischen Limes.
Rekonstruktionszeichnung von Heike Wolf von Goddenthow, 2005.

■ *Begründe, warum sich der Eingang im Obergeschoss befindet.*

▶ ***Exkursionstipps:***
- *Römerkastell Saalburg / Archäologischer Park Saalburg 1, Bad Homburg*
- *Römerkastell Kleiner Feldberg, Schmitten*

▶ ***Internettipps:***
- *www.planet-wissen.de (Der Limes)*
- *www.limesstrasse.de*
- *www.deutsche-limeskommission.de*

M1 Ohne Worte.
Karikatur aus der englischen Zeitschrift „Punch" von 1912.

M2 Britannien wird römisch

Der römische Geschichtsschreiber Tacitus (siehe M3, Seite 36) berichtet, wie die Römer die Herrschaft übernehmen. Prasutagus, der König der Icener, ist 59 gestorben. Seinen Besitz hat er zwischen dem römischen Kaiser und seinen Töchtern aufgeteilt. So wollte er sein Land und seine Familie gegen Übergriffe der Römer schützen. Doch es kommt anders:

Sein Land und sein Haus wurden wie ein erobertes Gebiet verwüstet. Zuerst wurde seine Frau misshandelt, dann seine Töchter vergewaltigt. Die vornehmen Icener wurden, als ob die Römer sämtliche Ländereien zum Geschenk erhalten hätten, von ihrem ererbten Besitz vertrieben und die Verwandten des Königs wie Sklaven behandelt. Diese schmachvolle Behandlung und die Furcht vor noch Schlimmerem veranlassten sie, zu den Waffen zu greifen.

Tacitus berichtet in der Lebensbeschreibung seines Schwiegervaters Agricola, der 77 Statthalter der Provinz Britannien geworden ist, wie dieser die Romanisierung fördert:

Denn um die verstreut und primitiv lebenden Menschen, die infolgedessen leicht zum Krieg geneigt waren, durch Annehmlichkeiten an Ruhe und friedliches Verhalten zu gewöhnen, ermunterte Agricola sie persönlich und unterstützte sie mit staatlichen Mitteln, Tempel, öffentliche Plätze und Häuser in der Stadt zu bauen. Er lobte die Eifrigen und tadelte die Säumigen. So trat Anerkennung und wetteiferndes Bemühen an die Stelle des Zwanges. Ferner ließ er die Söhne der Vornehmen ausbilden, wobei er der natürlichen Begabung der Britannier gegenüber dem Lerneifer der Gallier den Vorrang gab.

So kam es, dass die Menschen, die eben noch die römische Sprache ablehnten, nun die römische Redekunst zu erlernen begehrten. Von da an fand auch unser Äußeres Beifall, und die Toga wurde häufig getragen; und allmählich gab man sich dem verweichlichenden Einfluss des Lasters hin: Säulenhallen, Bädern und erlesenen Gelagen. Und so etwas hieß bei den Ahnungslosen Lebenskultur, während es doch nur ein Bestandteil der Knechtschaft war.

Erster Text: Tacitus, Annalen XIV. 31, übers. von Walther Sontheimer, Stuttgart 1967; zweiter Text: Tacitus, Das Leben des Iulius Agricola 21, übers. von Rudolf Till, Berlin ^{2}1976

1. *Beschreibe, wie der Zeichner das Verhältnis zwischen den Römern und den Einwohnern Britanniens darstellt (M1). Finde einen passenden Bildtitel.*
2. *Schildere das Verhalten der Römer gegenüber der einheimischen Bevölkerung (M2).*
3. *Erläutere die Vor- und Nachteile der römischen Herrschaft in den eroberten Gebieten.*

Latein – die Sprache Europas

Die Römer brachten ihre Schrift und Sprache in die Provinzen mit. Das Lateinische (benannt nach Latium, der Landschaft um Rom) bildete die Grundlage für die Vermittlung der römisch-griechisch geprägten Kultur (Literatur, Philosophie, Religion und Recht). Später sorgte die römisch-katholische Kirche für die weitere Verbreitung der lateinischen Sprache in West- und Mitteleuropa.

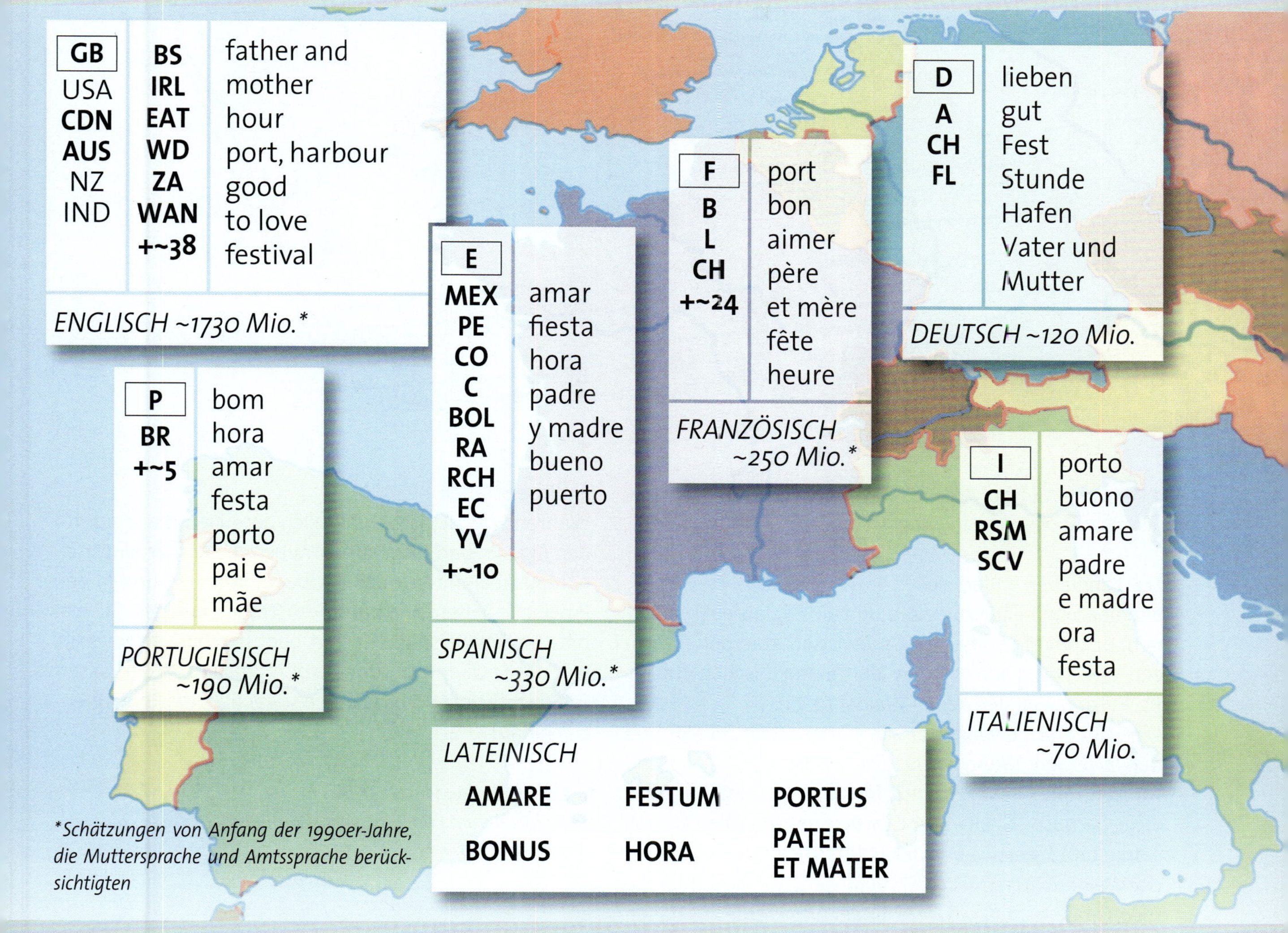

*Schätzungen von Anfang der 1990er-Jahre, die Muttersprache und Amtssprache berücksichtigten

M1 Latein im europäischen Sprachgebrauch.
Auf der Erde werden etwa 3 000 Sprachen gesprochen. Die „romanischen Sprachen" Italienisch, Spanisch, Portugiesisch, Französisch und Rumänisch haben sich direkt aus dem Lateinischen entwickelt. Im Englischen, das als Verkehrssprache in der ganzen Welt verstanden wird, gehen weit mehr als die Hälfte aller Wörter auf das Lateinische zurück. Gut die Hälfte aller Menschen, die schreiben können, schreiben mit lateinischen Buchstaben.

1. *Die sechs genannten Weltsprachen sind alle mit dem Lateinischen verwandt. Prüft, wie eng diese Verwandtschaft jeweils ist. Erklärt die unterschiedlichen Verwandtschaftsgrade aus der Geschichte.*
2. *Die in den Kästen angegebenen Wörter bedeuten in allen sieben Sprachen dasselbe, sie stehen aber in unterschiedlicher Reihenfolge. Ordnet sie richtig zu und präsentiert sie in einer Tabelle.*
3. *In der Wissenschaft und Technik, Kunst und Musik dürften euch bereits einige Begriffe begegnet sein, die aus dem Lateinischen stammen, z. B. Medizin (lat. medicus: Arzt) oder Justiz (lat. ius: Recht). Auch in eurer Umgangssprache verwendet ihr mehr Lateinisches als euch vielleicht bisher bewusst war. In dem folgenden Satz findet ihr gleich mehrere Wörter, die aus dem Lateinischen stammen: „Marco hatte im Juli in Religion eine absolut bessere Zensur als Julia." Nennt die Wörter, die auf das Lateinische zurückgehen.*

Landwirtschaft und Handel

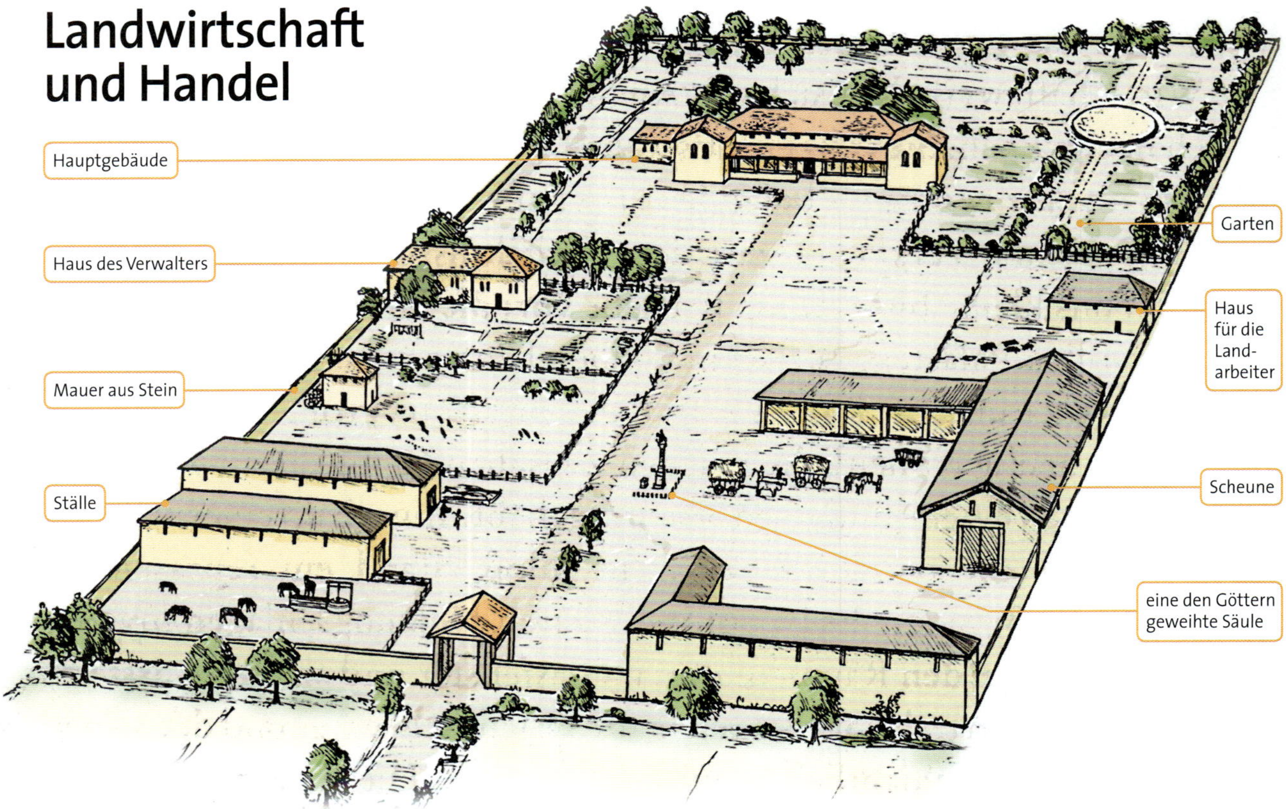

1 **Römischer Gutshof (Villa rustica) in Südwestdeutschland.**
Rekonstruktionszeichnung, um 1970.

Das Landleben ändert sich

Um den Handel auszuweiten und die Soldaten zu versorgen, bauten die Römer die Landwirtschaft in den Provinzen aus. Dabei nahmen sie den Einheimischen fruchtbares Land weg und ließen Wälder roden.

Die Ernteerträge steigerten die Römer durch Dünger und den eisernen Wendepflug. Sie legten Gärten an und führten Apfel- und Birnensorten, Edelkirschen, Pfirsiche, viele Gemüse-, Salat- und Gewürzpflanzen wie Fenchel, Gurke und Petersilie aus dem Mittelmeerraum ein. Auch der Weinanbau nördlich der Alpen geht auf die Römer zurück. Größere und kräftigere Rinder und Pferde aus Italien ersetzten die einheimischen Tiere. Katzen und kleine Hunde wurden als Haustiere gehalten.

Endlose Straßen

Während die Menschen nördlich der Alpen meist nur für den Eigenbedarf arbeiteten, trieben die Römer längst einen ausgedehnten Handel. Überall in Italien und in den Provinzen ließen die Römer Fernstraßen anlegen. Sie waren streckenweise gepflastert oder geschottert. Im 2. Jh. war das Straßennetz rund 80 000 km lang. In der Kaiserzeit reichten die Verbindungen sogar über die Reichsgrenzen hinaus.

▶ ***Exkursions- und Internettipp:***
Freilichtmuseum Römische Villa „Haselburg“, Höchst i. Odw. – Hummetroth (www.haselburg.de)

2 **Mähmaschine.**
Nachzeichnung eines Reliefs aus Trier, 2. Jh.

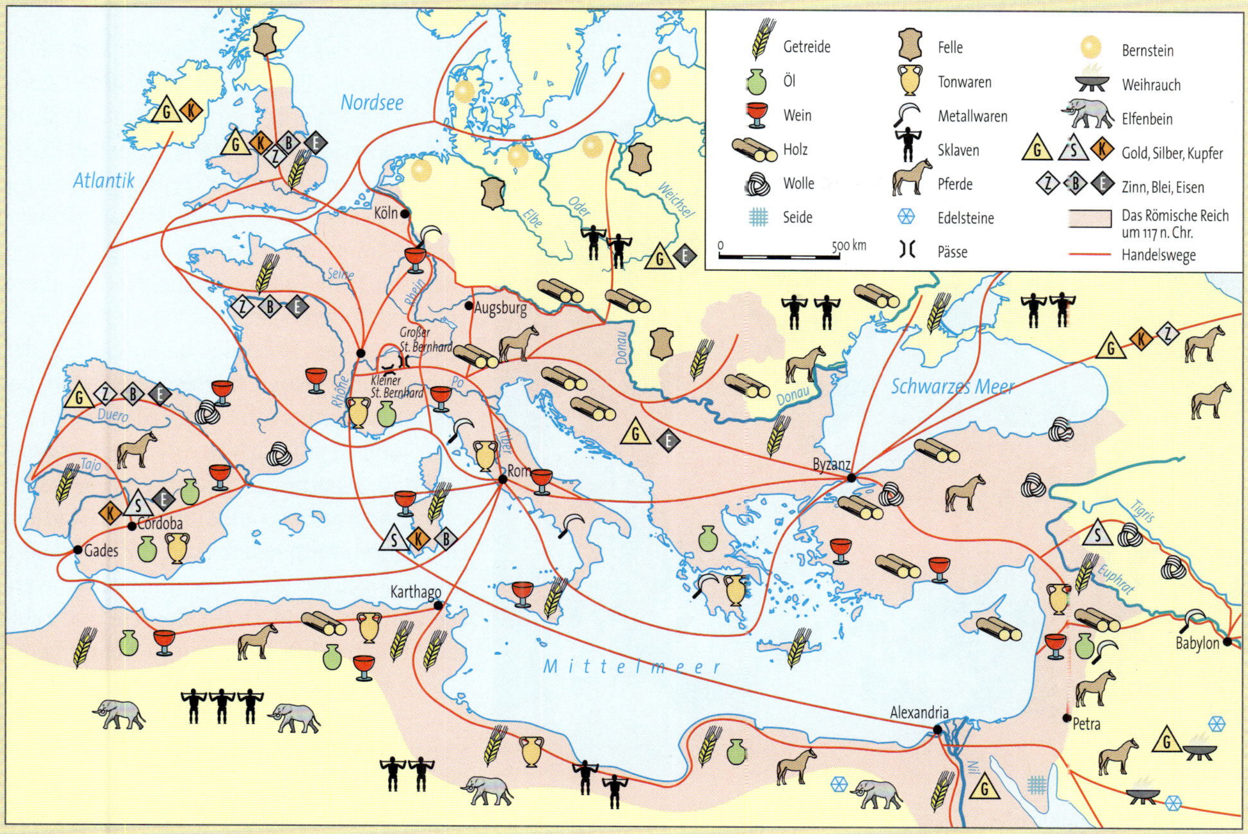

M1 Fernhandel im Römischen Weltreich (1.-3. Jh.).
Auf den Römerstraßen legte ein Warentransport bis zu 60 km pro Tag zurück.

M2 Was haben Straßen mit Kultur zu tun?
Der Schriftsteller Tertullian schreibt Anfang des 3. Jh.:
Dieses planmäßig ausgeführte Netz geregelter Straßenanlagen beförderte die allgemeine Sicherheit, erleichterte den Ackerbau, garantierte den Reisenden ein sicheres und bequemes Fortkommen, gewährte dem Handelsverkehr die unberechenbarsten Vorteile, schützte den Frieden des Reichs, ermöglichte den geordneten Gang der großen Verwaltungsmaschine, rief Ansiedlungen hervor und begünstigte auf das wirksamste die Entwicklung der Kultur.
Zit. nach: Ludwig Friedländer, Sittengeschichte Roms, Wien 1934, S. 277

M3 Reisewagen aus dem 2. Jh.
Rekonstruktion, um 1980.
Der Wagen ist ohne Deichsel 2,60 m lang, 2,35 m hoch und 1,80 m breit.

1. *Nenne Gründe für den Straßenbau (M1 und M2).*
2. *Verfasse einen fiktiven Reisebericht eines römischen Kaufmanns, der von Köln nach Alexandria und wieder zurück reist. Nutze dazu die Karte M1. Beschreibe seine Reiseroute und seine Transportmittel. Nenne Waren, mit denen er gehandelt haben kann und berichte, was er auf seiner Reise erlebte. Nimm den Bericht in dein Portfolio auf.*

Rom wird christlich

1 Mithras tötet einen Stier.
Kultbild aus einem Mithrasheiligtum, um 200 n. Chr.
Fundort: Frankfurt-Heddernheim.
Auf dem Bogen sind die zwölf Sternbilder des Jahres zu sehen.

Religionen im Kaiserreich
Die Römer waren in religiösen Dingen tolerant und glaubten an viele Götter und Göttinnen. Ihre Vorstellungen veränderten sich durch den Kontakt mit anderen Kulturen. Schon während der Republik übernahmen sie die griechischen Götter und vereinten sie mit ihren. Seit der Kaiserzeit verehrten sie auch die ägyptische Göttin *Isis*. Deren Priester verhießen den Gläubigen ein ewiges Leben nach dem Tode. Aus dem Orient kam der Kult des *Mithras*, eines Gottes des Lichtes und der Wahrheit. Diese und andere, nur Eingeweihten zugänglichen Götter- und Mysterienkulte (*Mysterien*: geheime religiöse Feiern) verbreiteten sich im Römischen Reich.
Die verschiedenen religiösen Sitten veränderten die öffentliche Verehrung der Götter, die seit den Anfängen Roms Priesterinnen und Priester ausübten, die von Staatsbeamten beaufsichtigt wurden. In der Kaiserzeit kam die Verehrung des Kaisers hinzu, um die Bewohner des Imperiums an Staat und Herrscher zu binden. Die Kaiser erhielten den Titel „Divius" (dt. „Vergöttlichter") und mussten wie die Götter verehrt werden.

Das Christentum entsteht
Die Römer lernten auch das im 1. Jh. in Palästina entstandene Christentum kennen. Es ging von dem Juden *Jesus* aus. Seine Anhänger nannten ihn „Christus", da sie in ihm den von Gott gesandten Erlöser sahen. Jesus wurde um das Jahr 4 vor Beginn unserer Zeitrechnung geboren. Um das Jahr 30 verurteilten ihn die Römern aus politischen Gründen zum Tod am Kreuz. Nach seinem Tod verkündeten seine Anhänger die Botschaft von der Liebe des einen Gottes, der seinen Sohn Jesus Christus geopfert habe, um die Menschen von ihren Sünden zu erlösen und ihnen nach dem Tod ein ewiges Leben im Paradies zu gewähren. Die ersten Christengemeinden entstanden in Städten. Unter ihren Mitgliedern waren viele Frauen, Angehörige der Unterschichten und Sklaven. Die Christen achteten die Gesetze und zahlten Steuern. Ihre Weigerung, Militärdienst zu leisten, gaben sie bald auf.

Christen in Lebensgefahr
Die Christen lehnten die römischen Götter und den Kaiserkult ab. Sie hielten sich von Festen und Volksbelustigungen fern und feierten ihre Gottesdienste in Privathäusern. Diese Andersartigkeit machte sie zu Außenseitern der römischen Gesellschaft, in den Augen mancher Römer sogar zu Staatsfeinden. Daher wurden sie immer wieder verfolgt. Ein erster Höhepunkt der Christenverfolgung fand unter Kaiser *Nero* statt, der von 54 bis 68 regierte. Damals kam auch der Apostel *Petrus* um. Im Circus, dort, wo heute der Petersdom steht, soll er kopfunter gekreuzigt worden sein.
Nach Nero wurden Christen nur dann bestraft, wenn sie sich vor Gericht zu ihrem Glauben bekannten und sich weigerten, vor dem Bild des Kaisers zu opfern. Um 250 begann eine neue Welle der Verfolgung: Damals wurden die Grenzprovinzen von umherziehenden Völkern verwüstet. Im ganzen Reich litten die Menschen unter Teuerung und Not. Wieder suchte man Schuldige und fand sie in der christlichen Minderheit. Ihre Gottesdienste wurden unter Androhung der Todesstrafe verboten, kirchliche Bauten und Kultgeräte zerstört und christliche Schriften verbrannt. Christ sein war jetzt lebensgefährlich.

▶ ***Lesetipps:***
- *Christine Schulz-Reiss, Christentum, Hildesheim 2011*
- *Hans Dieter Stöver, Als Rom brannte, München [3]2009*

2 Konstantin I. („der Große").
Nachzeichnung eines Silbermedaillons (Ø 2,5 cm), um 315. Gezeigt wird der siegreiche Feldherr Konstantin mit Helm und Panzer, Schild und Zepter. Seine Rechte hält die Zügel eines Pferdes; am Helmbusch vorne ist eine kleine Scheibe mit dem Christuszeichen. Die griechischen Buchstaben XP stehen für die Abkürzung Chr.: Christus.

„In diesem Zeichen wirst du siegen!"

Unter Kaiser *Diokletian*, der von 284 bis 305 regierte, erlitten die Christen ihre schlimmste, aber auch letzte Verfolgung. Sein Nachfolger Kaiser *Konstantin I.* verkündete 311 ein *Toleranzedikt**. Zwei Jahre später bestätigte er die Glaubensfreiheit für alle Religionen und begann, den Christen sogar Vorrechte einzuräumen. Kirchlicher Grundbesitz wurde steuerfrei und der Sonntag allgemeiner Feiertag.
Der Überlieferung nach war dies Konstantins Dank für den Sieg gegen seinen Rivalen *Maxentius* im Jahre 312. Ihm sei vor der entscheidenden *Schlacht an der Milvischen Brücke* ein Christuszeichen und die Inschrift „IN HOC SIGNO VINCES" („In diesem Zeichen wirst du siegen!") erschienen. Daraufhin habe er das Zeichen der Christen angenommen und gewonnen. Ob Konstantin schon damals Christ wurde, wissen wir nicht. Taufen ließ er sich erst auf dem Sterbebett.
380 bestimmte Kaiser *Theodosius*, seine Untertanen sollten Christen sein. Wer sich nicht daran hielt, konnte bestraft werden. Elf Jahre später, im Jahre 391, verbot er alle heidnischen Kulte. Die Tempel verfielen oder wurden zu Kirchen gemacht. Die Olympischen Spiele galten nun als heidnisch und durften nicht mehr stattfinden. Das Christentum war Staatsreligion geworden; die *Christianisierung* der Römer hatte begonnen.

***Toleranz**: *Duldung, Entgegenkommen;* **Edikt**: *Erlass des Herrschers*

▶ ***Filmtipp:***
Kaiser, Mörder, Heiliger. Konstantin der Große; ZDF-Dokumentation 2012

3 Das Geheimnis der Christen.
Grabinschrift aus einer Katakombe. Der Fisch war das Zeichen für die Zugehörigkeit zur christlichen Glaubensgemeinschaft. Das griechische Wort für Fisch heißt ICHTHYS. Hinter diesem Wort verbergen sich die Anfangsbuchstaben der Formel: ***I****esous* ***Ch****ristos* ***Th****eou (Gottes)* ***Y****ios (Sohn)* ***S****oter (Retter).*

Organisation macht stark

Der Siegeszug der Christen hing auch mit dem raschen Aufbau einer straffen Organisation zusammen. Bereits Ende des 1. Jh. leitete ein auf Lebenszeit bestellter Vorsteher die zerstreut liegenden Gemeinden und den Gottesdienst. Frauen waren von kirchlichen Ämtern ausgeschlossen. Im 2. Jh. erhielt der Gemeindevorsteher die Bezeichnung *Bischof* (griech. *episcopos*: Aufseher). Er überwachte die Glaubenslehre und galt als al einiger Vermittler zwischen Gott und den Menschen. Die Geistlichen seiner Gemeinde waren ihm unterstellt.
In größeren Städten gab es einen Bischof, in fast jeder Provinzhauptstadt einen Erzbischof als Vorgesetzten. Die Inhaber der fünf noch von den Aposteln gegründeten Bischofssitze Alexandria, Antiochia, Jerusalem, Konstantinopel und Rom trugen den Ehrentitel *Patriarch* (dt. Stammvater).

Vom römischen Bischof zum Papst

Als die römische Reichsverwaltung in Italien zusammenbrach,** wurden die Bischöfe von Rom zur einzigen Autorität des westlichen Reiches. Mit dem Zuwachs an Einfluss strebten sie auch die Leitung aller Bischöfe an. Sie beriefen sich dabei auf das Christuswort *„Du bist Petrus, und auf diesem Felsen werde ich meine Kirche errichten"* und erklärten Rom zum Zentrum des Christentums. Dagegen protestierten die Bischöfe des Oströmischen Reiches. Sie waren nur bereit, dem römischen Bischof den Ehrentitel *Papst* (lat. *papa*: Vater) zuzugestehen. Sie wollten sich ihm aber nicht unterordnen.

***Darüber mehr auf Seite 64.*

▶ ***Lesetipp:***
Alois Prinz, Der erste Christ. Die Lebensgeschichte des Apostels Paulus, Weinheim 2010

■ *Nenne Gründe für den Aufstieg des Christentums zur Staatsreligion.*

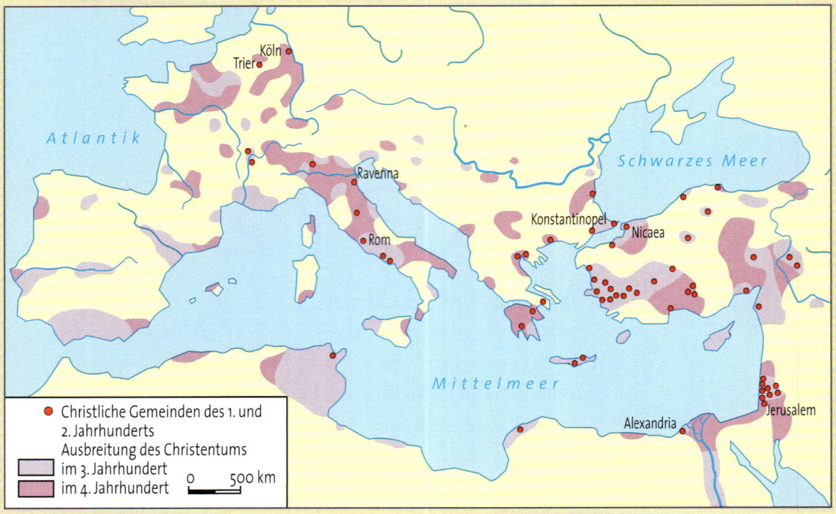

M1 Ausbreitung des Christentums bis ins 4. Jh.

M5 Religionsfreiheit

Der Bischof Eusebios (gest. 339) hat das Mailänder Edikt (Gesetz) Konstantins I. und seines Mitkaisers Licinius aus dem Jahre 313 überliefert; darin heißt es:

Nach langer Überlegung haben wir entschieden, dass jeder Mensch die Freiheit haben soll, Christ zu sein und zu leben wie ein Christ. Darüber hinaus soll jeder Mensch die Freiheit haben, die Religion anzunehmen, die er für richtig hält (...).

Hans-Georg Beck (Hrsg.), Leben in Byzanz. Ein Lesebuch, München 1991, S. 216 (vereinfacht)

M2 Wie steht der Christ zu Kaiser und Staat?

Aus dem Brief des Apostels Paulus (gest. nach 60) an die Christengemeinde in Rom aus dem Jahre 56:

Jedermann unterwerfe sich den Obrigkeiten, denn es gibt keine Obrigkeit außer von Gott [...]. Darum ist es notwendig, sich unterzuordnen, nicht um der Strafe, sondern auch um des Gewissens willen. Aus diesem Grund müsst ihr auch Steuern zahlen [...].

Paulus, Römerbrief 13

M3 „Die Christen vor die Löwen!"

Der christliche Schriftsteller Tertullian (um 150-230) schreibt:

Wenn der Tiber bis vor die Stadtmauern dringt, wenn der Nil die Felder nicht überschwemmt, wenn die Himmelstore verschlossen bleiben, sodass es nicht regnet, wenn die Erde bebt, wenn Seuchen und Hungersnöte über die Menschen kommen, so heißt es gleich: „Die Christen vor die Löwen!"

Gottfried Guggenbühl (Hrsg.), Quellen zur Geschichte des Altertums, Zürich [3]1964, S. 284

M6 Das christliche Bekenntnis wird Gesetz

Theodosius (379-392 Kaiser im Osten, 388-395 im Gesamtreich) regelt im Jahr 380 mit dem weströmischen Kaiser das christliche Bekenntnis durch folgendes Gesetz:

Alle unter Unserer milden Herrschaft stehenden Völker sollen nach Unserem Willen demjenigen Glauben angehören, den der heilige Apostel Petrus [...] den Römern mitgeteilt hat [...]. Wir glauben nämlich nach der Vorschrift der Apostel [...] an die Göttlichkeit des Vaters, des Sohnes und des Heiligen Geistes in gleicher Erhabenheit und in göttlicher Dreieinigkeit. Diejenigen, die diesem Gesetze folgen, sollen den Namen katholische* Christen führen, die übrigen aber, die Wir als töricht und wahnwitzig erklären, sollen als Abtrünnige vom Glauben mit Ehrlosigkeit bestraft und mit dem Zorne Gottes und dann nach Unserer Entscheidung [...] mit einer Strafe belegt werden.

Gottfried Härtel/Frank-Michael Kaufmann (Hrsg.), Codex Justinianus, Leipzig 1991, S. 29 (vereinfacht)

***katholisch** (griech. katholikos): allgemein; für alle*

M4 Hinrichtung eines Verurteilten. *Schale (Ø 18,2 cm) aus Nordafrika, 4. Jh.*

1. *Untersuche, was die Karte (M 1) über die Verbreitung der nichtchristlichen Bevölkerung aussagt.*
2. *Erläutere, was Paulus rät (M 2).*
3. *Erkläre die Beobachtung, die Tertullian beschreibt (M 3).*
4. *M 4 zeigt einen zum Tode Verurteilten. Er wurde gefesselt einem Löwen ausgeliefert. Solche öffentlichen Hinrichtungen fanden in einer Arena statt. Beurteile diese Art der Bestrafung.*
5. *„Niemand darf wegen seines Glaubens benachteiligt werden", so steht es in unserem Grundgesetz. Vergleiche M 5 mit M 6 und beurteile, welche Anordnung dem heute geltenden Grundsatz am nächsten ist.*

Christliche Namen

Viele Vornamen gehen auf Märtyrer zurück. Diese Männer und Frauen starben als „Zeugen des Glaubens“. Die Tabelle gibt Hinweise über den Namenstag, ihr Leben, ihren Tod und ihre Kennzeichen.

Name/Tag	wo und wann sie lebten	wie sie starben	ihre Kennzeichen
Andreas 30.11.	Judäa und Griechenland, 1. Jh.	durch Kreuzigung	Andreas-Kreuz
Barbara 4.12.	Kleinasien, 3. Jh.	durch das Schwert ihres Vaters	Turm, Schwert
Georg (Jörg, Jürgen) 23.4.	Libyen, um 310	gevierteilt und enthauptet	Drache
Katharina (Katrin, Katja) 25.11.	Alexandria, um 300	enthauptet	Rad mit Messern und Nägeln
Markus (Marco, Mark) 25.4.	Alexandria, 1. Jh.	mit einem Seil zu Tode geschleift	Löwe
Stephan 26.12.	Judäa, 1. Jh.	gesteinigt	Buch, Palme, Steine

1. Ordne die Bilder den in der Tabelle genannten Heiligen zu.
2. Erkundige dich, was über die Märtyrer erzählt wird.
3. Informiere dich über die Herkunft und Bedeutung deines Vornamens.

*▶ **Internettipp:***
Informationen über die Bedeutung und Herkunft von christlichen Vornamen findest du unter www.heiligenlexikon.de

Jüdische Aufstände

1 Triumphzug nach der Eroberung Jerusalems.
Relief am Titusbogen auf dem Forum Romanum, nach 81 n. Chr. Die Darstellung zeigt ein besonderes Beutestück aus dem Jerusalemer Tempel: die Menora. Dieser siebenarmige Leuchter gilt den Juden als Sinnbild für das Ewige Licht im Tempel Salomons.

Unter römischer Herrschaft
Israel war um 1000 v. Chr. ein selbstständiges Reich in Palästina. Es zerfiel bald darauf und die jüdische Bevölkerung lebte danach unter Assyrern, Babyloniern, Persern, Seleukiden und Syrern. Zeitweise konnten sie eigene kleinere Herrschaftsgebiete errichten.
Als die Römer 66 v. Chr. Kleinasien besetzten und drei Jahre später Jerusalem eroberten, begann für die Juden ein neuer Abschnitt ihrer Geschichte. Unter den Römern durften sie zunächst ihren Glauben an den „einen Gott Jahwe" sowie ihre Könige behalten. Die Macht behielten aber die römischen Statthalter. Sie galten als bestechlich und grausam. Manche von ihnen wie *Pontius Pilatus*, der Jesus hinrichten ließ, verspotteten den jüdischen Glauben und stachelten das Volk zu Aufständen an, die die Römer dann blutig niederschlugen. Gegen die römische Herrschaft riefen die jüdischen *Zeloten* (dt. „Eiferer") im Namen Gottes zum Widerstand auf.

Der erste jüdische Aufstand
Als der römische Statthalter Teile des Jerusalemer Tempelschatzes forderte, begann 66 n. Chr. der erste Aufstand. Aus ihm wurde ein Krieg: Kaiser Nero schickte seinen Feldherrn *Vespasian* mit 60 000 Soldaten. Dieser Übermacht waren die Juden nicht gewachsen. 70 eroberte *Titus*, Vespasians Sohn, mit seinen Soldaten Jerusalem. Sie zerstörten den Tempel und verkauften die Überlebenden in die Sklaverei. Der Widerstand dauerte trotzdem an. Erst 73 gelang es den Römern, die letzte jüdische Bergfestung Masada einzunehmen.

Der zweite jüdische Aufstand
Die Region kam nicht zur Ruhe. Immer wieder regte sich Widerstand gegen die römischen Besatzer. 132 begann *Simon bar Kochba*, der sich als Erlöser (*Messias*) ausgab, einen neuen Aufstand. Er weitete sich bis nach Ägypten aus. Kaiser *Hadrian* schlug ihn mit seinen Truppen 135 nieder. Dieser Vernichtungskrieg gegen die Juden zählt zu den schrecklichsten, die Rom je führte. Mehr als eine halbe Million Juden starben.

Nach den Aufständen
Vielen Juden flohen während der Kriege aus ihrer Heimat, andere wurden vertrieben oder verschleppt. Sie lebten seitdem in der Verbannung: der *Diaspora*. 135 vereinigten die Römer die Provinzen Judäa und Syria zu Syria Palaestina. Der neue Name sollte die Erinnerung an die Juden in diesem Land auslöschen. Die wenigen noch in der Provinz lebenden Juden durften nach Hadrians Tod (138) ihre Religion wieder ausüben. Nur nach Jerusalem durften sie nicht zurück. Das geistliche Oberhaupt der Juden konnte in Palästina bleiben, bis die Römer sein Amt 425 n. Chr. abschafften.

2 „Iudaea capta."
Münze, nach 71.
Unter Kaiser Vespasian und seinen Nachfolgern wurden Münzen für die Provinz Judäa mit der Aufschrift „Iudaea capta" (dt. „unterworfenes Judäa") geprägt. Das Kürzel „SC" steht für „senatus consultum": auf Beschluss des Senats.

- *Unter der Palme (Symbol für Judäa) steht links der Kaiser mit Lanze und Kurzschwert, rechts hockt eine Frau. Stelle fest, für wen und wofür diese Figur steht.*

M1 Eine römische Herausforderung

Der jüdische Feldherr und Geschichtsschreiber Josephus berichtet in seiner zwischen 75 und 79 verfassten „Geschichte des jüdischen Krieges":

Kaiser Gaius* forderte das Schicksal in ungeheuerlicher Weise heraus: Er wollte als Gott gelten und so angeredet werden; er beraubte die Spitze des Staates ihrer besten Männer und ließ schließlich seine Gottlosigkeit auch auf Judäa übergreifen. Er sandte Petronius** mit einem Heer nach Jerusalem und gab den Befehl, im Tempel Standbilder von ihm aufzustellen; falls die Juden das nicht zulassen wollten, solle er alle, die Widerstand leisten, töten und das ganze übrige Volk in die Sklaverei verkaufen. [...] Petronius marschierte bereits mit drei Legionen und vielen syrischen Hilfstruppen von Antiochia*** gegen Judäa heran. Bei den Juden schenkte der eine Teil den Kriegsgerüchten keinen Glauben, die aber doch daran glaubten, waren völlig ratlos, wie man sich verteidigen solle. Bald aber packte die Furcht das ganze Volk, als nämlich das Heer in Ptolemais**** angelangte.

Julius H. Schoeps/Hiltrud Wallenborg (Hrsg.), Juden in Europa. Ihre Geschichte in Quellen, Bd. 1: Von den Anfängen bis zum späten Mittelalter, Darmstadt 2001, S. 64

****Gaius Caesar Germanicus, genannt Caligula**: römischer Kaiser 37-41 n. Chr.*
*****Publius Petronius**: Statthalter von Syrien*
****Stadt in Syrien*
*******Ptolemais** = Akko: nordpalästinensische Hafenstadt*

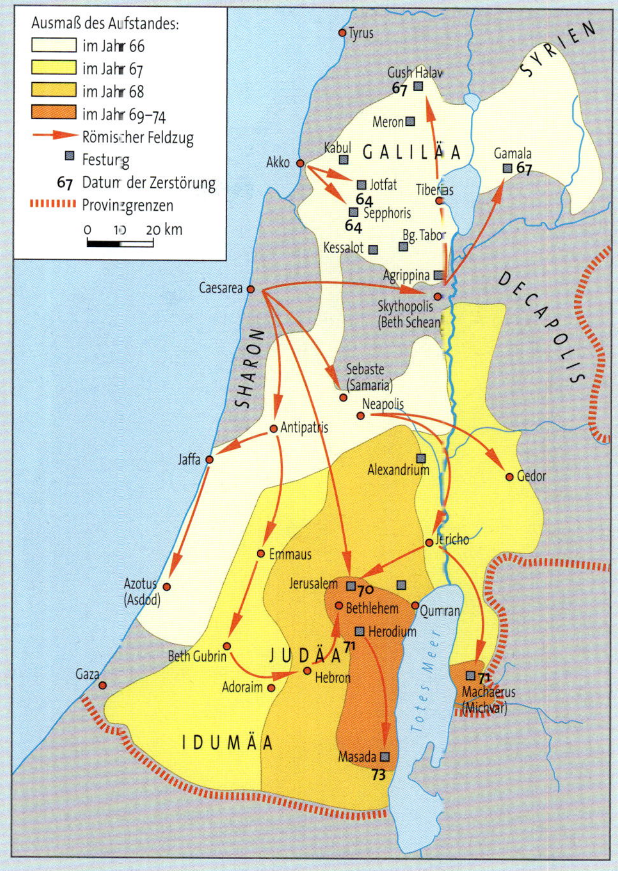

M3 Aufstand in Palästina (66-73).

M2 Jerusalem wird erobert

Cassius Dio, ein römischer Beamter und Geschichtsschreiber, der von 155 bis nach 229 gelebt hat, schreibt in seiner „Römischen Geschichte":

Titus* wurde mit der Führung des Krieges gegen die Juden beauftragt. Nachdem er anfangs versucht hatte, sie durch Gesandtschaften und Versprechungen zur Unterwerfung zu bewegen, dabei jedoch nichts ausgerichtet hatte, beschloss er, förmlich gegen sie Krieg zu führen. Die ersten Schlachten verliefen unentschieden; dann aber schlug er die Juden und belagerte Jerusalem. Die Stadt hatte drei Mauern, die um den Tempel mitgerechnet. [...]

Bei diesen Kämpfen blieb es natürlich nicht aus, dass auf beiden Seiten viele verwundet, viele auch getötet wurden. Titus selbst wurde von einem Stein an der linken Schulter getroffen und behielt davon eine Schwäche in der Hand. [...]

Die Juden ihrerseits erachteten es als ein großes Glück, um und für ihren Tempel kämpfend das Leben zu lassen. Das Volk hatte sich unten im Vorhof, der Hohe Rat auf den Treppen, die Priester aber im Tempel aufgestellt. Und so gering auch ihre Zahl gegen die Übermacht war, so wurden sie doch nicht eher überwunden, als bis ein Teil des Tempels in Brand geriet. Jetzt stürzten sie sich freiwillig in die Schwerter der Feinde, töteten einander selbst oder sprangen ins Feuer. Allen erschien es kein Tod, sondern ein Sieg, Heil und Seligkeit, unter den Trümmern ihres Tempels begraben zu werden.

Gleichwohl machte man Gefangene, darunter auch ihren Anführer Bar Giora**, der allein beim Triumph mit dem Leben büßen musste. So wurde also Jerusalem gerade am Saturnustag***, der auch den heutigen Juden noch heilig ist, erobert. Seit dieser Zeit musste jeder, der den Gebräuchen seiner Väter treu blieb, jährlich dem Iuppiter Capitolinus zwei Denare**** entrichten.

Julius H. Schoeps/Hiltrud Wallenborg (Hrsg.), Juden in Europa, a. a. O., S. 64

****Flavius Vespasianus Titus**: röm. Feldherr und Kaiser 79-81 n. Chr.*
*****Simeon bar Giora**: Anführer der Juden*
****d. h. am Sabbat*
*******Denar**: röm. Silbermünze. Im 1. Jh. verdiente ein Arbeiter etwa ein Denar am Tag.*

1. *Untersucht die Ursachen für den jüdischen Aufstand (M1).*
2. *Stellt euch vor, ihr hättet während des Aufstandes gelebt. Schreibt aus der Sicht eines römischen oder jüdischen Zeugen einen Bericht (M2 und M3).*

Rom in Gefahr

1 Vierkaisergruppe.
Die Figurengruppe (Höhe 1,30 m) befindet sich heute an der Fassade des Markusdoms in Venedig. Sie zeigt vermutlich Kaiser Diokletian und seine drei Mitkaiser Maximian, Galerius und Constantius I. Chlorus, die von 293 bis 305 gemeinsam das Römische Reich regierten.

Soldaten werden Kaiser
Schon Augustus regierte das Reich allein. Das änderte sich unter seinen Nachfolgern nicht. Dem Senat blieb die Aufgabe, die Kaiser zu bestätigen, die entweder durch Geburt oder Testament der Vorgänger zu neuen Herrschern bestimmt worden waren. Auch dieses Recht verlor der Senat. Ab dem Ende des 2. Jh. entschieden meist die Heerführer in den kaiserlichen Provinzen oder die etwa 10 000 Prätorianer der Palastgarde, wer Kaiser sein sollte. Die Herrscher stützten ihre Macht auf die Grenzarmee, die sie mit Solderhöhungen, Schenkungen und anderen Vergünstigungen belohnten.

Eine Krise nach der anderen
Allein im Laufe des 3. Jh. herrschten weit über 40 Kaiser. Dazu kamen doppelt so viele, die mit ihren Soldaten versucht hatten, die Macht an sich zu reißen. Das Reich hatte viele Probleme:
- Von Norden und Osten drangen immer häufiger fremde Völker ins Reich ein. Es wurde schwieriger, die Tausende von Kilometern lange Reichsgrenze zu sichern.
- In den Grenzregionen litten Handel, Handwerk und Landwirtschaft. Die Folge waren geringere Steuereinnahmen.
- Die steigenden Kosten für die Armee belasteten die Staatskasse.
- Der häufige Herrscherwechsel verhinderte eine langfristig angelegte Politik.

Keine Lösung in Sicht
Um die Probleme in den Griff zu bekommen, erhielten alle freien Reichsbewohner 212 die *Bürgerrechte*. Sie konnten Verträge abschließen und über Grundeigentum verfügen, durften an den Volksversammlungen teilnehmen und öffentliche Ämter bekleiden. Kaiser *Caracalla* (211-217) bürdete ihnen aber zugleich Pflichten auf: Militärdienst und Steuern. Eine Lösung der Schwierigkeiten erreichte er nicht. Steuern und Preise stiegen.

Der Kaiser – „Herr und Gott"
In der Krise wollten die Herrscher ihr Kaisertum festigen. *Diokletian*, den seine Soldaten 284 zum Kaiser ausgerufen hatten, bezeichnete sich als „Herr und Gott" (lat. *dominus et deus*). Er und seine Nachfolger fühlten sich keinem Menschen mehr verantwortlich. Aus dem Prinzipat war der *Dominat* geworden.
Für ihre Untertanen rückten die Kaiser in fast unerreichbare Ferne. Wer als Untertan vor den Kaiser treten durfte, musste sich vor ihm auf die Erde werfen und den Saum seines Gewandes küssen.

Vier Männer regieren ein Reich
Diokletian hatte erkannt, dass unter den schwierigen Bedingungen ein Herrscher das riesige Reich nicht allein regieren konnte. Deshalb teilte er es in vier Verwaltungseinheiten (Präfekturen). In ihnen sollten vier Männer, zwei Kaiser und zwei Unterkaiser, die kaiserliche Macht ausüben (gr. *tetrarchia*: Viererherrschaft). Jeder von ihnen regierte seinen Teil von einer militärisch günstig gelegenen Stadt aus: Mailand, Trier, Sirmium (in der Nähe des heutigen Belgrad) und Nikomedia (Kleinasien) wurden Zentren des Reiches.* Rom hatte aufgehört, Hauptstadt des Weltreichs zu sein.

**Diese Zentren findest du auf der Karte M 1, Seite 65.*

M 1 **Das römische Bürgerrecht – eine Auszeichnung?**

Der Geschichtsschreiber Cassius Dio (155 - nach 235) berichtet über die Umstände, die im Jahre 212 zur Verleihung des römischen Bürgerrechtes an alle freien Reichsbewohner geführt haben:

Caracalla war ein Freund der Verschwendung seinen Soldaten gegenüber [...]. Er war gewohnt, alle Menschen ringsum zu berauben und aufzureiben, nicht zum wenigsten die Senatoren. Denn abgesehen von den goldenen Kränzen, die er als steter Sieger über irgendwelche Feinde öfters forderte [...], abgesehen von den Proviantlieferungen, die von uns in großen Mengen und bei allen Gelegenheiten, teils umsonst, teils auch noch unter eigenem Aufwand eingetrieben wurden, die er alle seinen Soldaten zukommen ließ oder auch verhökerte, von den Geschenken, die er von reichen Privatleuten wie auch von den Gemeinden zusätzlich forderte, von den sonstigen Steuern, die er neu einführte, und von dem Zehnten, den er anstelle des Zwanzigsten für Freilassungen, für Erbschaften und alle Schenkungen erhob [...], abgesehen von dem Bürgerrecht, das er allen Untertanen des Römischen Reiches, angeblich als eine Auszeichnung, tatsächlich aber in der Absicht verlieh, dadurch seine Einkünfte zu vermehren, da nämlich die Nichtbürger die meisten dieser Abgaben nicht zu entrichten brauchten: Außerdem mussten wir ihm, sooft er von Rom verreiste, mitten auf den Wegstrecken, auch wenn sie noch so kurz waren, Gebäude aller Art und kostspielige Absteigequartiere auf unsere eigenen Kosten errichten lassen, in denen er niemals wohnte, nein, von denen er vermutlich nie ein einziges zu Gesicht bekam.

Walter Arend (Bearb.), Altertum. Geschichte in Quellen, München [3]1978, S. 698

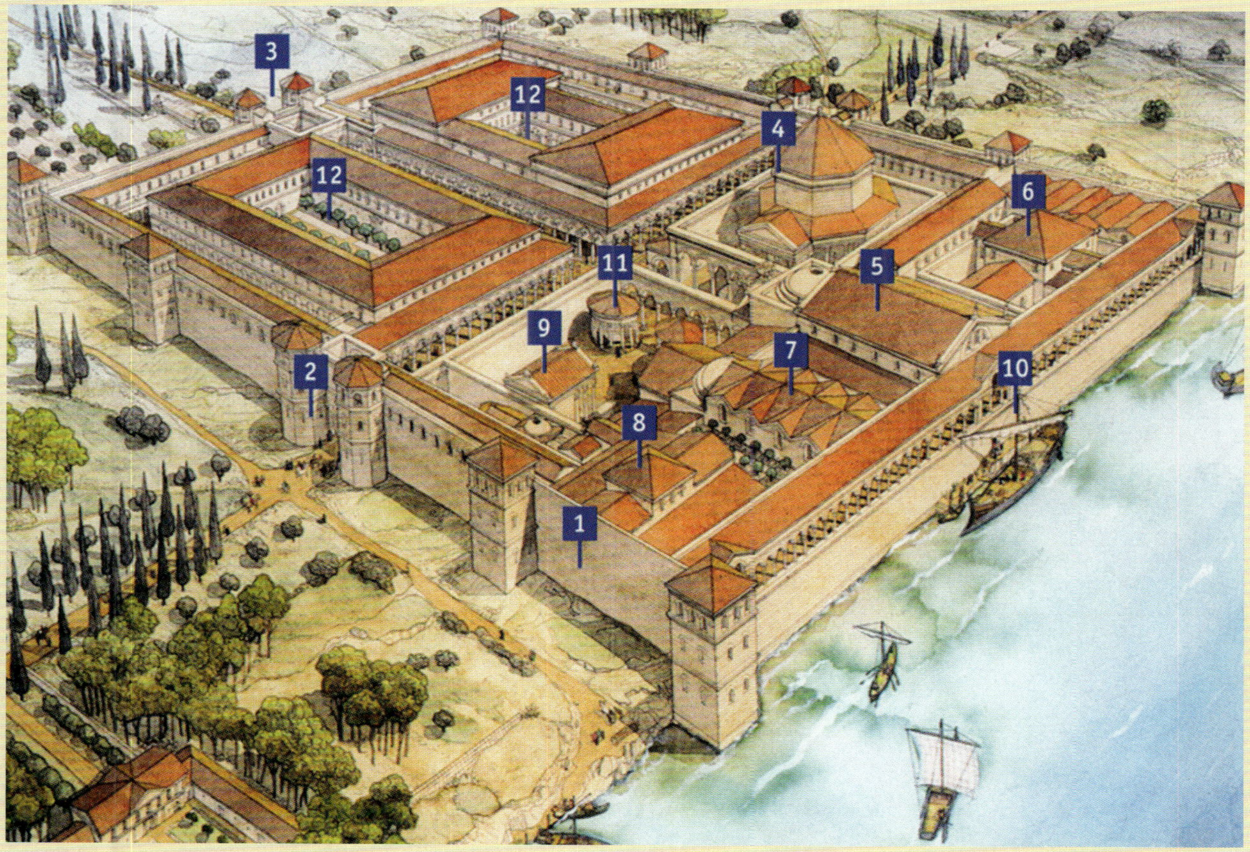

M 2 **Der Kaiserpalast von Split.**

Rekonstruktionszeichnung von 2003.

Kaiser Diokletian zog nach seiner Abdankung 305 in diesen Palast an der dalmatischen Küste (heute Kroatien). Die Anlage umfasst eine Fläche von 215 x 180 m und folgt dem Grundmuster des römischen Militärlagers (siehe M 3, Seite 27). Die heutige Altstadt von Split ist zum Teil in die Ruinen des Palastes hineingebaut.

1 *Festungsartige Außenmauer der Palastanlage;* **2** *und* **3** *Haupteingänge;* **4** *Grabmal (Mausoleum) Diokletians, das bereits zu seinen Lebzeiten errichtet wurde;* **5** *Eingangshalle zu den Wohngebäuden Diokletians;* **6** *Speisesaal und Empfangshalle;* **7** *Thronsaal des Kaisers;* **8** *Privaträume Diokletians mit Badeanlage;* **9** *Tempel des Gottes Iuppiter, des Schutzgottes Diokletians;* **10** *Anlegestelle für Schiffe;* **11** *kleiner Rundtempel;* **12** *Kasernen für die kaiserliche Leibwache, Verwaltungsgebäude*

1. *Fasse zusammen, warum die Herrschaft der Soldatenkaiser als Belastung empfunden wurde (M 1).*
2. *Nenne die Aufgaben des Kaiserpalastes (M 2).*

Warum zerfällt das Reich?

1 Spangenhelm aus Krefeld-Gellep, 2. Viertel des 6. Jh.
Der 18 cm hohe und vergoldete Helm wurde 1962 in einem fränkischen Grab in Gellep bei Krefeld gefunden. Die Römer verschenkten solche wertvollen Helme an germanische Heerführer, die für sie im Heer dienten.

„Die Barbaren kommen!"

Dieser Schreckensruf ertönte in der Kaiserzeit am Limes immer häufiger. Ständig zogen mehr Menschen aus ihrer nord- und ostmitteleuropäischen Heimat nach Süden und Westen auf die Grenzen des Römischen Reiches zu: die *Germanen*. So nennen wir zusammenfassend jene Völker (Stämme), die bis zum 1. Jh. v. Chr. vor allem im Ost- und Nordseeraum lebten.

Eine wachsende Bevölkerung sowie der Wunsch nach besseren Lebensverhältnissen führten um 300 zu Wanderungen von bislang ungekanntem Ausmaß. Einige germanische Völker wie die Franken, Friesen und Alamannen drangen in benachbarte Landschaften ein und ließen sich dort nieder. Andere durchquerten ganz Europa und den Norden Afrikas. Ende des 4. Jh. spitzte sich die Lage zu: Die Hunnen aus Zentralasien zerstörten um 375 die Herrschaft der Goten am Schwarzen Meer. Damit erreichte die „Völkerwanderung" ihren Höhepunkt.

Eindringlinge und Verbündete

Von den Hunnen getrieben, baten die Goten um Aufnahme in das Römische Reich. Als Gegenleistung boten sie militärische Hilfe an. Kaiser *Valens*, der von 364 bis 378 regierte, ging darauf ein. Doch die Eingliederung der Goten scheiterte. Unruhen brachen aus. In der *Schlacht bei Adrianopel* (378) schlugen die Goten die Römer. Wenige Jahre später wurden die Goten doch noch Verbündete Roms. Dafür erhielten sie das Recht, im Reich einen eigenen Staat zu errichten.

Das Reich zerfällt

Die Neuorganisation des Reiches von 395 in einen östlichen und einen westlichen Herrschaftsbereich bereitete das Ende der Reichseinheit vor. Ostrom blieb nach dem Abzug der Goten von den Wirren der „Völkerwanderung" weitgehend verschont.

Um 450 herrschten die weströmischen Kaiser nur noch über Italien, Mittelgallien, die Provence und Dalmatien. Über weite Teile ihres Imperiums bestimmten germanische Völker. Dazu bedrohten weiterhin die Hunnen das Reich. In der *Schlacht auf den Katalaunischen Feldern* (451) gelang es den Römern nur mit romanisierten Kelten (Galliern) und verbündeten Westgoten, Burgundern und Franken, *Attilas* Reiterheere zum Rückzug zu bewegen. Das war das Ende für das Hunnenreich, das sich von Südrussland bis zum Rhein erstreckt hatte.

Soldaten machen ihn zum Herrscher

476 zerbrach das Weströmische Reich. *Odoaker*, Sohn eines fremden Fürsten und römischer Offizier, setzte Kaiser *Romulus Augustulus* (*Augustulus*: dt. „Kaiserchen" – wegen seines jugendlichen Alters) ab. Seine Soldaten riefen ihn zum König aus. Odoaker verzichtete auf den Kaisertitel, erkannte die Oberhoheit des oströmischen Kaisers an und beschränkte seine Herrschaft auf Italien.

In Ostrom ließ sich der Heerführer der Ostgoten, *Theoderich*, mit dem Krieg gegen Odoaker beauftragen, fügte ihm Niederlagen zu und sorgte schließlich für seine Ermordung. Daraufhin wurde Theoderich König der Goten und kaiserlicher Regent in Italien.

▶ ***Lesetipp:***
Michael Schmauder, Die Völkerwanderungszeit, Nürnberg 2003

■ *Untersuche, ob die „Völkerwanderung" die Ursache für den Zerfall des Römischen Reiches war.*

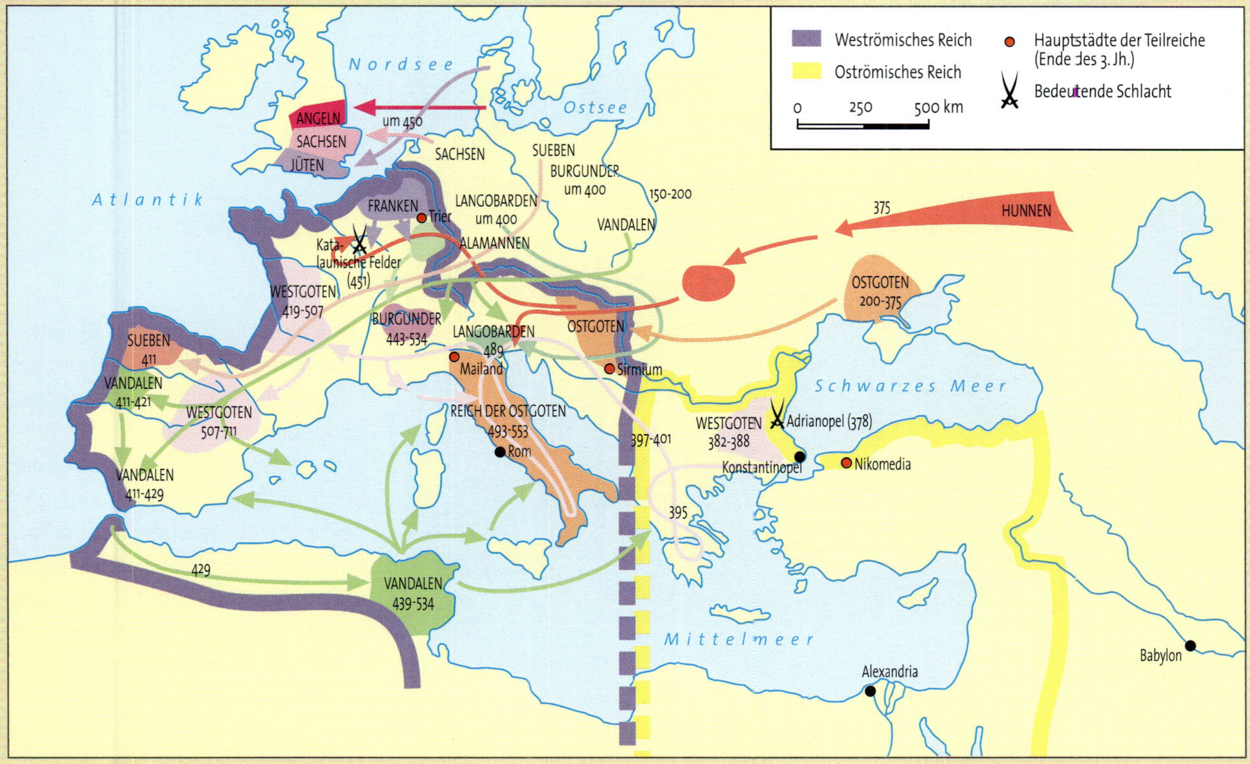

M1 „Völkerwanderung" und Reichsgründungen (3.-6. Jh.).
Wir sprechen zwar von „den" Germanen, doch sind darunter verschiedene kleine Völkerschaften bzw. Stämme zu verstehen, die sich während ihrer „Wanderungen" ständig veränderten. Nebenbei: Das römische „Britannia" wurde damals von Angeln, Sachsen und Jüten erobert und aus „Britannia" wurde „England" (= „Angel-Land").

M2 Schreckensnachricht

Der römische Geschichtsschreiber Ammianus Marcellinus (4. Jh.) schreibt:

Es verbreiteten sich schreckliche Nachrichten von Völkern im Norden, die neue Bewegungen in Gang gesetzt hatten, welche größer als gewöhnlich waren: In das gesamte Gebiet, das sich [...] bis zum Schwarzen Meer erstreckt, ergieße sich eine Masse von Barbaren unbekannter Herkunft, die von ihren Wohnsitzen durch plötzliche Gewalt vertrieben worden seien und zusammen mit ihren Angehörigen die Donau entlang hin- und herstreifen. Unsere Leute nahmen das zunächst aus dem Grund auf die leichte Schulter, weil sie gewohnt waren, aus jenen fernen Gegenden von Kriegen nur zu hören, wenn sie schon wieder beendet oder eingeschlafen waren. Doch dann kamen immer zuverlässigere Nachrichten von den Ereignissen, deren Bestätigung die Ankunft von Stammesgesandten lieferte, die flehentlich und beschwörend darum baten, dass ihr heimatlos gewordenes Volk diesseits des Flusses Aufnahme finde.

Zit. nach: Klaus Rosen, Die Völkerwanderung, München [4]2009, S. 16

M3 Schandtaten

Ammianus (siehe M 2) berichtet über Verbrechen während der „Völkerwanderung":

Sie verübten alle Schandtaten zugleich: Raub und Mord, Blutvergießen und Brand sowie die Vergewaltigung freier Menschen. Damals konnte man die grausamsten Dinge erleben, die man nur mit Seufzen betrachten und berichten kann: Frauen, starr vor Schreck, die mit knallenden Peitschenhieben weggetrieben wurden, darunter auch Schwangere mit Ungeborenen, die, noch bevor sie das Licht erblickten, viel Böses ertragen mussten; daneben kleine Kinder, die sich an ihre Mütter klammerten [...]. Dazwischen ein Bürger, der eben noch reich und frei war, und sich nun über dich, Fortuna*, du Unbarmherzige und Blinde, beklagte, die du ihn einem blutrünstigen Sieger überließest, nachdem er in einem kurzen Augenblick seines Vermögens und seiner lieben Angehörigen beraubt und aus seinem Haus verjagt wurde, das er in Schutt und Asche versinken sah, um dann Glied um Glied zerfleischt oder unter Schlägen und Folterqualen versklavt zu werden.

Zit. nach: Klaus Rosen, Die Völkerwanderung, a. a. O., S. 17

***Fortuna**: *römische Glücks- und Schicksalsgöttin*

1. *Nenne die heutigen Staaten, durch die die Goten, Alamannen, Franken und Sachsen zogen (M 1).*
2. *Prüfe, ob Ammianus alle Ursachen für die Wanderungsbewegung nennt (M 2).*

Von Rom nach Byzanz

1 Der Kaiser vor Christus.
Mosaik aus der Hagia Sophia (Ausschnitt).
Konstantin I. ließ die „Hagia Sophia" (dt. „Kirche der göttlichen Weisheit") in Konstantinopel bauen. Das Gotteshaus wurde 532 in Brand gesteckt. Noch im selben Jahr ordnete Kaiser Justinian den Wiederaufbau an.

Das Oströmische Reich

Zur endgültigen Teilung des Römischen Reiches trug bereits Kaiser *Konstantin I.* bei. Er hatte die alte griechische Stadt Byzantion zur Hauptstadt gemacht. Ihr Name bezeichnete später das Oströmische Reich: *Byzanz*. Byzantion war eine ideale Brücke zu den reichen Ostprovinzen Kleinasien, Syrien und Ägypten und Schnittpunkt wichtiger Handelsstraßen zwischen Mittelmeer, Schwarzem Meer, Europa, Afrika, Indien und China. Die Stadt erhielt den Namen des Herrschers: *Konstantinopel* (heute Istanbul). 330 wurde sie eingeweiht. Konstantinopel erhielt zahlreiche Paläste, Kirchen, eine gewaltige Arena für Wagenrennen und wurde zur bedeutendsten Festung der damaligen Zeit ausgebaut.

Der letzte Versuch

Im Jahre 527 wurde *Justinian* oströmischer Kaiser. Sein Regierungsprogramm lautete: „Wir glauben, dass Gott uns die Wiedergewinnung aller der Länder gewähren wird, die einst die Römer von einem Ozean bis zum anderen besessen haben." In langen Kriegen gegen die Vandalen in Afrika, die Ostgoten in Italien und die Westgoten in Südspanien konnten seine Truppen die römische Herrschaft dort neu errichten. Das Ziel, die Grenzen des gesamten Reiches wiederherzustellen, erreichte Justinian nicht.

Der Kaiser als Statthalter Christi

Justinian ging es nicht nur um die Rückgewinnung der verlorengegangenen Gebiete und die Wiederherstellung (lat. *renovatio*) der Reichseinheit. Er wollte einen einheitlichen christlichen Staat schaffen. In seinem Reich sorgten er und seine Nachfolger dafür, dass Politik und Religion, Staat und Kirche eine Einheit bildeten. Sie regierten allein und unumschränkt und betrachteten sich als Statthalter Christi auf Erden. Sie glaubten, für die Reinheit der christlichen Lehre, die *Orthodoxie* (*orthodox*: rechtgläubig), verantwortlich zu sein. Den Bischöfen erteilten sie Weisungen wie ihren Beamten.

Das „zweite Rom"

Byzanz übernahm das römisch-hellenistische Erbe und war bis weit in das Mittelalter seinen europäischen Nachbarn kulturell weit überlegen. Es wurde als „zweites Rom" bezeichnet.
Seine Herrscher verstanden sich als einzige wirkliche Kaiser und missbilligten Versuche, im Westen ein eigenständiges Kaisertum zu errichten. Ebenso lehnte es der Patriarch von Byzanz, der oberste Geistliche der orthodoxen Kirche, ab, den Papst als Oberhaupt der Christen anzuerkennen. Hinzu traten die sprachlichen Unterschiede. Während im Osten Griechisch als Amts- und Kirchensprache benutzt wurde, verwendete man im Westen das Lateinische. Die griechisch-orthodoxe Kirche grenzte sich damit immer mehr von der römisch-katholischen ab.
Trotz dieser Abwehrhaltung und seiner Randlage beeinflusste Byzanz die Geschichte Europas stark. Das Gesetzbuch Justinians prägt bis heute unsere Rechtsprechung.* In vielen Ländern wurde die byzantinische Kunst nachgeahmt. Später wurden mehrere slawische Völker von Byzanz aus zum orthodoxen Christentum bekehrt: Die griechischen Mönche *Kyrillos* und *Methodios* begannen damit im 9. Jh. Sie predigten in der slawischen Volkssprache und verbreiteten den griechisch-orthodoxen Glauben.

**Lies dazu das folgende Kapitel.*

M 1 Kaiser Justinian mit Gefolge.
Mosaik aus der im Jahre 547 geweihten Kirche San Vitale in Ravenna (Format: 2,70 x 4,10 m). Die oberitalienische Stadt war von der Mitte des 6. Jh. bis ins 9. Jh. byzantinischer Vorposten in Italien.

M 2 Aus Gottes Vollmacht regieren wir
Auszüge aus der 533 fertiggestellten Gesetzessammlung Justinians:

Aus Gottes Vollmacht regieren wir das Reich, das uns von der himmlischen Majestät übertragen wurde, führen wir Kriege mit Erfolg, sichern Frieden und halten den Bau des Staates aufrecht.
Was ist größer, was geheiligter als die kaiserliche Majestät? Wer ist so hochmütig, das Urteil des Fürsten zu verachten, wenn die Gesetzgeber festgelegt haben, dass kaiserliche Entscheidungen die volle Kraft des Gesetzes besitzen? [...]
Nicht als Nebensache behandeln wir die Schlaflosigkeit, sondern wenn wir die Tage daransetzen und die Nacht zum Tage machen, wenden wir sie dazu an, damit unsere Untertanen sich wohlbefinden, frei von jeder Sorge, da wir die Sorge für alle auf uns nehmen.

Franz G. Maier (Hrsg.), Byzanz, Frankfurt a. M. 1973, S. 54 f. und Walter Arend (Bearb.), Altertum. Geschichte in Quellen, München ³1978, S. 831 (vereinfacht)

M 3 Zweck der kaiserlichen Mühen
Der byzantinische Geschichtsschreiber Prokopios, ein Zeitgenosse Justinians, schreibt:

Er hatte sozusagen kein Schlafbedürfnis und sättigte sich auch nie an Speise und Trank. Nur mit den Fingerspitzen und ganz nebenbei nahm er die Speisen und hatte dann schon genug. [...] Vielfach blieb er zwei Tage und zwei Nächte ohne Nahrung [...]. Er schlief gelegentlich eine Stunde, den Rest der Nacht verbrachte er mit dauerndem Umhergehen [...]. Das dauernde Wachen, Mühen und Sichquälen nahm er einzig und allein zu dem Zwecke auf sich, täglich grässlichere Übel für die Untertanen auszuhecken. Er war, wie gesagt, außerordentlich scharfsinnig im Ersinnen und schnell im Ausführen ruchloser Taten, sodass bei ihm sogar die Vorzüge der Natur zum Schaden der Untertanen ausschlugen.

Walter Arend (Bearb.), Altertum, a. a. O., S. 831 (leicht vereinfacht)

1. *Beschreibe, wodurch Kaiser und Bischof hervorgehoben wurden (M 1). Nenne die Gegenstände, die der Kaiser und die – vom Betrachter aus – rechts neben ihm stehenden Personen in ihren Händen halten. Wozu dienten sie?*
2. *Erkläre, was den Soldaten auf der linken Bildseite als christlichen Krieger kennzeichnet (M 1). Siehe dazu Abb. 2 auf Seite 57.*
3. *Vergleiche die Haltung des Kaisers auf M 1 mit der auf Abb. 1, Seite 66.*
4. *Prüfe, ob Justinians Auffassung vom Herrscheramt (M 2) mit M 3 und dem Dominat (siehe dazu Seite 62) übereinstimmt.*

Recht in Rom

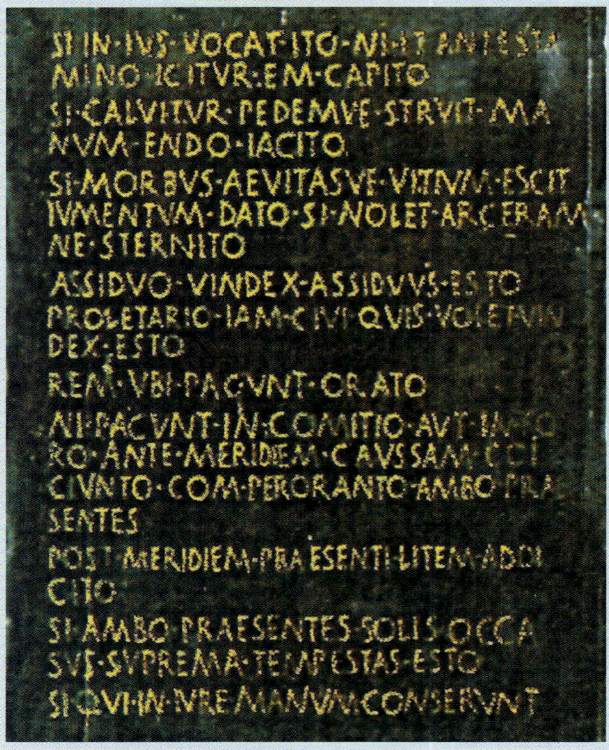

1 Nachbildung einer Tafel mit Vorschriften aus dem Zwölf-Tafel-Gesetz.
Die um 450 v. Chr. auf dem Forum Romanum aufgestellten Tafeln wurden im 4. Jh. v. Chr. vernichtet. Aus Abschriften konnten sie rekonstruiert werden. Die hier abgebildete Tafel enthält Anweisungen für einen Prozess: „Wenn ein Kläger einen Beklagten vor Gericht ruft, muss der Beklagte vor Gericht erscheinen. Wenn er nicht kommt, soll ein Zeuge hinzugezogen werden. Dann soll der Kläger den Beklagten ergreifen. Wenn der Beklagte Ausflüchte macht oder fliehen will, soll der Kläger ihn festnehmen."
■ *Informiere dich, wer heute für die Ergreifung eines Beschuldigten zuständig ist.*

Die private und die öffentliche Ordnung

Überlieferte Sitten und Gesetze bestimmten das Zusammenleben der Römer. Ihr erstes schriftlich festgehaltenes Recht ist das *Zwölf-Tafel-Gesetz*. Es regelte

- den Ablauf eines Prozesses;
- die Rechte des Einzelnen in der Familie, bei Erbschaften und in Fragen des Eigentums;
- das Treueverhältnis zwischen Patron und Klient;
- das Strafrecht und das Strafmaß, z. B. Schadensersatz bei Diebstahl, Todesstrafe für öffentliche Beleidigungen oder bestechliche Richter;
- das Verbot der Ehe zwischen Patriziern und Plebejern.

Diese Rechtssätze hatte man aufgeschrieben und veröffentlicht, weil sich die Plebejer damit vor einer willkürlichen Auslegung des Rechts durch die Patrizier schützen wollten.

Die Gesetze ändern sich

Das Zwölf-Tafel-Gesetz blieb über Jahrhunderte die Grundlage des Rechts aller römischen Bürger, doch wurde es ständig weiterentwickelt. Während der Republik erließen Magistrate und Volksversammlungen laufend Gesetze und Bestimmungen. Im Kaiserreich durfte nur noch der Herrscher neues Recht setzen. Die Römer erklärten ihre alten Gesetze oder Bestimmungen nie für ungültig, sondern ergänzten sie durch zusätzliche, in der Praxis entwickelte Rechtsgrundsätze.

Die Bedeutung des Römischen Rechts

Eine Zusammenfassung aller gültigen Rechtsvorschriften gab Kaiser Justinian 528 n. Chr. in Auftrag. Er ließ das Römische Recht sammeln, wie es sich seit dem Zwölf-Tafel-Gesetz durch Gesetzgebung, Rechtspraxis und Auslegung der Rechtsgelehrten entwickelt hatte. Nachdem die Rechtsvorschriften durchgesehen, widersprüchliche Regeln beseitigt und vereinheitlicht worden waren, wurde die Sammlung 533 n. Chr. veröffentlicht und für verbindlich erklärt.

Dieses umfangreiche Werk beeinflusste die europäische Rechtslehre. Seit dem 11. Jh. dienten Teile davon der Ausbildung von Juristen. Ende des 16. Jh. wurde das Werk erstmals vollständig unter dem Titel *Corpus iuris civilis* (dt. Sammlung bürgerlichen Rechts) gedruckt. Viele heutige Rechtsvorstellungen in Europa sowie in den von hier aus beeinflussten außereuropäischen Gebieten wie Südamerika, Ägypten und Japan gehen auf das „Corpus iuris" zurück. Keinen anderen Bereich hat das römische Denken so sehr geprägt wie das Recht.

2 Justitia.
Münze aus der Zeit Kaiser Hadrians, der von 117-138 herrschte. Die Umschrift lautet: „Kaiserliche Gerechtigkeit".
■ *Begründe, weshalb Münzen mit solchen Motiven geprägt wurden.*

M1 Römische Rechtsgrundsätze

Im „Corpus iuris civilis“ finden sich folgende Grundsätze römischer Rechtsgelehrter:

1. Was unter Zwang zustande gekommen ist, wird für ungültig erklärt.
2. Auf bloße Verdachtsmomente hin jemanden zu verurteilen, geht nicht an.
3. In Zweifelsfällen muss der Richter für den Angeklagten entscheiden.
4. Die größere Würde liegt beim Mann.
5. Keine Strafe ohne Gesetz.
6. Derjenige muss den Beweis erbringen, der etwas behauptet, nicht der, der leugnet.

Walter Arend (Bearb.), Altertum, a. a. O., S. 845 f. (vereinfacht)

M2 Rechtsgrundsätze heute

1. Wer zur Abgabe einer Willenserklärung durch Drohung gezwungen worden ist, kann die Erklärung anfechten.

Bürgerliches Gesetzbuch, § 123

2. Eine Tat kann nur bestraft werden, wenn die Strafbarkeit gesetzlich bestimmt ist, bevor die Tat begangen worden ist.

Grundgesetz, Artikel 103.2

3. Niemand darf wegen seines Geschlechtes, seiner Abstammung, seiner Rasse, seiner Sprache, seiner Heimat und Herkunft, seines Glaubens, seiner religiösen oder politischen Anschauungen benachteiligt oder bevorzugt werden.

Grundgesetz, Artikel 3.3

4. Der Versuch eines Verbrechens ist stets strafbar.

Strafgesetzbuch, § 23,1

5. Sind trotz Anhaltspunkten keine bestimmten Feststellungen möglich, so ist von der dem Angeklagten günstigsten Tatsachengestaltung auszugehen.

Entscheidungssammlung des Bundesgerichtshofes in Strafsachen, Bd. 19, S. 33

M3 Kaiser Justinian und die Gerechtigkeit.
Buchmalerei aus Sizilien, 12. Jh.
Die Figur der Gerechtigkeit zeigt dem Kaiser ein Gesetzbuch. Auf den Seiten steht das Bibelzitat: „Wehe denen, die den Frevler [Verbrecher, Übeltäter] freisprechen um der Geschenke willen!“

M4 Recht und Gerechtigkeit

Der Rechtsgelehrte Ulpian, der um die Wende vom 2. zum 3. Jh. n. Chr. in Rom gelebt hat, veröffentlicht zahlreiche Schriften. In einem Werk versucht er zu bestimmen, was Recht ist und welche Aufgabe die Rechtskundigen (Juristen) haben.

Wer sich mit dem Recht befassen will, muss zunächst wissen, woher das Wort „Recht“ stammt. Es hat nämlich seinen Namen von der Gerechtigkeit; denn [...] das Recht ist die Kunst des Guten und Angemessenen. Daher könnte man uns als Priester bezeichnen: Wir dienen ja der Gerechtigkeit [...], indem wir das Angemessene vom Unangemessenen absondern, das Erlaubte vom Unerlaubten trennen und die Menschen nicht nur durch die Furcht vor Strafen, sondern auch durch den Ansporn von Belohnungen gut zu machen suchen.

Manfred Fuhrmann/Detlef Liebs (Hrsg.), Exempla Iuris Romani – Römische Rechtstexte, München 1988, S. 12

1. *Vergleicht die Bestimmungen aus dem „Corpus iuris civilis“ (M1) mit den Rechtsgrundsätzen der Gegenwart (M2). Arbeitet Übereinstimmungen und Abweichungen heraus*
2. *Erläutert die Buchmalerei M3. Berücksichtigt das Zitat in der Legende.*
3. *Beschreibt die Aufgaben der Rechtskundigen nach Ulpian (M4).*

Die Franken kommen

1 **Der Frankenkönig Childerich.**
Rekonstruktionszeichnung der Kleidung und Waffen nach Patrick Périn, um 1998.
Childerichs Ausrüstung stammte aus römischen Beständen. Die Gewandspange aus Gold erhielt er als hoher römischer Beamter. Der goldene Siegelring weist ihn als anerkannten König verbündeter Truppen aus. Bei den germanischen Völkern durften nur die Vornehmen lange Haare tragen. Sie galten als Ausdruck von Lebenskraft und Macht.

Über die Franken

Die Franken waren ursprünglich mehrere Völker. Sie hatten sich seit dem 3./4. Jh. vom Mittel- und Niederrhein nach Südwesten ausgebreitet. An ihrer Spitze standen Könige. Sie wollten selbstständig sein und verbanden sich mit ihren Gefolgschaften nur zu gemeinsamen Verteidigungs- oder Angriffsunternehmungen.
Das Wort „franci“ bedeutete wohl ursprünglich „die Wilden“ und „die Kühnen“. Später bekam es die Bedeutung „die Freien“. Tatsächlich lebten die frühen Franken im 4./5. Jh. entweder als unterworfene Völker oder als Verbündete der Römer.

2 Die Eroberungen Chlodwigs I.

Ein neues Reich entsteht

481/82 folgte der aus dem fränkischen Königsgeschlecht der Merowinger stammende *Chlodwig* mit 16 Jahren seinem Vater *Childerich* auf den Thron. Chlodwig besiegte 486 den letzten römischen Statthalter in Gallien und unterwarf die Alamannen. Aus dem fränkischen Kleinkönigtum war ein großes Reich geworden.

Bündnis mit dem Papst

Die Reichsbildung der Franken festigte Chlodwig mithilfe des Glaubens. Um 498 ließ er sich in Reims taufen. Mit seinem Bekenntnis zum Christentum beseitigte er den Glaubensgegensatz zwischen den Franken und den unterworfenen Christen der ehemaligen römischen Provinz. Damit sicherte sich Chlodwig die Unterstützung der christlichen Führungsschicht bei der Verwaltung des eroberten Landes.
Da 476 das Weströmische Reich erloschen war, fand die christliche Kirche nun in dem fränkischen König und seinen Nachfolgern neue Schutzherren. Der Papst, das Oberhaupt der römisch-katholischen Kirche, erklärte die Franken zu „Gottes eigenem Volk“. Könige aus dem Geschlecht der Merowinger regierten bis ins 8. Jh. das Reich der Franken.

- *Erstelle eine Übersicht mit den Daten und Ereignissen, die für die Reichsbildung der Franken wichtig waren, und präsentiere sie deinen Mitschülern.*

M2 „Die Taufe Chlodwigs."
Gemälde (145 x 188 cm) von François-Louis Dejuinne, 1837.

M1 „Heil dem neuen Konstantin!"
Chlodwig soll Weihnachten 498 in Reims getauft worden sein. Weder das Datum noch die genauen Umstände sind verlässlich überliefert. Bischof Gregor von Tours (um 538-594) berichtet uns eine Generation später darüber. Die folgende Erzählung geht auf sein Geschichtswerk zurück.

Das festlich geschmückte Gotteshaus war erfüllt vom gleichmäßigen Murmeln der Priester, die Bittpsalmen beteten, und dem Flüstern der Gefolgschaft des Königs. Weihrauchwolken und duftende Kerzen verbreiteten ihren Wohlgeruch. Bischof Remigius richtete mit lauter Stimme das Wort an alle Anwesenden: „Wir preisen den Namen des allmächtigen Gottes! Wir loben ihn, da es ihm gefallen hat, unseren König Chlodwig zu erleuchten und aus der Dunkelheit des Unglaubens in das Licht des wahren Glaubens zu führen.

O Herr, Du hast ihm Deine Allmacht geoffenbart. Im Augenblick der höchsten Bedrängnis hast Du ihn und sein Heer vor dem sicheren Untergang gerettet, als er zu Dir flehte und Dich um Hilfe bat ..."

Es war ganz still geworden, als die Taufhandlung begann. Und als dann der König in das Taufbecken stieg, sagte Remigius leise, aber bestimmt: „Beuge still deinen Nacken und verehre nun, was du bisher verachtet hast, und ächte jetzt, was du bisher verehrt hast!"

Königin Chrotechilde sah zu ihrem Gemahl hinüber. Mit unbewegter Miene ließ er die Worte des Bischofs, die Salbung mit Öl und das dreimalige Untertauchen im Taufbecken über sich ergehen. Ob Chlodwig sich die Worte Remigius' zu Herzen nehmen würde? Sie kannte ihn gut genug, um zu wissen, dass er nicht der Mann war, der ohne Vorteil etwas unternahm. Die Königin erinnerte sich nur allzu genau an ihre vielen vergeblichen Versuche, ihren Mann zum katholischen Glauben zu bekehren, und an seine oft schroffen Ablehnungen. Sie wusste auch, dass er sich erst zum Katholizismus hatte bekennen wollen, als sicher war, dass sein Gefolge diesen Schritt auch tun würde. Doch ihr Drängen hatte ja nun mit Gottes Hilfe endlich zum Erfolg geführt.

Die plötzlich lauter werdende Stimme des Bischofs riss die Königin aus ihren Gedanken. Er hatte seine Ansprache offensichtlich gerade beendet und schloss mit dem Ausruf „Heil dem neuen Konstantin!", in den die Priester und das Gefolge des Königs einstimmten.

Erzählt von Dieter Brückner nach: Wolfgang Lautemann (Bearb.), Mittelalter. Reich und Kirche, München ^{2}1978, S. 26-28

1. *Erkläre, warum Chlodwig mit dem römischen Kaiser Konstantin I. verglichen wurde (M1).*
2. *Begründe, weshalb das Geschichtswerk Gregors (M1) keine genaue Quelle für die Taufe Chlodwigs ist.*
3. *Das Gemälde M2 befindet sich in fast allen französischen Schulbüchern. Beschreibt es gemeinsam und nennt mögliche Gründe, warum es zur Bebilderung des Themas immer wieder genommen wird.*
4. *Führt ein Rollenspiel auf, in dem Chlodwig seinem Gefolge Gründe für die Taufe nennt.*

Macht und Mission

Neue Christen, neues Land

„Gehet hin und verkündet allen Völkern das Wort Gottes“ – mit diesem Auftrag aus dem Neuen Testament zogen im 7. und 8. Jh. Mönche aus Irland und England als Missionare in das Reich der Franken. Denn die meisten Menschen jenseits der früheren Grenzen des Römischen Reiches verehrten noch immer heidnische Götter.

Die Mönche missionierten im Auftrag des Papstes und mit dem Einverständnis und der Unterstützung der weltlichen Herrscher. Sie tauften die Bewohner der von den Franken eroberten Gebiete, gründeten Klöster und richteten Bistümer ein. Damit festigten sie zum einen die Kirchenorganisation und halfen zum anderen den fränkischen Königen, ihre Herrschaft in dem wachsenden Reich durchzusetzen.

1 **Wo Bonifatius wirkte.**

2 **Aus dem Leben des Heiligen Bonifatius.**
Buchmalerei (22,4 x 16,5 cm), um 1000.

Bonifatius – Missionar und Organisator

Unter den zahlreichen Missionaren war auch der aus Sussex (England) stammende Mönch *Winfrid*. Er kam 716 erstmals ins Reich der Franken. Da war er etwa 45 Jahre alt. Drei Jahre später begann Winfrid, dessen Name „Freude und Friede“ bedeutet, zu missionieren. Damals erhielt er wohl auch vom Papst, der ihn zum Missionsbischof weihte, den Namen *Bonifatius* (dt. Wohltäter).

Bonifatius bekehrte viele Menschen zum Christentum, gründete zahlreiche Klöster und richtete die Bistümer Büraburg (bei Fritzlar), Würzburg und Erfurt ein. 754 zog der etwa 80-jährige Bonifatius in den Norden des fränkischen Reiches nach Friesland. Dort sollen ihn Räuber am 7. Juni erschlagen haben. Sein Leichnam wurde einen Monat später in Fulda bestattet. Fränkische Truppen rächten den Mord.

1. *Beschreibe und erläutere die Szenen (Abb. 2).*
2. *Seit dem 12. Jh. wird Bonifatius „Apostel der Deutschen“ genannt. Begründe den Beinamen.*

M1 Missionsauftrag

Am 15. Mai 719 erteilt Papst Gregor II. Bonifatius diesen Auftrag:

Es erfordert deinen Eifer und die uns vorliegende, aufrichtige und erprobte Kenntnis deines Glaubens, dass wir dich zum Mitdiener an der Verbreitung des Wortes Gottes erheben, um den gottlosen Völkern den Glauben zu bringen. Wir befehlen, dass du zu allen Völkern, die im Irrtum des Unglaubens befangen sind, dich schleunigst aufmachst und den Namen Christi überzeugend verbreitest.

Wolfgang Lautemann/Manfred Schlenke (Bearb.), Geschichte in Quellen, Bd. 2: Mittelalter, München ^{2}1978, S. 42 f. (gestrafft und vereinfacht)

M2 Empfehlung des Papstes

Im Dezember 722 schreibt Papst Gregor II. an den fränkischen Herrscher Karl Martell:

Da wir erfahren haben, dass du bei vielen Gelegenheiten frommen Sinn bewiesen hast, so teilen wir mit, dass wir diesen unseren Bruder Bonifatius entsandt haben, um den Völkern von germanischem Stamme und in verschiedenen Gegenden östlich des Rheins zu predigen, die in heidnische Irrlehren verfallen sind oder bisher noch in der Finsternis der Unkenntnis stecken. Zu diesem Zwecke empfehlen wir ihn deinem höchst gnädigen Wohlwollen, auf dass du ihn immer unterstützen mögest, wenn es nötig ist, und ihn gegen alle Feinde schützest, denen du im Herrn ja überlegen bist. Und was du auch immer in heiligem Eifer hierfür aufwendest, das wirst du mit Gottes Hilfe zurückerhalten. Denn Gott hat seine heiligen Apostel zur Erleuchtung der Völker bestimmt, und er hat gesagt, dass ihn selber aufnehme, wer jene beherberge.

Nach: Wolfgang Lautemann/Manfred Schlenke (Bearb.), Geschichte in Quellen, Bd. 2: Mittelalter, a. a. O., S. 44 (gestrafft und vereinfacht)

M3 Über Bonifatius

In einer Lebensbeschreibung des Bonifatius aus dem späten 8. Jh. heißt es:

Bonifatius unternahm es, im Beisein der Gottesknechte, bei Geismar eine Eiche von seltener Größe, die mit ihrem alten heidnischen Namen die Donar-Eiche* hieß, zu fällen. Als er nun entschlossen einige Axthiebe gegen den Baum geführt hatte – es stand aber eine große Heidenmenge dabei, die den Feind ihrer Götter heftig verfluchte –, da zerbarst die Eiche in vier Teile, und vier gewaltig große, gleich lange Stücke waren zu sehen, ohne dass die dabeistehenden Brüder mitgeholfen hatten.
Bei diesem Anblick priesen die Heiden, die zuvor geflucht hatten, den Herrn, ließen von ihrem früheren bösen Willen ab und glaubten.

Johannes Bühler, Das Frankenreich. Nach zeitgenössischen Quellen, Leipzig 1923, S. 416 f. (gestrafft und vereinfacht)

**Donar: einer der wichtigsten altgermanischen Götter; ihm war die Eiche geweiht.*

M4 Bonifatius fällt die Donar-Eiche.
Glasfenster von Agnes Mann in der St.-Bonifatius-Kirche zu Hünfeld bei Fulda, um 1970.

M5 Straßenschild.
Foto von 2004.

▶ ***Internettipp:** www.heiliger-bonifatius.de*

1. *Nenne die Gründe für den Missionsauftrag (M1).*
2. *Erkläre, weshalb Bonifatius unter den besonderen Schutz Karl Martells gestellt wurde (M2).*
3. *Beschreibe, was die Menschen glaubten, bevor sie Christen wurden (M3).*
4. *Erkläre, was Bonifatius den Menschen mit dem Fällen der Donar-Eiche zeigen wollte (M3). Was hatten die Zuschauer wohl erwartet und warum ließen sie sich dann taufen?*

Der Islam – eine neue Religion

1 Geburt Mohammeds.
Persische Miniatur, 15. Jh.
Da der Islam die Darstellung heiliger Personen verbietet, ist das Gesicht Mohammeds „leer".

- *Die gekrönten Häupter auf dem Bild erinnern an ein christliches Fest. Nenne es!*

Mohammed – Prophet und Herrscher

Nach arabischen Quellen aus dem 9. und 10. Jh. wurde *Mohammed* (*„der Gepriesene"*) um 570 in Mekka geboren. Nachdem er früh seine Eltern verloren hatte, lebte er zunächst als Hirte und lernte weder schreiben noch lesen. Später unternahm er mit seinem Onkel Handelsreisen, wurde Kaufmann in Mekka und heiratete eine reiche Witwe.

Mit etwa 40 Jahren hatte Mohammed in einer Höhle bei Mekka eine göttliche Eingebung (*Offenbarung*): Ein Engel befahl ihm, Allahs Willen zu verkünden. Als Prophet* lehrte er die Menschen, nur noch an Allah zu glauben. Die Gottesvorstellungen der Juden und Christen hielt er für unvollständig. Allah sei der einzige Gott. Mohammed wurde Gründer des *Islam*. Das Wort meint die völlige Hingabe an Allahs Willen. Nur wer sie zeigte, sollte als Muslim gelten.

In Mekka stieß Mohammed zunächst auf Ablehnung. Er und seine Anhänger wurden verspottet und verfolgt. Deshalb zog Mohammed 622 nach Medina, wo sich bereits einige Einwohner zum neuen Glauben bekannten. Mit dieser Auswanderung (arab. *Hedschra*) beginnt die islamische Zeitrechnung. In Medina ließ Mohammed die erste Moschee errichten. Er war nicht nur Prophet, sondern auch Herrscher. Die Verbindung von Religion und Staat kennzeichnet den Islam bis heute.

Die Religion des Islam

Nach der Lehre des Islam ist Allah Schöpfer des Himmels und der Erde. Er weiß alles und begleitet das Leben der Gläubigen. Er ist ihr Richter und verlangt nach ihrem Tod Rechenschaft über ihre Taten. Die Frommen kommen in die Gärten des Paradieses, die Sünder in die Hölle. Jeder Muslim beweist Allah seinen Gehorsam durch den Glauben und die Erfüllung der Regeln des Zusammenlebens, die ihm die Heilige Schrift der Muslime, der *Koran*, auferlegt. Er besteht aus den Offenbarungen, die Mohammed empfangen und mündlich verkündet hatte. Die von seinen Zuhörern überlieferten Worte wurden aber erst nach dem Tod des Propheten zum Koran zusammengestellt.

Der Islam ist gespalten

Nach Mohammeds Tod 632 spalteten sich die Muslime: Die *Schiiten* (von arab. *Schia*: Partei) erkannten nur die Nachkommen des 661 ermordeten *Ali* als Nachfolger des Propheten (*Kalifen*) an. Er war ein Vetter und Schwiegersohn Mohammeds. Die *Sunniten* machten neben dem Koran die *Sunna*, eine im 8. Jh. aufgezeichnete Sammlung aller von Mohammed überlieferten Aussprüche, Entscheidungen und Verhaltensweisen, zum Maßstab ihres Handelns. Sie bilden heute die Mehrheit der Muslime.

****Prophet**: *Verkünder göttlicher Wahrheiten*

M 3 Hof der Großen Moschee in Mekka mit der Kaaba.
Foto, um 1980.
*Für die Araber war die **Kaaba** (dt. Würfel) schon vor dem Islam eine heilige Stätte verschiedener Götter gewesen. Mohammed machte sie zum Hauptheiligtum der Muslime. Noch heute betet jeder Muslim in Richtung der Kaaba nach Mekka.*
*Die **Moschee** (dt. „Ort, an dem man sich niederwirft") ist Gebets- und Versammlungsort der islamischen Gläubigen. Dort finden Gemeindeversammlungen statt, und es wird dort Religionsunterricht erteilt. Darüber hinaus war – und ist zum Teil noch heute – die Moschee der wichtigste Ort der politischen Information und Meinungsbildung.*
Ursprünglich rief der Muezzin (dt. Künder, Ausrufer) vom Minarett, dem Turm der Moschee, fünfmal am Tage in arabischer Sprache zum Gebet (siehe M 2). Heute übernehmen oft Lautsprecher diese Aufgabe.

M 1 „Lob sei Gott, dem Herrn der Welten"

Der Koran enthält in 114 Suren (Kapitel) die göttlichen Wahrheiten (Offenbarungen), die Mohammed mitgeteilt worden sind. Ein gläubiger Muslim soll den Koran nur in Arabisch lesen, ganz gleich, welche Muttersprache er spricht.
Die erste Sure des Korans ist das wichtigste Gebet der Muslime.

Lob sei Gott, dem Herrn der Welten,
Dem Barmherzigen, dem Erbarmer,
Dem König des Gerichtstages.
Dich beten wir an, und zu Dir flehen wir um Hilfe,
Führe uns den geraden Weg,
Den Weg derer, denen Du gnädig bist,
Nicht derer, denen Du zürnst, und nicht der Irrenden.

Annemarie Schimmel, Der Islam. Eine Einführung, Stuttgart 1990, S. 29

M 2 Die fünf Säulen des Islam

Der Koran schreibt jedem Muslim folgende fünf Pflichten vor:

- Das Glaubensbekenntnis: „Ich bezeuge, dass es keine Gottheit außer Gott gibt und dass Mohammed der Gesandte Gottes ist."
- Die Pflichtgebete: Die täglichen Gebetszeiten sind die Stunde vor Sonnenaufgang, der Mittag, Nachmittag, nach Sonnenuntergang und bei Einbruch der Nacht.
- Das Almosengeben: eine genau geregelte Steuer, deren Erträge zu verwenden sind für Arme, Bedürftige, die steuereinziehenden Beamten und anderes mehr.
- Das Fasten: Während des ganzen Ramadan (der 9. Monat des islamischen Kalenders) darf von Morgengrauen bis Sonnenuntergang nicht gegessen, getrunken, geraucht, kein Wohlgeruch genossen und kein Geschlechtsverkehr gepflegt werden. Ausnahmen für Reisende, Schwangere, Kranke sind möglich.
- Eine Pilgerfahrt nach Mekka.

M 4 „O Belebender!"
In der islamischen Welt kommt der arabischen Schrift eine besondere Bedeutung zu, da mit ihr der Koran vermittelt wird. Die Gestaltung der Schriften gilt daher fast als religiöse Handlung und besondere Kunstform (Kalligrafie: Kunst des schönen Schreibens). Die vorliegende Fassung gilt als einer der 99 schönsten Namen Allahs.

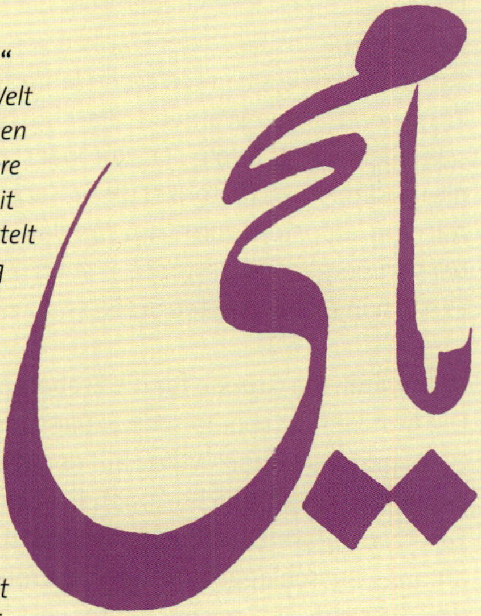

▶ ***Lesetipps:***
- *Anis Hamadeh, Islam für Kids, Heidelberg 2007*
- *Lamya Kaddor/Rabeya Müller, Der Koran für Kinder und Erwachsene, München 2010*

1. *Vergleiche die erste Sure des Koran (M 1) mit dem christlichen Glaubensbekenntnis.*
2. *Nennt Schwierigkeiten der Muslime, in einer christlichen Umwelt ihre religiösen Pflichten zu erfüllen (M 2).*

Der Islam breitet sich aus

1 Die Mittelmeerwelt um 750.

■ *Historiker sprechen von einer „Dreiteilung der Mittelmeerwelt" im 8. Jh. Erläutere diese Aussage. Kläre zuvor, von welcher „Einheit" sie ausgehen.*

Von Arabien bis Europa

Als Mohammed 632 starb, stand Arabien unter seiner Herrschaft und bekannte sich zum Islam. Seine Nachfolger dehnten den arabischen Herrschaftsbereich aus. Im Osten erreichten ihre Heere Nordindien und Zentralasien, im Westen drangen ihre Krieger über die iberische Halbinsel (Spanien) bis ins Reich der Franken vor. In der *Schlacht bei Tours und Poitiers* wurden sie im Jahre 732 von fränkischen Truppen besiegt. Während die christlichen Geschichtsschreiber dies als Erfolg der „Europäer" darstellten, hielten die muslimischen Historiker die Schlacht für unbedeutend. Auch im Südosten wurde um 740 das Vordringen der Araber vorübergehend gestoppt. Erst im 9. Jh. setzten sie ihre Expansion fort, eroberten Sizilien und weitere Gebiete.

Was waren die Gründe für die Eroberungen?

Die Motive für die arabische Expansion wurden lange im Islam gesehen. Dabei wurde auf den Koran verwiesen, der jeden Muslim verpflichtet, sich für die Sache Gottes einzusetzen (arab. *Dschihad*). Aber nicht die Mission war anfangs ausschlaggebend für die Eroberungen, sondern die Aussicht auf reiche Beute und der Wunsch, den arabischen Machtbereich auszudehnen.

Keine Einheit

Obwohl Schrift, Sprache und Glauben für den Zusammenhalt der Araber sorgten, war die muslimische Welt keine Einheit. Von Anfang an hatte es Kriege um die rechtmäßige Nachfolge Mohammeds gegeben und je größer der muslimische Herrschaftsbereich wurde, desto häufiger kam es zu inneren Konflikten. Dabei kam es gelegentlich auch zu Kriegszügen, in denen Muslime und Christen gemeinsam gegen ihre jeweiligen Glaubensbrüder kämpften, um die Interessen ihrer Herrscher durchzusetzen.

Juden, Christen und Muslime

Im Juli 710 begann die Eroberung der iberischen Halbinsel, die später von den Arabern als *al-Andalus* bezeichnet wurde. Vier Jahre später stand fast die gesamte Halbinsel unter muslimischer Herrschaft. Nur im Norden regierten noch christliche Herzöge.
Gegenüber den Juden und Christen waren die muslimischen Eroberer nachsichtig. Diese mussten zwar die neue Herrschaft anerkennen, durften aber ihren Glauben behalten. Dafür hatten sie besondere Abgaben zu zahlen und Verhaltensregeln zu befolgen. Das entspannte Verhältnis zwischen Muslimen, Juden und Christen änderte sich erst, als im 11. Jh. die christlichen Herrscher begannen, die arabischen Gebiete zurückzuerobern.

Ein reiches Land

Auf der iberischen Halbinsel soll es zu Beginn der muslimischen Herrschaft nur drei Pflanzen gegeben haben: den Olivenbaum, den Feigenbaum und den Rebstock. Die Araber ergänzten diesen Bestand durch viele Nahrungs- und Nutzpflanzen wie Baumwolle, Reis, Zuckerrohr, Artischocken, Aprikosen, Orangen, Datteln und Spargel. Ihr Anbau wurde erst durch ein aus Persien übernommenes und weiterentwickeltes Bewässerungssystem möglich.
Die Eroberer bauten die alten römischen Straßen und Brücken aus und verbesserten die Wasserversorgung. Sie förderten Bodenschätze wie Gold, Silber, Eisenerze, Zinn und Kupfer, stellten Glas und Keramik, Papier, Lederwaren und Stahlklingen her und verkauften Rohstoffe und Fertigwaren in muslimische und christliche Länder.
Im 10. Jh. war Córdoba eine der reichsten Städte auf dem europäischen Kontinent. Hier lebten etwa eine halbe Million Menschen. Es gab 300 Moscheen, 50 Krankenhäuser, 900 öffentliche Badehäuser, zahlreiche Schulen und Bibliotheken. Gelehrte und Künstler schufen in Andalusien eine hochstehende jüdisch-arabische Literatur und Wissenschaft.

M1 **Betsaal der Moschee von Córdoba.**
Foto, um 1990.
785 wurde mit dem Bau einer Moschee an der Stelle einer christlichen Kirche begonnen. Sie wurde mehrfach erweitert. Der hier zu sehende „Säulenwald" des Betsaals stammt aus dem 10. Jh.

M2 **Ein Friedensvertrag**
Die muslimischen Eroberer schließen im April 713 mit Teudemir, dem christlichen König von Murcia, einen Vertrag, in dem sie ihm Folgendes zusichern:

1. Weder für ihn noch für einen seiner Leute werden Änderungen seines jetzigen Status zu seinen Gunsten oder Ungunsten verfügt.
2. Er wird nicht enteignet.
3. Er und seine Leute werden weder getötet noch versklavt, weder von ihren Frauen und Kindern getrennt noch wegen ihrer Religion behelligt.
4. Ihre Kirchen werden nicht verbrannt, Devotionalien* nicht daraus geraubt.

Das gilt, solange er [Teudemir] sich an unsere Vereinbarungen hält.
Er genießt den Vertragsschutz:

1. Gegen Überlassung von sieben Städten.** [...]
2. Er darf keinen, der vor uns flieht, aufnehmen, er darf keinen Gegner von uns aufnehmen, er darf keinen Schützling von uns bedrohen.
3. Er darf keine Nachrichten unserer Feinde, die ihm zur Kenntnis gelangen, verheimlichen.
4. Er und seine Leute müssen alljährlich folgende Abgaben entrichten: einen Dinar***, vier Zentner Weizen, vier Zentner Gerste, vier Fässer Most, vier Fässer Essig, zwei Fässer Honig und zwei Fässer Öl. Sklaven entrichten von alledem die Hälfte.

Wilhelm Hoenerbach, Islamische Geschichte Spaniens, Zürich/Stuttgart 1970, S. 54 f. (vereinfacht)

***Devotionalien**: *dem Glauben dienende Gegenstände*
*** Es folgen die Namen der Orte.*
*****Dinar**: *Silbermünze; die Kopfsteuer*

M3 **Über den Umgang mit Christen und Juden**
In einem Geschichtsbuch von 1995 heißt es dazu:
Nach der später endgültig formulierten allgemeinen Regel waren Christen und Juden als Angehörige einer „Religion des Buches" berechtigt, ihre Religion weiter auszuüben und ein normales Zivilleben zu führen, solange sie eine Kopfsteuer entrichteten und sich an gewisse Vorschriften hielten, die bezweckten, die Überlegenheit des Islam und seiner Gläubigen als Staatsvolk gegenüber den beschützten Religionen, den sogenannten Dhimmi, zu gewährleisten und zu dokumentieren. Dies waren: kein Neubau von Kirchen und Synagogen, nur ihre Instandhaltung; kein Militärdienst für die Dhimmi; keine Pferde als Reittiere; keine allzu prächtigen Gewänder; keine Regierungsposten etc. Auch die Heirat muslimischer Frauen war dem Dhimmi untersagt, weil diese dadurch den Ungläubigen untertan geworden wären. Das Umgekehrte, die Heirat einer Jüdin oder Christin durch einen Muslim, war möglich. Doch wenn eine Stadt durch Waffengewalt eingenommen wurde, ohne dass ihre Bewohner sich vor deren endgültigem Sieg den Muslimen unterworfen hätten, galt es als zulässig, die Männer zu töten und die Frauen und Kinder zu versklaven.

Arnold Hottinger, Die Mauren. Arabische Kultur in Spanien, Zürich 1995, S. 46

M4 **„Welch ein Schmerz!"**
Ein adliger Christ aus Córdoba schreibt um 856:
Vergiftet durch die arabische Beredsamkeit beachten alle unsere jungen Christen [...] die Bücher der Muslime mit höchster Aufmerksamkeit, lesen sie mit größter Spannung und diskutieren über sie höchst interessiert. Sie sammeln sie mit größter Sorgfalt und werben für sie [...], während sie die Schönheit der kirchlichen Literatur nicht beachten und auf den Reichtum der Kirche, der direkt aus dem Paradies stammt, herabsehen, als wäre er die schändlichste Sache der Welt. Welch ein Schmerz! Die Christen sind ihrer eigenen Sprache nicht mächtig, [...] und unter Tausenden findet man kaum einen, der einen einfachen Brief an einen Freund in gutem Latein schreiben könnte.

Hagen Schulze/Ina Ulrike Paul (Hrsg.), Europäische Geschichte. Quellen und Materialien, München 1994, S. 41

1. *Nenne mögliche Gründe, warum die Muslime kaum an der Missionierung der Eroberten interessiert waren (M2).*
2. *Diskutiert den Umgang der Araber mit den Christen und Juden (M2 und M3).*
3. *Erläutere M4. Was sagt die Quelle über das Verhältnis zwischen Muslimen und Christen aus?*

Durchblick – Kompetenzen überprüfen

M1 Was war wichtig?

Nach dem Sturz der etruskischen Könige wurde der Stadtstaat Rom eine □□□□□□□□. In den □□□□□□□□□□□□□ trotzten die □□□□□□□□ den □□□□□□□□□□ Rechte ab. Seitdem bestimmten □□□□□ und Volk die Politik.

In der römischen Gesellschaft war das älteste männliche Familienmitglied, der „□□□□□ □□□□□□□□“, das Oberhaupt der Hausgemeinschaft. Zu ihr gehörten auch die □□□□□□□ und Schützlinge (Klientel).

Bis zum 3. Jh. v. Chr. erkämpften sich die Römer die Herrschaft über Italien. Später wurde □□□□□□□□ in Nordafrika als Konkurrent ausgeschaltet. Als das Römische Reich Anfang des 2. Jh. n. Chr. seine größte Ausdehnung erreichte, war es nach damaligem Verständnis ein □□□□□□□□□.

Die Römer gliederten die unterworfenen Gebiete in □□□□□□□□□. In ihnen regierten ehemalige hohe Beamte als Statthalter. Viele tausend Kilometer lange Fernstraßen verbanden die Reichsteile untereinander und mit der Hauptstadt Rom. Weite Strecken der Reichsgrenzen waren durch einen □□□□□ gesichert.

Zahllose Schriftquellen und Überreste belegen, dass sich vor allem in den Städten des □□□□□□□□ Romanum die Lebensart, die Kultur und das Recht der Römer verbreiteten. Wir nennen diesen Vorgang □□□□□□□□□□□□□.

Nach einer langen Zeit ständiger Machtkämpfe und 30 Jahre nach der Ermordung □□□□□□□ gelang es □□□□□□□□, eine Alleinherrschaft zu errichten. Damit ging die Republik zu Ende und die □□□□□□□□□□ begann.

Da die Christen nur an einen Gott glaubten und die vielen Götter sowie den Kaiserkult ablehnten, wurden sie verfolgt. Erst Kaiser Konstantin I. erkannte das Christentum als gleichberechtigte Religion an. Unter Kaiser Theodosius wurde es Ende des 4. Jh. alleinige □□□□□□□□□□□□□□.

Während der „Völkerwanderung“ drangen Menschen aus Nord- und Osteuropa in das Römische Reich ein.

395 n. Chr. wurde der Staat in ein Ost- und ein Weströmisches Reich geteilt. Im Osten übernahm □□□□□□, das zweite Rom, das römisch-hellenistische Erbe. Das weströmische Kaisertum endete 476 n. Chr. Nachdem die Franken den letzten römischen Statthalter beseitigt hatten, verbündete sich ihr König □□□□□□□□ mit dem □□□□□ und ließ sich taufen.

Anfang des 7. Jh. verkündete Mohammed auf der arabischen Halbinsel eine neue Religion: den □□□□□. Unter seinen Nachfolgern, den Kalifen, reichte die muslimische Herrschaft von Indien bis Spanien.

M2 Folgende Daten sind durcheinandergeraten

um 500 v. Chr.	Die Römer beherrschen Italien und den Mittelmeerraum
287 v. Chr.	Rom wird Republik
Ende des 2. Jh. v. Chr.	Ende der Ständekämpfe
100 - 44 v. Chr.	Octavian/Augustus regiert; die Kaiserzeit beginnt
31 v. Chr. - 14 n. Chr.	Caesar lebt
um 30	Die Völkerwanderungszeit beginnt
um 300	Jesus wird von den Römern hingerichtet
391	Der Prophet Mohammed flieht von Mekka nach Medina
498	Das Christentum wird Staatsreligion
622	Chlodwig lässt sich taufen

M3 Sklavenjunge.
64 cm hohe Steinfigur aus Tarent (Italien), 3. Jh. v. Chr.

M4 Sklaven

Der Schriftsteller Plutarch (siehe Seite 31, M5) schreibt über den angesehenen Römer Cato:

Er [Cato] erwarb viele Sklaven, und zwar kaufte er vor allem Kriegsgefangene, die noch sehr jung und wie Hunde oder Füllen noch für Zucht und Erziehung empfänglich waren.

Walter Arend (Bearb.), Altertum. Geschichte in Quellen, München [3]1978, S. 461

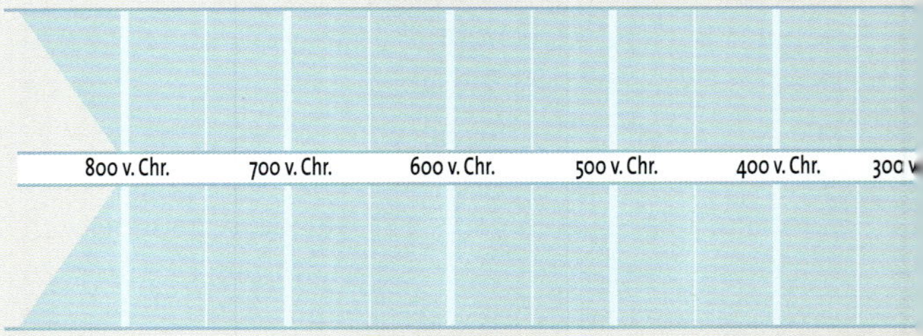

M 5 Die römische Göttin „Viktoria“ in Berlin.
Foto, um 2000.
Die Bronzefigur ist 8,30 Meter hoch und wiegt 35 Tonnen. Sie krönt eine rund 67 Meter hohe Säule inmitten des Großen Tiergartens.
Im Volksmund wird sie „Goldelse“ genannt.

M 7 Die Ausdehnung der Römischen Reiches bis 14 n. Chr.

M 6 „Asterix und Kleopatra.“
Comic von René Goscinny und Albert Uderzo von 1965 (Nachdruck von 2001).

1. *Schreibe die fehlenden Begriffe und Namen der Zusammenfassung (M 1) in dein Heft.*
2. *Lege einen Zeitstrahl zur Geschichte Roms an und trage ein, wann Justinian Kaiser wurde, Bonifatius starb, der Spartacus-Aufstand stattfand, Varus drei Legionen verlor und das Zwölf-Tafel-Gesetz veröffentlicht wurde.*
3. *Ordne die Daten (M 2) richtig zu und übertrage sie in den Zeitstrahl in dein Heft (siehe Aufgabe 2).*
4. *Untersuche, wie man in der Antike Sklave wurde. Nutze dazu das Register hinten im Buch. Vergleiche dein Ergebnis mit M 4.*
5. *Zähle auf, welche Arbeiten Sklaven in Rom übernehmen mussten. Beurteile die wirtschaftliche Bedeutung der Sklaverei für Rom.*
6. *Was hat die „Viktoria“ in Berlin verloren (M 5)? Informiere dich über die Bedeutung der römischen Göttin und den Anlass zur Errichtung der Säule.*
7. *„Die Römer sind unter uns!“ Nenne Comics wie M 6, Filme und Jugendbücher sowie Begriffe, die diese Behauptung belegen.*
8. *Vergleiche M 7 mit den Karten auf den Seiten 10 f. und 25. Arbeite wichtige Unterschiede heraus.*
9. *Mit der Ausdehnung des Römischen Reiches (M 7) war die Romanisierung fremder Völker verbunden. Bewerte dieses Vorgehen.*

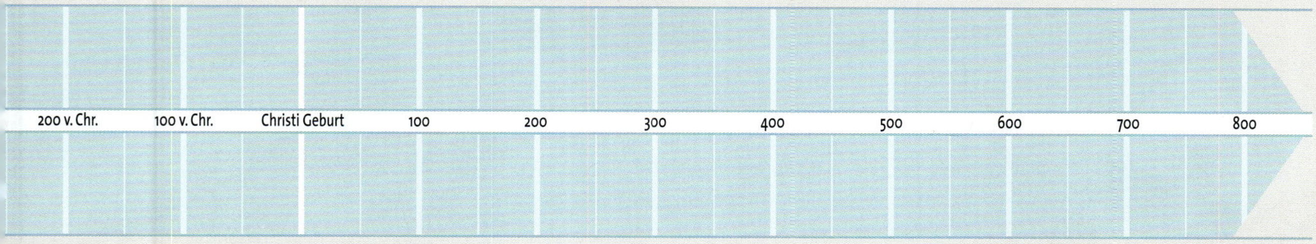

Leben im Mittelalter

Ein Dorf im 11. Jh.
Wandbild von Fanny Hartmann, um 1990.
Das Bild berücksichtigt Ausgrabungsbefunde aus Holzheim bei Fritzlar (Nordhessen).
Es zeigt, wie ein Dorf im späten 11. Jh. ausgesehen haben kann.

Hochmut kommt vor dem Fall

„Und damit Gott befohlen, blinder Ritter!", rief der alte Meier Helmbrecht ungehalten. „Verlasst auf der Stelle meinen Hof, sonst lasse ich Euch von meinem Großknecht hinausprügeln!" „Seid doch barmherzig mit mir!", flehte da der zerlumpte Blinde an der Hoftüre. „Ich bin doch Euer Sohn ..." „Ich habe keinen Sohn mehr", entgegnete der alte Mann bitter. „Mein Sohn wollte kein Bauer sein wie ich und meine Vorväter. Er wollte sich nicht die Hände bei ehrlicher Arbeit schmutzig machen. Sein Erbteil hat er verschleudert, um sich wie ein adliger Herr herauszuputzen. Und als alles verprasst war, hat er die armen Bauern in den Dörfern der Umgebung in Angst und Schrecken versetzt und ausgeplündert wie ein gemeiner Ritter. Ich will mit ihm nichts mehr zu tun haben." Der alte Helmbrecht spuckte aus und wollte schon die Tür hinter sich schließen. Doch als er den Sohn mit bittender und kleinlauter Stimme weitersprechen hörte, zögerte er. „Aber Vater, habe ich nicht schwer für meinen Leichtsinn gebüßt? Die Gerichte haben ihr Urteil gesprochen. Mir wurden die Augen ausgestochen, eine Hand und ein Fuß zur Strafe abgeschlagen. Nun irre ich an der Hand eines Kindes umher, heimatlos, verachtet und hungrig." Dem alten Helmbrecht krampfte sich das Herz zusammen, als er seinen Sohn so flehen hörte. War das sein hochmütiger Junge?

Es fiel ihm wieder ein, dass er vor wenigen Tagen schweißgebadet aufgewacht war. Er hatte geträumt, er sehe seinen Sohn an einem Baum hängen, die Füße zwei Meter über dem Boden, und über seinem Kopf einen Raben und eine Krähe. – Aber er konnte nicht anders: „Das hätte sich mein Herr Sohn früher überlegen sollen. Er hat es ja besser gewusst, als ich ihn gewarnt und auf Knien gebeten habe, doch das zu bleiben, wozu er geboren wurde, und sich nicht gegen seinen gottgewollten Stand aufzulehnen. Mein Helmbrecht war nicht nur leichtsinnig, er hat gegen Gott und die Welt gesündigt und dafür die gerechte Strafe erhalten: Hochmut kommt vor dem Fall. – Und jetzt verschwindet, sonst ..."

Dieter Brückner

Einblick – Orientierung gewinnen

Die Erzählung vom Meier Helmbrecht und seinem Sohn stammt von Wernher dem Gärtner, der im 13. Jh. lebte. Der von ihm dargestellte Streit zählt zu den zahlreichen literarischen Texten, die wir aus dem „Mittelalter" kennen. Wir haben so viele Bilder, Texte und Überreste aus der Zeit zwischen 500 und 1500, dass der Historiker Horst Fuhrmann meint: „Überall ist Mittelalter."
Die Ansichten über diese Epoche gehen allerdings auseinander. Die einen sprechen vom „finsteren Mittelalter" und betonen Unfreiheit, Gewalt, Schmutz und Seuchen. Andere sehen vor allem die geistigen und kulturellen Leistungen. Wieder andere sind von der Epoche fasziniert. Sie probieren mittelalterliche Kleidung, Instrumente, Spiele und Speisen aus und lesen Krimis und Romane, deren Handlung im Mittelalter spielt. Auch Filme und Computerspiele über das Mittelalter sind beliebt. Jung und alt strömen zu Mittelaltermärkten, Gauklerfesten und Ritterspielen. Alte Städte, Kirchen, Klöster und Burgen locken immer mehr Touristen an.
Dieses Kapitel stellt dir Lebensbereiche des Mittelalters vor. Die Autoren gehen auf folgende Fragen ein:

- Wie sah die gesellschaftliche Ordnung aus? Wie wurde sie gerechtfertigt?
- Wie lebten die Menschen auf dem Lande? Wie sah ihr Alltag aus? Welche Pflichten und Rechte hatten sie?
- Was machte der Adel? Wozu gab es Burgen?
- Wie haben Nonnen und Mönche im Kloster gelebt und gearbeitet? Wieso waren Klöster so wichtig für die europäische Kultur?
- Warum entstanden neue Städte, was hatten die Einwohner davon, in einer Stadt zu leben?

Vielleicht möchtest du auch wissen, warum damals die Menschen nach ihrer Herkunft, ihrem Geschlecht oder ihrer Religion als ungleich angesehen wurden und weshalb der Glaube ihr Leben so stark beeinflusst hat.
Am Ende des Kapitels kannst du dir ein eigenes Bild über das Leben im Mittelalter machen und feststellen, ob in den rund tausend Jahren alles gleich geblieben ist oder ob sich etwas wesentlich verändert hat. Du wirst dann selbst beurteilen können, was im Mittelalter finster und was faszinierend war.

1 Mittelalterliches Bauernhaus.
Fotopostkarte von 1996.
Dieses Fachwerkhaus mit Wandfüllungen aus Flechtwerk und Lehm wurde um 1367 gebaut und hat eine Grundfläche von etwa 15 x 13 m. Es zählt zu den ältesten in Deutschland. Heute steht es im Fränkischen Freilandmuseum in Bad Windsheim. Vieh- und Pferdestall waren im Wohnhaus untergebracht. Vor dem Haus sind ein geflochtener Zaun und ein Ziehbrunnen zu sehen. Mit der langen Stange holte man den Wassereimer nach oben.

2 Spielzeugburg.
Modell von 2010.

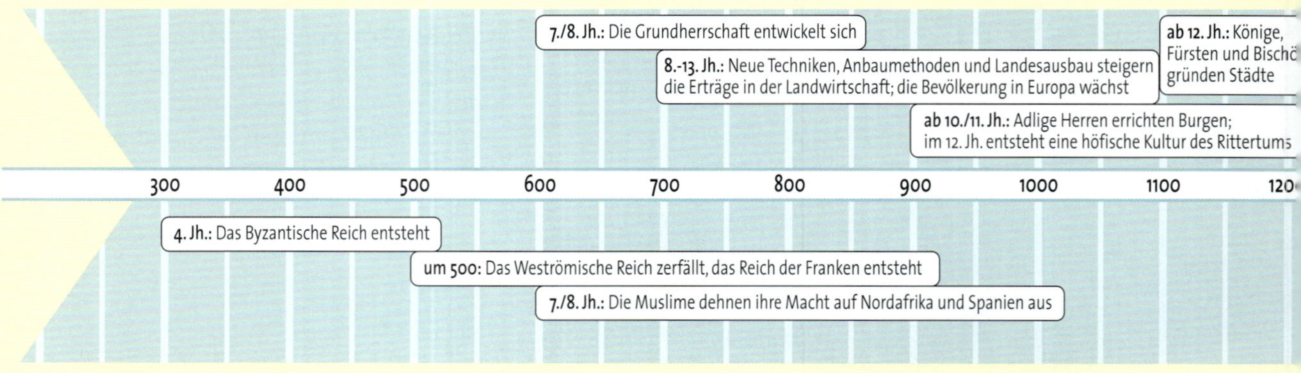

3 Europas Mitte um 1000.

4 „Freienfelser Ritterspiele."

Plakat von 2012.

Die Spiele gibt es seit 1992 in Freienfels (Landkreis Limburg-Weilburg). In vielen alten Städten und auf Burgen finden seit den 1980er-Jahren mehr oder weniger regelmäßig Mittelmärkte und -spektakel statt. Auf ihnen treten Feuerschlucker, Musiker, Akrobaten und Kunsthandwerker auf, werden mittelalterliche Schmuckstücke, Kleider sowie Waffen (Schwerter, Bögen etc.) verkauft und finden Ritterturniere statt. Die Veranstalter und Akteure wollen damit Geld verdienen. Nicht immer kümmern Sie sich dabei um eine historisch zuverlässige Darstellung. Es gibt aber auch Vereine und Gruppen, die den mittelalterlichen Alltag ziemlich genau nachbilden.

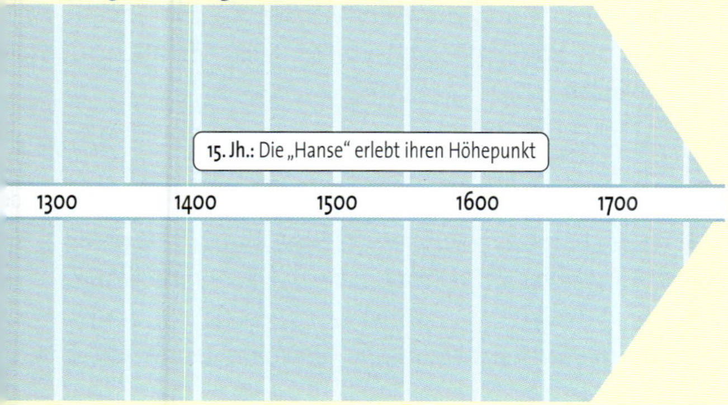

„Gottes Haus ist dreigeteilt ...“

1 Christus teilt den drei Ständen ihre Aufgaben zu.
Holzschnitt (20 x 14,5 cm), Heidelberg 1488. Das Bild zeigt den auf einem Regenbogen, dem Symbol der Verbindung zwischen Himmel und Erde, thronenden Weltenrichter Christus. Links von ihm der Papst mit einem weiteren Geistlichen, rechts der Kaiser und ein Fürst und in der unteren Mitte zwei Bauern. Die Beschriftungen lauten übertragen: „Du bete demütig!“ „Du schütze!“ „Und du arbeite!“

Nicht alle Menschen sind gleich

Im Mittelalter gab es noch keine modernen Staaten. Es kannte weder eine Gesetzgebung im heutigen Sinne noch die Gleichheit vor dem Gesetz. Recht hatte vor allem der, der dazu in der Lage war, seine Rechtsansprüche durchzusetzen. Wer Schutz brauchte, wandte sich an den, der ihn beschützen konnte. Dabei achteten alle Beteiligten für gewöhnlich auf überlieferte Regeln, nach denen geurteilt und bestraft werden durfte.

Drei Stände bilden die Gesellschaft

An der Spitze der Gesellschaft standen Kaiser bzw. Könige und Fürsten. Sie verstanden sich als von Gott eingesetzte Herrscher. Sie regierten nach ihrem Verständnis eine von Gott gegebene Ordnung, in der die Päpste die Grundlinien des römisch-katholischen Glaubens bestimmten. Sie allein durften nicht nur Dienste und Abgaben verlangen, sondern auch Verehrung und Gehorsam.

Diese Ordnung des Zusammenlebens wurde religiös gerechtfertigt – vor allem dann, wenn sie durch Veränderungen, Streitigkeiten oder Kriege gefährdet war. Dazu diente die Lehre von den drei Ständen („Stand“ kommt von lat. *stare*: stehen). Die „Dreiständelehre“ ist uns in verschiedenen Texten und Bildern überliefert und weist jedem Teil der Gesellschaft bestimmte Aufgaben und Pflichten zu. Danach habe Gott die Gesellschaft in drei Teile gegliedert: in die vom Papst angeführte Geistlichkeit, die vom Kaiser angeführten weltlichen Herrscher (Adel) und das arbeitende Volk. Diese fest gefügte und harmonische Ordnung dürfe der Mensch nicht verändern. Wer also als Bauer geboren wurde, sollte es auch für immer bleiben.

1. *Nenne und beschreibe die dargestellten Stände (Abb. 1). Wer spricht zu den Gruppen? Welche Aufgaben werden ihnen zugewiesen? Beachte dabei auch die sprachliche Form.*

2. *Arbeite heraus, was die Stände zusammenhalten soll (Abb. 1).*

▶ Lesetipp:
Hans-Peter von Peschke, Mittelalter, Nürnberg 2010

M1 **„Gottes Haus ist dreigeteilt ..."**

Bischof Adalbert von Laon schreibt um 1030 dem französischen König:

Im Glauben ist die Christenheit einheitlich, doch gliedert sie sich in drei Stände. Das weltliche Recht zeigt hingegen eine Teilung in zwei Standesgruppen: Der Freie und der Knecht haben ja nicht dasselbe Recht. An der Spitze stehen zwei, der eine ist der König, der andere der Kaiser; durch deren Gebot soll der Staat gesichert dastehen. [...]

So gliedert sich also das Haus des Herrn, obschon einheitlich dem Glauben nach, in drei Teile: Die einen beten, die anderen kämpfen, die dritten arbeiten. Diese drei existieren zugleich und sind untrennbar verbunden. Vom Dienst des einen hängt die Tätigkeit der beiden anderen ab, so unterstützen sie sich alle wechselseitig. So ist also dieser Verband einheitlich und gleichzeitig dreigeteilt.

Zit. nach: Siegfried Epperlein, Bäuerliches Leben im Mittelalter, Köln 2003, S. 245 (leicht verändert)

M2 **Eine göttliche Ordnung**

Hildegard von Bingen (siehe Seite 101) erklärt Mitte des 12. Jh.:

Gott achtet bei jedem Menschen darauf, dass sich der niedere Stand nicht über den höheren erhebe, wie es einst Satan und der erste Mensch getan, die über ihren Stand hinausfliegen wollten. Und, wer steckt all sein Viehzeug zusammen in einen Stall: Rinder, Esel, Schafe, Böcke? Da käme alles übel durcheinander! So ist auch darauf zu achten, dass nicht alles Volk in eine Herde zusammengeworfen werde. Es würde sonst eine böse Sittenverwilderung einreißen, da man sich im gegenseitigen Hasse zerfleischen würde, wenn der höhere Stand zum niedrigen herabgewürdigt und dieser zum höheren aufsteigen würde. Gott teilt sein Volk auf Erden in verschiedene Stände, wie die Engel im Himmel [...]. Und Gott liebt sie alle.

Zit. nach: Thomas Martin Buck, Mittelalter und Moderne, Schwalbach/Ts. 2008, S. 241

M3 **Aus einer Kleiderordnung**

In der „Kaiserchronik des Pfaffen Konrad" von 1150 wird ein angebliches Gesetzeswerk Karls des Großen zitiert, das dieser nach seiner Krönung um 800 erlassen haben soll:

Nun will ich euch sagen, wie ein Bauer sich nach dem Gesetz kleiden sollte: Seine Kleidung sei schwarz oder grau. Keilförmige Verzierungen des Kittels darf er nur an der Seite tragen, das ist seinem Stand gemäß. Seine Schuhe sollen aus Rindsleder sein, das reicht für ihn.* Für das Hemd sollen höchstens sieben Ellen Stoff** verwendet werden und für die kurze Hose nur Tuch aus Rupfen***. Wenn er die keilförmigen Verzierungen vorne oder hinten an der Kleidung trägt, verliert er alle Rechte seines Standes.****

Sechs Tage soll er mit Pflügen und anderer Arbeit verbringen, am Sonntag soll er in die Kirche gehen, dabei aber nur einen Stecken in der Hand halten. Wird ein Schwert bei ihm gefunden, soll man ihn gefesselt an den Kirchzaun führen. Dort soll man ihm den Hut abnehmen und die Haare abschneiden. Wenn er angegriffen wird, darf er sich nur mit einem Stecken verteidigen.

Günther Franz (Hrsg.), Quellen zur Geschichte des deutschen Bauernstandes im Mittelalter, Darmstadt, Nr. 51 (übertragen von Dieter Brückner)

* *Der Adel trug Schuhe aus weicherem Ziegenleder.*

** **Elle:** *Abstand zwischen Ellenbogen und Mittelfingerspitze eines Mannes; etwa 50 bis 60 cm*

*** **Rupfen**: *derbes Gewebe aus Jute*

**** *Jacken mit aufwändigen Einsätzen vorne und hinten durfte nur der Adel tragen*

M4 **Adel, Geistliche (Klerus) und Bauern.**
Malerei aus einer französischen Handschrift, 14. Jh.

1. *Arbeite aus M1 und M2 heraus, wie die Autoren jeweils die Lehre von den drei Ständen begründen.*
2. *Diskutiert, was für und was gegen eine solche gesellschaftliche Ordnung spricht (M1 bis M4).*
3. *Worin unterscheidet sich die dargestellte Ständeordnung eurer Ansicht nach von unserer heutigen Gesellschaft? Begründet eure Aussagen.*

Grundherrschaft

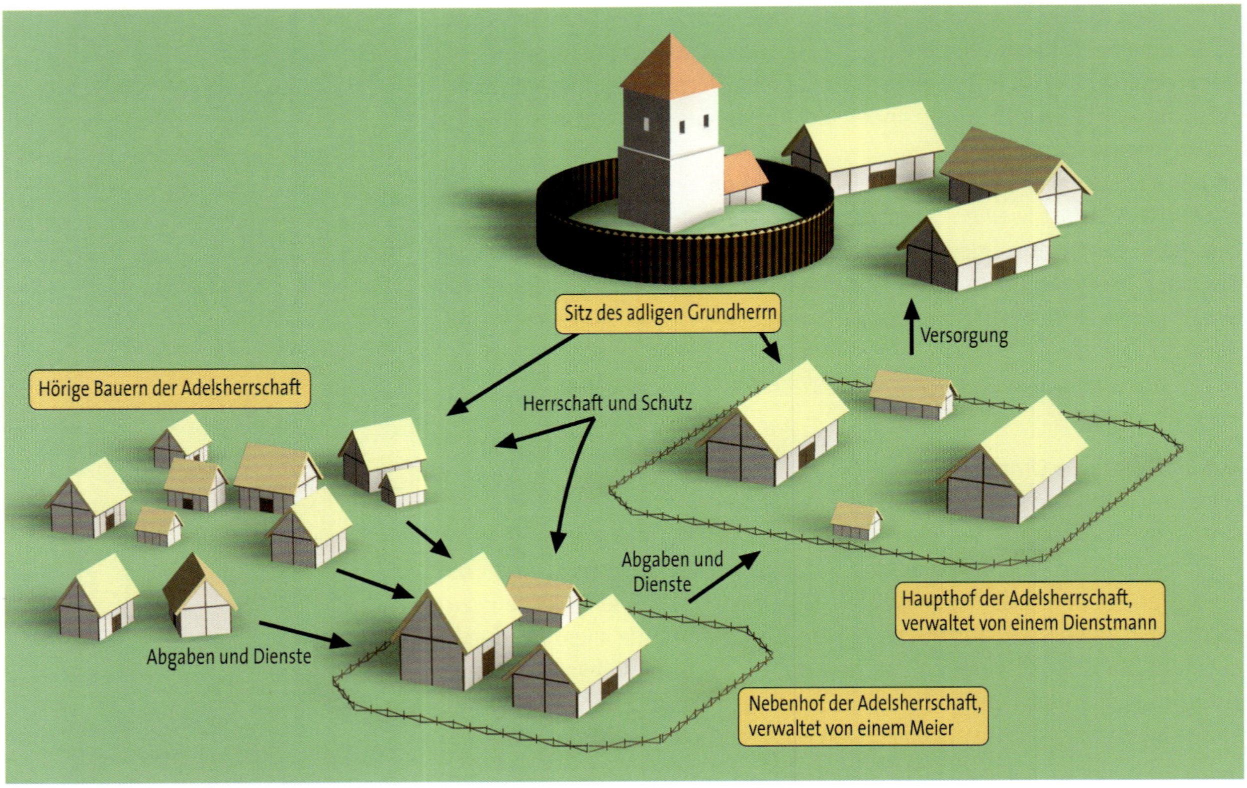

1 Wie funktioniert die Grundherrschaft?
Die adlige Grundherrschaft bestand meist aus einem Haupthof, mehreren Nebenhöfen sowie den Höfen der Hörigen. Mächtige Grundherren wie Kaiser, Könige, Fürsten und die Kirche besaßen mehrere tausend Höfe.

Herrschaft über Land und Leute

Die wirtschaftliche Grundlage der Menschen im Mittelalter war ihr Landbesitz. Der größte Landbesitzer (*Grundherr*) war zunächst der König. Land besaßen auch Herzöge, Grafen und der übrige Adel, die Kirche und freie Bauern.

Seit dem 8. Jh. reichten die Einkünfte vieler freier Bauern oft nicht mehr aus, um ihre Familien zu ernähren und sich selbst zu schützen. Diese Bauern übergaben ihr Land einem Grundherrn und stellten sich unter seinen Schutz. Damit wurden sie unfreie Bauern oder *Hörige* (Grundholde). Der Grundherr überließ ihnen gerade so viel Land, dass sie von den Erträgen leben konnten. Dafür mussten sie dem Grundherrn einen Teil ihrer Ernte geben und für ihn arbeiten. Diese *Frondienste* (althochdeutsch *frô* = Herr) waren oft nicht genau festgelegt und fielen regelmäßig in die Zeit der Aussaat und der Ernte, wenn der Hörige auf seinem Hof arbeiten musste. Das sorgte oft für Streit.

Könige, Herzöge und andere hohe Adlige besaßen zahlreiche Höfe. Sie ließen sie von einem Dienstmann (*Ministerialen*) verwalten. Mit Unterstützung von sogenannten „Meiern" (von lat. *maior*: Vorsteher) zogen die Ministerialen die grundherrlichen Abgaben ein, beaufsichtigten die Dienste und sorgten für Schutz und Ordnung der Hörigen. Den „Meiern" wurden dafür größere Höfe überlassen.

Macht über Land und Leute

Die Hörigen und ihre Familien waren von ihrem Grundherrn abhängig. Oft konnten sie ohne sein Einverständnis weder heiraten noch das Land verlassen. Dann galten sie auch als *Leibeigene*. Über sie durfte der Grundherr bei Straftaten richten und sie bestrafen. Wenn der Grundherr das Land vererbte, verkaufte oder verlor, gehörten auch die unfreien Bauern mit ihren Familien dem neuen Besitzer. Ein Vorteil blieb ihnen: Sie brauchten für ihre Grundherren nicht in den Krieg zu ziehen. Die Macht der Grundherren über Land und Leute nennen wir *Grundherrschaft*. Sie war die Lebensgrundlage für Adel und Geistlichkeit.

1. *Die Darstellung zur Grundherrschaft erklärt, weshalb der Name „Meier" sehr häufig ist. Erläutere diese Aussage.*
2. *Erkläre mit der Grafik (Abb. 1) und dem Verfassertext die Abbildung des Dorfes auf der Auftaktseite 80/81.*

M1 Abgaben der Bauern

Bilder aus der Heidelberger Handschrift des „Sachsenspiegels", um 1330.
Eike von Repgow hat den „Sachsenspiegel" um 1224/35 im Elbe-Saale-Raum verfasst. Er gehört zu den ältesten Rechtsbüchern in deutscher Sprache und beeinflusste die Rechtsprechung in Sachsen, Brandenburg, Thüringen und anderen deutschen Ländern bis ins 19. Jh. Die Kirche forderte seit dem 6. Jh. von ihren Gläubigen oft ein Zehntel der Ernte: den Zehnt. Er stellt damit die älteste und häufigste Form einer Steuer dar. Anfangs bestand der Zehnt nur aus Naturalien, später auch aus Geld. Die Abgaben waren an bestimmten Tagen des Jahres fällig.

(1) Die Darstellung beginnt mit dem Tag der Heiligen Walpurgis (1. Mai), an dem der Lämmerzehnt fällig ist. Mit dem grünen Baum ist wohl ein Maibaum gemeint. Nach verbreiteter Sitte wurde er zu Walpurgis an Haus und Hof aufgepflanzt.

(2) Bis zu St. Urban (25. Mai) hatten die hörigen Bauern die Obst- und Weingärten ihrer Grundherren in Ordnung zu bringen. Der rote Arbeitskittel steht für das Ende dieser Arbeiten.

(3) Es folgt der Termin für den Fleischzehnt, der am Johannistag (24. Juni) fällig ist. Im Bild wurde er durch ein Rind, ein Kalb, eine Ziege und einen Hahn dargestellt.

(4) Am St. Margaretentag (13. Juli) ist der Kornzehnt fällig. Dazu zeigt das Bild, wie die Heilige Margarete den Teufel fesselt. Die drei Gänse stehen für den Gänsezehnt. Er ist am Himmelfahrtstag Mariens (15. August) zu leisten. Am selben Tag ist zugleich Kräuterweihe, daher die Kräuter- und Wurzelbündel.

(5) Am St. Bartholomäustag (24. August) waren wieder verschiedene Geldabgaben und Dienste fällig. Der Heilige Bartholomäus war durch Abziehen der Haut ums Leben gekommen; hier trägt er sie als Zeichen seines Leidens an einem Stock über der Schulter.

1. *Erstelle aus den Angaben eine Übersicht der verschiedenen Abgaben (M1).*
2. *Die Bildquelle (M1) gibt auch Auskunft über das Brauchtum der Zeit. Informiere dich, welche der aufgeführten Bräuche es noch heute gibt.*

Leben auf dem Land

1 **Bäuerliche Arbeiten.**
Flämische Buchmalerei, 1473. Am unteren Bildrand ziehen Pferde mithilfe eines Kummets (siehe Seite 89) einen Beetpflug (siehe Seite 90) sowie eine Egge. In der rechten Bildmitte sind Weinreben und Bäume, auf der linken Bildseite Tiere, Bienenkörbe und Häuser zu sehen.

Kurzes Leben
In Mitteleuropa lebten im frühen Mittelalter nur wenige Menschen. Es gab riesige Laubwälder, ausgedehnte Sümpfe und Moore. In dieser Wildnis lagen einzelne Bauernhöfe, Gutshöfe, Klöster, Dörfer und wenige Städte. Holz, Lehm und Zweige dienten als Baumaterial für Hütten, Häuser und Brücken. Nur Kirchen, Klöster und Adelshöfe waren manchmal aus Stein.
Auf dem gestampften Boden der Bauernhütten lag Stroh als Unterlage zum Schlafen. Die Kindersterblichkeit war sehr hoch. Mehr als die Hälfte der Kinder wurde keine 14 Jahre alt. Die meisten Menschen starben durch Krankheit, Hunger und Krieg. Sie wurden selten älter als dreißig Jahre. Die Lebenserwartung der kleinen Oberschicht lag bei fünfzig Jahren.

Mehr Äcker – mehr Menschen
Neun von zehn Menschen lebten von der Landwirtschaft. Macht und Einfluss hatten die, die mehr Land besaßen als die anderen: die adligen Grundherren. Diese versuchten ständig, fruchtbares Ackerland neu zu gewinnen. Seit dem 10. Jh. ließen sie Wälder roden, Sümpfe trockenlegen und Marschen, d.h. fruchtbares Schwemmland, an der Küste eindeichen. In ihrem Auftrag wurden neue Dörfer planmäßig angelegt.
Um genügend Menschen für diesen Landesausbau zu gewinnen, versprachen die Grundherren den abhängigen Bauern (Hörigen) niedrigere Abgaben und weniger Frondienste als üblich und genehmigten mehr Ehen.
Als Folgen des Landesausbaus wurden mehr Familien gegründet; die Bevölkerung nahm stark zu.

1. *Erkläre einige der dargestellten Arbeiten (Abb. 1).*
2. *Beschreibe, wie ein Tag im Leben eines Bauern in den verschiedenen Jahreszeiten abgelaufen sein könnte.*
3. *Wir wissen wenig darüber, was die Bauern im Mittelalter über ihr Leben und ihre Welt dachten. Nenne mögliche Gründe dafür.*

Neue Methoden und Geräte

Die landwirtschaftlichen Erträge konnten vom 8. bis zum 13. Jh. durch neue Methoden und Techniken verdoppelt, zum Teil sogar verdreifacht werden.

Die *Dreifelderwirtschaft* aus römischer Zeit wurde wiederentdeckt. Auf einem Feld baute man nun in einem Jahr Wintergetreide (z. B. Roggen und Weizen) und im nächsten Jahr Sommergetreide (z.B. Hafer) an. Anschließend lag das Feld ein Jahr zur Erholung brach. Zuvor hatten Anbau und Brache jährlich gewechselt. Außerdem wurde der Boden mit Mist, Laub oder Mergel (ein kalkhaltiges Gestein) gedüngt.

Dazu kamen technische Neuerungen:

- Der hölzerne Hakenpflug wich dem Räderpflug mit eiserner Pflugschar und Streichbrett. Der Boden wurde nicht mehr nur aufgerissen, sondern gewendet. Die Saat konnte besser wachsen.
- Anstelle von Kühen und Ochsen wurden Pferde vor Pflug und Wagen gespannt.
- Hufeisen schützten die Pferde vor Verletzungen und machten sie trittsicherer.
- Die Zugkraft der Tiere wurde durch das *Kummet* auf mehr als das Drei- bis Vierfache erhöht. Es verteilte die Zuglast auf Brust und Schulter der Pferde und Ochsen.
- Eggen, Sensen und Dreschflegel kamen ab dem 12. Jh. zum Einsatz.
- Es wurden immer mehr Wind- und Wassermühlen gebaut.

Wandel mit Folgen

Der Alltag der Bauern blieb mühsam und arbeitsreich, dennoch hatte sich ihr Leben gewandelt:

- Bei gutem Wetter konnten sie mehr erwirtschaften, als sie verbrauchten und an den Grundherrn abliefern mussten. Die Überschüsse verkauften die Bauern auf Märkten.
- Mit den Einnahmen gewöhnte sich die ländliche Bevölkerung an Münzgeld. Von den Erträgen kauften sie bei Handwerkern Geräte, Kleidung und Haushaltswaren.
- In größeren Dörfern ließen sich Handwerker nieder.

Die Grundherren begannen, Teile ihres Landes gegen eine jährliche Geldzahlung (*Rente*) an Bauern zu verpachten. Seit dem 12./13. Jh. erlaubten sie den Dorfgemeinschaften immer häufiger, sich selbst zu verwalten. Die Bauern eines Dorfes

- bestimmten den Zeitplan für die Bewirtschaftung der Felder,
- verwalteten die Allmende*,
- sorgten für die Wege und Brücken,
- achteten auf die Einhaltung des Dorffriedens,
- nahmen Verbrecher fest und lieferten sie an die Grundherren aus.

***Allmende** (mittelhochdeutsch: das Allgemeine): das gemeinsame Eigentum an Wald, Weide, Ackerland und Teichen. Dort durfte nach gemeinsam festgelegten Regeln das Vieh der Dorfbewohner weiden. Hier konnten sie Bau- und Brennholz schlagen, Eicheln und Bucheckern für die Schweinemast sammeln oder fischen.*

▶ ***Lesetipp:***
Günther Bentele, Leben im Mittelalter – Der Kesselflicker und die Rache der Bauern, Würzburg 2010

▶ ***Internettipp:***
www.planet-schule.de (Bäuerliches Leben im Mittelalter)

2 **Bockwindmühle.**
Buchmalerei aus der Werkstatt des flämischen Künstlers Jean de Grise, 1338 - 1345.
Mühlen gehen auf römische und arabische Vorbilder zurück. In Mitteleuropa nutzt man die Windkraft seit dem 12. Jh.
Zur Funktion: Der kastenförmige Aufbau saß auf einem dicken Eichenstamm (Bock) und konnte mit der Stange in den Wind gedreht werden.

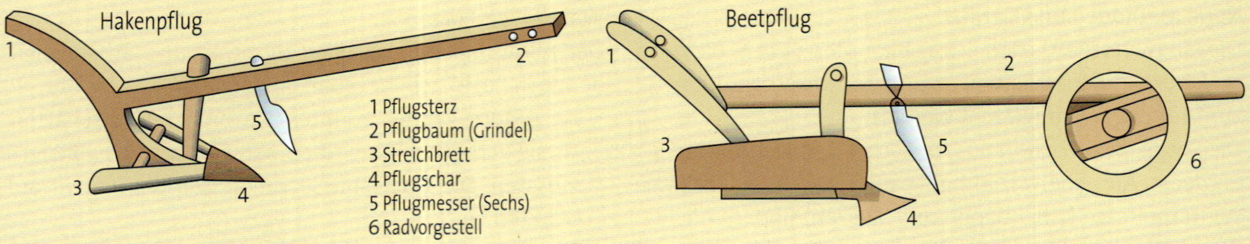

M1 Fortschritte in der Pflugtechnik.
Anders als der Hakenpflug sorgte der schollenwendende Räderpflug (Beetpflug) seit dem 11. Jh. für eine bessere Lockerung und Durchlüftung der schweren Böden.

M2 Bevölkerungsentwicklung in Europa
Die Zahlen beruhen auf Schätzungen.

im Jahre 300:	16,8 Mio.
im Jahre 600:	11,9 Mio.
im Jahre 1000:	23,7 Mio.
im Jahre 1340:	53,9 Mio.

Josiah C. Russel, Artikel „Bevölkerung“, in: Lexikon des Mittelalters, Bd. 2, München/Zürich 1983, Sp. 14

M3 Die Dreifelderwirtschaft.
In den Gewannen (mittelhochdeutsch: Grenzen) besaß jeder Bauer einen oder mehrere Streifen. Sie lagen im „Gemenge“ und konnten nur in Zusammenarbeit mit den Nachbarn bebaut werden. Daraus ergab sich ein Flurzwang: Alle Bauern eines Gewannes oder mussten die gleiche Frucht anbauen.

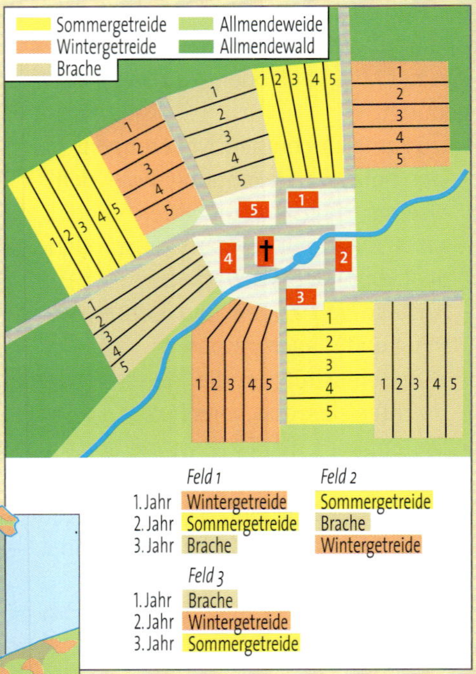

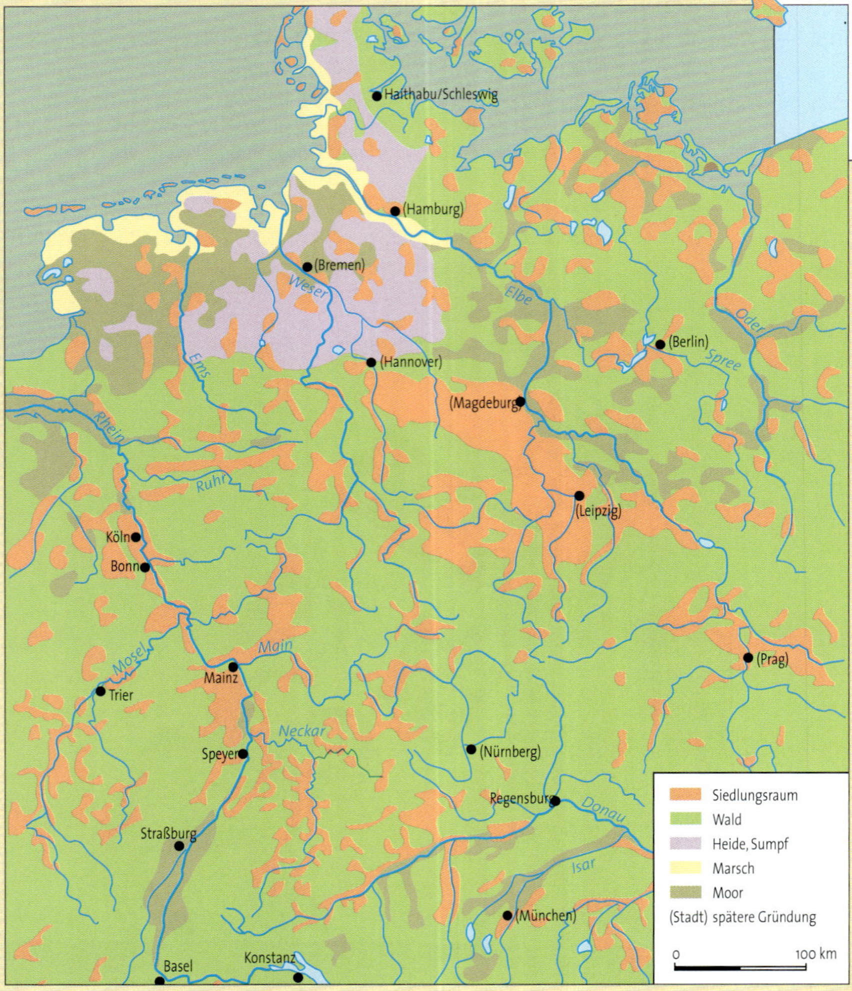

M4 Frühmittelalterliche Siedlungsräume.
Auf der Karte wird der heutige Küstenverlauf gezeigt. Er änderte sich im Laufe der Jahrhunderte mehrfach.

1. *Nenne Gründe für das Bevölkerungswachstum (siehe Seite 88 und M2).*
2. *Erkläre die Dreifelderwirtschaft (siehe Seite 89 und M3). Nenne Vor- und Nachteile.*
3. *Nenne eine Gemeinsamkeit aller in M4 eingezeichneten Städte.*
4. *Ortsnamen, die auf -brand, -feld, -hagen, -moor, -reuth, -roth, -rod, -roda und -wald enden, verweisen auf den mittelalterlichen Landesausbau.*
   - *Erkundige dich nach solchen Orten in deiner Umgebung.*
   - *Halte das Ergebnis in deinem Portfolio fest.*

1 Ein König zieht mit seinen Rittern in den Krieg.
Buchmalerei (etwa 9 x 19 cm) aus Bamberg, um 1170.

Wie lebt der Adel?

Wer gehörte dazu?

Könige, Herzöge, Grafen, Bischöfe und Äbte stammten im Mittelalter aus adligen Familien. Auch die *Ritter* gehörten dazu. Das Wort bedeutete im 11. Jh. „bewaffneter Reiter". Dazu zählten alle, die mit Pferd und Rüstung in den Krieg zogen. Das waren vor allem einfache Adlige oder *Ministeriale*. Letztere zählten zu den „Aufsteigern". Ursprünglich waren dies unfreie Dienstmannen, die für ihre Herren kämpften, deren Güter, Burgen und Städte verwalteten oder andere wichtige Dienste übernommen hatten. Als Gegenleistung dafür konnten sie in den niederen Adel aufsteigen. Manchmal erkämpften sie sich allerdings ihre Ansprüche auch mit Waffengewalt.

Ein Ideal anstreben

Im 12. Jh. erhielt „Ritter" eine zusätzliche Bedeutung, die in den Wörtern „ritterlich", „höflich" und „Kavalier" (franz. *chevalier*: Ritter) bis heute fortlebt. Ziel war es, sich wie ein „wahrer" Ritter bei Hofe zu verhalten. Darum sollten sich alle Adligen bemühen. Ritterlich war ein Mann, der ein christliches Leben führte, sich tadellos kleidete und gut benahm. Vernunft und Mäßigung sollten das Verhalten eines Ritters im Kampf, in der Liebe oder beim Essen und Trinken bestimmen.

Ritter zu sein hieß also auch, ein Ideal anzustreben. Durch ihre höfischen Lebens- und Umgangsformen grenzten sich die Ritter von Bauern und Geistlichen ab.

Vom Knappen zum Ritter

Schon mit zehn Jahren begann die Ausbildung. Die Jungen dienten zunächst als *Junker* (Jungherr), kümmerten sich um die Waffen und die Pferde ihres Herrn und halfen ihm beim Anlegen der Rüstung.

Mit 14 Jahren wurden sie einem Ritter als Knappen zugeteilt. Sie lernten Reiten und Jagen, darüber hinaus Regeln, die bei Tisch und beim Tanz zu beachten waren. Sie trainierten mit Schwert, Lanze, Speer und Schild sowie mit Pfeil und Bogen und lernten, wie eine Burg verteidigt oder belagert wurde. An den Höfen der großen Fürsten standen auch Lesen und Schreiben, Harfenspiel und Gesang auf dem Stundenplan.

Der Ritterschlag

Mit etwa 20 Jahren folgte die feierliche Ritterweihe. Am Tag davor hatte der künftige Ritter zu fasten. Den Festtag begann der in weiße Gewänder gekleidete Knappe mit einem Gottesdienst. Ein Geistlicher segnete ihn und sein Schwert. Danach wurde ihm die Rüstung angelegt. Höhepunkt des Festes waren *Ritterschlag* und Schwertleite: Der Lehnsherr berührte mit der flachen Klinge die linke Schulter des neuen Ritters und legte ihm feierlich das Schwert um. Dann begann das Fest mit vielen Gästen, teuren Geschenken und Turnieren.

2 „Hundeschnauze."
Helm mit Visier, 14. Jh.

Mann gegen Mann

Seit dem 12. Jh. veranstalteten die Fürsten große Turniere. Das waren Einzel- und Gruppenwettkämpfe zu Pferde mit scharfen Waffen. Beim *Buhurt* versuchten nur mit Schilden bewaffnete Reiter, den Gegner aus dem Sattel zu werfen. *Tjoste* waren Zweikämpfe mit stumpfen Lanzen.
Die Aussicht auf den Sieg und die Belohnung (Rüstung und Pferd des Gegners plus Preisgeld) war für die ärmeren Ritter Anreiz genug, Gesundheit und Leben zu riskieren. Obwohl die Kirche diese blutigen Veranstaltungen verbot, blieben sie beliebt.

Damen sind nicht dämlich

Für ein junges Mädchen aus dem niederen Adel kam der Dienst an einem fremden Hof kaum infrage. Sie musste sich mit Hauswirtschaft und Spinnrad beschäftigen. An den großen Höfen lernten die Mädchen lesen und erhielten Einblicke in die lateinische oder französische Literatur. Einige Töchter aus vornehmen Häusern wurden im Reiten sowie in der Falkenzucht und -jagd unterrichtet. Manche dieser jungen Frauen waren gebildeter als ihre männlichen Altersgenossen und erreichten als Dichterinnen und Hofdamen hohes Ansehen wie die französische Schriftstellerin *Christine de Pisan*, die um 1400 lebte.

▶ ***Lesetipps:***

- *Günther Bentele, Leben im Mittelalter – Zwei Knappen und der Ruf des Königs, Würzburg 2010*
- *Gabriele Beyerlein, Wie ein Falke im Wind, Stuttgart 2010*
- *Georges Duby, Die Ritter, München ³2005*
- *Christopher Gravett, Ritter, München 2011*
- *Kay Peter Jankrift, Ritter. Mit Rüstung, Schwert und Streitross, Hildesheim 2011*

„Wes Brot ich ess', des Lied ich sing'"

Künstler und Dichter zog es an die großen Höfe der Könige, Herzöge, Grafen und Bischöfe. Die Troubadoure in Frankreich verherrlichten in ihren Liedern Heldentum und ritterliche Tugenden. Dabei musizierten sie und sangen in ihrer Volkssprache. Die Dichter kamen meist aus dem Adel, manche waren zuvor Geistliche gewesen. Sie reisten von Hof zu Hof in der Hoffnung, einen Förderer zu finden. In ihren Werken priesen sie die Fähigkeiten und Taten der Herren und steigerten damit ihr Ansehen.
In Minneliedern (Minne: mittelhochdeutsches Wort für Liebe) und den höfischen Romanen setzten die Minnesänger dem idealen Ritter und seinem Verhalten in der Liebe, im Kampf und im Dienst für Gott literarische Denkmäler. Sie schilderten auch, wie ihre „Helden" versagten, ihren Schwächen nachgaben, treulos oder unmenschlich handelten. Denn sie wussten, dass man das Ideal der Ritterlichkeit zwar anstreben, aber kaum erreichen konnte.

Als Kämpfer nicht mehr zeitgemäß

Im späten Mittelalter waren Ritter als Kämpfer nicht mehr zeitgemäß. Gegen die Geschosse der Armbrüste und Handfeuerwaffen bot selbst die stärkste Rüstung keinen Schutz. Nicht einmal die Mauern der Burgen hielten den Kugeln der Geschütze stand. Im 14. und 15. Jh. verarmten viele einfache Ritter. Ihre Einnahmen aus dem Grundbesitz sanken, während gleichzeitig die Kosten für eine standesgemäße Lebenshaltung stiegen. Manche Ritter versuchten mit Gewalt, diese Entwicklung aufzuhalten.

3 Ritterdienst – Minnedienst.
Malerei aus der Manessischen Handschrift, um 1314.
Das Bild gehört zu einer Sammlung illustrierter Liederbücher, die der Züricher Bürger Rüdiger Manesse anlegen ließ (siehe auch www.manesse.de).

▶ ***Internettipp:*** *www.planet-wissen.de (Leben im Mittelalter)*

▶ ***CD-Tipp:*** *Capella Antiqua Bambergensis, Klang der Staufer, Bamberg 2010*

M1 Segensgebet für ein Schwert

Text aus der 2. Hälfte des 10. Jh.:

Erhöre, so bitten wir dich, Herr, unsere Gebete und mache dieses Schwert deiner wert, womit dein Diener (es folgt der Name) sich zu umgürten wünscht, indem du es [...] segnest, damit es zur Verteidigung und zum Schutz von Kirchen, Witwen, Waisen und allen, die Gott dienen, gegen die Wildheit der Heiden gereichen kann, und damit es anderen Feinden Angst, Schrecken und Entsetzen einflößt.

Otto Borst, Alltagsleben im Mittelalter, Frankfurt a. M. 1983, S. 103 f.

M2 Ritterliche Pflichten

In dem um 1200 entstandenen Versroman „Tristan" von Gottfried von Straßburg wird der zum Ritter geschlagene Tristan von seinem königlichen Onkel belehrt:

„Sieh, Tristan, mein Neffe", sagte er, „jetzt, da dein Schwert gesegnet ist und du Ritter geworden bist, denke nach über ritterliche Werte und über dich und wer du bist. Deine Abkunft und Würde halte dir vor Augen. Sei bescheiden und aufrichtig, wahrhaftig und wohlerzogen. Sei gütig zu den Elenden und stolz zu den Mächtigen. Pflege und verbessere deine äußere Erscheinung. Ehre und liebe alle Frauen. Sei freigebig und verlässlich, und arbeite immer daran."

Gottfried von Straßburg, Tristan, nach dem Text von Friedrich Ranke neu herausgegeben und übersetzt von Rüdiger Krohn, Stuttgart ^{2}1981, S. 307 f.

M3 Das Mainzer Hoffest

Das Mainzer Hoffest von 1184 gilt als ein Höhepunkt mittelalterlicher Feste. Hier versammeln sich Fürsten, Bischöfe, Äbte, Herzöge, Grafen, Ministeriale und Ritter aus dem ganzen Reich. Der Geschichtsschreiber Gislebert von Mons hat das Fest miterlebt und berichtet:

Am Pfingstmontag wurden König Heinrich und Friedrich Herzog von Schwaben, die Söhne des Kaisers, zu neuen Rittern gemacht. Diese Ehrung veranlasste sie sowie alle Fürsten und andere Edelleute, an Ritter, Gefangene und Kreuzfahrer*, Gaukler und Gauklerinnen reich Geschenke zu geben: Pferde, kostbare Kleider, Gold und Silber. Die Fürsten und die anderen Edelleute taten dies zu Ehre des Kaisers und seiner Söhne und um ihren eigenen Ruhm weithin bekannt zu machen.

Am Pfingstmontag und Pfingstdienstag begannen die Söhne des Kaisers nach dem Frühstück Reiterspiele, an denen sich wohl 20 000** oder mehr Ritter beteiligten. Diese Spiele fanden ohne scharfe Waffen statt; die Ritter führten ohne Hauen und Stechen Schilde und Lanzen und Banner vor und erfreuten sich ihrer Reitkunst. Selbst Kaiser Friedrich beteiligte sich daran.

Zit. nach: Peter Moraw, Die Hoffeste Kaiser Friedrich Barbarossas von 1184 und 1188, in: Uwe Schultz, Das Fest. Eine Kulturgeschichte von der Antike bis zur Gegenwart, München 1988, S. 72

**Zu den Kreuzfahrern siehe Seite 138 ff.*

***Die Zahl ist sicher übertrieben.*

M4 Das Turnier beginnt.

Foto von den Freienfelser Ritterspielen von 201[illegible] (siehe auch Abb. 4 auf Seite 83).

M5 Ritter ohne Treue

Ein unbekannter Dichter schreibt um 1330/40:

Die Ritter kennen keine Treue mehr, darauf kann man sich verlassen. Was sie heute fest versprechen, das brechen sie morgen sogleich. Sie sind Richter über arme Bauern, die sie schützen und schirmen sollten. Vor langer Zeit gab es wirklich gute Ritter. Die konnten im Kampf und Spiel so handeln, wie es gut und angemessen war. Große Tapferkeit ließen sie erkennen [...]. Sie waren tugendhaft und freimütig; Gott schenkte ihnen Ehre und Besitz, weil sie ernsthaft nach ritterlicher Tugend strebten [...].

Um ritterliche Tugend kümmern sie sich heute wenig. Sie sitzen mit ihren Weibern zusammen und verschleudern wertvollen Besitz. Sie sollten sich wirklich schämen, dass sie Wucherzinsen für ihr Geld nehmen, auf zehn Mark eine. Das alles ist unter ihnen so weit verbreitet, dass sie es niemals für Sünde halten. Die jungen und die alten gleichermaßen so. Wenn man von Raub und Wucher absieht, könnten sie vielleicht noch gute Ritter sein.

Wolfgang Bührer, Der Kleine Renner ..., in: Historischer Verein Bamberg, 105. Bericht, Bamberg 1969, S. 171

1. *Stelle aus M1 und M2 Pflichten und Tugenden der Ritter in einer Tabelle gegenüber.*
2. *Verfasse einen kurzen Bericht über das Mainzer Hoffest (M3). Erwähne darin, wer sich versammelt hat, was sich zutrug und wie die Stimmung war.*
3. *Diskutiert, weshalb die Teilnehmer des Hoffestes vom Kaiser und den Fürsten beschenkt wurden. Die Quelle nennt sicher nicht alle Motive (M3).*
4. *In M5 erfährst du, inwiefern sich nicht alle Ritter ritterlich verhielten. Beurteile, welche Auswirkungen dies hatte.*

Auf der Burg

1 Turmhügelburg.
Foto aus dem Geschichtspark Bärnau-Tachov von 2011. Nachbau einer Turmhügelburg („Motte") aus der zweiten Hälfte des 11. Jh. Der künstlich angelegte Hügel ist 5 m, der Turm knapp 11 m hoch, der Graben 4,5 m breit und 2,5 m tief. Der Eingang in den Turm befindet sich im ersten Stock. Diese „Motte" war ein Militärposten für etwa zwölf bis 15 Mann. Hier hielt man sich bei Gefahr auf. Gewohnt wurde im benachbarten Wirtschaftshof.

▶ ***Internettipp:*** *www.geschichtspark.de*

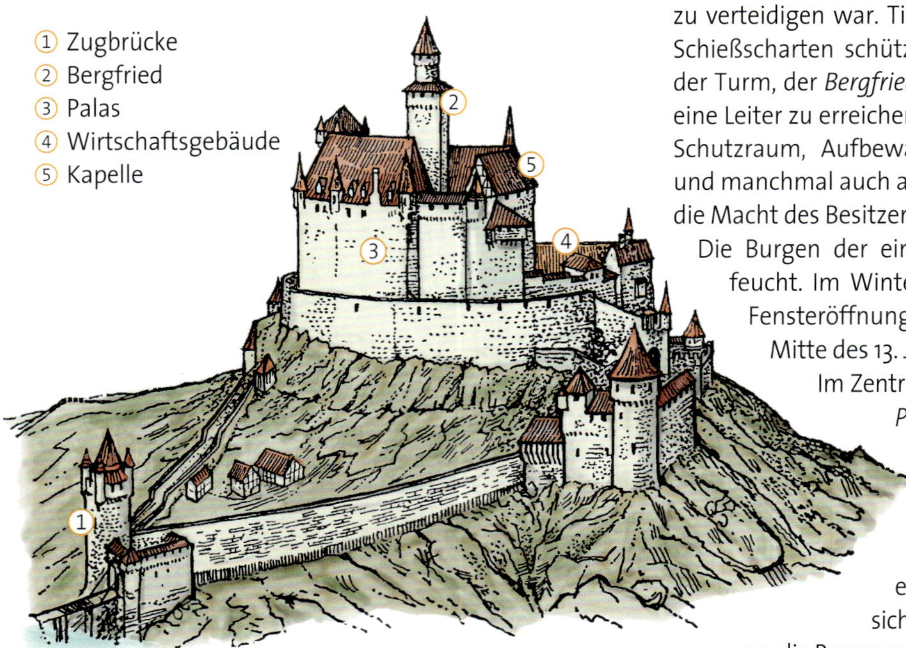

2 Die Marksburg über Braubach am Rhein.
Die Rekonstruktionszeichnung zeigt den Zustand im 15. Jh. Der Kern der Höhenburg geht auf das 12. Jh. zurück.
■ *Vergleiche die Marksburg mit der Spielzeugburg auf Seite 82.*

Fernab vom Volk

Im frühen Mittelalter lebten die Ritter häufig in einfachen Türmen aus Holz oder Stein. Als im 9. und 10. Jh. Normannen, Ungarn und Slawen plündernd durchs Land zogen, wurden Stützpunkte zur Verteidigung gebaut. Auf Hügeln oder Bergen, manchmal auch auf Inseln, in Flüssen oder Seen, die natürlichen Schutz boten, entstanden Burgen.
Zunächst durften nur der König oder seine Amtsträger solche Wehranlagen errichten. Später baute sich der Adel eigene Burgen, die oft von Ministerialen verwaltet wurden. Seit dem 13. Jh. wollte jeder Ritter eine Burg besitzen. So entstanden zwischen dem 12. und dem 15. Jh. allein im Deutschen Reich etwa 19 000 Burgen.

Nicht nur Zuflucht

Auf der Burg fanden Dienstleute und die Landbevölkerung Zuflucht. Von ihr aus wurde für Ruhe und Ordnung auf dem Lande gesorgt. In ihren Mauern herrschte der Burgfrieden, der Streit verbot. Die Burg war auch Mittelpunkt der Wirtschaft und Verwaltung: Hierher mussten die Bauern kommen, um ihre Abgaben zu entrichten, hier wurden die Zolleinnahmen von Straßen und Brücken abgeliefert.

Sicher, aber ungemütlich

Eine Burg war sicher, wenn sie von wenigen Menschen zu verteidigen war. Tiefe Gräben und dicke Mauern mit Schießscharten schützten sie. Mehrere Aufgaben hatte der Turm, der *Bergfried*. Der Eingang war meist nur über eine Leiter zu erreichen. Er diente als Beobachtungsturm, Schutzraum, Aufbewahrungsort für Wertgegenstände und manchmal auch als Gefängnis. Weit sichtbar zeigt er die Macht des Besitzers.
Die Burgen der einfachen Ritter waren dunkel und feucht. Im Winter zog die Kälte durch Ritzen und Fensteröffnungen; Kachelöfen gab es erst seit der Mitte des 13. Jh., verglaste Fenster waren selten. Im Zentrum der Burg lag das Wohnhaus, der *Palas*. Hier befanden sich Küche und *Kemenaten* (nach lat. *caminus*: Feuerstelle, Kamin), die wenigen heizbaren Räume, gelegentlich ein Festsaal. Für Gottesdienste gab es eine *Kapelle*. Im Burghof befanden sich ein Brunnen und häufig eine Zisterne, die Regenwasser sammelte. Die Wohnungen der Knechte, Scheunen und Stallungen lagen um den Burghof herum.

M1 Alltag eines Burgherrn

Was der fränkische Reichsritter Ulrich von Hutten 1518 einem Freund in Nürnberg über sein Leben auf der Burg Steckelberg bei Fulda schreibt, dürfte – sieht man von Schwefel und Schießpulver ab – 300 Jahre früher nicht anders gewesen sein.

Man lebt auf dem Feld, im Wald und in den bekannten Burgen auf dem Berg. Die uns ernähren, sind bettelarme Bauern, denen wir unsere Äcker, Weinberge, Wiesen und Wälder verpachten. Der einkommende Ertrag ist, gemessen an der aufgewandten Mühe, geringfügig [...]. [...]

Sodann müssen wir uns in den Dienst eines Fürsten stellen, von dem wir Schutz erhoffen. Wenn ich das nicht tue, glaubt jeder, er könne sich alles gegen mich erlauben. Aber auch wenn ich es tue, ist diese Hoffnung täglich mit Gefahr und Furcht verbunden. Gehe ich nämlich von zu Hause fort, so muss ich fürchten, auf Leute zu stoßen, mit denen der Fürst [...] Krieg führt und die mich seinetwegen anfallen und wegschleppen. Wenn es dann mein Unglück will, geht leicht mein halbes Vermögen als Lösegeld darauf [...]. Deswegen halten wir uns Pferde und Waffen und umgeben uns mit zahlreichem Gefolge, alles unter großen und spürbaren Kosten. [...]

Die Burg selbst, ob sie auf dem Berg oder in der Ebene liegt, ist nicht als angenehmer Aufenthalt, sondern als Festung gebaut. Sie ist von Mauern und Gräben umgeben, innen ist sie eng und durch Stallungen für Vieh und Pferde zusammengedrängt. Daneben liegen dunkle Kammern, vollgepfropft mit Geschützen, Pech, Schwefel und sonstigem Zubehör für Waffen und Kriegsgerät. Überall stinkt es nach Schießpulver; und dann die Hunde und ihr Dreck, auch das – ich muss es schon sagen – ein lieblicher Duft!

Reiter kommen und gehen, darunter Räuber, Diebe und Wegelagerer. Denn fast für alle stehen unsere Häuser offen, weil wir nicht wissen, was das für Leute sind, oder uns nicht groß danach erkundigen.

Man hört das Blöken der Schafe, das Brüllen der Rinder, das Bellen der Hunde, das Rufen der auf dem Feld Arbeitenden, das Knarren und Rattern der Fuhrwerke und Karren; ja sogar das Heulen der Wölfe hört man in unserem Haus, weil es nahe am Wald liegt.

Arno Borst, Lebensformen im Mittelalter, Frankfurt a. M. 1979, S. 173 f.

M2 Burg Eltz an der Mosel.
Foto von Joachim Zeune, um 2000.
Die Burg ist von Generation zu Generation ausgebaut worden. Der älteste Turm stammt aus dem 13. Jh., der jüngste aus dem 19. Jh.

▶ ***Lesetipps:***

- *Christopher Gravett, Burgen, München 2011*
- *Christina Hartkamp (Übers.), Burgen, Hildesheim 2007*
- *David Macauly, Es stand einst eine Burg, Düsseldorf 2002*

▶ ***Internettipps:***

- *www.burg-eltz.de*
- *www.burgenwelt.de*
- *www.ritterburgen.de*

1. *Zähle auf, worüber sich Ulrich von Hutten beklagt (M1). Vergleiche seinen Bericht mit deinen bisherigen Vorstellungen vom Leben auf einer mittelalterlichen Burg.*

2. *Beurteile, was ein Ritter an seinem Leben auf der Burg loben könnte (M1 und M2).*

3. *Berichte über die Geschichte einer Burg aus deiner Region für dein Portfolio. Füge Abbildungen hinzu.*

1 Wichtige Klöster des westlichen Mönchstums bis zum 10. Jh.

■ *Stelle fest, welche Klöster im heutigen Bundesland Hessen liegen. Stelle Informationen über sie zusammen.*

Im Kloster

Leben für Gott

In Ägypten, Palästina und Syrien zogen schon im 3. Jh. einzelne Christen in die Wüste. Sie wollten allein sein, den Versuchungen des Teufels widerstehen und so leben wie Christus. Solche Einsiedler (*Eremiten*) schlossen sich später zusammen, um Gottesdienste zu feiern und zu arbeiten. Daraus entstanden Klöster (lat. *claustrum*: abgeschlossener Bereich). Ihren Leitern, dem *Abt* oder der *Äbtissin*, versprachen die Nonnen und Mönche in einem Gelübde, arm, ehelos und gehorsam zu leben sowie dem Kloster für immer treu zu bleiben. Sie weihten ihr Leben dem Dienst an Gott, dem Gebet und der Verehrung der Heiligen. Sie taten das nicht nur für sich, sondern auch für ihre Mitmenschen. Dazu standen die Klöster untereinander in regem Kontakt. So gab es schon vor Jahrhunderten eine „europäische Gemeinschaft“: die Gemeinschaft der Klöster.

Am Anfang steht Benedikt von Nursia

Als Gründer des westlichen Mönchtums gilt *Benedikt von Nursia*. Er errichtete im 6. Jh. auf dem Monte Cassino in Süditalien ein Kloster und stellte Regeln für das Zusammenleben auf, die jedes Mitglied der klösterlichen Gemeinschaft zu beachten hatte. Diese *Benediktinerregel* galt seit Anfang des 9. Jh. für alle Klöster des Abendlandes. Später entstanden weitere Orden (lat. *ordo*: Ordnung). Zu den bedeutendsten zählt der um 11. Jh. entstandene *Zisterzienser-Orden*, benannt nach dem Kloster Citeaux in Burgund.

Klöster nützen

Grundlage vieler Klöster waren Schenkungen von Königen, Herzögen und Grafen. Sie überließen den Klöstern meist Ländereien, einschließlich der darauf lebenden unfreien Bevölkerung. Als Grundherren übernahmen die Äbte oder Äbtissinnen weltliche Verpflichtungen: Sie sprachen Recht über die hörigen Bauern und mussten im Krieg Ausrüstung und Proviant stellen.
Die Stifter selbst erwarben sich durch die Schenkungen einen Anspruch auf Gebete der Mönche oder Nonnen. Sie sorgten damit für ihr Seelenheil und das ihrer lebenden und verstorbenen Familienmitglieder. Darüber hinaus nutzten sie die Klöster, um ihre nachgeborenen Söhne oder unverheiratet gebliebenen Töchter unterzubringen. Ein Beispiel dafür ist *Hildegard von Bingen*.* Schließlich schufen sich die Stifter mit einem Kloster einen Ort für ihren Lebensabend und das Familiengrab.

Fast eine Stadt für sich

Der Lebensraum der Mönche und Nonnen war die *Klausur* (von lat. *claudere*: ab-[ver-]schließen). Sie bestand aus der Kirche, dem Schlafsaal (*Dormitorium*), dem Speisesaal (*Refektorium*) und dem Versammlungsraum (*Kapitelsaal*). Diese Räume waren für Fremde nicht zugänglich.
Innerhalb der Klostermauern befanden sich in der Regel alle notwendigen Einrichtungen: eine Mühle, Gärten mit Heilkräutern, Gemüse und Obst, Werkstätten, Ställe und vieles mehr. Oft gehörten eine Brauerei, eine Bäckerei und ein Badehaus dazu. Teiche versorgten das Kloster in der Fastenzeit mit Fischen. Außerdem hatten die meisten Klöster eine Bibliothek.

Zu Hildegard von Bingen siehe den Ausblick auf Seite 101.

Für das Kloster ackern

Bei den frühen Klostergründungen lag das geschenkte Land oft in unerschlossenen Gebieten und musste erst nutzbar gemacht werden. Neben den Mönchen und Nonnen arbeiteten auf den verstreut liegenden Ländereien der Klöster zahlreiche abhängige Bauern und Leibeigene. Sie bewirtschafteten den klösterlichen Grundbesitz gegen Abgaben und Dienste. Um die Erträge zu steigern, wurden Musterbetriebe angelegt und neue Anbaumethoden und -techniken erprobt. Da die Klöster von Abgaben befreit waren, konnten sie hohe Einkünfte erzielen und den Reichtum der Orden vergrößern.

Nonnen und Mönche helfen

Mönche und Nonnen halfen aus christlicher Nächstenliebe den Alten, Schwachen und Kranken. Arme bekamen an bestimmten Tagen Essen und Kleidung. Größere Klöster hatten Armen- und Kranken- bzw. Siechenhäuser. Außerdem nahmen sie anfangs regelmäßig Pilger und Reisende auf.

Ohne Klöster keine Kultur

Fast alle Klöster besaßen Schulen. In ihnen wurden Mönche und Nonnen ausgebildet. Auch viele Söhne und Töchter adliger Familien lernten hier Lesen, Schreiben, Rechnen und Latein.

Mönche und Nonnen schrieben die alten Werke der griechischen und römischen Schriftsteller ab oder verfassten neue religiöse, wissenschaftliche, literarische und historische Bücher. In den Schreibstuben (*Skriptorien*) fertigten sie einfache Schriftstücke und kostbare Handschriften an – für den eigenen Bedarf oder im Auftrag weltlicher Herren.

3 Schlafraum der Mönche im Kloster Eberbach (Rheingau).
Foto um 1990.
Das Kloster wurde im 12. Jh. gegründet. Zeitweise lebten in Eberbach bis zu 300 Mönche. Der abgebildete Saal wurde im 13. Jh. gebaut und ist 72 m lang.

▶ ***Internettipp:***
www.schule-bw.de/unterricht/faecheruebergreifende_themen/landeskunde/modelle/epochen/mittelalter/kloster/lorch/d2.pdf

Nebenbei: *Für eine prachtvolle Bibel in Pergament waren die Häute von etwa 200 Schafen nötig – eine ganze Herde für ein Exemplar!*

2 Die Arbeiten der Schreiber und Maler.
Initialen (Anfangsbuchstaben) aus einer Bibel, die vermutlich um 1255 in Hamburg entstanden ist. Die Miniaturen zeigen: Links überprüft ein Mönch die Pergamente (enthaarte, geglättete und zum Beschreiben zubereitete Tierhaut). Darunter markiert ein Mönch die Seitenaufteilung mit Lineal und Messer; das Messer diente auch als „Radiergummi".*

***Miniaturen**: *Bilder, die z. B. den ersten Buchstaben eines neuen Abschnittes kennzeichnen. Weil für diese Illustrationen viel Mennige (lat. minium), eine rote Farbe, verwendet wurde, nennt man diese Bilder Miniaturen.*

■ *Lege für dein Portfolio eine Übersicht der Aufgabenbereiche an, die Nonnen und Mönche in der mittelalterlichen Gesellschaft übernahmen.*

M1 Tagesablauf im Kloster (vereinfacht)

Glockenschläge riefen die Nonnen und Mönche täglich zur Andacht und zum Gebet. Bis zur Einführung der mechanischen Uhren im 15./16. Jh. wurden Tag und Nacht in zwölf gleich lange Abschnitte (Stunden) eingeteilt. Im Sommer waren daher die Tagstunden und im Winter die Nachtstunden länger.

Vigil	Gebet in der Nacht (von lat. vigilare: wachen); zwischen Mitternacht und Sonnenaufgang
Laudes	„Lob Gottes am Morgen“ (von lat. laus: Lob); Ende der Nachtruhe
Prim	Gebet zur 1. Stunde des Tages (von lat. primus: der erste); etwa 6 Uhr früh; Andacht, Frühstück, Arbeitsbeginn
Terz	Gebet zur 3. Stunde des Tages (von lat. tertia: die dritte); etwa 9 Uhr vormittags; Andacht, Fortsetzung der Arbeit
Sext	Gebet zur 6. Stunde des Tages (von lat. sexta: die sechste); etwa 12 Uhr mittags; Mittagessen, Ruhezeit
Non	Gebet zur 9. Stunde des Tages (von lat. non: der neunte); etwa 15 Uhr nachmittags; Fortsetzung der Arbeit
Vesper	Gebet am Abend (von lat. vespera: Abend); die Zeit des Lichtanzündens
Komplet	letzte Gebetsstunde am Abend; Schlussandacht, Nachtruhe

M2 Mönche beten.
Buchmalerei aus Frankreich, um 1460.

M3 Vorschriften

Auszüge aus der von Benedikt von Nursia nach 529 verfassten Klosterregel:

Arme erquicken, Nackte bekleiden, Kranke besuchen, Tote begraben, in der Trübsal zu Hilfe eilen, Trauernde trösten. Mit dem Treiben der Welt brechen [...]. Böses nicht mit Bösem vergelten. Kein Unrecht tun, das zugefügte Unrecht aber mit Geduld ertragen. Die Feinde lieben [...]. Nicht stolz sein, nicht der Trunksucht ergeben sein, nicht ein Vielfresser sein, nicht schlafsüchtig sein, nicht träge sein [...]. Vor dem Tage des Gerichtes in Furcht sein. Vor der Hölle zittern. [...] Seinen Mund vor böser und verderblicher Rede bewahren. Vieles Reden nicht lieben [...]. Den Eigenwillen hassen. Den Befehlen des Abtes in allem gehorchen [...]. Gehorsam ohne Zögern ist der vorzüglichste Grad der Demut.

Müßiggang ist ein Feind der Seele. Deshalb müssen sich die Brüder zu bestimmten Zeiten der Handarbeit und zu bestimmten Zeiten wiederum der Lesung göttlicher Dinge widmen.

Hans Urs von Balthasar, Die großen Ordensregeln, Einsiedeln [7]1994, S. 197ff.

M4 Kritik aus den eigenen Reihen

Der Mönch Lambert von Hersfeld schreibt im 11. Jh.:

Einige Mönche hatten keinen Eifer für göttliche Dinge und lebten nur für Geld und Erwerb. Um Abteien und Bistümer zu erhalten, lagen sie in unverschämtester Weise den Fürsten in den Ohren, und zu kirchlichen Ehrenstellen suchten sie nicht wie unsere Väter auf dem Wege der Tugenden, sondern auf dem abschüssigen Pfad der Schmeichelei [...] zu gelangen. Für ein armseliges Ämtlein versprachen sie täglich ganze Goldberge [...]. Die Welt wunderte sich über die Quellen solcher Geldströme und konnte es nicht fassen, wie sich die Schätze [...] bei einfachen Leuten anhäufen konnten, die [...] der Menschheit vorlogen, dass sie außer einer bescheidenen Verpflegung und Kleidung nichts besäßen.

Johannes Bühler, Klosterleben im Mittelalter, Frankfurt a. M. 1989, S. 179f.

▶ ***Internettipps:*** *Informationen über Orden in Deutschland findest du unter www.orden.de; über das Klosterleben informiert www.planet-wissen.de (Klosterleben)*

▶ ***Lesetipps:***

- *Anette Adelmeyer, Das Leben im Kloster. Ein Benediktinermönch im Mittelalter, Fulda 2007*
- *Claudia Frieser, Oskar und das Geheimnis des Klosters, München 2011*

1. *Das Leben im Kloster soll Demut, Gehorsam und Disziplin fördern (M1 und M3). Erkläre!*
2. *Die Regel des Benedikt wurde im 19. Jh. mit dem Leitspruch „Ora et labora!“ (deutsch: Bete und arbeite!) zusammengefasst. Erkläre dies mit M1, M3 und dem Klosterplan (M1, Seite 99).*
3. *Beschreibe, was die Männer auf dem Bild (M2) als Mönche kennzeichnet.*
4. *Gib wieder, was Lambert kritisiert (M4).*
5. *Nenne Bereiche, in denen Nonnen und Mönche unsere Kultur förderten.*

Ein rätselhafter Bauplan

Grundrisse sind einfache, maßstabsgerechte Strichzeichnungen mit knapper Beschriftung. Sie zeigen aus der Vogelperspektive, wie Räume eines Hauses oder verschiedene Gebäude angeordnet sind. Unser Beispiel ist ein besonderer Klosterplan. Aus ihm könnt ihr entnehmen, was alles zu einem Kloster gehören sollte, wo Nonnen und Mönche lebten und worum sie sich kümmern sollten.

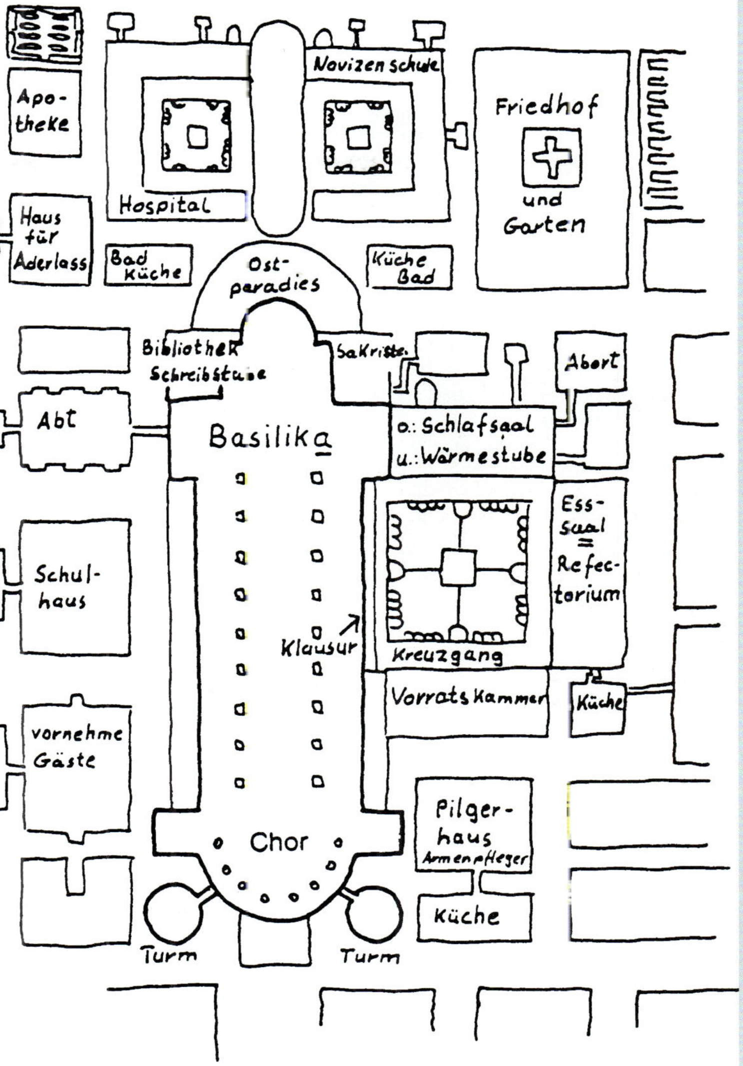

M1 Plan eines Benediktinerklosters.
Die Zeichnung ist eine stark vereinfachte und unvollständige Wiedergabe eines berühmten Klosterplans, der um 820 angefertigt wurde. Das Original ist ein aus fünf Stücken zusammengesetztes Pergament und misst 112 x 77 cm. Auf dem alten Plan sind rund 50 Gebäude mit roter Tusche eingezeichnet, und etwa 350 Einträge in lateinischer Sprache verweisen auf die Funktion der einzelnen dargestellten Teile.

Sieh dir den Plan genau an und übertrage die gesuchten Wörter auf ein Blatt. Die Anfangsbuchstaben der ersten fünf und die Endbuchstaben der letzten sechs Wörter verraten dir den Ort, in dem das Original dieses Planes heute aufbewahrt wird.

1. *Kein Wunder, dass sie in der Nähe der Bibliothek lag.*
2. *Diese Heilmethode wendet man im Haus neben der Apotheke an.*
3. *So nennt man Männer, die sich um Aufnahme ins Kloster bewerben. Ihre Kirche und Schule lagen zwischen Hospital und Friedhof.*
4. *Zu diesem Bereich, der den Kreuzgang umschloss, hatten nur Mönche Zutritt.*
5. *Rechts und links vom Chor stand je einer.*
6. *In diesem überwölbten Gang um einen Innenhof herum konnten die Mönche in aller Stille nachdenken. Für die werdenden Mönche gab es einen zweiten.*
7. *So nennt man auch die Klosterkirche.*
8. *Unten war die Wärmestube und oben?*
9. *Was ist ein Refectorium?*
10. *Wenn sich der Arme an den Armenpfleger wandte, fand er vielleicht für die Nacht nebenan in ihr einen Platz.*
11. *Dazu diente der Friedhof auch.*

Aus: Freya Stephan-Kühn, Viel Spaß im Mittelalter! Spiel- und Lesebuch zur mittelalterlichen Geschichte, Würzburg [4]1997, S. 64

1. *Löst die Aufgaben in dem Plan (M1).*
2. *Prüft, welchen Arbeitsbereich der Mönche und Nonnen der Plan nicht zeigt.*
3. *Erkundigt euch, ob es in eurem Schul- oder Wohnort ein Kloster gibt. Wenn möglich, plant eine Besichtigung. Informiert euch über das heutige Leben „hinter Klostermauern“. Schreibt einen Bericht für euer Portfolio.*

Einen Lernbericht für das Portfolio schreiben

M1 In der Buchbinderei.
Foto aus der Benediktinerabtei St. Hildegard, Eibingen, 1998.
Eine Ordensschwester gibt ihre Erfahrungen an eine Novizin, einer Nonne während der Probezeit, weiter.

Tipps für den Lernbericht
Nach jedem Kapitel kannst du für dein Portfolio einen Lernbericht schreiben. In ihm notierst du, warum dich einige Themen besonders interessiert haben. Du solltest auch vermerken, wie du mit den Materialien aus dem Unterricht zurechtgekommen bist und was du dazugelernt hast. Für deinen Lernbericht geben wir dir hier ein paar Hinweise.

- Welche Themen haben mir gut gefallen?
- Was fand ich spannend, was weniger interessant? Warum?
- Habe ich Neues erfahren?
- Hatte ich Verständnisschwierigkeiten? Welche Hilfen hätte ich benötigt?
- Wie konnte ich mit den Materialien arbeiten? Waren die Aufgaben gut verständlich und lösbar?
- Welche Arbeitsweisen (Lerntipps) habe ich kennengelernt?
- Welche Unterrichtsformen mochte ich, welche eher nicht? Warum?
- Welche Anregungen und Wünsche habe ich für den weiteren Unterricht?

Besuch bei den Nonnen

23. Mai 2012

Mich hat am meisten das Kloster interessiert, besonders die Nonnen, weil ich darüber fast gar nichts wusste. Dass dort viel gebetet wurde, hatte ich mir schon gedacht – aber nicht sooo viel. Ein Kloster war ja damals teilweise wie eine Kirche mit Kräutergarten und Bauernhof. Dass Nonnen in Schulen auf ihre Aufgaben vorbereitet wurden und sich um Kranke und Alte gekümmert haben, wusste ich auch nicht.
Wir haben auch schon einmal Nonnen in der Fußgängerzone gesehen und danach unseren Lehrer gefragt, ob er uns die Anschrift eines Klosters nennen kann. Herr B. gab uns eine Adresse. Ich habe mich dann getraut, dort anzurufen, um zu fragen, ob wir mal das Kloster besichtigen und mit einer Nonne sprechen dürfen. Wir durften kommen!
Lizzy und ich haben uns vorher Fragen überlegt. Im Kloster wurden wir herumgeführt. Den Tagesablauf bestimmen noch wie unter Benedikt von Nursia vor fast 1500 Jahren Gebete, Gottesdienste und Arbeiten. Heute haben die Nonnen aber einen Fernseher im Gemeinschaftsraum und können in Urlaub fahren. Neu war für uns, dass inzwischen Menschen ins Kloster gehen, um sich für einige Zeit vom Stress im Beruf zu erholen.
Der zusammenfassende Bericht und unser Fragebogen kommen anschließend. Selbst mal ein Kloster zu besuchen und ein Interview mit einer Nonne zu machen, hat schon Zeit gekostet – die hat sich aber gelohnt.

M2 Nach einem Lernbericht einer Schülerin.

Hildegard von Bingen – eine besondere Frau

M1 Ein außergewöhnliches Leben

1098	Hildegard wird in Bermersheim in der Pfalz als zehntes Kind von Hildebert und Mechtild von Bermersheim geboren.
1106	Sie wird der Pflege der nur sechs Jahre älteren Jutta von Sponheim übergeben. Hildegard wird nach der Benediktinischen Regel auf das klösterliche Leben vorbereitet.
um 1112	Hildegard wird Nonne.
1136	Nach dem Tod Juttas von Sponheim wird Hildegard Äbtissin.
1141	Sie beginnt, ihre Glaubenslehre, das Buch „Wisse die Wege“, mithilfe von Mönch Volmar zu schreiben.
1150	Hildegard zieht in das von ihr neu gegründete Kloster auf dem Rupertsberg bei Bingen.
1151-58	Sie verfasst heil- und naturkundliche Schriften.
1158-70	Hildegard unternimmt vier große Reisen; sie kommt nach Mainz, Bamberg, Trier und Köln und predigt dabei öffentlich.
1163	Hildegard vollendet das „Buch der Lebensverdienste“. Friedrich I. Barbarossa stellt ihrem Kloster einen Schutzbrief aus.
1165	Sie gründet ein zweites Frauenkloster in Eibingen bei Rüdesheim.
1170-73	Hildegard ist krank.
1173	Sie schließt das „Buch von den göttlichen Werken“ ab.
1179	Hildegard stirbt in ihrem Kloster auf dem Rupertsberg.
2012	Der Papst erhebt Hildegard zur Kirchenlehrerin.

M2 Eine Mahnung

Hildegard von Bingen führt einen umfangreichen Briefwechsel mit gelehrten Geistlichen, Bischöfen, Päpsten und Königen. Erhalten sind auch vier Briefe an Kaiser Friedrich I. Barbarossa (siehe Seite 148). In einem heißt es:

O König, es ist dringend notwendig, dass du in deinen Handlungen vorsichtig bist. Ich sehe dich nämlich in der geheimnisvollen Schau wie ein Kind [...]. Noch hast du Zeit, über irdische Dinge zu herrschen. Gib Acht, dass der höchste König dich nicht zu Boden streckt wegen der Blindheit deiner Augen, die nicht richtig sehen, wie du das Zepter zum rechten Regieren in deiner Hand halten musst.

Hildegard von Bingen, Briefwechsel. Nach den ältesten Handschriften übersetzt und nach den Quellen erläutert von Adelgundis Führkötter, Salzburg 1965, S. 82 und 86 (vereinfacht)

M3 Die Seherin Hildegard von Bingen.
Miniatur aus der Glaubenslehre „Scivias“ (dt. „Wisse die Wege“) von Hildegard von Bingen, um 1190 (Kopie von 1927/33).
Zum Bild: Ein fünffacher Strahl erleuchtet Hildegard, während sie ihre Visionen niederschreibt.*

**Vision: Damit ist eine bildliche Vorstellung Gottes und der Welt gemeint. Hildegard von Bingen sah mit der Seele; damit verbunden war auch ein inneres Hören.*

▶ ***Lesetipp:***
Charlotte Kerner, „Alle Schönheit des Himmels“. Die Lebensgeschichte der Hildegard von Bingen, Weinheim ⁵2009

▶ ***Filmtipps:***
- *Vision. Aus dem Leben der Hildegard von Bingen; Regie: Margarethe von Trotta, 2009*
- *Hildegard von Bingen und die Macht der Frauen. ZDF-Reihe „Die Deutschen II“, 2010*

1. *Der Brief M2 ist ohne Datum. Ordne ihn mit M1 zeitlich ein.*
2. *Beschreibe M3. Beachte, dass die Strahlen auf Hildegards Sinne und den Verstand weisen.*
3. *Informiere dich über das Werk Hildegards von Bingen. Begründe, warum sie noch heute so bekannt ist.*

Neue Städte entstehen

1 Nürnberg von Süden. *Kolorierter Holzschnitt (31 x 53 cm) von Michael Wolgemut. Das Bild stammt aus der „Weltchronik" des Nürnberger Stadtarztes Hartmann Schedel, die 1493 bei Anton Koberger in Nürnberg gedruckt worden war. Damals hatte die Stadt etwa 22 000 Einwohner. Zum Vergleich: Frankfurt am Main zählte um 1500 etwa 10 000, Köln 40 000 Einwohner. In Venedig und Florenz lebten Mitte des 14. Jh. bereits jeweils etwa 120 000 und in London rund 60 000 Menschen.*

Alte und neue Städte

Das starke Wachstum der Bevölkerung auf dem Lande sorgte im 10./11. Jh. für die Ausbreitung der Städte. Während der Völkerwanderungszeit waren hunderte alter römischer Städte verfallen und verlassen worden. Nun begannen sie wieder zu wachsen: in Italien, Frankreich sowie an Rhein und Donau. In den deutschen Gebieten entstanden neue Städte; zunächst

- in ehemaligen römischen Siedlungen wie Köln, Mainz, Trier, Augsburg und Regensburg, die Bischofssitze waren oder wurden;
- in Marktorten oder an Messeplätzen, die an alten römischen Heer- und Handelsstraßen lagen;
- in Kaufmannssiedlungen an Fernstraßen, Flüssen und Küsten wie zum Beispiel in Haithabu bei Schleswig.

Die meisten Städte gingen aber aus befestigten Plätzen, Pfalzen und Burgen sowie Kirchen und Klöstern hervor. Zu Beginn des 12. Jh. gab es im Deutschen Reich etwa 50, Ende des 15. Jh. über 3 000 Städte. Rund 90 Prozent davon hatten weniger als 2 000 Einwohner.

Vom Markt zur Stadt

Könige, Fürsten, Grafen und Bischöfe förderten die Städte. Als Stadtherren richteten sie *Märkte* ein, schützten die Kaufleute bei der An- und Abreise, ließen Maße und Gewichte überprüfen sowie Münzen prägen. Dafür erhoben sie Zölle, Marktgebühren und andere Abgaben.
Um die Städte zu stärken, versprachen die Stadtherren den Kaufleuten Sonderrechte (*Privilegien*) und befreiten sie teilweise von Diensten und Abgaben. Sie erlaubten Menschen aus den umliegenden Dörfern und Grundherrschaften, wenn sie genug Geld hatten, sich in ihrer Stadt niederzulassen. Ein Grundherr verlor in der Regel „binnen Jahr und Tag" seine Ansprüche an einen Hörigen, der in die Stadt zog. Der erst im 19. Jh. entstandene Spruch „Stadtluft macht frei" drückt dieses besondere *Stadtrecht* anschaulich aus. Stadt und Land entwickelten sich zu zwei unterschiedlichen Rechtsbereichen. Sichtbare Trennungslinien waren die Stadtmauern. Wer in ihrem Schutze wohnte, war frei von der Grundherrschaft und nannte sich stolz Bürger.

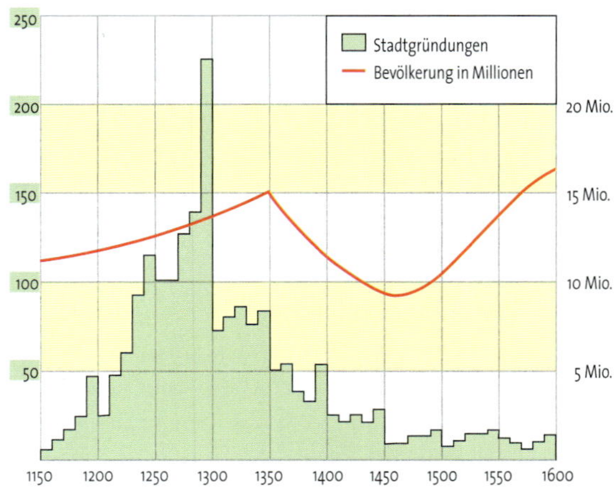

2 Stadtgründungen und Bevölkerungswachstum in Mitteleuropa.

■ *Prüfe, ob es einen Zusammenhang zwischen Bevölkerungswachstum und Stadtgründungen gibt. Erkläre deinen Befund.*

M 1 Stadtgründung.
Zeichnung von Eduard Bendemann, Mitte des 19. Jh. Wandbildentwurf für den Ständesaal des Dresdener Schlosses.
- *Der Zeichner macht mit dem Bild deutlich, wie er sich Herrschaft vorstellte. Erkläre diese Aussage!*

M 2 Der König schützt die Kaufleute

König Ludwig der Fromme teilt seinen Bischöfen, Äbten, Herzögen, Grafen und allen sonstigen Amtsleuten 828 mit:
Wir haben die Kaufleute unter unseren Schutz sehr gern aufgenommen und wünschen, so Gott will, dass sie hinfort in jedem Jahre oder nach erfülltem Ablauf zweier Jahre in der Mitte des Monats Mai zu unserer Pfalz kommen [...]. Ferner aber bestimmen und befehlen wir durch die vorliegende Anordnung, dass weder ihr noch eure Dienstleute oder Nachfolger noch unsere reisenden Boten unsere getreuen Kaufleute belästigen oder schikanieren, noch etwas von ihren Sachen gegen das Recht wegnehmen oder mindern sollen. Sondern es sei den Kaufleuten erlaubt, wie den Juden, den Interessen unseres Palastes getreulich zu dienen, und wenn sie Fahrzeuge, mit Christi Gunst, in unsere Reiche zu ihrem und unserem Nutzen handelshalber bringen wollen, so sollen sie die Erlaubnis dazu haben. Zoll aber soll – bis auf wenige Ausnahmen – nirgendwo von ihnen gefordert werden.

Ernst Pitz (Hrsg.), Leben im Mittelalter. Ein Lesebuch, München 1990, S. 101 f. (stark vereinfacht)

M 3 Konrad gründet einen Markt

Herzog Konrad von Zähringen gewährt Kaufleuten 1120 ohne Absprache mit dem König folgende Rechte:
Aller Nachwelt und Mitwelt sei kundgemacht, dass ich, Konrad, an dem Platz, der mir als Eigengut gehört, nämlich Freiburg, einen Marktort gegründet habe, im Jahr des Herrn 1120. Nachdem angesehene Geschäftsleute von überall her zusammengerufen worden waren, habe ich angeordnet, diesen Marktort [...] auszubauen. Daher habe ich jedem Kaufmann für den Hausbau ein Grundstück zugeteilt und angeordnet, dass mir und meinen Nachkommen von jedem Grundstück ein Schilling* gängiger Währung als Zins jährlich am Fest des heiligen Martin zu zahlen ist. [...]
Ich verspreche also allen, die meinen Marktort aufsuchen, im Bereich meiner Macht und Herrschaft Frieden und sichere Reise. Wenn einer von ihnen in diesem Raum ausgeplündert wird und mir den Räuber namhaft macht, werde ich das Entwendete zurückgeben lassen oder den Schaden selbst bezahlen. [...]
Alle, die Besitz am Marktort haben, sollen ohne Verbot Wiesen, Flüsse, Weiden und Wälder nutzen dürfen. – Allen Geschäftsleuten erlasse ich den Marktzoll. – Ich werde meinen Bürgern niemals ohne Wahl einen anderen Vertreter des Stadtherrn und einen anderen Priester vorsetzen, sondern wen immer sie dazu wählen, werden sie von mir bestätigt bekommen. [...] – Wenn der Mangel am Notwendigsten jemanden dazu zwingt, darf er seinen Besitz verkaufen, an wen er will. Der Käufer soll aber für die Hofstätte den festgesetzten Zins zahlen.
[...] Jede Frau soll dem Mann in der Erbfolge gleichgestellt sein und umgekehrt. – Auch darf jeder, der an diesen Ort kommt, hier frei wohnen, wenn er nicht jemandes Knecht ist und den Namen seines Herrn zugibt. Dann kann der Herr den Knecht in der Stadt belassen oder nach Wunsch wegführen. Wenn aber der Knecht den Herrn verleugnet, soll der Herr mit sieben Nächstverwandten vor dem Herzog beschwören, dass es sein Knecht ist; dann kann er ihn haben. Wenn einer aber über Jahr und Tag ohne solche Hemmung geblieben ist, soll er sich fortan sicherer Freiheit erfreuen.

Arno Borst, Lebensformen im Mittelalter, Frankfurt a. M. – Berlin 1973, S. 396 f. (vereinfacht)

***Schilling**: *Währung; ein Schilling war kein hoher Betrag, sondern mehr eine symbolische Zahlung.*

1. *Erkläre, wie der König die Kaufleute schützt und was er sich davon verspricht (M 2).*
2. *Konrad von Zähringen wollte Kaufleute anlocken (M 3). Schildere, welche Vorteile die Kaufleute hatten und welchen Gewinn der Herzog hatte.*
3. *Nenne den Kalendertag, an dem der jährliche Zins zu leisten war (M 3).*
4. *Erkläre mit M 3 den Ausspruch „Stadtluft macht frei".*

Wer regiert die Stadt?

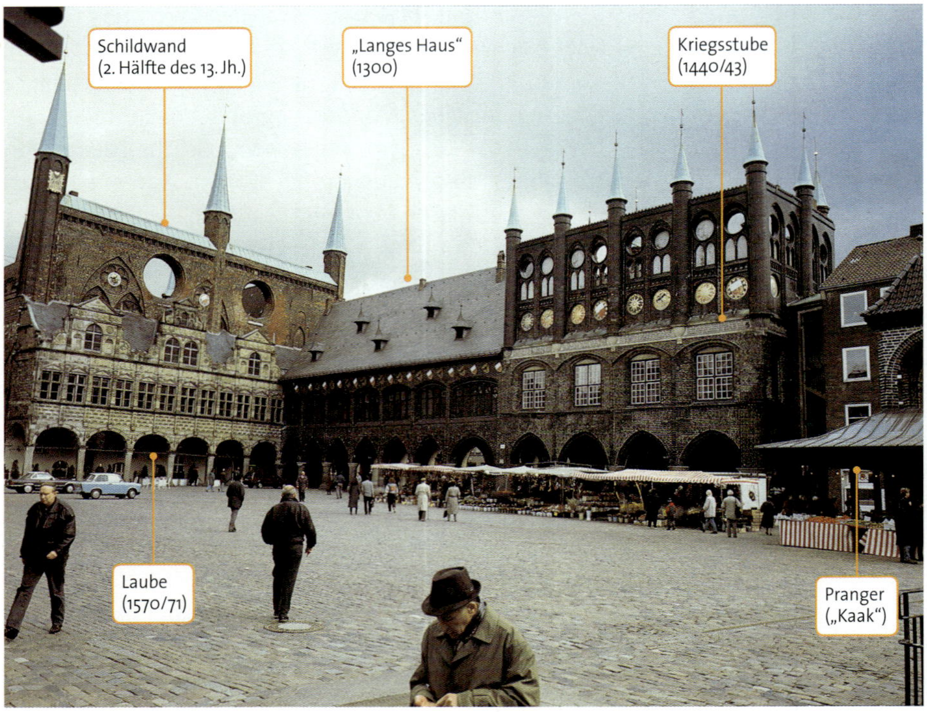

1 Rathaus in Lübeck.
Foto, um 1990.
Mit dem Bau wurde um 1230 begonnen. Die ältesten Teile, die nicht mehr zu sehen sind, gehen auf ein Haus der Tuchhändler zurück. Rathäuser dienten vielen Zwecken. Zwischen den Pfeilern oder Säulen des Erdgeschosses wurden in Lübeck Waren verkauft. Hier saßen der Steuereinnehmer und die Marktaufsicht (mit Waage, Maßen und Gewichten). Im Obergeschoss tagte der Rat, dort befanden sich Säle für Empfänge und Festessen.
In den Kellern lagerten Wein und Bier, andere Räume dienten zur Aufbewahrung von Waffen. Rathäuser waren auch Gerichtsstätten mit Gefängnissen. Davor standen für Straftäter oft Schandpfähle (Pranger).

Wer soll die Stadt regieren?

Die neugegründeten Städte wurden zunächst von Ministerialen, Burggrafen oder anderen Vertretern der Stadtherren verwaltet. Sie waren für die Zölle, die Münzen, das Marktgeschehen und die Maße und Gewichte zuständig. Außerdem mussten sie dafür sorgen, dass ihre Stadt im Kriegsfall genug Soldaten stellte.
Ihre Arbeit führte zu Konflikten. Vor allem die angesehenen Kaufmannsfamilien, die *Patrizier*, forderten mehr Freiheiten und Rechte. Nach italienischem Vorbild setzten sie im Laufe des 12. und 13. Jh. durch, dass sie selbst Recht sprechen durften. Oft kauften die in Gemeinschaften zusammengeschlossenen Patrizier den Fürsten die neuen Rechte ab. Manchmal erkämpften sie sich die Selbstverwaltung auch mit Gewalt. So wurden aus ehemaligen Königsstädten Reichsstädte und aus Bischofsstädten „Freie Städte". Zu ihnen zählten Lübeck, Köln, Erfurt, Frankfurt am Main, Mainz, Speyer, Augsburg und Regensburg.
Seit dem 14. Jh. wollten immer mehr Orte Freie Reichsstadt werden. Sie unterstellten sich allein dem Schutz des Kaisers und zahlten dafür eine Reichssteuer. Damit waren sie in ihren Mauern weitgehend unabhängig vom bisherigen Stadtherrn.

Zunftkämpfe

Sobald die Patrizier ihre Städte selbst verwalten durften, gaben sie sich eine Ratsverfassung, die das Zusammenleben regelte. Zunächst durften nur die Patrizier aus ihrer Mitte Ratsherren und Bürgermeister wählen. Sie kontrollierten den Handel, vereinbarten gegenseitige Zollfreiheiten mit anderen Städten, sorgten für Bau und Unterhalt der Stadtmauer, kümmerten sich um Schulen, Kirchen und Spitäler und sprachen Recht.
Gegen die alleinige Macht der Patrizier wehrten sich bald die in Zünften* zusammengeschlossenen Handwerker. Sie hatten großen Anteil am Wohlstand der Städte, protestierten gegen die steigenden Abgaben sowie gegen die Misswirtschaft der Patrizier und forderten eine Beteiligung an der Stadtregierung. Zwischen 1300 und 1500 wurden mehrere hundert solcher „Zunftkämpfe" ausgetragen: Nur wenige waren erfolgreich.

**Mehr zu den Zünften im nächsten Kapitel.*

▶ ***Lesetipp:***
Günther Bentele, Leben im Mittelalter – Der Meister und der Aufstand der Zünfte, Würzburg 2011

M1 Unruhige Zünfte

In einer zeitgenössischen Aufzeichnung aus Lübeck steht:

Im Jahre 1374 war in der Stadt Braunschweig der Teufel los und hetzte das Volk gegen den Rat. Ein Teil der Ratsherren wurde totgeschlagen, ein Teil gefangengenommen und geköpft, ein Teil aus der Stadt vertrieben [...]. Das führerlose Volk lief in die Weinkeller, zerschlug die Fässer und ließ den Wein auf die Erde laufen. Sie führten den Bürgermeister Tile von dem Damme unter schmählicher Misshandlung vor die Stadt, liefen dann in sein Haus und nahmen, was sie fanden, sie legten Feuer an das Haus, dass es bis auf den Erdboden niederbrannte, dann schlugen sie Herrn Tile den Kopf ab. Zu all diesen lästerlichen Missetaten setzten sie aus allen Zünften einen neuen Rat ein, so wie es ihnen behagte. Das Allerschlimmste war, dass sie an die Zünfte aller Städte Briefe sandten, in denen sie ihr Recht dartun wollten und klagten, dass sie zu hart behandelt und besteuert worden wären, was sie nicht mehr hätten ertragen können.

Auf dem Lübecker Hansetag von 1375 beschließen die Abordnungen der Städte:*

Fürsten, Herren, Städten, Rittern und Knechten, Ländern und Leuten ist wohl offenbar und kund, dass die Braunschweiger übel an den ehrbaren Leuten in ihrem Rat gehandelt haben [...]. Da sie nun immer noch in ihrer Verstocktheit beharren, an ihrer Untat festhalten und nicht die Absicht haben, Sühne zu geben, so haben die Städte der deutschen Hanse mit Einwilligung der anderen Städte, die zu ihrem Rechte gehören, einträchtig beschlossen, dass sie die Braunschweiger aus der Hanse und den Rechten und Freiheiten des Kaufmanns stoßen wollen, also dass kein Kaufmann in England, Flandern, Dänemark, Norwegen, Nowgorod oder sonst irgendeiner Stadt, die im Recht des Kaufmanns steht, Gemeinschaft oder irgendwelchen Handel mit den Braunschweigern haben soll, weder zu Lande noch zu Wasser, weder im Zuführen noch im Fortbringen bei Verlust von Ehre und Gut. Auch soll man niemandem gestatten, ihnen Waren zu bringen oder fortzuführen, wenn man es hindern kann. Ferner sollen weder die Braunschweiger noch ihre Waren in irgendeiner Stadt, die im Rechte des Kaufmanns steht, Geleit oder Sicherheit haben. In welcher solcher Stadt die Verwandten der Toten oder wen dies sonst angeht leben, da soll man die, die mit Rat und Tat bei dem Mord geholfen haben, nach der Höchststrafe richten.

All diese geschriebenen Bestimmungen sollen so lange gelten, bis die Braunschweiger für ihre Missetaten so viel Sühne getan haben, als redlich und möglich ist.

Wolfgang Lautemann (Bearb.), Mittelalter. Reich und Kirche, München ²1978, S. 747 f.

***Hanse**: *Siehe hier Seite 110.*

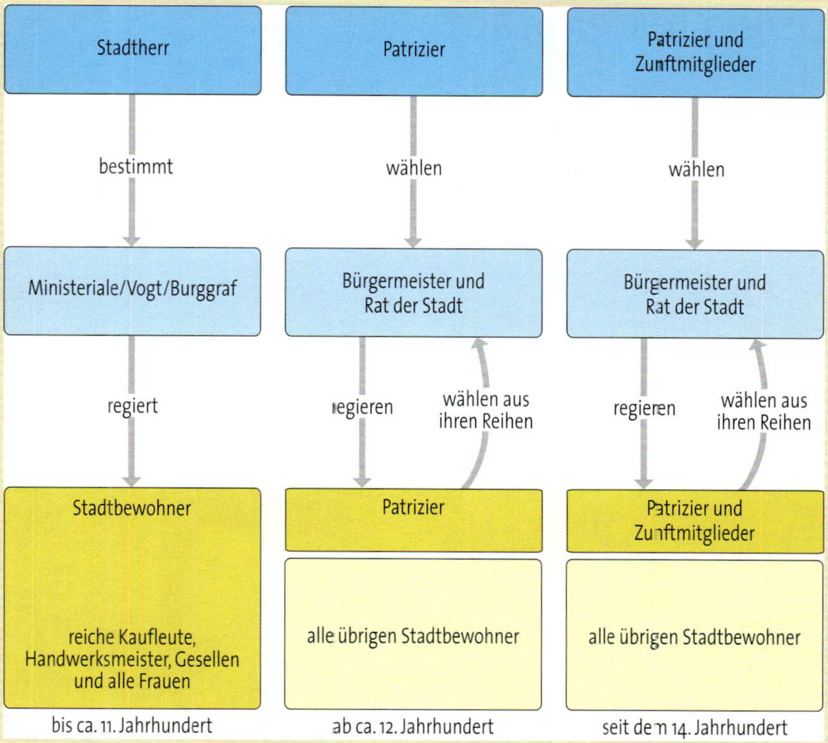

M2 Städtische Selbstverwaltung.
Die Entwicklung verlief seit dem 14. Jh. uneinheitlich. Nicht in allen Städten regierten (wie in der Grafik) Patrizier und Zunftmitglieder gemeinsam.

1. *Fasse zusammen, was 1374 in Braunschweig und 1375 in Lübeck geschah (M 1).*
2. *Der Lübecker Geschichtsschreiber berichtet parteiisch (M 1). Stelle fest, auf wessen Seite er stand.*
3. *Beurteile die Antwort des Lübecker Hansetages auf die Vorgänge in Braunschweig (M 1). Welchen Einfluss hatte die Hanse auf die Selbstverwaltung der Städte?*
4. *Beschreibe mit der Grafik M 2 die Veränderungen der städtischen Selbstverwaltung aus der Sicht eines Patriziers.*

Leben in der Stadt

1 Teilansicht einer Stadt des 13. Jh.
Rekonstruktionszeichnung von Jörg Müller, um 1985.

Im Handwerk ging es zünftig zu

Wie die Gilden achteten die Zünfte auf die Preise für die Waren und kontrollierten deren Qualität. Wer schlecht arbeitete, dem wurde „das Handwerk gelegt": Er musste seinen Betrieb schließen. Die Zunft überwachte auch die Lehrlinge: Nur wer eine vier- bis zwölfjährige Ausbildung hinter sich brachte, konnte Geselle werden und später vielleicht Meister.

In den Städten durften nur Zunftmitglieder Handwerksmeister sein. Dieser Zunftzwang begrenzte die Zahl der Betriebe und verhinderte ortsfremde Konkurrenz. Er nahm aber auch vielen Gesellen die Möglichkeit, sich selbstständig zu machen und so in die Bürgerschaft aufzusteigen.

Gemeinsam sind wir stark

Die städtischen Kaufleute schlossen sich in *Gilden*, die Handwerker in *Zünften* zusammen, um ihre Interessen gegenüber der Konkurrenz fremder Städte, aber auch gegenüber dem Rat der eigenen Stadt besser vertreten zu können. Gilden und Zünfte stellten auch die Männer für die Verteidigung der Stadt und die Feuerwehr, sie spendeten Geld für die Kirchen und feierten gemeinsame Feste. Schließlich unterstützten sie erkrankte und verarmte Mitglieder sowie deren Witwen und Waisen.

▶ ***Internettipp:***
www.planet-schule.de (Die Stadt im späten Mittelalter)

Frauenberufe

Den Frauen war das Handwerk in der Regel verboten. Aber es gab viele Ausnahmen. So durften sie Betriebe weiterführen, wenn ihre Männer gestorben waren. In Köln konnten die Garnmacherinnen nach 1370, die Goldspinnerinnen ab 1397 und die Seidenmacherinnen 1437 sogar eigene Zünfte bilden. Darüber hinaus waren Frauen auch als Hebammen oder Verkäuferinnen tätig.

▶ ***Lesetipps:***
- *Claudia Frieser, Oskar und das Geheimnis der verschwundenen Kinder, München 2007*
- *Dietlof Reiche, Der Bleisiegelfälscher, Weinheim [7]2009*

2 Zwischen den Häusern.
Buchmalerei aus dem 14. Jh.
Die unbebauten Streifen zwischen den Häusern (Ehgräben) dienten als Grundstücksgrenzen und Kloaken.

Schmutz, Lärm und Gestank

In den engen Gassen der dichtbesiedelten Städte mussten die Menschen ihren Weg zwischen Unrat, Kot und Abwässern suchen. Nach Regenfällen blieben Wagen im Morast stecken. Selbst vor den Häusern reicher Bürger lagen oft Mist- und Abfallhaufen.
Die Bürger versuchten die Verhältnisse zu ändern. Sie ließen zur Entsorgung der Abwässer offene oder verdeckte Abzugsrinnen oder Sickergruben anlegen. Mit Röhren aus Holz, Blei oder Ton kanalisierten sie seit dem 13. Jh. die Wasserläufe. Vom Ende des 14. Jh. an begann man in den großen Städten, die ersten Straßen mit Steinen zu pflastern.
Die Stadtverwaltungen bemühten sich, die Missstände durch Verordnungen zu beseitigen. Die offene Viehhaltung wurde eingeschränkt. Den Metzgern war bei Strafe verboten, ihre Schlachtabfälle auf die Straße zu werfen. Gerber und Färber wurden flussabwärts und außerhalb der Stadtmauern angesiedelt. Zu einer geregelten Abfallbeseitigung kam es in den großen Städten aber erst Ende des 15. Jh.

Randgruppen

Rund die Hälfte aller Stadtbewohner hatte keinen Grundbesitz und besaß damit auch keine Bürgerrechte und keinen vollen Rechtsschutz. Das galt für die Unterschichten und die „unehrlichen" Leute wie Bettler, Gaukler, Schausteller, Hausierer, Dirnen, Henker und Totengräber. Angehörige dieser Gruppen konnten jederzeit aus der Stadt ausgewiesen werden.

Jüdische Mitbewohner

Im frühen Mittelalter riefen Könige und Bischöfe Juden ins Land und stellten sie unter ihren besonderen Schutz, da sie ihre Nützlichkeit für Handel und Wirtschaft schätzen gelernt hatten.
Im 11. Jh. lebten 20 000 bis 25 000 Juden im Deutschen Reich. Sie wohnten vor allem in den Städten und arbeiteten als Fernhändler, Ärzte und Handwerker (z. B. Seidenweber, Glasbläser und Färber) oder als Vieh- und Pferdezüchter. Für das Recht, in den Städten zu leben, mussten sie an die Stadtherren besondere Abgaben entrichten. Ansonsten waren sie den Christen weitgehend gleichgestellt, auch wenn sie nicht das volle Bürgerrecht besaßen.*

**Zum Judentum und der Entstehung der Judenfeindschaft lies Seite 116 f.*

Jahr	Stadt	Einwohner	Unterschicht
1380	Lübeck	ca. 22 000	42 %
1428	Frankfurt	ca. 10 000	70 %
1440	Straßburg	ca. 18 000	29 %
1444	Basel	ca. 10 000	27 %
1475	Augsburg	ca. 18 000	66 %

3 Menschen am Rand der Gesellschaft.

Nach: Das europäische Geschichtsbuch. Von den Anfängen bis heute. Eine europäische Initiative von Frédéric Delouche, Stuttgart ^{4}2001, S. 171

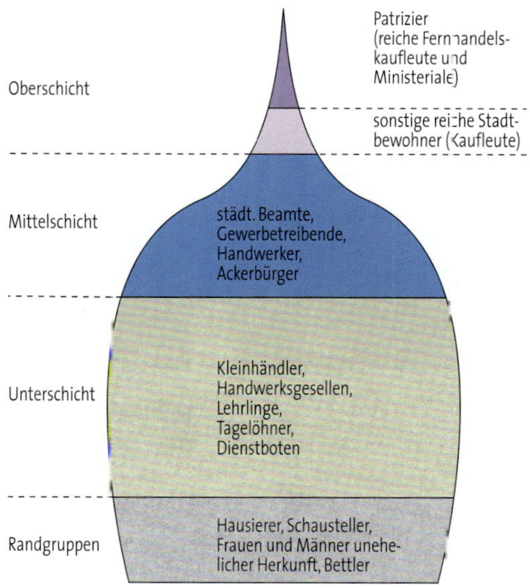

4 Stadtbewohner.
Was ein Schaubild leisten kann, zeigt dieses Beispiel. Es informiert auf einen Blick darüber, wer in der mittelalterlichen Stadt lebte und welche Anteile die jeweiligen Gruppen/Schichten an der Bevölkerung insgesamt hatten. Aber es ist ungenau. So fehlen in dieser Grafik Juden, Geistliche und Mitglieder der Orden. In einigen Städten war aber im 15. Jh. etwa jeder zehnte Bewohner Geistlicher.

M1 Aus der Nürnberger Handwerkermeister-Liste von 1363

Der Rat der Stadt Nürnberg ließ seit 1363 „Meisterbücher" führen. Das hier wiedergegebene Verzeichnis ist nicht ganz vollständig, es fehlen Berufsgruppen, die sicher auch in der rund 20 000 Einwohner zählenden Stadt ansässig waren, z. B.: Brauer, Seidennäher, Pergamenthersteller, Drechsler, Leinenweber, Maurer, Verputzer und Anstreicher.

Beruf	Anzahl	Beruf	Anzahl	Beruf	Anzahl
Schneider	76	Zirkelschmiede, Werkzeugmacher, Schleifer	9	Glaser	11
Mantelschneider	30	Hufschmiede	22	Maler	6
Plattner (Harnischmacher)	12	Pfannenschmiede	5	Tuchwalker	28
Eisenhandschuhmacher	21	Kesselschmiede	8	Hut- und Putzmacher	20
Kettenhemdmacher	4	Schuster	81	Tuchweber	10
Nadelmacher und Drahtzieher	22	Flickschuster	37	Sattelmacher	17
Messingschmiede, Zinngießer	33	Goldschmiede	16	Fischer	20
Fassmacher (Büttner, Böttcher)	34	Geldwechsler, Münzmeister	17	Seildreher	10
Wagenmacher	20	Messermacher	17	Steinmetzen	9
Schreiner	10	Klingenschmiede	8	Zimmerleute	16
Spengler (Flaschner)	15	Kannengießer	14	Hafner (Steingutmacher)	11
Helmschmiede	6	Taschenmacher	22	Spiegel- und Glasmacher und Rosenkranzhersteller	23
Schlosser	24	Handschuhmacher	12	Weißgerber	35
Zaumzeug- und Sporenmacher	19	Müller	12	Ledergerber	60
Verfertiger eiserner Bänder	12	Bäcker	75	Metzger	71
Nagelschmiede	6	Schwertfeger (Waffenbearbeiter)	7	Färber	57
Pfeil- und Bolzenschmiede	17	Kürschner	57		

M2 Böttcher.
Zeichnung (29 x 20 cm) aus dem Hausbuch der Mendel'schen Zwölfbrüderstiftung, Nürnberg, um 1425.

M3 Hafnerin* an der Töpferscheibe.
Bild auf einer Spielkarte, um 1425.

*Hafner: *siehe M1, 3. Spalte*

M4 Weber am Trittwebstuhl.
Zeichnung (29 x 20 cm) aus dem Hausbuch der Mendel'schen Zwölfbrüderstiftung, Nürnberg, um 1425.

▶ ***Internettipp:***
www.planet-wissen.de (Altes Handwerk)

1. *Welche der Berufe sind euch unbekannt (M1 bis M4)? Informiert euch über diese Handwerke. Werden sie noch ausgeübt?*
2. *Erkläre die heutige Bedeutung der Redewendung „jemandem ins Handwerk pfuschen". Informiere dich über ihre Herkunft.*
3. *Noch heute finden wir in alten Städten Hinweise auf die Bedeutung der Handwerkszünfte. Erkundigt euch in eurem Schul- oder Wohnort nach solchen Spuren etwa am Rathaus oder in Kirchen. Auch Straßennamen geben Auskunft.*

Eine mittelalterliche Stadt erkunden

Wenn wir in eine für uns unbekannte Stadt reisen, können wir uns vorher über das städtische Verkehrsamt oder über das Internet einen aktuellen Stadtplan beschaffen, um uns zu orientieren.

Der hier abgedruckte Plan von Gelnhausen verfolgt den Zweck, dich auf den mittelalterlichen Ursprung und auf Sehenswürdigkeiten aufmerksam zu machen.

1. *Beschreibt mit dem Plan M1 die Merkmale einer mittelalterlichen Stadt. Hinweise darauf geben die Antworten auf folgende Fragen:*
   - *Wie gelangte man in die Stadt?*
   - *Wer wohnte, lebte und arbeitete in der Stadt?*
   - *Gibt es Hinweise auf den Stadtgründer?*
   - *Lässt sich zeigen, dass Gelnhausen als Handelsstadt geplant war?*
2. *Findet heraus, in welchen Jahrhunderten die in M1 genannten Gebäude gebaut wurden (Legende).*
3. *Das Wappen weist auf die besondere Stellung der Stadt hin (M2). Erkläre!*
4. *Informiert euch über die Gründung eures Wohn- oder Schulortes.*
5. *Falls es in eurem Wohn- oder Schulort Bauten aus der Zeit zwischen 1000 und 1500 gibt*
   - *markiert sie in einem kopierten Stadtplan,*
   - *macht eine Stadtführung unter fachkundiger Leitung und gestaltet mit Bildern und Fotos eine kleine Ausstellung mit dem Titel „Unsere Stadt im Mittelalter".*

1. Buttenturm
2. Äußeres Holztor
3. Inneres Holztor
4. Haus der Deutschherren von Sachsenhausen
5. Johanniter-Haus
6. Fachwerkhaus „Symern"
7. Peterskirche
8. Wehrgang
9. Arnsburger Klosterhof
10. Rathaus
11. ehemaliges Franziskanerkloster
12. Marienkirche
13. Romanisches Haus
14. ehemaliger Versammlungsraum der Juden (Synagoge)
15. Gotisches Haus
16. Schifftor
17. Hexenturm
18. Ziegelturm
19. Haitzer Tor
20. Godobertuskapelle

M1 Mittelalterliche Sehenswürdigkeiten in Gelnhausen.
Stadtplan nach einer Zeichnung von Hans-Joachim Gogler, um 2000. Kaiser Friedrich I. Barbarossa gründete Gelnhausen 1170. Die Einwohner sollten Fernhandel betreiben und den kaiserlichen Hof versorgen, wenn der sich in der benachbarten Pfalz aufhielt.

M2 Schifftor.
Foto, um 2000. Der Turm entstand in der ersten Hälfte des 14. Jh.

Die Hanse

1 Im Hamburger Hafen.
Miniatur (32,5 x 24 cm) aus dem Hamburger Stadtrecht von 1497; sie entstand zwischen 1503 und 1511.
Der Originaluntertitel lautet: „Van schiprechte" (dt. „Vom Schiffsrecht").
Am Kai liegen Boote und kleine Schiffe. Sie bringen Fracht zu den draußen vor Anker liegenden Seeschiffen.
Rechts stehen Reeder, Seeleute und Kaufleute. Die drei Personen in dem Haus hinter dem Tisch bilden vermutlich ein Gericht, vor dem ein Streit verhandelt wird.

Fernhändler schließen sich zusammen

Heringe aus der Ost- und Nordsee, Pech und Pelze aus Russland, Getreide, Wachs und Honig aus Polen, Wolle, Tuche und Leinen aus Flandern, England oder Frankreich waren überall begehrt. Fernhändler sorgten dafür, dass sie auf vielen Märkten Europas angeboten wurden.
In fernen Ländern schlossen sich Kaufleute zu *Hansen* (Gemeinschaften) zusammen, um Handelsvorteile zu erhalten und sich gegenseitig zu unterstützen. Aus einer dieser Gemeinschaften im Ost- und Nordseeraum entstand in der Mitte des 13. Jh. die *Deutsche Hanse*. Ihr Erfolg hing zusammen mit der Gründung der Stadt Lübeck und der Ostsiedlung*. Außerdem förderten viele Landesherren die Hanse. Sie gewährten den Mitgliedern beispielsweise günstige Zölle.

*Siehe Seite 146.

Koggen, Kräne und Kontore

In Lübeck schlossen sich Händler aus Schleswig mit Kaufleuten aus Westfalen zusammen. Sie ließen sich seetüchtige Frachtsegler bauen: die *Koggen*. Mit ihnen brachten sie Rohstoffe und Fertigwaren zu den Ostseehäfen. Die Kaufleute ermittelten die Wünsche und den Bedarf ihrer Kunden in den von ihnen belieferten Städten im Binnenland. Sie schlossen mit ihnen Verträge, bevor sie ihre Waren im Ausland bestellten und mit den Koggen abholten. Dieser „Handel über See und Sand" war erfolgreich. Aus kleinen Kaufmannssiedlungen entwickelten sich bedeutende Handels- und Hafenstädte wie Lübeck, Wismar und Stralsund. Fast überall richtete die Hanse Niederlassungen ein, sogenannte *Kontore*. Hinzu kamen Speicher, Kais und Kräne in London, Brügge, Bergen und Nowgorod.

Wirtschaft und Politik

Aus der Hanse der Kaufleute entwickelte sich die Hanse der Städte. Ihre Vertreter trafen sich seit 1356 auf *Hansetagen*, um Erfahrungen auszutauschen und sich abzusprechen. Als bedeutendste Handelsstadt an der Ostsee führte Lübeck meist den Vorsitz der 70 Städte (1450). Sie kämpften gemeinsam gegen Konkurrenten und Seeräuber und für Handelsvorteile; sie mischten sich in innere Unruhen ihrer Partnerstädte ein** und führten Kriege, um ihre Interessen durchzusetzen.
Ende des 15. Jh. verlor die Hanse in zahlreichen Ländern ihre Vorrechte an einheimische Händler. Die Konkurrenz aus Holland, England und Süddeutschland wurde stärker. 1669 tagte die Hanse ein letztes Mal, dann löste sie sich auf.

**Siehe M 1, Seite 105.

▶ ***Lesetipp:***
Heinz-Joachim Draeger, Von Koggen und Kaufleuten: Eine Hansestadt im Mittelalter, Hamburg 2007

▶ ***Internettipps:***
- *www.planet-wissen.de (Hanse)*
- *www.hanse.org*

■ *Erkläre, was „Handel über See und Sand" meint.*

M 1 Wirtschaftsraum der Hanse, um 1400.
Dargestellt sind die Handelswege, nicht die Fahrtrouten der Schiffe.
Rechts: Eichenholzfass aus dem 14. Jh.
Die meisten Güter wurden damals in Fässern transportiert.

M 2 Ein Fälschungsvorwurf

Der Rat der Stadt Eisenach schreibt um 1300 nach Lübeck:
Von mehreren Seiten wird nämlich Klage erhoben, von den Unsrigen wie auch von Fremden, dass die Heringe, die von Euch ausgeführt werden, oben und unten in den Fässern gut und frisch und in der Mitte wertlos und faul sind. Wir bitten Euch, künftig einer solchen Fälschung vorzubeugen, und wir werden dann für Euch immer alles tun, was in Eurem Interesse steht [...].

Philippe Dollinger, Die Hanse, Stuttgart [5]1998, S. 557f.

M 3 Beschwerden

Der norwegische König Hakon VI. stellt 1370 fest:
Ebenso haben sie [die Hansestädte] sodann unter sich beschlossen, dass die Güter und Waren unserer Untertanen oder Untergebenen nicht in die Schiffe verfrachtet werden, in denen sie selbst ihre Güter haben, zu dem Zwecke, dass die Unseren keinen Handelsgewinn haben sollen. Ferner: Wo immer sie [die Kaufleute der Hanse] in unseren Häfen angelegt haben, verkaufen und kaufen sie, was sie wollen, entgegen dem Recht des Königreiches [...] Ferner haben die Kaufleute in Bergen unsere Münze abgelehnt [...]. Sie erkennen nur auswärtiges Geld, wie das von Lübeck und Stralsund, für vollwertig an. Es ist offensichtlich, dass wir dadurch viel Unrecht und Schaden erlitten haben.

Philippe Dollinger, Die Hanse, a. a. O., S. 520f.

1. Nenne *die Waren, die die Hanse aus Nord- und Osteuropa im Deutschen Reich anbot (M 1).*
2. Suche *auf der Karte (M 1) die in der Darstellung auf Seite 110 erwähnten Städte und Hanse-Kontore.*
3. Erläutere *die Folgen, die der Handel der Hanse für Norwegen hatte (M 3).*

Die Bremer Kogge – ein Fall für Archäologen und Historiker

Unter drei Meter hoher Sandschicht

Wertvolle Kogge bei Baggerarbeiten für Hafen-Neubau entdeckt

M1 Das Wrack der Kogge im Hafen und die Schlagzeilen der „Bremer Nachrichten" vom 11. Oktober 1962.

Ein archäologisches Abenteuer

Am Abend des 8. Oktober 1962 arbeitet ein Bagger vor der Einfahrt zum Bremer Europahafen. Seit Wochen ist er dabei, das Hafenbecken zu vertiefen. Da trifft bei Ebbe sein Scheinwerfer auf schwarzes Holz: Im Schlick der Weser liegt ein altes Wrack. Ein Fachmann kennt den Schiffstyp nur von mittelalterlichen Stadtsiegeln und alten Bildern. Überrascht stellt er fest: Es ist eine Hanse-Kogge. Das ist eine Sensation, denn nirgendwo gibt es noch ein Exemplar dieses Schiffstyps.

Nun beginnt ein archäologisches Abenteuer. Die Hebung des vollständigen Wracks mit einem Kran scheidet aus, dazu ist es zu zerbrechlich. Daher werden zunächst Stück für Stück die bei Ebbe sichtbaren Teile geborgen, dann holen Taucher die Reste aus der Weser. Zugleich fertigt man eine genaue Lagezeichnung aller Fundstücke an. Aus den 2000 geborgenen Teilen wird die Kogge dann ein zweites Mal gebaut. Aber noch ist sie nicht gerettet.

Das Super-Puzzle

Erst rund 40 Jahre nach dem Fund ist es soweit: Die wiederaufgebaute Bremer Hanse-Kogge kann – allerdings ohne Mast und Segel – im Museum in Bremerhaven bestaunt werden. Fast 20 Jahre lang lag sie in einer Art Aquarium aus Stahl und Panzerglas in 800 000 Litern Konservierungsflüssigkeit. Das wasserlösliche Mittel drang in die Holzzellen ein, ersetzte das vorhandene Wasser und lagerte sich dort wie Wachs ab. Damit erhielt das Schiff ein inneres Korsett. Das alte Holz sollte so an der Luft weder schrumpfen noch reißen. Doch zeigte sich, dass es sich verbog. Deshalb sind weitere Maßnahmen erforderlich, um die Kogge in Form zu halten.

M2 Kogge auf dem Siegel der Stadt Elbing, um 1350.
Nachzeichnung.
Koggen gab es seit dem 10. Jh. Mit dem wachsenden Handel wurde der von den Friesen übernommene Schiffstyp weiterentwickelt. Man baute die Koggen länger und breiter. Durch höhere Bordwände und geschlossene Decks wurden sie noch seetüchtiger.

Was der Fund verrät
Schiffsarchäologen konnten nun erstmals die genaue Form und Bautechnik einer Hanse-Kogge erforschen, ihre Maße und Tragfähigkeit errechnen. Die Bremer Hanse-Kogge ist 23,3 Meter lang und 7,6 Meter breit, hat einen Laderaum von rund 150 Kubikmetern und konnte etwa 80 Tonnen tragen. Damit ist sie nicht das größte Exemplar des Schiffstyps. Aus alten Schriftstücken geht hervor, dass Koggen des 14. Jh. bis zu 200 Tonnen laden konnten.
Dazu fand man heraus, dass die geborgene Kogge noch unvollendet auf der Werft gelegen haben muss, als sie eine Sturmflut oder ein Hochwasser weserabwärts riss, denn der Mast fehlte noch. Außerdem wiesen die Forscher nach, dass es auf der Kogge Kajüten für zwölf bis 18 Mann gab. Nur der Kapitän hatte eine Toilette mit Blick nach vorn über das ganze Schiff.
Das Baujahr des Fundes bestimmten die Archäologen mit einer Methode zur Datierung von Holz: der *Dendrochronologie*. Dabei verglichen sie die Jahresringe der gefundenen Eichenbalken mit anderen Eichenproben, deren Fälldatum genau bekannt ist. Wie man weiß, wirken sich die Wachstumsbedingungen wie trockene oder feuchte Jahre, gute oder schlechte Böden einer Baumart auf den Verlauf der Jahresringe aus und bilden eine Art Fingerabdruck. Die Archäologen konnten so feststellen, dass die für die Bremer Hanse-Kogge verwendeten Eichen 1378 gefällt worden waren. Für das Baujahr der Kogge nimmt man daher das Jahr 1380 an.

M3 Nachbau der Hanse-Kogge von 1380 auf der Ostsee.
Foto von Pieter Nijdeken, um 2002.
Zweck des in einer Kieler Yachtwerft von 1986 bis 1989 rekonstruierten Schiffes ist es, die offenen Fragen über Mast, Segel, dessen Handhabung sowie die Segeleigenschaften der Koggen in der Praxis zu erforschen.

Neue Koggen auf alten Kursen
Seit 1991 segeln auf der Nord- und Ostsee Nachbauten der Bremer Hanse-Kogge – teilweise wie in alten Zeiten: ohne Karte und Kompass, immer in Sichtweite der Küste, mit dem Lot die Wassertiefe ermittelnd. Nur die offene See überquerten die Schiffe zur Zeit der Hanse nicht am Tag, sondern in der Nacht. Ihren Kurs richteten sie nach dem Polarstern.
Koggen schafften im Schnitt fünf bis sechs Knoten in der Stunde (ein Knoten = eine Seemeile = 1,852 Kilometer). Dafür brauchten sie Wind von hinten oder von der Seite. Schräg gegen den Wind konnten Koggen kaum ansegeln.

M4 Loten.
Holzstich von 1555.
Das Lot hing an einer genau abgemessenen Leine und war am unteren Ende ausgehöhlt. Dort schmierte man etwas Talg oder Wachs hinein. Daran blieb beim Wurf über die Bordwand eine Probe des Bodens haften.
Die Bodenprobe, die Farbe des Meeres und die gemessene Tiefe sowie die Ansicht der Küste halfen einem erfahrenen Seemann, den Standort der Kogge zu bestimmen.

▶ ***Internettipps:***
www.dsm.museum (Hansekogge) und www.hanse-kogge.de

1. *Beschreibe die Bergung der Bremer Hanse-Kogge.*
2. *Fasse zusammen, was die Archäologen mit welchen Methoden herausgefunden haben.*
3. *Stelle fest, woran und womit sich die Seeleute bei ihren Fahrten tagsüber (M4) und nachts orientieren konnten. Beurteile die jeweiligen Gefahren.*

So bauten sie die Kirchen

1 Dom zu Speyer.
Foto, um 1990.
Ansicht von Osten. Baubeginn um 1030. Das 1061 geweihte Gotteshaus ist 133 Meter lang und die größte romanische Kirche in Deutschland.

2 Kölner Dom.
Luftaufnahme von Arnold Wolff, um 2005.
Baubeginn 1248. Das 144 Meter lange fünfschiffige Gotteshaus mit den 158 Meter hohen Türmen ist eines der schönsten gotischen Bauwerke Europas. Die Einweihung des Chores fand 1322 statt. 1561 wurden die Bauarbeiten wegen Geldmangels für rund 300 Jahre eingestellt. 1880 konnte der Bau fertiggestellt werden.

▶ ***Internettipp:*** *www.koelner-dom.de*

Bilder des Himmels

Großartige Zeugnisse der mittelalterlichen Baukunst sind die Kirchen. Mit ihren gewaltigen Steinmassen und großen Türmen ragten sie hoch über die Häuser der Menschen hinaus. Sie sollten dem Volk die Größe Gottes vor Augen führen und das göttliche Reich – das Himmlische Jerusalem – schon auf Erden sichtbar machen. Insofern dienten die Kirchen vor allem

- zum Lob und Preis des Schöpfers,
- zur Darstellung der christlichen Botschaft sowie
- als Zeichen der Macht und des Stolzes derer, die sie errichten ließen.

▶ ***Lesetipp:*** *David Macaulay, Sie bauten eine Kathedrale, Düsseldorf [14]2006*

▶ ***Internettipp:***
www.planet-wissen.de (Kirchenbau-Geschichte)

Stile verschiedener Epochen

Die Bezeichnung *Romanik* stammt aus dem Anfang des 19. Jh. Sie wird heute für die gesamte europäische Kunst und Kultur etwa vom Jahre 1000 bis zum Beginn der Gotik (in Frankreich um 1140, im Deutschen Reich erst um 1230) benutzt und betont deren Nähe zur römischen Kunst.
Die Bezeichnung *Gotik* wurde im 16. Jh. in Italien geprägt. Sie ist ursprünglich abwertend von den „barbarischen" Goten hergeleitet. Ihnen wurde die Zerstörung des Römischen Reiches während der Völkerwanderungszeit vorgeworfen.
Bis ins 14. Jh. verschmolzen bei ein und demselben Bauwerk häufig gotische Stilelemente mit älteren romanischen Vorgaben. Beide Stile beeinflussten nicht nur Bauwerke, sondern die Kunst ihrer Epoche – vom Altargemälde bis zum Goldgeschmeide.

M 1 **Bauarbeiten im Mittelalter.**
Nachzeichnung aus der „Weltchronik" des Rudolf von Ems, um 1340.

M 3 **Bauhütte.**
Nachzeichnung aus Jansen Enikels „Weltchronik", um 1380. Alle an einem Kirchenbau beteiligten Bauleute, besonders die Steinmetze und Maurer, schlossen sich zu einer Bruderschaft, der sogenannten Bauhütte, zusammen. Sie sollte die Einheitlichkeit der Architektur und der Kunstwerke sicherstellen.

M 4 **Arbeit mit Stechzirkel und Winkel.**
Nachzeichnung aus einer italienischen Handschrift des 15. Jh.
Die Baumeister übertrugen ihre Entwürfe von einer kleinen Zeichnung in natürlicher Größe auf Stein. Der Handwerker links hält eine Messlatte.

▶ ***Internettipp:*** *www.planet-schule.de (Bauberufe des Mittelalters)*

M 2 **Wer macht was?**

Der Journalist Wolf Schneider schreibt über den Bau des Kölner Doms:

Und so schleppten sie und werkelten sie für ihren Dom: Hunderte von Steinmetzen, Maurern und Zimmerleuten; Dutzende von Knechten in Treträdern und an Seilwinden, um die tonnenschweren Werkstücke bis in die schwindelnde Höhe der Gewölbe zu befördern; dazu Schmiede und Glasbläser, Bleigießer und Dachdecker, Seiler, Maler und Vergolder. Und dann im Steinbruch die Steinbrecher und wieder Steinmetzen, Zimmerleute und Schmiede; im Wald die Holzknechte, denn die Schalungen der Gewölbe, die gewaltigen Gerüste und das hölzerne Hebezeug verschlangen Baumstämme zu Tausenden; dazu Hunderte von Fuhrknechten oder Bauern und Bürgern, die Hand- und Spanndienste leisten mussten, um mit Ochsen, Pferd und Wagen den Stein heranzukarren, auch das Holz nebst Blei und Eisen [...].

Wolf Schneider, Der Kölner Dom. Wie die Deutschen zu ihrem Weltwunder kamen, Hamburg 1991, S. 25

M 5 **Was für Männer!**

Wolf Schneider (M 2) über die Dombaumeister:

Was für Männer, diese Dombaumeister! Architekten ohne Studium. Statiker ohne Mathematik.* Bauzeichner auf Pergament [...]. Dem Domkapitel** haftete [der Baumeister] für die sparsame Verwendung der Gelder; den Nachschub an Stein, Holz, Glas, Blei und Eisen organisierte er; die Künstler suchte er aus und gab ihnen die Stilrichtung vor; gegenüber allen Bauleuten hatte er richterähnliche Befugnisse zur Wahrung der Arbeitsdisziplin [...].

Wolf Schneider, Der Kölner Dom, a. a. O., S. 83

* *Aber auf Reisen und aus Büchern hatten sie von den Griechen, Römern und Arabern viel gelernt.*
** **Domkapitel**: *oberste Herren der Domkirche*

1. *Du bist Steinmetz beim Bau eines Domes und berichtest nach Hause, welche Arbeiten auf deiner Baustelle verrichtet werden und welche Gefahren es für dich und die anderen Arbeiter gibt (M 1 bis M 5). Schreibe diesen Brief.*
2. *Informiert euch über gotische und romanische Kirchen in eurer Gegend. Wählt eine Kirche aus und stellt sie auf einen Poster dar.*

Wie die Juden leben

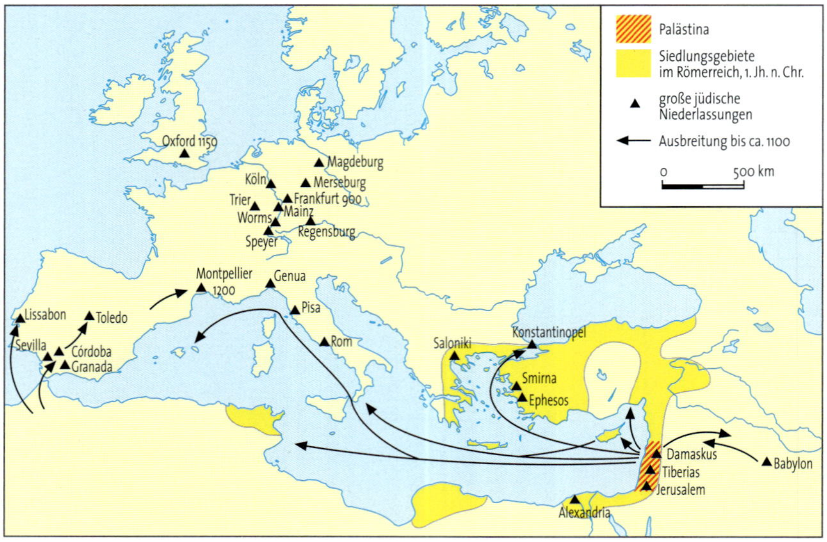

2 Jüdische Gemeinden und Siedlungsgebiete vom 1. bis zum 11. Jh.
Für das jüdische Volk begann das Leben in der Verbannung (Diaspora) mit der Zerstörung des Tempels in Jerusalem durch römische Truppen im Jahre 70 n. Chr. (siehe hier Seite 60).
Der Anteil der Juden an der mitteleuropäischen Bevölkerung lag im 13. Jh. unter einem Prozent, nur in Spanien und Portugal betrug er zwischen fünf und sechs Prozent. Der Grund: Die muslimischen Araber, die damals dort herrschten, waren gegenüber den Juden verständnisvoller als die Christen.

Synagoge, Thora und Rabbiner

Seit altersher wird das jüdische Zusammenleben durch religiöse Gesetze geregelt. Mittelpunkt einer jeden Gemeinde ist die *Synagoge* (Versammlungshaus). Jeder Raum kann zur Synagoge werden, wenn in ihm die Thora-Rollen* aufbewahrt werden. Größere Gemeinden unterhalten Schulen und Hochschulen. Lehrer an diesen Schulen sind die *Rabbiner*. Die Grundlage des jüdischen Zusammenlebens in Familie und Gemeinde ist der *Talmud*. Dieses um 500 n. Chr. abgeschlossene Hauptwerk des Judentums legt die Thora aus und kommentiert sie. Es enthält auch Speisegesetze wie das Verbot, Schweinefleisch zu essen, und das Gebot der Beschneidung der Jungen am achten Lebenstag. Die Gemeindemitglieder feiern den *Schabbat* – nach jüdischer Zeitrechnung der siebte Tag, der am Freitagabend beginnt. An ihm darf nicht gearbeitet werden. Gemeinsam begeht die Gemeinde die Feste des jüdischen Kalenders: zum Beispiel den *Jom Kippur*, den Versöhnungstag, oder das *Pessach*, das Fest der Erinnerung an den Auszug der Israeliten aus Ägypten.

***Thora** *(wörtlich: „Lehre"): Die Thora-Rollen enthalten die fünf Bücher Mose aus dem Alten Testament.*

1 Juden in der Synagoge.
Abbildung aus einem jüdischen Gebetbuch, um 1320.

Christen gegen Juden

Mit der wachsenden Volksfrömmigkeit im 11. Jh. änderte sich die Lage der jüdischen Mitbewohner. Sie wurden immer öfter als „Feinde Christi" dargestellt. Religiöse Fanatiker forderten sie zu Beginn des Ersten Kreuzzuges* 1096 auf, sich taufen zu lassen, plünderten und zerstörten ihre Häuser, vertrieben und töteten sie. Ihre Schutzherren protestierten, konnten die Juden aber nicht schützen.

In den folgenden Jahrhunderten verschlechterte sich die Stellung der Juden, die oft nahe der Kirchen oder in bestimmten Straßen (Judengassen) lebten. Christen entzogen den Juden immer häufiger Rechte. Gilden und Zünfte nahmen sie nicht auf, da sie sich als „christliche Gemeinschaften" verstanden. Oft durften die Juden auch keine Grundstücke und Häuser mehr erwerben. Sie konnten daher weder Handwerksberufe ausüben noch als Bauern arbeiten. Einige Juden verliehen Geld, was Christen lange Zeit verboten war. Da sie nicht sicher sein konnten, ihr Geld wiederzubekommen, forderten sie gelegentlich hohe Zinsen. Das belastete den Ruf der Juden. Dabei berechneten christliche Geldverleiher oft mehr. In Krisen lösten Gerüchte über angebliche Brunnenvergiftungen oder Gräueltaten immer wieder Verfolgungen der jüdischen Minderheiten aus. Einen Höhepunkt erreichte diese Judenfeindschaft während der Pest um 1350.** Aber erst im 15. Jh. entstanden dann *Ghettos* – abgetrennte Wohnviertel, in denen die jüdische Bevölkerung leben musste.

**Zu den Kreuzzügen siehe Seite 138ff.*
***Zur Pest lies die Seiten 160f.*

▶ ***Internettipp:***
www.planet-schule.de (Die Juden im Mittelalter)

■ Diskutiert *mögliche Ursachen für die Judenverfolgungen.*

M1 **Gipfel des Wohlwollens**

Eine der bedeutendsten jüdischen Gemeinden im Deutschen Reich gibt es in Speyer. Der Bischof der Stadt schreibt am 13. September 1084:

Als ich [...] den Weiler* Speyer zu einer Stadt gemacht habe, habe ich geglaubt, die Ehre unseres Ortes um ein Vielfaches zu vergrößern, wenn ich hier auch Juden ansammelte. Ich siedelte also die Versammelten außerhalb der Gemeinschaft und des Wohnbezirks der übrigen Bürger an, und damit sie nicht so leicht durch die Unverschämtheit des Pöbels beunruhigt würden, habe ich sie mit einer Mauer umgeben. [...] Wachen, Verteidigungen und Befestigungen müssen sie nur innerhalb ihres Wohnbezirks verrichten, die Verteidigungen jedoch gemeinsam mit den Bediensteten. Ammen und gemietete Knechte können sie von den Unsrigen haben. Geschlachtetes Fleisch, das sie nach ihrem Gesetz für sich als verboten betrachten, dürfen sie an Christen verkaufen, und diesen ist es erlaubt, es zu kaufen. Kurz, ich habe ihnen als Gipfel meines Wohlwollens ein Gesetz verliehen, das besser ist, als es das jüdische Volk in irgendeiner anderen Stadt des deutschen Reiches besitzt.

Julius H. Schoeps/Hiltrud Wallenborn (Hrsg.), Juden in Europa. Ihre Geschichte in Quellen, Bd. 1: Von den Anfängen bis zum späten Mittelalter, Darmstadt 2001, S. 120

***Weiler**: dörfliche Siedlung*

M2 **Zur Kenntnis**

1090 erklärt Kaiser Heinrich IV.:

Allen Bischöfen, Äbten, Herzögen, Grafen und allen, die den Gesetzen unseres Reiches unterworfen sind, sei bekannt, dass einige Juden [...] mit ihren Glaubensgenossen in Speyer vor uns getreten sind und gebeten haben, dass wir sie mit ihren Kindern und mit allen, die durch ihre Stellvertretung auf unsere Gesetzgebung zu hoffen scheinen, unter unseren Schutz nehmen und sie darin halten. Dass wir dies getan haben, sollen alle unsere Getreuen zur Kenntnis nehmen.

Auch sollen sie die freie Erlaubnis haben, ihre Güter mit wem auch immer es ihnen beliebt in gerechtem Handel auszutauschen und sich frei und unbehelligt in den Grenzen unseres Reiches zu bewegen, ihren Handel und Warenaustausch zu betreiben, zu kaufen und zu verkaufen, und niemand soll von ihnen einen Zoll eintreiben oder irgendeine öffentliche oder private Abgabe von ihnen fordern. [...]

Niemand soll es wagen, ihre Söhne oder Töchter gegen ihren Willen zu taufen, und wenn jemand sie zur Taufe gezwungen hat, sei es, dass sie heimlich geraubt wurden, oder es sei, dass sie mit Gewalt entführt wurden, soll er zwölf Pfund [Gold] an die Schatzkammer des Königs oder des Bischofs zahlen.

Julius H. Schoeps/Hiltrud Wallenborn (Hrsg.), Juden in Europa, a. a. O., S. 121 f.

M3 **Ecclesia und Synagoga.**
Sandsteinfiguren vom Straßburger Münster, um 1220/30 (Nachbildungen).
Die linke Figur verkörpert die Kirche (Ecclesia) des Neuen Testaments. Daneben steht die Synagoga. Sie steht für das Judentum des Alten Testaments.

M4 **Gegen die Regellosigkeit**

1215 wird auf einer Kirchenversammlung (Konzil) in Rom beschlossen:

In einigen Provinzen unterscheidet bereits die Kleidung Juden und Sarazenen* von den Christen, aber in anderen gibt es eine solche Verwirrung, dass sie [Juden und Sarazenen] nicht durch unterschiedliche Kleidung erkennbar sind. Daher kommt es zuweilen vor, dass Christen versehentlich mit jüdischen oder sarazenischen Frauen und umgekehrt Juden und Sarazenen mit christlichen Frauen Verkehr haben. Damit also niemand für die Exzesse eines derart verdammenswerten Verkehrs einen Irrtum oder sonst eine Ausrede geltend machen kann, ordnen wir an, dass sie [Juden und Sarazenen] beiderlei Geschlechts in jeder christlichen Provinz stets in der Öffentlichkeit durch unterschiedliche Kleidung von anderen Völkern unterschieden werden müssen, zumal ihnen dies durch Mose vorgeschrieben ist.

Heiko A. Oberman u. a. (Hrsg.), Kirchen- und Theologiegeschichte in Quellen, Bd. 2: Mittelalter, Neukirchen-Vluyn 62008, S. 151

***Sarazenen**: Muslime*

1. *Zähle auf, was Bischof und Kaiser den Speyerer Juden erlaubten (M1 und M2). Schließe daraus, was gegenüber den jüdischen Mitbewohnern üblich war.*
2. *Erkundige dich, was die Darstellung der „Synagoga" ausdrücken sollte (M3). Ihre Augen sind verbunden, in der rechten Hand hält sie eine Lanze, aus der linken entgleitet ihr eine Tafel (die Gesetzestafeln des Mose).*
3. *Diskutiert, inwiefern der Konzilsbeschluss ein Beleg für das Zusammenleben zwischen Christen, Juden und Muslimen ist (M4).*

Durchblick – Kompetenzen überprüfen

M1 Was war wichtig?

Die mittelalterliche Gesellschaft gliederte sich in drei □□□□□□: die □□□□□□□□□□□, den □□□□ und die □□□□□□; später zählte man auch die Bürger der Städte zum dritten Stand. Diese Ordnung wurde als von Gott gewollt und daher unveränderlich dargestellt. Adel, Bauern und Bürger kamen durch Geburt in ihren Stand, Geistliche durch ihre Weihe. Jede Gruppe entwickelte ihre eigene Lebensweise.

Die schwere Arbeit und die Abhängigkeit vom Wetter und den Jahreszeiten prägten das Leben der einfachen Bauern auf ihren Höfen und in den Dörfern. Aus adligen und nichtadligen Kämpfern zu Pferd wurden □□□□□□. Sie verwalteten ihren Besitz von □□□□□□ aus. Dichter verherrlichten ihre Ideale. Geistliche verpflichteten sich, ein gottgefälliges Leben in Armut, Ehelosigkeit und Gehorsam zu führen. Nonnen und Mönche widmeten sich in den □□□□□□□□ dem Gebet und der Arbeit. Einige Mönche forschten und lehrten auch an Schulen und Universitäten.

Grundlage für die Macht des Adels und der Kirche war großer Grundbesitz. Geistliche und Adlige hatten mehr Rechte als Bauern und Stadtbürger. Frei war nur, wer Grundbesitz hatte. Wer von einem adligen oder geistlichen Herrn Land zur Bewirtschaftung erhalten hatte, musste ihm Abgaben und Dienste leisten, also zu bestimmten Zeiten für ihn arbeiten. Grundbesitzer waren zugleich Gerichtsherren ihrer Untergebenen. Diese Verhältnisse nennen wir □□□□□□□□□□□□□□□□.

Die große Mehrheit der Menschen lebte auf dem Land. Durch Neuerungen wie den Räderpflug und die □□□□□□□□□□□□□□□□□□□□□ stiegen die Erträge. Die Bevölkerung wuchs und immer mehr Land wurde landwirtschaftlich nutzbar gemacht.

Könige, Fürsten und Bischöfe gründeten zahlreiche Städte. Als Stadtherren boten sie den Bewohnern Freiheit von Frondiensten. Den reichen und angesehenen Bürgern, den □□□□□□□□□□, übergaben sie die Rechte, Ratsherren und Bürgermeister zu wählen und die Stadt selbst zu verwalten. Erst im 14./15. Jh. erstritten sich in einigen Städten die in □□□□□□□ organisierten Handwerker ein Mitspracherecht in der Stadtregierung. Zu den Schattenseiten dieser Zeit gehört die Ausgrenzung und Verfolgung der □□□□□.

Viele Städte schlossen sich zu Bünden zusammen, um ihre politischen und wirtschaftlichen Interessen besser durchsetzen zu können. Die □□□□□ war der berühmteste und mächtigste Städtebund des Mittelalters.

M2 Die drei Stände der Christenheit.
Gemälde (137 x 97,6 cm) von Bartholomäus Bruyn d. Ä., um 1530/1540.

M3 Ein Rätsel
- *jemanden anspornen*
- *mit offenem Visier kämpfen*
- *sich aufs hohe Ross setzen*
- *für jemanden eine Lanze brechen*
- *jemanden in Harnisch bringen*

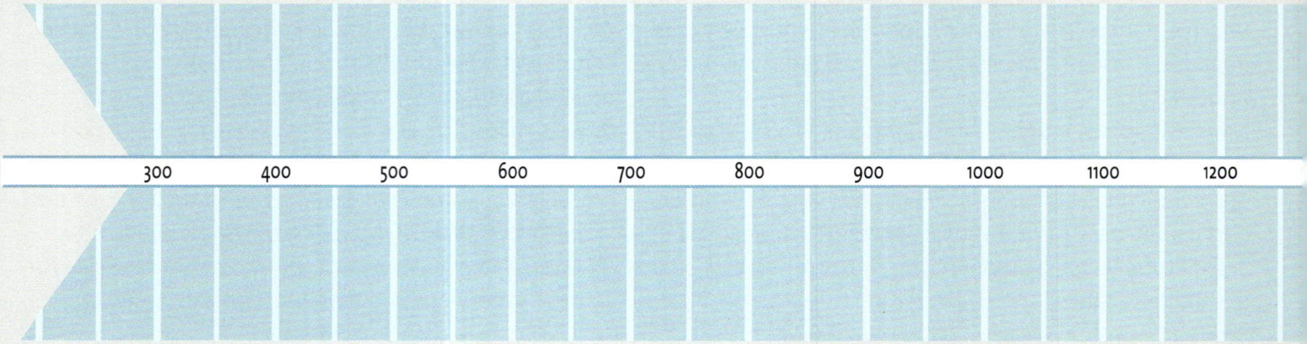

M 4 „Der Auszug zum Markte."
Kupferstich (etwa 16 x 16 cm) von Martin Schongauer, um 1470/73.

M 6 Sturm der Stadtmauer.
Foto aus Soest vom 23. August 2009.
Auf einigen Mittelalterfesten werden historische Ereignisse möglichst originalgetreu nachgespielt.

M 5 Was fasziniert uns heute am Mittelalter?
Thomas Martin Buck, Professor für Geschichte und ihre Vermittlung, gibt 2009 diese Antwort:

Das Mittelalter bedient [...] den modernen Traum einer zwar fremden, aber doch einfachen, klaren, ursprünglichen, überschaubaren und verständlichen Welt in der Hightech-Gesellschaft.

Thomas Martin Buck, Das Mittelalter zwischen Vorstellung und Wirklichkeit, in: ders./Nicolai Brauch (Hrsg.), Das Mittelalter zwischen Vorstellung und Wirklichkeit, Münster 2011, S. 53

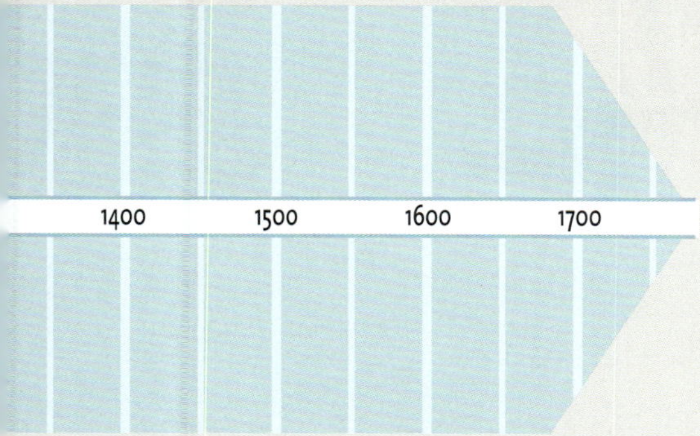

1. *Schreibe die fehlenden Begriffe der Zusammenfassung (M 1) in dein Heft.*
2. *Lege einen Zeitstrahl an. Füge ein, wann Hildegard von Bingen und Eike von Repgow lebten, wann Benedikt von Nursia das Kloster Monte Cassino und Konrad von Zähringen einen Markt gründeten und seit wann sich Vertreter der Städte auf Hansetagen trafen.*
3. *Vergleicht das Gemälde (M 2) mit Abb. 1 auf Seite 84. Diskutiert, ob die Bilder zeigen, wie die Gesellschaft wirklich war oder wie sie gesehen werden sollte. Begründet eure Aussagen.*
4. *Stelle fest, aus welcher Lebenswelt die Redensarten (M 3) stammen. Was bedeuten sie heute?*
5. *Beschreibe das Bild (M 4). Ist der Bauer hier standesgemäß dargestellt? Lies dazu nochmals M 3 auf Seite 85. Erkläre.*
6. *Schreibe zu M 4 eine Geschichte. Berichte darin einem Stadtbewohner, was du als unfreier Bauer für deinen Grundherrn tun musst.*
7. *Ein Bauer kommt in die Stadt. Er will wissen, was der Satz „Stadtluft macht frei" für ihn bedeutet. Erkläre es ihm. Stelle dabei die wichtigsten Bevölkerungsgruppen vor und berichte über die Vor- und Nachteile der Zünfte.*
8. *Waren die Klöster im Mittelalter wichtig? Begründe deine Aussage mit Beispielen.*
9. *Die Begeisterung für das Mittelalter ist nicht gleichbedeutend mit dem Wunsch, in dieser Vergangenheit zu leben. Diskutiert diese Aussage. Berücksichtigt M 5 und M 6 sowie die Seiten 82-83.*
10. *Hat sich deine Vorstellung vom Leben im Mittelalter durch die Beschäftigung mit diesem Thema verändert? Begründe deine Antwort.*

Herrschen im Mittelalter

Karl der Große wird von Papst Leo III. zum Kaiser geweiht.
Buchmalerei (5,6 x 8,5 cm) aus der Gothaer Weltchronik, um 1270.

Eine Kaiserkrone für Karl

„Nun erzähl doch endlich weiter, und lass' dir nicht jedes Wort aus der Nase ziehen!" Gerberga platzte fast vor Neugierde. „Wie war das nun mit der Kaiserkrönung?" Gisbert war todmüde von der langen Reise und froh, nach Monaten wieder zu Hause in seiner Pfalz zu sein. Er hasste es, schon auf der Türschwelle mit Fragen überfallen zu werden. Aber er wusste, dass seine Frau keine Ruhe geben würde, bis er jede Einzelheit erzählt hatte. „Na gut", setzte er missmutig an. „Wir waren schon mehrere Wochen in Rom. König Karl hatte alle Hände voll zu tun, um Ordnung zu schaffen. Schließlich war er ja gekommen, um Papst Leo zu seinem Recht zu verhelfen. Die Feinde des Papstes hörten nicht auf, ihn zu verleumden. Das waren dieselben, die ihn ein Jahr zuvor so brutal misshandelt hatten und vor denen er nur mit knapper Not zu König Karl ins Frankenreich hatte flüchten können. Doch der Papst konnte alle Vorwürfe entkräften. So ließ unser König Karl die Übeltäter gerecht bestrafen, indem ..." „Du weißt, dass mich das Gezänk der hohen Herren nicht interessiert", unterbrach ihn Gerberga. „Ich will etwas von der Kaiserkrönung hören!" „Ja ja", seufzte Gisbert. „Also: Am Weihnachtstag besuchte König Karl mit seinem Gefolge den Gottesdienst in der Kirche des heiligen Petrus. Ich befand mich am Ende des Zuges. Voran schritt der König, nach ihm kamen die hohen adligen Herren und die Priester der Hofkapelle. In der Kirche konnte ich alles zwar nur von ferne, aber doch ziemlich genau sehen. König Karl hatte seinen Platz vor dem Grab des Apostelfürsten Petrus. Zunächst verlief der Gottesdienst so, wie wir es bei uns in der Pfalzkapelle kennen, nur feierlicher und mit noch mehr Pracht. Doch als sich König Karl erhob, um die Kommunion zu empfangen, geschah etwas, womit niemand von uns gerechnet hatte: Papst Leo setzte ihm ein goldenes Diadem auf. Die Priester an seiner Seite riefen mit ihm laut: ‚Leben und Sieg dem erhabenen Karl, dem von Gott gekrönten, großen und Frieden bringenden Kaiser der Römer!' Ich konnte erst nichts verstehen, denn ich kann ja kein Latein. Aber die Übersetzung verbreitete sich wie ein Lauffeuer. Schon bald erfüllte der allgemeine Huldigungsruf für Kaiser Karl den Raum – bunt gemischt in Latein und in unserer Sprache."

Dieter Brückner

Einblick – Orientierung gewinnen

Für uns klingt die Erzählung von der Krönung Karls des Großen ungewöhnlich: Der Papst, also das Oberhaupt einer Religionsgemeinschaft, bestimmt, wer Herrscher wird. Seine Entscheidung wird als Wille Gottes bezeichnet und der von ihm eingesetzte Herrscher gilt als „von Gott gekrönt". Wir sind es heute gewohnt, dass Regierende vom Volk gewählt werden. Es ist für uns selbstverständlich, die Religion auszuüben, die uns gefällt. Bemerkenswert ist, dass diese Vorstellungen sich über Jahrhunderte in dem Gebiet entwickelten, das einmal von Karl dem Großen und seinen Nachfolgern beherrscht wurde. Die Wurzeln Deutschlands und Frankreichs sowie die Umrisse des heutigen Europa gehen auf das Reich der Karolinger zurück. Dass Deutschland ein Staat ist, der aus mehreren Bundesländern besteht, hat auch mit Herrschaftsverhältnissen zu tun, die bis ins 13. Jh. zurückreichen.

In diesem Kapitel wirst du Antworten auf Fragen finden wie:

- Wie kam ein König oder Kaiser in sein Amt? Wie hat er seine Herrschaft gerechtfertigt?
- Wie regierte er, wen brauchte er dazu und wer konnte seine Herrschaft einschränken?
- Warum waren Kaiser und Papst zunächst aufeinander angewiesen und stritten trotzdem später heftig miteinander?
- Welche Rolle spielte die Kirche für die weltliche Herrschaft?
- Was brachte Christen dazu, gegen Juden in Europa und Muslime im Heiligen Land Gewalt anzuwenden?
- Was veranlasste Siedler, in die Gebiete östlich der Elbe auszuwandern?
- Was wusste man bei uns von anderen Kulturen?
- Wie veränderte sich Herrschaft durch Konflikte?
- Wie wirkten sich die Veränderungen im Reich auf die Wahl der Könige aus?

Am Ende des Kapitels hast du weitere Erkenntnisse über das Mittelalter gewonnen und kannst deine Meinung über diese Epoche überprüfen, die du dir am Ende des vorherigen Kapitels gebildet hast. Du wirst verstehen, warum es sich lohnt, die in unseren Augen so ganz anderen Verhältnissen im Mittelalter kennenzulernen und sich mit ihnen auseinanderzusetzen.

1 Gott verleiht Papst und Kaiser die Macht.
Bild aus der Dresdener Handschrift des „Sachsenspiegels", um 1360. Oben: Gott verleiht dem Papst (links) und dem Kaiser (rechts) je ein gleiches Schwert. Unten: Der Kaiser hält dem Papst ehrerbietig den Steigbügel.

2 Der Kaiser verleiht Macht.
Bild aus der Heidelberger Handschrift des „Sachsenspiegels", um 1330. Links: Der Kaiser übergibt zwei geistlichen Fürsten, einem Bischof (mit Mitra: Kopfbedeckung der Bischöfe) und einer Klostervorsteherin (Äbtissin; mit Schleier) ein Zepter als Zeichen einer geliehenen Herrschaft (Lehen). Rechts: Zwei weltliche Fürsten (am Kopfreif erkennbar) erhalten Fahnen als Zeichen der ihnen überlassenen Herrschaft.

um 498: Der fränkische König Chlodwig lässt sich taufen

800: Karl der Große wird vom Papst zum Kaiser gekrönt

400 | 500 | 600 | 700 | 800 | 900

7./8. Jh.: Grundherrschaft und Lehnswesen entwickeln sich

Anfang 10. …

3 Das Reich der Karolinger im 8./9. Jh.

4 Die Gründungsstaaten der Europäischen Wirtschaftsgemeinschaft von 1957.

5 Erinnerung an Kaiser Karl den Großen.
Briefmarke von 2000.
Die Marke zeigt die Karlsbüste aus dem Aachener Domschatz und den Grundriss des Domes (siehe Seite 127).

962: Otto I. wird vom Papst zum Kaiser gekrönt

1077: Heinrich IV. leistet dem Papst Buße vor der Burg Canossa; Höhepunkt des Investiturstreites

1095: Der Papst ruft zur Befreiung Jerusalems von den Muslimen zu einem Kreuzzug auf

1122: Das „Wormser Konkordat" beendet den Investiturstreit im Reich

1232: Friedrich II. von Staufen legt die Grundlagen für die deutschen Landesherrschaften

1291: Akkon wird von islamischen Heeren erobert; die Herrschaft der „Kreuzfahrer" endet

1356: Die „Goldene Bulle" regelt die Wahl der deutschen Könige

1000 | 1100 | 1200 | 1300 | 1400 | 1500

…s Deutsche Reich entsteht

seit 12. Jh.: Könige, Fürsten und Bischöfe gründen Städte

Karl der Große – ein Erbe Roms?

1 Thron des Merowingerkönigs Dagobert.
Der aus Bronze gegossene Klappstuhl stammt aus dem 6. Jh. Armlehnen und Rückenlehne wurden später ergänzt. Wahrscheinlich handelt es sich um den Amtssessel eines hohen römischen Beamten. Gefunden wurde er in der Abtei Saint Denis. Dort war er seit dem 12. Jh. als Thron des Merowingerkönigs Dagobert (629-639) aufbewahrt worden.

Wer soll König sein?
Im Reich der Franken herrschten seit dem 5. Jh. Könige aus der Familie der *Merowinger*. Die „ungekrönten Könige" der Franken waren allerdings die Verwalter der Königsgüter aus der Familie der *Karolinger*. Um selbst zu Königen erhoben zu werden, fehlte ihnen das königliche Blut, an dessen heilbringende Kraft die Franken glaubten. Diesen Mangel machten sie durch die Zustimmung des Papstes wett.
Im Jahre 751 ließ sich der Karolinger *Pippin* von den Mächtigen des Reiches „nach der Sitte der Franken" zum König wählen. Anschließend salbten die fränkischen Bischöfe ihn mit heiligem Öl.
Als Gegenleistung für die päpstliche Unterstützung erklärte sich Pippin zum „Schutzherrn" der christlichen Kirche und schenkte dem „heiligen Petrus" Rom und das Gebiet um Ravenna. Aus ihm entstand der spätere Kirchenstaat, der *Vatikan*.

Eroberer und Missionar
Pippins Nachfolger wurde im Jahr 768 sein 20-jähriger Sohn *Karl*. Schon seine Zeitgenossen nannten ihn *„den Großen"*. Er setzte sich über die Erbansprüche seines Bruders und dessen Nachfahren hinweg und errichtete eine Alleinherrschaft in einem ungeteilten Reich. Mit seinem Heer zerstörte er das Königreich der Langobarden. 774 wurde Karl auch König der Langobarden. Vier Jahre später rückten seine Soldaten über die Pyrenäen nach Spanien ein, wo die *Araber* herrschten. Weitere Kriege folgten.
Über 30 Jahre kämpften fränkische Heere gegen die *Sachsen*, um sie zu unterwerfen und zum christlichen Glauben zu bekehren. Dabei schreckten die Franken nicht vor Umsiedlungen und Zwangstaufen zurück. In Verden an der Aller sollen auf seinen Befehl hin sogar 4500 Soldaten hingerichtet worden sein. Erst 804 war das Gebiet der Sachsen endgültig in das Frankenreich eingegliedert.

▶ ***Filmtipp:***
Karl der Große und die Sachsen.
ZDF-Reihe „Die Deutschen II", 2009

▶ ***Internettipp:***
www.planet-wissen.de (Karl der Große)

2 Reiterstatuette eines Herrschers.
Die Bronzefigur ist 24 cm hoch, stammt aus dem 9. Jh. und erinnert an Karl den Großen.

3 „Königshalle" der karolingischen Reichsabtei Lorsch (Hessen).
Foto, um 1980.
Das Bauwerk entstand um 800. Die drei Torbögen greifen auf antike Vorbilder zurück. Vermutlich sollen sie den Gedanken der Erneuerung des Römischen Reiches (lat. renovatio imperii) ausdrücken. Das ausgemalte Obergeschoss diente wahrscheinlich als Königshalle, in der der Herrscher Besucher empfing, Urkunden ausstellte und Urteile verkündete.

▶ ***Exkursionstipp:***
Museumszentrum Lorsch

▶ ***Internettipp:***
www.lorsch.de

Das weströmische Kaisertum kehrt zurück

Das Herrschaftsgebiet der Franken wurde durch die Eroberungen der Karolinger zum größten Reich des heutigen Europa. Im Osten war der byzantinische Kaiser nach wie vor der mächtigste Herrscher. Karl der Große wollte nicht hinter ihm zurückstehen.

Zugleich suchte der Papst einen Verbündeten, der ihn vor dem einflussreichen Adel in Rom schützen konnte. Weihnachten 800 krönte der Papst Karl den Großen zum Kaiser. Der römische Stadtadel bestätigte die Krönung und damit die Erneuerung des weströmischen Kaisertums. Karl führte danach einen komplizierten Titel: *Karl, der allergnädigste, erhabene, von Gott gekrönte, große und Frieden bringende Kaiser, der das Römische Reich regiert und der auch durch das Erbarmen Gottes König der Franken und Langobarden ist.*

Der byzantinische Kaiser erkannte Karl den Großen erst nach langen Verhandlungen im Jahre 812 als (zweiten) Kaiser an. Sein Amt sollte nur für den Westen gelten, das sogenannte *Abendland* (lat. *occidens*: die Länder im Westen)

Die antike Kultur lebt wieder auf

Karl der Große holte an seinen Hof viele Gelehrte. Zu ihnen gehörten Iren, Angelsachsen, Langobarden und Westgoten. Erst allmählich kamen Franken dazu. Diese Männer beschäftigten sich mit der Antike. Die Sprachenvielfalt im Reich wurde durch das Latein überwunden. Mit ihr konnte der christliche Glauben überall verkündet und einheitlich Recht gesprochen werden.

Auch für die Baumeister der Kirchen und Herrschersitze waren römische Vorbilder wichtig. Für seine Kapelle in Aachen ließ Karl Säulen, Mosaike und Bilder aus Italien herbeischaffen. Diese erste Wiederbelebung (lat.-franz.: *renaissance*) der Antike wurde später *Karolingische Renaissance* genannt.

Karl bemühte sich auch um die Erhaltung der germanischen Dichtung. Er ließ die Heldenlieder und Sagen der Völkerwanderungszeit sammeln und regte eine germanische Grammatik an.

▶ ***Lesetipp:***
Maria Regina Kaiser, Karl der Große und der Feldzug der Weisheit, Würzburg 2009

M1 Karl wird Kaiser

Einhard, der Sohn einer vornehmen Familie aus der Maingegend, kommt 790 als Lehrer an den Hof Karls des Großen. Er schreibt über ihn:

Karls letzte Reise nach Rom hatte mehrere Gründe. Die Römer hatten Papst Leo schwer misshandelt, ihm die Augen ausgestochen und die Zunge ausgerissen, sodass er sich gezwungen sah, den König um Schutz zu bitten. Daher begab sich Karl nach Rom, um die verworrenen Zustände der Kirche zu ordnen. Das dauerte den ganzen Winter. Bei dieser Gelegenheit erhielt er den Kaisertitel, der ihm anfangs so zuwider war, dass er erklärte, er würde die Kirche selbst an jenem hohen Feiertag nicht freiwillig betreten haben, wenn er die Absicht des Papstes geahnt hätte. Die Eifersucht der oströmischen Kaiser, die ihm die Annahme der Titel schwer verübelten, ertrug er dann allerdings mit erstaunlicher Gelassenheit.

Einhard, Das Leben Karls des Großen, übers. v. Evelyn Firchow, Stuttgart 1968, S. 59 (vereinfacht)

M3 Thron Karls des Großen im Aachener Dom, um 800.
Foto, von 2000.
Auf dem Thron nahmen die Könige nach der Krönungszeremonie (siehe M 1, Seite 132) Platz. Die Marmorplatten des Throns stammen möglicherweise von den heiligen Stätten Jerusalems, die beiden Säulen rechts aus antiken Gebäuden. In der Kirche wurde Karl der Große beigesetzt.

M2 Byzantinische Sicht

Der oströmische Geschichtsschreiber Theophanes (um 760-817) berichtet:

Im selben Jahre erhoben sich in Rom die Verwandten des seligen Papstes Hadrian, die das Volk auf ihre Seite gebracht hatten, gegen Papst Leo, und nachdem sie ihn gefangengenommen hatten, ließen sie ihn blenden. Sie vermochten aber nicht sein Augenlicht zum Erlöschen zu bringen, da die Leute, die ihn blenden sollten, menschlich mit ihm verfuhren und ihn schonten. Er floh zum Frankenkönig Karl, der grausame Rache an den Feinden des Papstes nahm und ihn wieder auf seinem Thron einsetzte. Seit jener Zeit steht Rom unter der Macht der Franken. Als Belohnung dafür krönte der Papst ihn am 25. Dezember [...] zum römischen Kaiser in der Kirche des heiligen Apostels Petrus, nachdem er ihn vom Kopf bis zu den Füßen gesalbt und ihm das kaiserliche Gewand angelegt und die Krone aufgesetzt hatte.

Wolfgang Lautemann (Bearb.), Mittelalter. Geschichte in Quellen, Bd. 2, München 1975, S. 71

M4 Kopf Karls des Großen.
*Vorderseite einer Silbermünze (Dinar), die zwischen 804 und 814 geprägt wurde. Die Umschrift lautet **KAROLVS IMP**[erator] **AVG**[ustus]. Der Buchstabe **M** unter dem Kopf weist auf die Münzstätte hin: Moguntia (Mainz).*

1. *Einhard schreibt, Karl sei die Verleihung des Kaisertitels „zuwider" gewesen (M 1). Diskutiert, was er damit andeuten wollte.*
2. *Vergleiche Einhards Bericht (M 1) mit dem des oströmischen Geschichtsschreibers (M 2) und der Erzählung auf Seite 121. Fasse die Ergebnisse in einem Text für dein Portfolio zusammen.*
3. *Münzen waren zur Zeit Karls des Großen ebenso wie in der Antike ein Mittel, bestimmte Vorstellungen zu verbreiten. Untersuche das Münzbild (M 4) und erläutere, was es aussagen sollte.*

▶ ***Internettipps:***
- *www.domverein-aachen.de*
- *www.aachendom.de*

Wie regiert ein König?

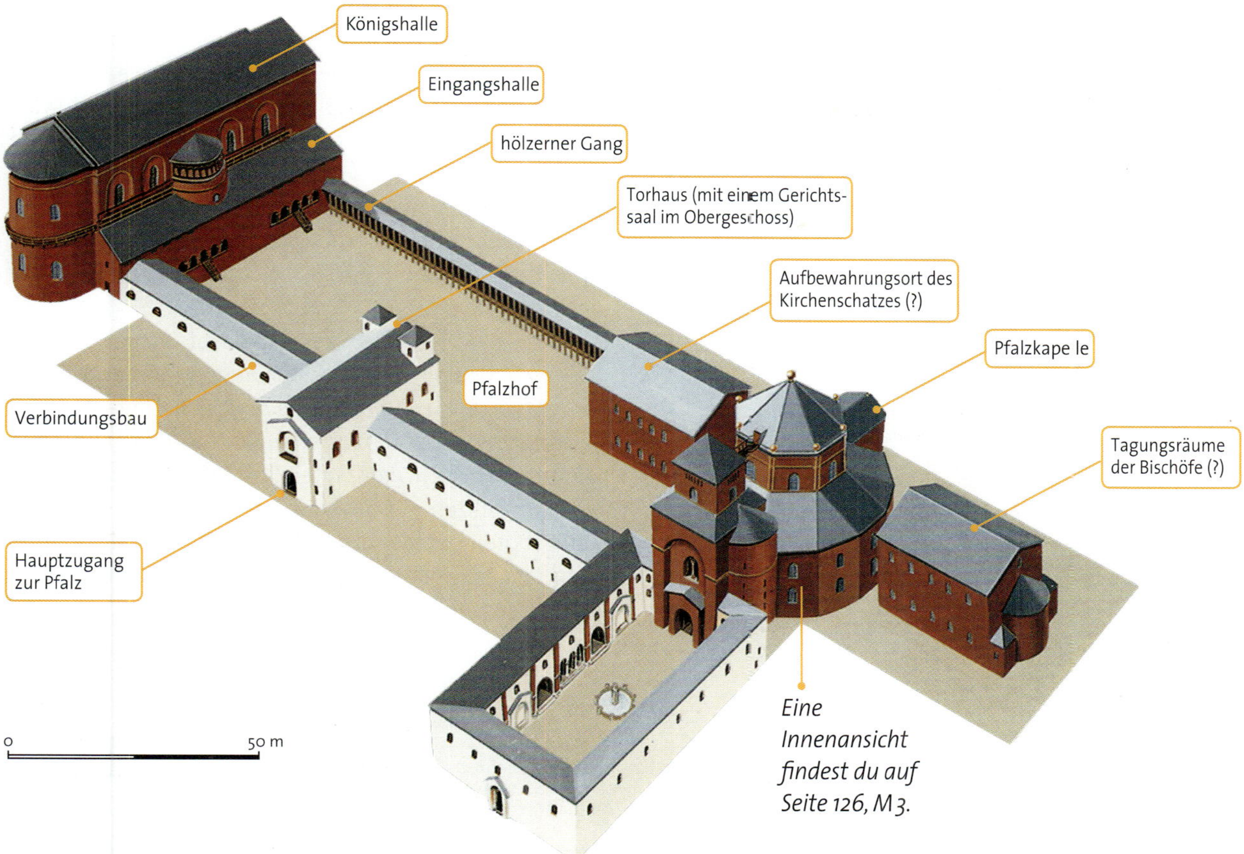

Eine Innenansicht findest du auf Seite 126, M3.

1 Die Hauptgebäude der Königspfalz in Aachen.
Modell.
Karl der Große beschloss 794, sich in Aachen niederzulassen. Der Ort war für seine Heilquellen bekannt. Karl ließ eine bestehende Anlage aus römischer Zeit zur bedeutendsten Pfalz seines Reiches ausbauen.
Der Begriff Pfalz wurde vom Palastbezirk auf dem Palatin in Rom abgeleitet. Das geistliche Zentrum der Anlage war die Pfalzkapelle, der weltliche Mittelpunkt die Königshalle. Aachen blieb auch nach Karls Tod ein Zentrum des Reiches. Von 936 bis 1531 wurden in der Pfalzkapelle 30 deutsche Könige gekrönt.

Mit Gefolge unterwegs

Eine Hauptstadt mit Regierungssitz und eine Verwaltung wie bei den Römern gab es im Fränkischen Reich nicht. Die schwierige Nachrichtenübermittlung machte es unmöglich, ein so großes Land von einem Ort aus zu regieren. Die Herrscher zogen deshalb umher. Sie regierten „vom Sattel aus“ (*Reisekönigtum*).
Die Könige reisten mit Gefolge, oft über 100 Personen. Mehr als 25 bis 30 km am Tag schafften sie nicht. Meldete der Herrscher sich bei einem seiner Königssitze an, wurde aus den umliegenden Gütern Nahrung herangeschafft. In Gegenden ohne eigenen Grundbesitz machte er bei Bischöfen oder in Klöstern Station.
Mussten Entscheidungen für das Reich getroffen werden, berief der König *Hoftage* ein. Dann trafen sich die wichtigsten Männer von nah und fern am Aufenthaltsort des Königs, um ihn zu beraten. Hoftage nutzte der Herrscher auch, um hohe kirchliche Festtage zu feiern oder um zu jagen.

Was macht ein König?

Wichtigste Aufgaben des Herrschers waren, das Reich zu vergrößern, die Grenzen zu sichern und im Innern für Recht und Frieden zu sorgen. Der König war Heerführer und Richter. Männer seines Vertrauens verwalteten seine Güter. Er hatte das Recht, Königssitze (*Pfalzen*), Burgen, Märkte und Zollstellen zu errichten und Münzen prägen zu lassen. Im Auftrag des Papstes schützte der König die Kirche und unterstützte die Verbreitung des christlichen Glaubens.

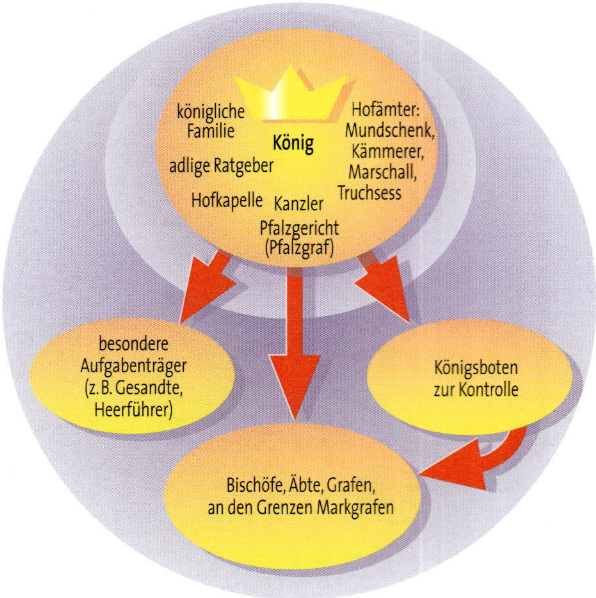

2 Der König und seine Helfer.

Kein König regiert allein

Männer im Gefolge des Königs planten seine Reisen und kümmerten sich um den königlichen Grundbesitz. Die wichtigsten vier Hofämter waren: der *Marschall* für die Ausrüstung des Heeres, der *Kämmerer* für die Kasse, der *Mundschenk* für die Getränke und der *Truchsess* für das Essen.

Besonders wichtig für die geistliche Betreuung des Herrschers und die Verwaltung des Reiches war die *Hofkapelle*. Mitglieder waren schriftkundige Geistliche. Sie stellten unter Aufsicht eines *Kanzlers* Urkunden aus und berieten den Herrscher.

Der König durfte jeden Rechtsfall entscheiden, konnte aber nicht überall persönlich für Ordnung sorgen. Deshalb ließ er sich durch einflussreiche Adlige, Bischöfe und Äbte vertreten. Darüber hinaus ernannte er Adlige zu *Grafen*. Sie sprachen Recht, verfolgten Straftäter, zogen Abgaben ein und führten die beschlossenen Maßnahmen durch. Königsboten beaufsichtigten die Grafen. Für die Verwaltung und Sicherung der Grenzgebiete (Marken) sorgten *Markgrafen*.

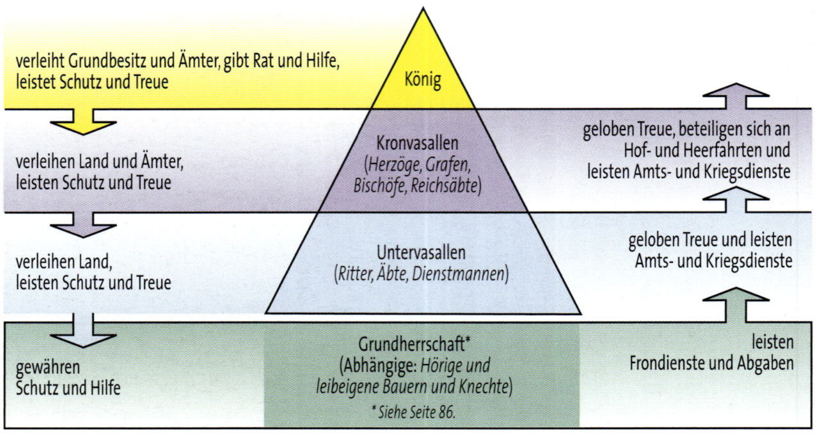

3 Lehnswesen.

Für den Gesellschaftsaufbau wurde das Bild von der Lehnspyramide benutzt. Es stellt die Verhältnisse vereinfacht dar. Lehen wurden nicht nur von oben nach unten vergeben, sondern beispielsweise auch von Kronvasallen zu Kronvasallen oder in seltenen Fällen von Untervasallen zu Kronvasallen. Grundsätzlich waren Lehnsbeziehungen nur unter Freien (Adligen) möglich. Kein Abhängiger konnte daher Lehen vergeben.

Das Lehnswesen

Mittelalterliche Herrschaft war von persönlichen Beziehungen geprägt und von Grundbesitz abhängig. Das meiste Land besaßen die Könige und Fürsten. Um ihre Macht durchsetzen zu können, brauchten sie treue Gefolgsleute. Dauerhafte Unterstützung sicherten sie sich, indem sie ihren Helfern Land „liehen". So entstand das *Lehnswesen*: Unfreie Dienstmannen (*Ministeriale*) oder Adlige erhielten für ihre Dienste Land mit den darauf lebenden Menschen und Tiere. Der „verliehene" Grundbesitz hieß *Lehen*, der Empfänger *Vasall*. Beide Seiten versprachen sich gegenseitig Treue und Schutz. Kam der Vasall seinen Diensten nicht nach, durfte der *Lehnsherr* das Lehen einziehen. Verletzte der Herr seine Pflichten, brauchte der Vasall ihm keine Gefolgschaft mehr zu leisten. Ein Lehen durfte an *Untervasallen* weitergegeben werden. Das Lehnsverhältnis endete anfangs nach dem Tod des Lehnsherrn oder Vasallen. Später betrachteten die Lehnsnehmer das Lehen als ihren Besitz und gaben ihn an ihre Erben weiter.

Die Zeit, in der Lehnswesen und Grundherrschaft die wirtschaftliche und politische Macht bildeten, wird als Epoche des *Feudalismus* (lat. *feudum*: Lehen) bezeichnet. Sie dauerte in den europäischen Staaten bis ins 19. Jh. hinein.

1. *Beschreibe die Grafiken (Abb. 2 und 3). Beachte dabei, welche Zusammenhänge die Schaubilder jeweils darstellen und welche Form der Veranschaulichung gewählt wurde.*
2. *Erkläre den Zusammenhang von Reichsverwaltung (Abb. 2) und Lehnswesen (Abb. 3).*

M1 **Befehl an die Vasallen**

In einem Brief, der nach 804 geschrieben worden ist, fordert Karl der Große den Abt des Klosters von Altaich (Bayern) auf, seinen Vasallenpflichten nachzukommen:

Im Namen des Vaters und des Sohnes und des Heiligen Geistes [...]. Wir teilen dir mit, dass wir in diesem Jahre den großen Reichstag nach Ostsachsen zusammengerufen haben [...]. Deshalb befehlen wir dir, am 17. Juni mit allen deinen wohlbewaffneten und -ausgerüsteten Leuten an dem genannten Platze dich einzustellen, also sieben Tage vor der Messe des heiligen Johannes des Täufers. Du wirst also wohlvorbereitet mit deinen Leuten an dem genannten Platze erscheinen, um von hier aus [...] eine militärische Expedition durchzuführen; das heißt mit Waffen und Gerät und aller anderen kriegerischen Ausrüstung, mit Proviant und Bekleidung. Jeder Berittene soll Schild, Lanze, Schwert und Hirschfänger haben, dazu Bogen, Köcher mit Pfeilen, und eure Packwagen sollen Vorräte aller Art mitführen, Spitzhacken und Äxte, Bohrer, Beile, Spaten, eiserne Grabscheite und alle anderen Werkzeuge, die man bei einem Feldzug braucht. Die Lebensmittel müssen vom Reichstag an gerechnet drei Monate reichen, Waffen und Bekleidung ein halbes Jahr [...].
Die Geschenke, die du uns auf unserem Reichstag abzuliefern hast, übersende Mitte Mai dahin, wo wir uns dann aufhalten werden [...]. Lasse dir dabei keinerlei Nachlässigkeit zuschulden kommen, wenn dir an unserer Gnade gelegen ist.

Wolfgang Lautemann (Bearb.), Mittelalter. Reich und Kirche. Geschichte in Quellen, München [2]1978, S. 76f.

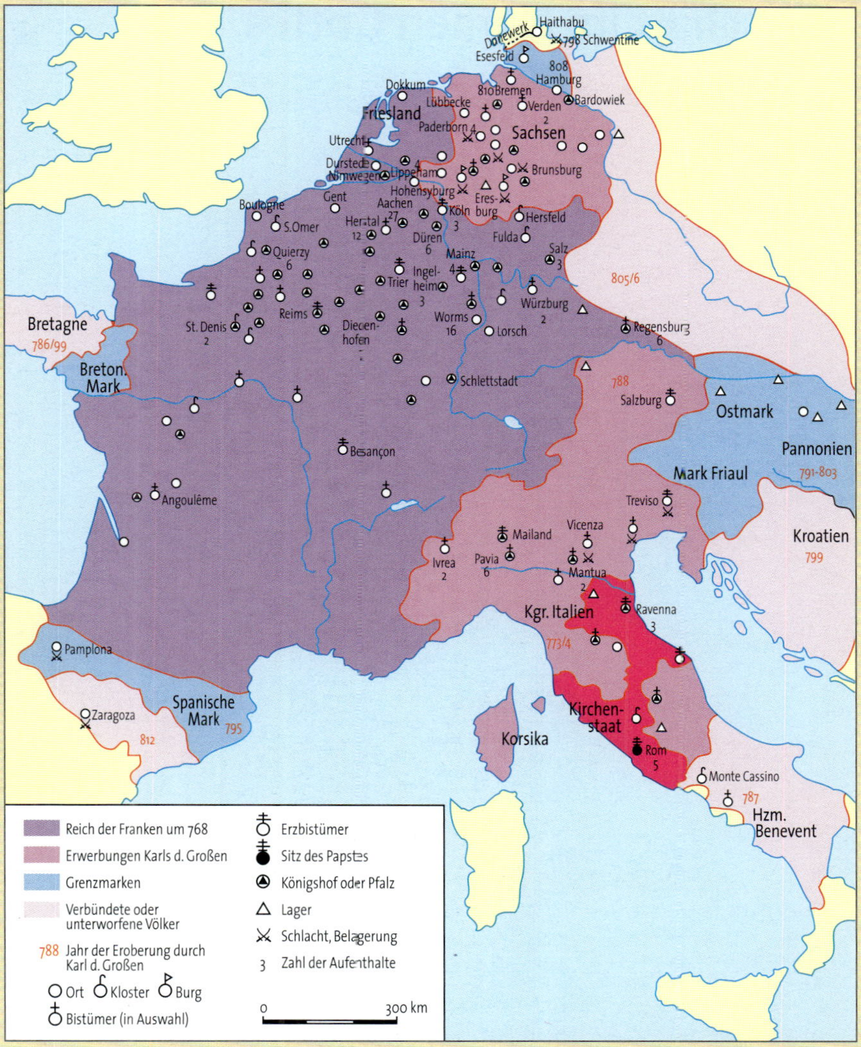

M3 **Karls Reich und seine wichtigsten Aufenthaltsorte.**

M2 **Was verbraucht der königliche Hof täglich?**

Die Mengen wurden geschätzt.

	Fleisch*	Getreide	Wein/Bier
je Person und Tag	2 kg	2 kg	3 l

**vor allem Schweine und Schafe; man geht davon aus, dass diese Tiere damals nur 10 kg verzehrbares Fleisch hergaben*

Nach: Gustav A. Süß, Versorgung und Wirtschaften auf der Pfalz, in: Praxis Geschichte 2/1988, S. 20

1. *Lege eine Liste aller Gegenstände an, die König Karl von seinem Vasallen fordert. Erkläre, wozu sie verwendet werden (M1).*
2. *Versetze dich in die Lage des Abts und schreibe einen Antwortbrief (M1). Woher nahm er die Geräte, die Ausrüstung und den Proviant?*
3. *Errechne, wie viele Nahrungsmittel (Fleisch, Getreide und Wein/Bier) der königliche Hof bei 100 Personen in zehn Tagen verbrauchte und wie viele Tiere geschlachtet werden mussten (M2).*
4. *Trage in eine Tabelle ein: Welche heutigen Staaten umfasste das Reich Karls des Großen (M3)?*

Herrschaft im Namen Gottes

1 Schwerpunkte der Regierung Ottos I.

■ *Nenne das für Otto I. wichtigste Herzogtum. Begründe!*

Das Reich Karls des Großen zerfällt

Karl der Große starb 814. Sein Reich blieb nicht lange bestehen. Die Araber bedrohten es von Süden, die Wikinger (*Normannen*) von Norden und die Ungarn von Osten. Karls Nachkommen teilten es 843 in drei „Zuständigkeitsbereiche“. 870 wurde es nochmals geteilt. 880 legte der *Vertrag von Ribemont* die Grenzen fest, in denen später Frankreich, Deutschland und Italien entstanden.

Wer hat die Macht?

Im ostfränkischen Reich musste sich der König die Macht vor allem mit den Anführern der vier sogenannten Stammesherzögtümer teilen: den Herzögen von Sachsen, Franken, Schwaben und Bayern. Kein König konnte seine Macht behaupten, wenn er nicht aus einer Herzogsfamilie stammte und andere mächtige Familien ihn unterstützten. Dies gelang zwischen 936 und 1254 nur den sächsischen *Liudolfingern* (*Ottonen*) und *Welfen*, den fränkischen *Saliern* und den schwäbischen *Staufern*.

Von der fränkischen zur deutschen Geschichte

919 wählten die Kronvasallen (Herzöge, Grafen und Bischöfe) des ostfränkischen Reiches den Sachsenherzog *Heinrich I.* Er regierte bis 936 als König. Im Westen gewann er Lothringen, im Osten führte er Krieg gegen die Ungarn und die Slawen. Noch während seiner Regierungszeit erreichte er von den anderen mächtigen Männern des Reiches die Zustimmung, dass sein Sohn das Königsamt übernehmen könne. Damit sicherte Heinrich seiner Familie die Macht. Zugleich setzte er durch, dass das Reich nicht geteilt werden durfte.

Die Herrschaft Heinrichs I. steht am Übergang von der fränkischen zur deutschen Geschichte. Quellen sprechen erst seit dem 11. Jh. von einem „Reich der Deutschen“ (lat. *regnum teutonicorum*). Erst Ende des 15. Jh. erhielt es den Namen *Heiliges Römisches Reich Deutscher Nation*.

Das Reich wird stärker

Nach Heinrichs Tod wurde sein Sohn *Otto I.* im Jahre 936 König. Er baute sein Herrschaftsgebiet aus und erhielt daher auch den Beinamen *„der Große“*. An der Ostgrenze des Reiches richtete er weitere *Marken* (Verteidigungs- und Verwaltungsbezirke) ein und gründete neue Reichsbistümer wie Brandenburg, Havelberg und Magdeburg. Von hier aus begann die Christianisierung zwischen Elbe und Oder sowie die Missionierung Polens und Ungarns. Unter Ottos Führung besiegten die deutschen Heere im Jahre 955 die Ungarn in der *Schlacht auf dem Lechfeld* bei Augsburg. Von nun an blieb das Reich von ungarischen Reitern weitgehend verschont. Im Jahr 962 wurde Otto in Rom zum Kaiser gekrönt.

2 **Christus krönt Heinrich und Kunigunde.**
Buchmalerei von der Insel Reichenau, zwischen 1007 und 1014. Heinrich II. wurde 1002 in Mainz zum König und 1014 in Rom zum Kaiser gekrönt. Er starb 1024. 22 Jahre später sprach der Papst ihn heilig. Seine Frau Kunigunde war 1002 in Paderborn zur Königin gekrönt worden. 1014 erhielt sie in Rom gemeinsam mit ihrem Mann die Kaiserwürde. Sie starb 1033 und wurde 1200 heilig gesprochen.
Die lateinischen Zeilen über dem Herrscherpaar lauten übertragen: „Tut, was gerecht, erfasst stets, was ehrenvoll ist. Das Nützliche möge sich einfinden in dem, was Gesetzes Rat verlangt."
Zum Bild: Die Apostel Petrus (zu erkennen an dem Schlüssel) und Paulus führen Heinrich und Kunigunde vor Christus.

In den Fußstapfen Karls des Großen

Otto I. hatte sich in Aachen krönen lassen. Er zeigte damit, dass er sich als Nachfolger der fränkischen Herrscher verstand. Nach dem Vorbild Karls des Großen wollte er das weströmische Kaisertum erneuern. Dazu brauchte er den Papst.
Als der römische Stadtadel die Macht des Papstes schwächte, nutzte Otto die Chance: Er marschierte mit seinen Truppen nach Italien und half dem Papst. 962 übertrug der ihm dafür die Kaiserwürde, die seit rund acht Jahrzehnten niemand mehr besessen hatte. Seit Otto war damit das römische Kaisertum mit dem deutschen Königtum verknüpft. Der Kaiser garantierte dem Papst den weltlichen Schutz und bekam dafür eine wichtige Zusage: Alle künftigen Päpste würden vor ihrer Weihe dem Kaiser die Treue versprechen.

Die Kirche dient dem Reich

Schon die Merowinger und Karolinger richteten neben den Kaiserpfalzen zahlreiche Reichsbistümer und -klöster ein. Sie hatten die Aufgabe,

- den umherziehenden König mit seinem Gefolge zu versorgen,
- bei der Verwaltung des Reiches zu helfen,
- als Zentrum der Ausbildung zu dienen und
- „wohlbewaffnete und -ausgerüstete Leute" für das königliche Heer zu stellen.

Das Reich beeinflusst die Kirche

Als Gegenleistung schenkten die Könige den Bistümern und Klöstern Land oder überließen ihnen andere Einkünfte. Ihre Interessen sicherten sich die Herrscher damit, dass sie Einfluss auf die Besetzung (*Investitur*) der hohen Kirchenposten nahmen. Otto I. und seine Nachfolger setzten diese Politik fort und bauten eine *Reichskirche* auf. Damit schufen sie ein Gegengewicht zu den mächtigen Stammesherzögen.
Darüber hinaus beeinflussten Otto I. und seine Nachfolger die Wahl der Päpste, die damals noch vom römischen Stadtadel gewählt wurden. Von zwölf Päpsten, die zwischen 963 und 1003 sowie von 1046 bis 1057 amtierten, wurden elf unter Mitwirkung der deutschen Könige und Kaiser ausgewählt und eingesetzt.

M1 **Hoch lebe der neue König!**

Der Mönch Widukind schildert in seiner „Sachsengeschichte", wie Otto I. 936 König geworden ist:

Als Ort der allgemeinen Wahl nannte und bestimmte man die Pfalz Aachen* [...]. Und als man dorthin gekommen war, versammelten sich die Herzöge und obersten Grafen mit der übrigen Schar vornehmster Ritter in dem Säulenhof, der mit der Basilika Karls des Großen verbunden ist, setzten den neuen Herrscher auf einen dort aufgestellten Thron, huldigten ihm, gelobten ihm Treue, versprachen ihm Unterstützung gegen alle seine Feinde und machten ihn nach ihrem Brauch zum König.

Währenddessen erwartete der Erzbischof von Mainz [...] im Innern der Basilika den Auftritt des neuen Königs. Als dieser erschien, ging ihm der Erzbischof entgegen [...]. Er wandte sich ans Volk und sagte: „Seht, ich bringe euch den von Gott erwählten und einst von dem mächtigen König Heinrich vorgesehenen, jetzt aber von allen Fürsten zum König gemachten Otto. Wenn euch diese Wahl gefällt, zeigt dies an, indem ihr die rechte Hand zum Himmel emporhebt." Da streckte das ganze Volk die Rechte in die Höhe und wünschte unter lautem Rufen dem neuen Herrscher viel Glück. Dann schritt der Erzbischof mit dem König hinter den Altar, auf dem die königlichen Herrschaftszeichen lagen [...]. Er nahm von dort das Schwert mit dem Wehrgehänge auf, wandte sich an den König und sprach: „Nimm dieses Schwert, auf dass du alle Feinde Christi verjagst, die Heiden und schlechten Christen, da durch Gottes Willen dir alle Macht im Frankenreich übertragen ist, zum unerschütterlichen Frieden für alle Christen."

Dann nahm er die Spangen, legte ihm den Mantel um und sagte: „Durch die bis auf den Boden herabreichenden Zipfel deines Gewandes seist du daran erinnert, mit welchem Eifer du im Glauben entbrennen und bis zum Tod für die Sicherung des Friedens eintreten sollst." Darauf nahm er Zepter und Stab und sprach: „Durch diese Abzeichen bist du aufgefordert, mit väterlicher Zucht deine Untertanen zu leiten und in erster Linie den Dienern Gottes, den Witwen und Waisen die Hand des Erbarmens zu reichen; und niemals möge dein Haupt ohne das Öl der Barmherzigkeit sein, auf dass du jetzt und in Zukunft mit ewigem Lohn gekrönt werdest." Auf der Stelle wurde er mit dem heiligen Öl gesalbt und mit dem goldenen Diadem gekrönt [...]. Nachdem man dann das Lob Gottes gesungen und das Messopfer feierlich begangen hatte, ging der König hinunter zur Pfalz, trat an die marmorne, mit königlicher Pracht geschmückte Tafel und nahm mit den Bischöfen und dem ganzen Adel Platz.

Widukind von Corvey, Res gestae Saxonicae/Die Sachsengeschichte, übers. und hrsg. von Ekkehart Rotter und Bernd Schneidmüller, Stuttgart 1981, S. 105 ff.

** Siehe Abb. 1, Seite 127*

M2 **Die Reichskrone.**

Die Krone (Ø ca. 25 cm) wurde bei Königskrönungen in Aachen und in Rom verwendet. Angefertigt hat man sie wohl 962 für die Kaiserkrönung Ottos I. Das Kreuz (9,9 cm) wurde zwischen 1002 und 1024, der Bügel wohl um 1030 hinzugefügt.

Die Krone besteht aus acht durch Scharniere verbundene Goldplatten. Ihre Inschriften zeigen Christus als König der Könige und alttestamentarische Könige wie Salomon.

Die Acht gilt als Zahl Christi und der Auferstehung, denn zum einen überlebten in der Arche acht Menschen die Sintflut und zum anderen dauerte die Leidenswoche Christi acht Tage.

▶ ***Tipp:*** *Zu den Herrschaftszeichen lies auch Seite 136 f.*

▶ ***Filmtipp:***
Otto und das Reich. ZDF-Reihe „Die Deutschen" von 2008, Folge 1

1. *Erarbeitet die Schritte der Königserhebung aus M 1 und mithilfe der Abb. 1 auf Seite 127. Erstellt dazu eine Übersicht mit den genannten Orten, Personen und Handlungen. Ihr könnt anschließend die Königserhebung auch in einem Rollenspiel darstellen.*
2. *Widukind war zum Zeitpunkt der Krönung etwa zwölf Jahre alt und wahrscheinlich in Aachen nicht dabei. Stelle Vermutungen an, woher er sein Wissen (M 1) haben könnte.*
3. *Die Inschrift PER ME REGES REGNANT auf der zu sehenden Goldplatte der Krone (M 2) lautet übersetzt „Durch mich regieren die Könige". Erläutere sie!*

Geistliche gegen weltliche Macht

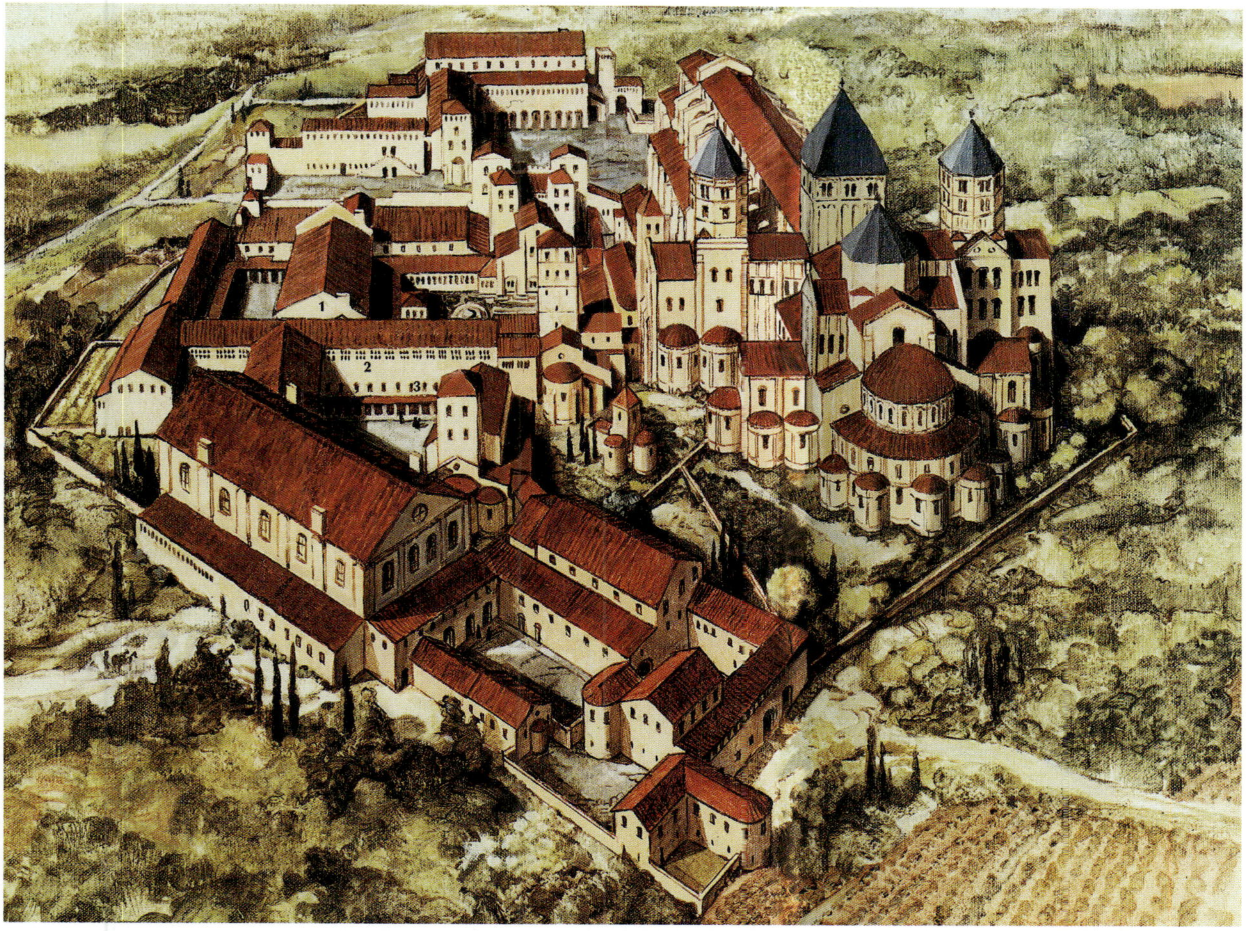

1 Die Abtei Cluny.
Rekonstruktionsversuch von Kenneth J. Conant, um 1950.
Die Zeichnung zeigt den Zustand der Abtei um 1160. Die Klosterkirche von Cluny war über Jahrhunderte das größte Gotteshaus des Abendlandes. Ihre Ausmaße wurden erst von dem im 16. Jh. errichteten Petersdom in Rom übertroffen.

Reformen aus Cluny

910 hatte ein französischer Herzog seinen Besitz in Cluny (Burgund) einem Abt geschenkt. Er sollte dort ein Benediktinerkloster gründen. Das Besondere daran war, dass der Herzog auf alle Rechte gegenüber dem Kloster verzichtete. Das Kloster wurde dem Schutz des Papstes unterstellt und die Mönche durften ihren Abt frei wählen. Diese Freiheit wünschten sich bald auch andere Klöster.

Von Cluny gingen Reformbemühungen der Päpste aus. Das Klosterleben wurde strenger und die Priester durften nicht mehr heiraten. Um den Einfluss der weltlichen Herrscher zu schwächen, durften geistliche Ämter nicht mehr verkauft werden. Außerdem sollten selbst die Könige hohe Geistliche nicht mehr in ihre Ämter einführen dürfen. Dieses Investiturverbot (lat. *investire*: bekleiden) belastete schon bald das Verhältnis von Papst und König.

„Freiheit für die Kirche!"

Der Machtzuwachs der Kirche wurde kritisiert. Vielen Bischöfen und Äbten wurde vorgeworfen, sie interessierten sich mehr für ihre weltlichen Vergnügungen als für die christlichen Gebote. Die Kritik erreichte in den vierziger Jahren des 11. Jh. einen ersten Höhepunkt. Eine Spaltung (griech. *Schisma*: Trennung) der Kirche drohte, als es zeitweise drei Päpste gleichzeitig gab. Kaiser *Heinrich III.*, der seit 1039 regierte, setzte 1046 auf einer Kirchenversammlung alle drei ab und ließ einen neuen Papst ausrufen. Die Päpste mussten befürchteten, von den weltlichen Herrschern abhängig zu werden. Deshalb forderten sie nachdrücklich die Freiheit und Unabhängigkeit der Kirche. Zugleich wurde darüber gestritten, ob weltliche Herrscher über geistlichen Würdenträgen stehen durften.

2 „Der König bittet den Abt, Mathilde auch fleht er an."
Buchmalerei (etwa 16,5 x 14 cm), um 1115.
Die Bildunterschrift ist die Übersetzung der lateinischen Bildinschrift. Am Fuß der Burg Canossa trafen sich 1077 der gebannte Kaiser Heinrich IV., dessen Taufpate, Abt Hugo von Cluny, und Mathilde, die einflussreiche Markgräfin von Tuscien. Heinrich wird mit ihnen seinen Bußgang besprochen haben.

- *Beschreibe, wie die Markgräfin, der Abt und Heinrich IV. auf dem Bild dargestellt sind. Beachte Anordnung, Haltung und Größe.*

Der Investiturstreit beginnt

1056 geriet das deutsch-römische Kaisertum in eine Krise. Auf Heinrich III., der die Kirchenreform unterstützt hatte, folgte sein erst sechsjähriger Sohn *Heinrich IV.* Dies nahmen einige Reichsfürsten zum Anlass, ihre Unabhängigkeit vom höchsten Lehnsherrn, dem König, zu vergrößern. Gleichzeitig nutzte der Papst die Gelegenheit, die Kirche von den weltlichen Herrschern unabhängiger zu machen. 1059 beschloss eine Synode, eine Versammlung hoher geistlicher und weltlicher Amtsträger, dass beim Tode eines Papstes nicht mehr der römische Stadtadel den Nachfolger wählen sollte, sondern die nach dem Papst ranghöchsten Kirchenvertreter, die Kardinäle.

Insgesamt sollte kein Geistlicher mehr durch einen Nichtgeistlichen (*Laien*) in sein Amt eingesetzt werden. Für die weltlichen Herrscher war dieses Investiturverbot gefährlich, da die von ihnen eingesetzten Bischöfe ihre Macht stützten.

Druck und Gegendruck

Was als Streit um die Investitur der Bischöfe begann, wurde zu einem Kampf zwischen König und Papst. Sie stritten um die Führung und Macht im christlichen Abendland. Der Streit wurde dadurch verschärft, dass Bischöfe und weltliche Fürsten ihn ausnutzten, um ihre eigene Stellung und Unabhängigkeit zu stärken.

Als 1075 Heinrich IV. einen Mann seiner Wahl in das Amt des Erzbischofs von Mailand einsetzte, machte Papst *Gregor VII.* ihm Vorwürfe. Der 26-jährige Herrscher reagierte machtbewusst: Unterstützt von vielen deutschen Bischöfen forderte er den Papst im Januar 1076 auf, „vom päpstlichen Stuhl herabzusteigen". Gregor antwortete drei Wochen später mit dem *Bann*: Er schloss den gekrönten und von Gott gesalbten Herrscher aus der Gemeinschaft der Gläubigen aus, sprach ihm die Herrschaft über das Reich ab und verbot allen Christen, ihm zu dienen. Das hatte es noch nie gegeben.

„Der Gang nach Canossa"

Heinrich IV. gab nicht auf. Mit seiner Frau, seinem zweijährigen Sohn und einem kleinen Gefolge zog er Ende Januar 1077 über die schneebedeckten Alpen nach Italien, um Papst Gregor VII. aufzusuchen. Auf der Burg Cannossa in Mittelitalien trafen sie sich.

Das Ergebnis des Treffens ging als *„Gang nach Canossa"* in die Geschichte ein: Heinrich IV. erschien an drei Tagen barfuß und in einem einfachen Büßergewand vor der Burg. Dem Papst blieb nach dieser Buße keine Wahl: Er musste den Kaiser vom Bann befreien und wieder in die Kirche aufnehmen.

Ein Kompromiss

Weder Heinrich IV. noch Gregor VII. haben das Ende des Investiturstreites erlebt. Erst 1122 regelten Kaiser und Papst das Problem in einem in Worms beschlossenen Konkordat – einem Vertrag zwischen Kirche und Reich. Der Kaiser verzichtete auf die Investitur der Bischöfe mit Ring und Stab und erlaubte ihre freie Wahl durch Geistliche. Er durfte aber bei der Wahl der Bischöfe dabei sein und im Streitfall einen Vorschlag machen. Den gewählten deutschen Bischöfen konnte er vor der Weihe die weltliche Gewalt mit dem Zepter verleihen. Geistliche und weltliche Aufgaben der hohen Geistlichen waren aber getrennt.

Mit dem Investiturstreit begann im christlichen Abendland die allmähliche Trennung von geistlicher und politischer Herrschaft. Ganz anders als in der muslimischen Welt, in der zum Teil bis heute Religion und Herrschaft sehr eng verbunden geblieben sind.

M 3 Die Investitur eines Bischofs.
Relief (ca. 31 x 46 cm) an der Bronzetür des Domes von Gnesen (Polen), um 1175.
Auf einem Faltthron sitzt der Kaiser mit Krone und Zepter in der linken Hand, vor ihm steht der gewählte Bischof und umfasst den Bischofsstab.

M 1 Was will der Papst?

In 27 Leitsätzen (lat.: Dictatus papae) legt Gregor VII. im März 1075 die Stellung des Papstes fest; die wichtigsten lauten:

1. Dass die römische Kirche vom Herrn allein gegründet worden sei.
2. Dass allein der Papst zu Recht als universal, d.h. die gesamte christliche Welt umfassend, bezeichnet werde.
3. Dass ausschließlich der Papst Bischöfe absetzen oder in den Schoß der Kirche wieder aufnehmen könne [...].
9. Dass alle Fürsten allein des Papstes Füße küssen sollen. [...]
12. Dass es dem Papst erlaubt sei, Kaiser abzusetzen. [...]
18. Dass sein Urteil von niemandem widerrufen werden dürfe und er selbst die Urteile aller widerrufen könne.
19. Dass er selbst von niemandem gerichtet werden dürfe [...]. [...]
22. Dass die römische Kirche niemals geirrt hat und nach dem Zeugnis der Heiligen Schrift auch in Zukunft niemals irren wird [...]. [...]
27. Dass der Papst Untergebene vom Treueeid gegenüber Sündern lösen kann.

Johannes Laudage/Matthias Schrör (Hrsg.), Der Investiturstreit. Quellen und Materialien, Köln [2]2006, S. 101 (vereinfacht)

M 2 Die deutsche Lösung

Das „Wormser Konkordat" vom 23. September 1122 hält folgende Regelungen fest:

Aus der Urkunde des Kaisers für den Papst:
Ich, von Gottes Gnaden erhabener Kaiser der Römer, überlasse Gott, Gottes heiligen Aposteln Petrus und Paulus und der heiligen christlichen Kirche – aus Liebe zu Gott, zur heiligen römischen Kirche und zum Papst sowie zum Heil meiner Seele – jede Investitur mit Ring und Stab, und ich gestehe zu, dass in allen Kirchen, die in meinem Königoder Kaiserreich liegen, eine der christlichen Lehre entsprechende und freie Wahl stattfindet.

Aus der Urkunde des Papstes für den Kaiser:
Ich, Knecht der Knechte Gottes, gestehe dem von Gottes Gnaden erhabenen Kaiser der Römer zu, dass die Wahlen der Bischöfe und Äbte des deutschen Reiches in deiner Gegenwart stattfinden [...], und zwar ohne Ämterkauf und irgendwelche Gewalt, damit du, wenn unter den Parteien irgendwelche Zwietracht entstehen sollte, gemäß dem Rat und Urteil der Erzbischöfe und Bischöfe der Provinzen, dem würdigeren Teil Hilfe und Beistand gewährst. Der Gewählte aber soll von dir durch das Zepter die weltlichen Güter entgegennehmen, und er soll das leisten, was er dir wegen dieser weltlichen Güter rechtmäßig schuldet.

Johannes Laudage/Matthias Schrör (Hrsg.), Der Investiturstreit, a. a. O., S. 225 ff. (vereinfacht)

---

1. *Nenne die „Leitsätze" (M 1), die für einen König kaum annehmbar waren. Begründe deine Aussagen.*

2. *Ein Kompromiss ist eine Übereinkunft zwischen zwei streitenden Parteien, beide geben dafür einen Teil ihrer Forderungen auf. Arbeite den Kompromisscharakter des „Wormser Konkordats" (M 2) heraus.*

3. *Beschreibe die Haltung des Bischofs gegenüber dem Kaiser auf dem Relief (M 3). Handeln beide nach dem „Wormser Konkordat"?*

Zeichen der Herrscher

M1 Heilige Lanze.
Die „Heilige Lanze" stammt aus dem 8./9. Jh. und ist 51,5 cm lang.
Sie war jahrhundertelang das wichtigste Herrschaftszeichen der deutschen Könige, da sie Waffe und Reliquienträger war. In die Spitze hatte man einen Nagel eingefügt, von dem man glaubte, dass er vom Kreuz Christi sei. König Otto I. soll sie bei seinem Sieg gegen die Ungarn 955 auf dem Lechfeld bei Augsburg getragen haben. Angeblich war es der Glanz der Lanze, der den Gegner blendete und den Sieg herbeiführte.*

**Siehe Seite 130.*

M2 Das Reichskreuz.
Das aus einem Eichenholzkern bestehende und außen mit Goldblechen verkleidete Kreuz hat eine Höhe von 77,5 und eine Breite von 70,8 cm. Es wurde wohl um 1030 in einer westdeutschen Werkstatt gefertigt. Der aus Silber bestehende Kreuzfuß wurde 1352 in Prag hinzugefügt. Kaiser Konrad II. (1024-1039) hat das Kreuz in Auftrag gegeben. Es ist Reliquienbehältnis und Triumphzeichen in einem. Im Querarm des Kreuzes liegt ein Fach für die Heilige Lanze (Abb. 1) und im Schaft darunter eine Aussparung, in der ein Stück des Kreuzes Christi aufbewahrt wurde.

Der tiefere Sinn
Im Mittelalter waren die Menschen davon überzeugt, dass alles Sichtbare einen tieferen Sinn hat. Daher gab es viele Bilder, Symbole und besondere Feiern (*Zeremonien*). Sie sollten schwer begreifbare Sachverhalte wie Treue, Herrschaft und Gottesgnadentum sichtbar darstellen. So begnügte man sich nicht damit, Verträge und Abmachungen zu schließen, sondern beschwor sie über *Reliquien*, Überresten wie Kleidungsstücke, Knochen oder Haare von Christus oder Heiligen, die als Zeichen für die Verbindung mit der Gemeinschaft der Heiligen galten. Schenkungen oder Belehnungen wurden nicht nur in Urkunden schriftlich bestätigt, sondern bildhaft vollzogen, indem der Empfänger bestimmte Gegenstände erhielt.

Einsetzung der Könige und Kaiser
Eine der wichtigsten Zeremonien war die Einsetzung der Könige und Kaiser. Sie begründete und rechtfertigte deren Herrschaft und fand oft an hohen Kirchenfeiertagen wie Weihnachten, Ostern oder Pfingsten statt. Im Deutschen Reich musste die Einsetzung am richtigen Ort (seit 936 in der Aachener Pfalzkapelle*) und vom zuständigen Erzbischof (ab 1028 der Erzbischof von Köln) vollzogen werden. Die Krönungszeremonie bestand aus einer Reihe besonderer Handlungen wie Salbung, Einkleidung mit dem Krönungsmantel, Thronsetzung, Übergabe von Krone und anderen Reichsinsignien** sowie Krönungseid und Krönungsmahl. Mit dieser Zeremonie nahm der Herrscher symbolisch das Reich in Besitz.***

**Siehe M3, Seite 126.*

****Reichsinsignien** *(von lat. insignia: Ehrzeichen) sind die Reichskrone, der Reichsapfel (12. Jh.), das Reichszepter (14. Jh.) sowie das Reichsschwert. Zusammen mit den Reichskleinodien (Kleinod: kostbares Schmuckstück) Heilige Lanze, Reichskreuz, dem Krönungsornat (Krönungsmantel, Adler-Dalmatica u. a. m.), Zeremonialschwert mit Gurt, Reichsevangeliar und anderen Kleinodien stellen sie den einzigen fast unversehrten Kronschatz des Mittelalters dar.*

****Lies dazu nochmals M1, Seite 132.*

M3 Das Reichszepter.
Das aus vergoldetem Silber bestehende Zepter (Herrscherstab) entstand in der 1. Hälfte des 14. Jh.
Der Sechskantstab, der in Eichenblätter ausläuft, die eine Eichel umschließen, ist 61,5 cm lang. Das Zepter symbolisiert die Herrschermacht und Gerechtigkeit.

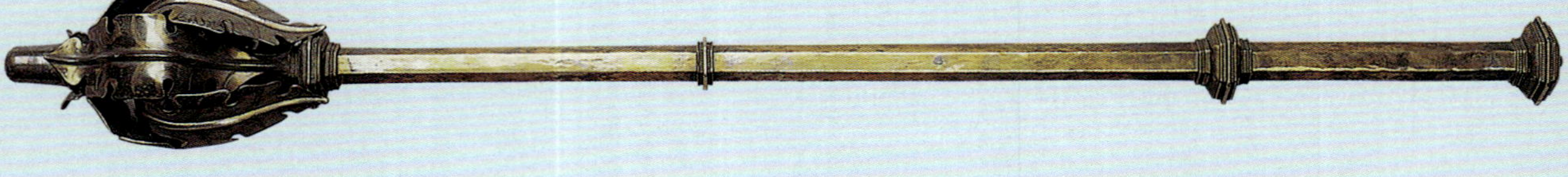

Reichsschwert
Das Schwert ist 110 cm lang. Es entstand vermutlich Ende des 12. Jh. in Frankreich. Der Knauf ist aus vergoldetem Silber, der Griff mit Silberdraht umwickelt.
Das Schwert ist einerseits Zeichen der weltlichen Herrschaft, andererseits wurde es dem König oder Kaiser symbolisch zum Schutz der Kirche übertragen.

Reichskrone
Siehe M 2, Seite 132.

Krönungsmantel
Der Mantel (lat. Pluviale) ist 342 cm breit, besteht aus mit Purpur gefärbter Seide, ist mit über 100 000 Perlen und Emailplättchen bestickt, wiegt etwa 11 kg und wurde 1133/34 in Palermo angefertigt. Die Stickereien zeigen zwei Löwen, die ein Kamel schlagen. Zwischen beiden Löwen erhebt sich ein Lebensbaum.
Zur symbolischen Bedeutung: Der Krönungsmantel hebt den Herrscher für jedermann sichtbar hervor. Es ist auch eine Art geistliches Gewand.

Adler-Dalmatica
Oberdeutsch, vor 1350. Hemdartiges Gewand, dessen Form aus Dalmatien (heute ein Teil Kroatiens) stammt und zur römischen Kaiserzeit von Männern und Frauen über einer Tunica getragen wurde. Bischöfe trugen seit dem 4. Jh. während des Gottesdienstes eine Dalmatica.

Reichsapfel
Er ist 21 cm hoch, besteht aus Gold, Edelsteinen und Perlen und entstand wahrscheinlich in Köln, um 1200. Die Kugel war bereits in der Antike ein Zeichen für die Herrschaft über die Erde.

Kaiserstola
Mittelitalienisch, vor 1338. Solche etwa 2,50 m langen, um den Kragen gelegten Stoffstreifen, sind noch heute Bestandteil geistlicher Gewänder.

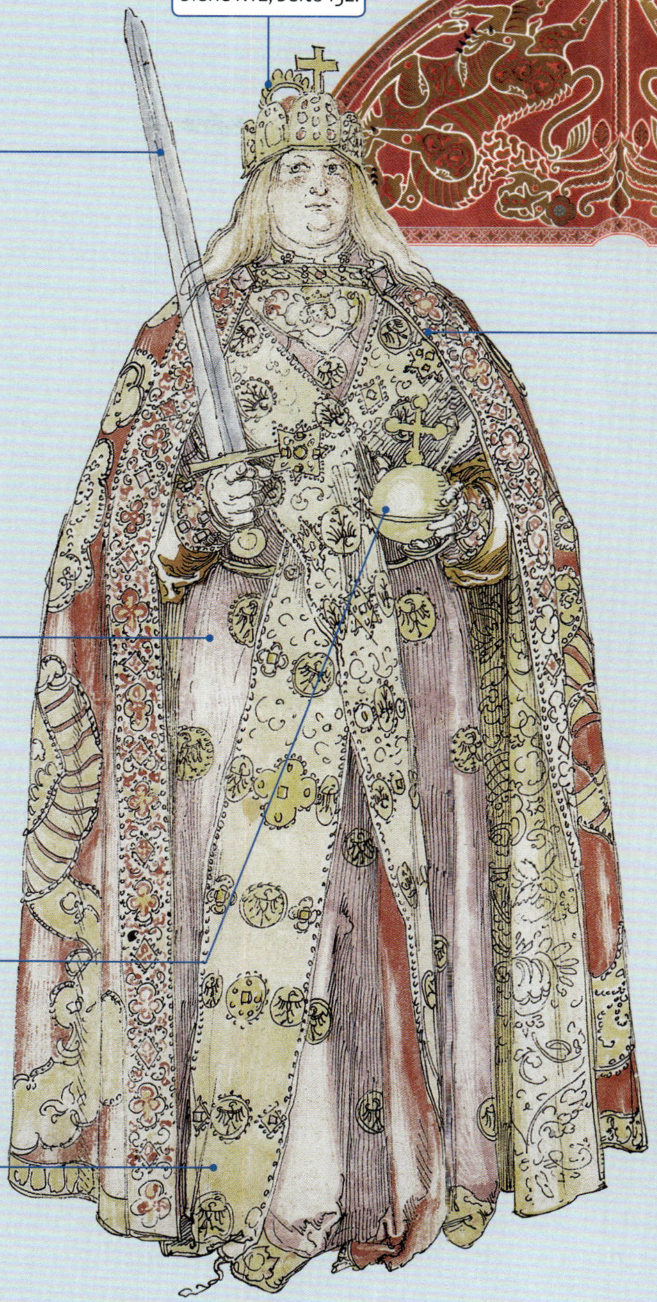

M 4 Idealbildnis Karls des Großen im Krönungsornat.
Federzeichnung von Albrecht Dürer, 1510.
Ornat: *feierliche Amtstracht*

1. *Die Reichsinsignien M 1 bis M 4 heben zwei Bereiche der Königsherrschaft hervor. Nenne sie!*
2. *Erkläre die mögliche Bedeutung des Kreuzes auf dem Reichsapfel.*
3. *Die Reichsinsignien hatten über Jahrhunderte keinen festen Aufbewahrungsort, erst Anfang des 15. Jh. kamen sie nach Nürnberg. 1796 wurden sie nach Wien überführt. Recherchiere im Internet, wo sie überall aufbewahrt worden sind und warum sie heute in Wien sind. Fasse das Ergebnis in einer Übersicht zusammen, präsentiere sie in der Klasse und füge sie dann in dein Portfolio ein.*
4. *In diesem Kapitel findet ihr auf den Seiten 120 bis 155 weitere Bildquellen mit Herrschern und Herrschaftszeichen. Stellt sie in einer Liste zusammen. Nennt die zu erkennenden Herrschaftszeichen. Beschreibt, wie und bei welchen Anlässen die Herrscher dargestellt werden. Diskutiert, wozu und weshalb diese Bilder wohl angefertigt worden sind.*

Kreuzzüge – Wallfahrten in Waffen

1 Kreuzritter.
Buchmalerei aus dem 13. Jh.

Hilferuf aus Konstantinopel

Ab Mitte des 11. Jh. eroberten Muslime Syrien und Palästina und nahmen Jerusalem ein. 1071 besiegten sie die Byzantiner in der *Schlacht von Manzikert* und verdrängten sie aus Kleinasien. In dieser Zeit wurden die Pilgerwege nach Jerusalem unterbrochen, unbewaffnete Wallfahrer überfallen und ausgeraubt. Im März 1095 bat der byzantinische Kaiser *Alexios I.* Papst *Urban II.* um Militärhilfe. Das war bemerkenswert, weil sich die griechisch-orthodoxe Kirche 1054 von der römisch-katholischen Kirche im Streit getrennt hatte.
Da im Abendland Papst und Könige zu dieser Zeit noch um das Recht der Bischofseinsetzung stritten,* wandte Urban II. sich an die Herzöge, Grafen und Bischöfe mit der Bitte, Byzanz zu helfen.

Siehe Seite 134.

▶ ***Lesetipps:***
- *Harald Parigger, Das Zeitalter der Kreuzzüge. Gottfried von Bouillon und die Schlacht um Jerusalem, Würzburg 2010*
- *Mirjam Pressler, Nathan und seine Kinder, Weinheim 2011*

▶ ***Filmtipp:***
Königreich der Himmel; Regie: Ridley Scott, 2006 (DVD)

„Gott will es!"

Im November 1095 rief der Papst am Rande einer großen Kirchenversammlung im französischen Clermont, an der 300 Bischöfe und Äbte sowie einige Ritter teilnahmen, zur bewaffneten Wallfahrt gegen die Feinde des christlichen Glaubens und zur Befreiung Jerusalems auf. Er versprach allen Teilnehmern einen *Ablass*, einen Nachlass der Strafen für ihre Sünden. Seine Rede muss die Zuhörer beeindruckt haben. Immer wieder soll der Papst mit dem Zuruf „Deus lo vult!" („Gott will es!") unterbrochen worden sein. Und nach der Ansprache gelobten viele Anwesende, dem Aufruf zu folgen. Als Zeichen ihres Versprechens hefteten sie sich Kreuze aus Stoff auf ihre Kleidung. Sie folgten damit dem Bibelwort: „Und wer nicht sein Kreuz auf sich nimmt und mir nachfolgt, ist meiner nicht würdig." Nach der Kirchenversammlung verbreiteten Bischöfe und Wanderprediger den Aufruf des Papstes.

Was ist ein Kreuzzug?

Der Begriff „Kreuzzug" wurde Ende des 12. Jh. erstmals verwendet. Er steht für einen vom Papst ausgerufenen Krieg gegen die Feinde des Glaubens und der Kirche. Der religiöse Sinn einer Pilgerreise – Buße für die begangenen Sünden zu tun – wurde mit dem Gedanken vom „gerechten Krieg" gegen ungerechtfertigte Herrschaft und „Feinde des christlichen Glaubens" verknüpft.

Der Erste Kreuzzug beginnt

Religiöser Eifer und der versprochene Nachlass der Sündenstrafen veranlassten Christen, den Aufrufen zu folgen. Abenteuerlust und Geldgier spielten kaum eine Rolle. Nur wenige gingen mit, um im Heiligen Land zu siedeln.
Unter der Führung von Herzögen, Grafen und Bischöfen zogen 1096 etwa 90 000 Menschen in fünf großen Heeren aus Westeuropa in den Orient. Nicht einmal jeder Zehnte war ein Adliger oder Ritter, ein Drittel der Teilnehmer war unbewaffnet. Von den Muslimen und Byzantinern wurden sie alle „Franken" genannt.
Während des Zuges kam es zu den ersten großen Übergriffen gegen die Juden nördlich der Alpen, besonders im Rheinland, in Frankreich und in Böhmen. Sie wurden als die ersten und wahren Feinde Christi verschrien, ausgeraubt, zur Taufe gezwungen oder umgebracht. Ganze Judengemeinden wurden vernichtet. Die Zahl der Opfer wird auf 5 000 geschätzt.
Im Herbst 1096 kamen die ersten Heere in Konstantinopel an. Sie unterstellten sich anders als versprochen nicht dem byzantinischen Kaiser, sondern verfolgten eigene Interessen.

▶ ***Internettipp:*** *www.planet-wissen.de (Die Kreuzzüge)*

2 Die ersten Kreuzzüge im 11. und 12. Jh.

■ *Stelle fest, zu welchen Staaten die Gebiete der Kreuzfahrerstaaten heute gehören.*

Die „Befreiung" Jerusalems

In Kleinasien nahmen die Truppen im Juni 1097 Nicäa ein, dann belagerten sie sieben Monate Antiochia. Das Klima, das Gelände, die Ernährung und die Kampfweise der Muslime mit Pfeil und Bogen waren ihnen fremd. Nur etwa 20 000 erreichten im Juni 1099 Jerusalem. Sie belagerten die Stadt fünf Wochen, erstürmten und plünderten sie und richteten ein Blutbad unter Muslimen, Juden und orientalischen Christen an. Aus der Wallfahrt war ein Angriffs- und Eroberungskrieg geworden.

Die „Befreiung" Jerusalems sahen viele Christen als Erfolg, der mit Gottes Hilfe erreicht worden war. Ihre Toten galten als Zeugen des Glaubens (*Märtyrer*).

„Kreuzfahrerstaaten" entstehen

Während die meisten Kreuzzugsteilnehmer heimkehrten, richteten einige Fürsten in den eroberten Gebieten an der Mittelmeerküste vier unabhängige christliche „Kreuzfahrerstaaten" ein: das Königreich Jerusalem, das Fürstentum Antiochia und die Grafschaften Edessa und Tripolis. Dort ließen sich bis Ende des 12. Jh. etwa 100 000 „Lateiner" nieder. Sie blieben gegenüber den Muslimen in der Minderheit.

Rückzug nach 200 Jahren

Die Einigung der Muslime und Streit in den Kreuzfahrerstaaten ermöglichten es Sultan *Saladin*, Jerusalem 1187 zurückzuerobern. Obwohl Christen bald wieder die Wallfahrtsorte besuchen durften, riefen die Päpste im 12. und 13. Jh. zu weiteren Kreuzzügen auf. Nach dem Investiturstreit* konnten sie dafür auch die französischen, englischen, ungarischen und deutschen Könige gewinnen. Dass es dabei nicht nur um die Verteidigung der Kreuzfahrerstaaten ging, machte der Kreuzzug von 1202 bis 1204 deutlich: Venedig überredete die Kreuzritter vor dem Zug ins Heilige Land dazu, Byzanz, seinen wirtschaftlich und politisch mächtigsten Gegner, anzugreifen. Die christlichen Abendländer zerstörten und plünderten das reiche Konstantinopel. Sie stürzten den byzantinischen Kaiser und errichteten ein *Lateinisches Kaiserreich von Konstantinopel*. Auch wenn dieses Reich 1261 schon wieder zerbrach: Byzanz blieb dauerhaft geschwächt und vertraute dem lateinischen Westen nicht mehr. Zugleich vertiefte sich die Trennung zwischen der griechisch-orthodoxen und katholischen Kirche.

1291 fiel das letzte Bollwerk der Kreuzritter in Palästina: Akkon wurde von islamischen Heeren erobert und die Herrschaft der „Kreuzfahrer" beendet.

**Lies dazu Seite 134.*

M1 „Ihr Leute!“

969 besetzen byzantinische Soldaten islamische Gebiete im Norden Syriens und Mesopotamiens. Daraufhin ruft der 23-jährige arabische Dichter und Prediger Ibn Nubata seine Landsleute zum Kampf („Dschihad“) auf:

Eure Feinde verüben in euren Siedlungen Untaten und erreichen ihrer Hoffnung Ziel, weil ihr euch des heiligen Kampfes enthaltet. [...]

Wo ist der Eifer im Glauben? Wo ist die Scharfsicht der Überzeugung? Wo ist die Furcht vor den Flammen der Hölle? Wo ist das Vertrauen auf Gottes Garantie? Hat Er der Allmächtige doch in der Offenbarung gesagt: „Ja, wenn ihr standhaft und gottesfürchtig seid und sie über euch kommen in wilder Hast, wird euer Herr euch helfen mit 5000 gezeichneten Engeln. Das hat Gott allein zu seiner Freudenbotschaft für euch gemacht. Eure Herzen sollen dessen sicher sein. Der Sieg kommt allein von Gott, dem Mächtigen und Weisen.“

Er hat Euch Gottvertrauen und Geduld übertragen und euch Hilfe und Beistand garantiert. Wollt ihr denn Seiner Garantie misstrauen oder an Seiner Güte und Gerechtigkeit Zweifel hegen? Eilt also mit Gottes Gnade zum Dschihad mit reinen Herzen und stolzen Seelen, mit gefälligen Taten und strahlendem Gesicht! Fasset den Entschluss, euch zu rüsten, und entblößt eure Köpfe in der Schande des Verzögerns! Schenkt euer Leben dem, der es zuerst besitzt! Seid ohne Furcht, denn sie kann den Tod von euch nicht fernhalten! [...]

Auf zum Dschihad, auf, ihr, die ihr gewiss seid! Auf zum Sieg, auf, ihr, die ihr standhaft seid! Auf zum Paradies, auf, die ihr voll Streben seid! Auf zum Höllenfeuer, auf, ihr, die ihr auf der Flucht seid! Der Dschihad ist die feste Grundlage des Glaubens, das weiteste Tor der göttlichen Gunst und der höchste Grad des Paradieses. Wer es darin treu mit Gott meint, kann zwischen zwei Wegen suchen und wählen: zwischen Glück und dem Sieg in Bälde und dem Triumph durch die Märtyrerschaft in Zukunft.

Franz-Josef Brüggemeier/Gerhard Hoffmann (Hrsg.), Menschen im Jahr 1000, Freiburg – Basel – Wien 1999, S. 119-121 (leicht verändert)

1. *Arbeite aus dem Text heraus, wie Ibn Nubata den Krieg begründet. Stelle fest, welche Vorstellungen vom „Dschihad“ dabei deutlich werden (M1).*
2. *Prüfe, ob die Darstellung auf dem Bild (M2) den überlieferten Informationen entspricht. Lies dazu den Verfassertext auf Seite 138.*
3. *Vergleicht die Aufrufe (M1 und M3). Untersucht dabei, wer die Verfasser sind, an wen sie sich wenden, welche Absichten sie verfolgen, wie sie die Gegner beschreiben und welche Versprechen sie machen.*

M2 Papst Urban II. ruft 1095 zum Kreuzzug auf.
Holzschnitt von 1482.
Auf dem Spruchband in der Mitte des Bildes steht „Deus lo vult“ („Gott will es!“).

M3 „Gott will es!“

Der 1059 geborene französische Geistliche Fulcher von Chartres nimmt am Ersten Kreuzzug teil. Er bleibt in Jerusalem und verfasst dort um 1100 eine Chronik des Kreuzzuges. In dem Werk überliefert er die Rede, die Papst Urban II. am 27. November 1095 zur Befreiung Jerusalems in Clermont in der Auvergne gehalten haben soll.

Es ist nötig, dass ihr euren Mitbrüdern im Orient unverzüglich die schon so oft erbetene Hilfe bringt. Wie den meisten von Euch schon gesagt worden ist, sind nämlich die Türken eingefallen; diese Türken haben die Gebiete der Christen mehr und mehr besetzt, wobei sie viele töteten oder gefangen nahmen, Kirchen zerstörten und das Reich Gottes verwüsteten. Darum ermahne ich Euch flehentlich, nein nicht ich, sondern der Herr ermahnt Euch als Botschafter Christi, dass Ihr allen Menschen jeglichen Standes, Rittern wie Fußsoldaten, Reichen wie Armen ratet, bei der Vertreibung dieses nichtswürdigen Volkes aus unseren Gebieten rasch zu helfen. Christus befiehlt es selbst. Allen aber, die dorthin gehen, wird die sofortige Vergebung ihrer Sünden zuteil. Es sollen alle antreten, die sonst leichtfertig lang andauernde Fehden sogar gegen Gläubige führten. Nun sollen diejenigen, die gerade noch Räuber waren, Soldaten Christi werden. Es sollen gegen Barbaren kämpfen, die einst gegen Brüder und Blutsverwandte stritten. [...] Gott will es!

Nach: Gisbert Gemein/Joachim Cornelissen, Kreuzzüge und Kreuzzugsgedanke in Mittelalter und Gegenwart, München 1992, S. 4 (gekürzt und sprachlich leicht überarbeitet)

M4 Ein Kreuzzugsteilnehmer berichtet

In den um 1100 verfassten „Gesta Francorum" („Taten der Franken") heißt es über die Eroberung Jerusalems 1099:

Am Freitag aber griffen wir in aller Frühe die Stadt von allen Seiten an, aber wir konnten ihr keinen Schaden zufügen, und wir waren alle darüber erstaunt und in großer Furcht. Als aber die Stunde kam, da unser Herr Jesus Christus es nicht verschmähte, für uns am Holz des Kreuzes zu leiden, kämpften unsere Ritter [...] mit vermehrter Kraft auf dem Belagerungsturm. Dann gelang es einem unserer Ritter [...] auf die Mauer der Stadt zu steigen. Alsbald flohen alle Verteidiger der Stadt über die Mauern und durch die Stadt, und die Unseren setzten ihnen sofort nach, sie tötend und verstümmelnd, bis zum Tempel Salomos; dort fand ein so großes Morden statt, dass die Unseren mit ihren Füßen bis zu den Knöcheln in Blut wateten. [...]
Alsbald liefen sie [die Kreuzzugsteilnehmer] durch die ganze Stadt und brachten Gold und Silber, Pferde und Maultiere und ganze Häuser mit allen Gütern an sich. Danach aber kamen alle Unsrigen jubelnd und vor übergroßer Freude weinend zum Grab unseres Erlösers Jesus, um zu beten, und kamen so ihm gegenüber ihrer eigentlichen [Pilger-]Pflicht nach. Am Morgen danach stiegen die Unseren vorsichtig auf das Dach des Tempels, überfielen die Sarazenen, Männer und Frauen, und enthaupteten sie mit blanken Schwertern; andere aber stürzten sich vom Tempel. Als Tankred* das sah, wurde er sehr zornig.

Peter Thorau, Die Kreuzzüge, München [4]2012, S. 9 f.

** Tankred von Tiberias (1072-1112) führte die italienischen Normannen an; er wurde nach dem Ersten Kreuzzug Herrscher des Fürstentums Antiochia.*

M6 Einsatz eines Hebelwurfgeschützes.
Buchmalerei, um 1240.

M5 Aus einem arabischen Geschichtsbuch

Der arabische Geschichtsschreiber Ibn al-Atir schreibt etwa 100 Jahre nach dem Fall Jerusalems:

Die Franken nahmen Jerusalem am Freitag, den 15. Juli 1099. Die Einwohner wurden ans Schwert geliefert, und die Franken blieben eine Woche in der Stadt, während der sie die Einwohner mordeten. Eine Gruppe von diesen suchte Schutz in Davids Bethaus*, verschanzte sich dort und leistete einige Tage Widerstand. Nachdem die Franken ihnen das Leben zugesichert hatten, ergaben sie sich; die Franken hielten den Vertrag, und sie zogen des Nachts in Richtung Askalon und setzten sich dort fest. In der al-Aqsa Moschee** dagegen töteten die Franken mehr als siebzigtausend Muslime, unter ihnen viele Imame***, Religionsgelehrte, Fromme und Asketen****, die ihr Land verlassen hatten, um in frommer Zurückgezogenheit an diesem heiligen Ort zu leben. Aus dem Felsendom***** raubten die Franken mehr als vierzig Silberleuchter [...], einen großen Silberleuchter [...], außerdem von den kleineren Leuchtern einhundertundfünfzig silberne und mehr als zwanzig goldene, und andere unermessliche Beute. [...]
Die Flüchtlinge erreichten Bagdad [...]. Am Freitag kamen sie in die Hauptmoschee und flehten um Hilfe; sie waren in Tränen und rührten zu Tränen bei der Erzählung, was die Muslime in dieser erhabenen heiligen Stadt erlitten hatten: die Männer getötet, Frauen und Kinder gefangen, alle Habe geplündert. Wegen der Schwere des Unglückes, das sie erduldet hatten, brachen sie sogar das Fasten.
[...] Die verschiedenen muslimischen Fürsten lagen untereinander im Streit [...], so konnten die Franken das Land besetzen.

Francesco Gabrieli, Die Kreuzzüge aus arabischer Sicht, München [2]1976, S. 49 f. (vereinfacht)

** Davidsturm*
*** Moschee auf dem Tempelberg*
***** **Imam**: *Vorbeter*
****** **Asket**: *enthaltsam lebender Mensch*
****** auf dem Tempelberg; von dem Felsen aus ist nach dem Glauben der Muslime Mohammed zum Himmel aufgestiegen*

1. *Vergleicht die Berichte über die Eroberung Jerusalems (M4 und M5). Arbeitet heraus, wann und wie die Autoren das Ergebnis bewerten.*
2. *Beurteile das Vorgehen der Kreuzfahrer aus deiner heutigen Sicht. Begründe deine Meinung.*
3. *Informiere dich, in welchen Zusammenhängen der Begriff „Kreuzzug" heute noch verwendet wird.*

Karte und Weltbild

M1 Die Ebstorfer Weltkarte.
Diese Karte entstand um 1300 in dem Kloster Ebstorf bei Lüneburg (Niedersachsen). Sie hat einen Durchmesser von 357 cm und gilt als die größte Weltkarte (lat. Mappa mundi) des Mittelalters.
Zu sehen sind rund 1500 lateinische Texteinträge, 500 Gebäudedarstellungen, 160 Gewässer, 60 Inseln oder Gebirge, 45 Menschen- oder Fabelwesen und ungefähr 60 Tiere. Das Original war auf Pergament gemalt. Es verbrannte 1943.

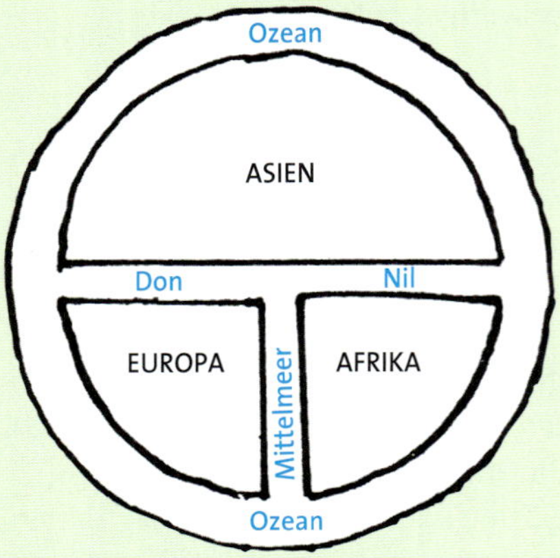

M2 Mittelalterliches Schema der Erdoberfläche.
Dieses Kartenschema tauchte erstmals um 600 in einer Schrift von Isidor von Sevilla auf.

M3 Einige Orte auf der Ebstorfer Weltkarte.

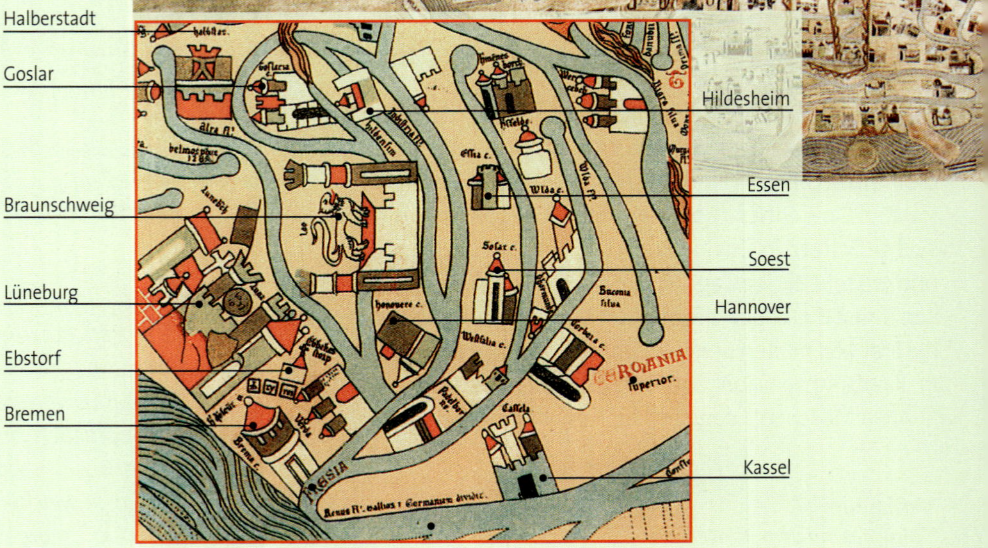

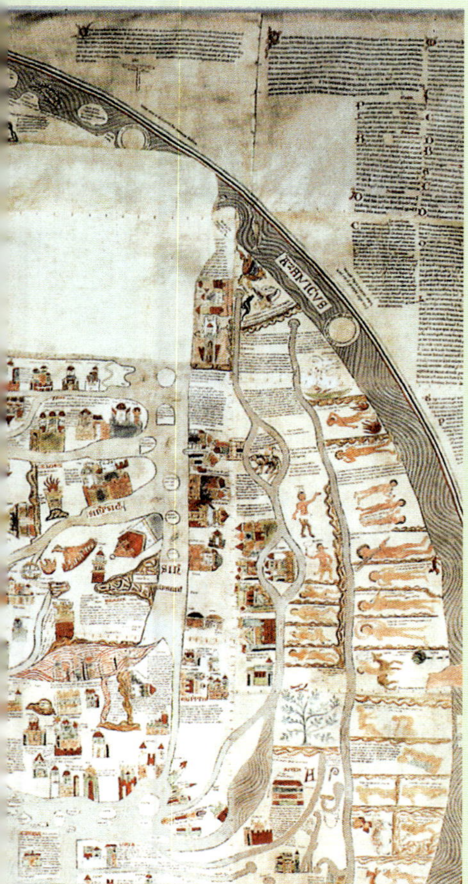

M5 **Wozu diente diese mittelalterliche Karte?**

Über die Funktion der Ebstorfer Weltkarte (M1) schreibt um 1300 ihr unbekannt gebliebener Zeichner:

Mappa heißt Abbild, daher Mappa mundi so viel wie Abbild der Welt. Dieses hat zuerst Iulius Caesar erarbeitet mithilfe von Kundschaftern, die er über die ganze Erde aussandte. Regionen, Provinzen, Inseln, Städte, Küsten, Sümpfe, Meeresflächen, Gebirge, Flüsse: Alles hat er zu einer Gesamtübersicht auf einem Blatt zusammengestellt. Den Betrachtern bringt das einen nicht geringen Nutzen, den Reisenden gibt es die Richtung und eine anschauliche Vorstellung von den Dingen am Wege.

Ute Schneider, Die Macht der Karten. Eine Geschichte der Kartographie vom Mittelalter bis heute, Darmstadt ³2012, S. 25

M6 **Eine Karte als Wissensspeicher**

Die Ebstorfer Karte ist ein „Geschichtsgemälde". Sie enthält biblische, geschichtliche, literarische (mythologische) und naturkundliche Eintragungen. Welche Informationen von dem Kartografen aufgenommen wurden und welche Orte er wo eintrug, hing nicht allein von der geografischen Lage ab, sondern von der Bedeutung, die eine Information oder ein Ort für die Vergangenheit und Gegenwart hatte.

Die religiöse Bedeutung dieses Gemäldes zeigt schon ihre Form: Die Karte ist kreisrund. Sie lässt an eine Oblate denken, die als Hostie für den Leib Christi steht.

Auf die Herkunft der Karte aus dem Herrschaftsgebiet der Welfen deuten die Hervorhebungen der Städte Lüneburg und Braunschweig sowie des Klosters Ebstorf.

Die Ebstorfer Karte ist somit nicht nur ein bedeutendes Zeugnis des christlich-mittelalterlichen Weltwissens, sondern auch ein einzigartiger „Wissensspeicher".

Verfassertext

M4 **Eine arabische Karte.**

Kopie der Weltkarte des arabischen Gelehrten al-Idrisi von 1456; Durchmesser ca. 23 cm.

Vorlage dieser Karte war eine 350 x 150 cm große, auf einer Silberplatte gravierte Weltkarte, die al-Idrisi im Jahre 1154 für den König Roger II. von Sizilien in Palermo angefertigt hatte, die aber verloren ging. Die Karte ist gesüdet und durch Breitengrade in Zonen geteilt. Der heiße Süden und der kalte Norden sind nach antiker Überlieferung unbewohnt.

1. *Suche in einem Atlas eine Weltkarte und stelle fest, worin sich die Ebstorfer Karte von ihr unterscheidet.*
2. *Das Format der Karte (M1) sagt etwas über ihre besondere Aufgabe aus. Erkläre, wozu sie nicht diente.*
3. *Vergleiche die Lage der Kontinente in M1 und M4.*
4. *Stelle fest, wie die Karte M1 „ausgerichtet" ist, d. h. welche Himmelsrichtung oben ist. Siehe dazu M2 und M4. Tipp: Die Herkunft des Wortes „orientieren" kann dir helfen.*
5. *Der Zeichner spricht vom Nutzen der Karte (M5). Erkläre diese Aussage.*
6. *Im Mittelpunkt der Karte M1 liegt Jerusalem. Im Innern der quadratisch gezeichneten Stadt ist ein geöffnetes Grab mit zwei Grabwächtern zu sehen. Erläutere, was das bedeutet. Berücksichtige dabei M5 und M6.*

Abendland trifft Morgenland

1 **Araber am Bett des kranken Königs Wilhelm II. von Sizilien.**
Buchmalerei, zwischen 1194 und 1197 (Ausschnitt). Links ein Arzt mit einem Uringlas, rechts ein Astrologe mit einem Astrolabium („Stern-Nehmer").

Kreuzzüge und Handel
Schon vor dem 11. Jh. waren Händler aus Venedig, Genua und anderen italienischen Seestädten in den Orient gefahren, um Gewürze wie Nelken, Muskat, Safran und Zimt, Färbemittel wie Indigo und Ultramarin sowie Weihrauch, Elfenbein, Baumwolle zu kaufen und Rohstoffe wie Felle, Holz, Getreide, Pferde und Waffen zu verkaufen.
Während der Kreuzzüge und nach Gründung der Kreuzfahrerstaaten ging der Handel zwischen Christen und Muslimen weiter, selbst dann, als die Päpste ihn im 12. Jh. einzuschränken versuchten. Sie hatten die Christen aufgefordert, den Muslimen keine kriegswichtigen Waren zu verkaufen.
Die italienischen Kaufleute verdienten am Transport der Pilger und Kreuzfahrer ins Heilige Land. Sie konnten den Arabern Anfang des 13. Jh. die Herrschaft in Teilen des Mittelmeeres streitig machen.

Neues aus dem Orient
Mit den Kreuzzügen nahm die Zahl der Christen zu, die die Lebensweise der Muslime kennenlernten. In den von ihnen seit Jahrhunderten bewohnten Gebieten in Spanien, Sizilien und Unteritalien* sowie in den Kreuzfahrerstaaten lernte man voneinander, übernahm Nahrungsmittel und Rezepte. Bei den Christen wurden orientalische Zuckerwaren beliebt. Auch in der Metall-, Textil-, Keramik- und Lederverarbeitung, der Papierherstellung sowie bei der Errichtung von Krankenhäusern (*Hospitälern*) machte sich arabischer Einfluss bemerkbar. Im Gegenzug übernahmen Muslime Anregungen zum Bau von Festungen, zur Belagerungstechnik und Ausrüstung der Reiter.

Siehe dazu Seite 76 f. und die Karte auf Seite 82 f.

Von Arabern lernen
Die Araber hatten bereits im 9./10. Jh. – oft mit jüdischer Unterstützung – begonnen, altgriechische, persische und indische Texte in die eigene Sprache zu übertragen und zu kommentieren. Sie sicherten damit der Nachwelt viele antike Werke, die sonst verloren gegangen wären.
Seit dem Ende des 10. Jh. zogen christliche Gelehrte ins muslimische Spanien, um naturwissenschaftliche, mathematische, medizinische und philosophische Studien zu betreiben und arabische Werke ins Lateinische zu übersetzen. Sie übernahmen von den Arabern das Rechnen mit Buchstaben (*Algebra*), erfuhren mehr über die Sterne und Planeten, lernten viel über den Kreislauf des Blutes im menschlichen Körper und über die Heilwirkung vieler Pflanzen. Auch das heutige Zahlensystem übernahmen die Europäer von den Arabern, die es selbst einst von den Indern erlernt hatten.

Erste Koran- und Bibelübersetzungen
Der Koran wurde erstmals 1134 ins Lateinische übersetzt. Dies geschah allerdings einzig aus dem Wunsch heraus, seine Aussagen zu widerlegen. Eine vollständige Bibelübersetzung für muslimische Gelehrte gab es noch nicht. Lediglich Teile des Alten und Neuen Testaments waren zwischen dem 6. und 9. Jh. von Arabern aus dem Griechischen übertragen worden. Darüber hinaus wurde im 10. Jh. das gesamte Alte Testament für die Arabisch sprechenden Juden übersetzt.

1. *Die Malerei (Abb. 1) gibt Auskunft über Kulturkontakte. Erkläre!*
2. *Stellt Vermutungen darüber an, warum am Krankenbett der Urin untersucht und der Stand der Sterne bestimmt wurden (Abb. 1).*

M1 **Keine „Abendländer“ mehr**

Fulcher von Chartres (siehe M3, Seite 140) bleibt nach dem Ersten Kreuzzug in Palästina; er schreibt:

Wir, die wir vorher Abendländer waren, sind nun Orientalen, wer ein Römer oder Franke war, ist hier ein Galiläer oder Palästinenser geworden [...]. Schon haben wir die Orte unserer Geburt vergessen [...]. Andere [Lateiner] sind verheiratet, nicht nur mit Frauen aus der früheren Heimat, sondern auch mit Syrerinnen und Armenierinnen, ja selbst mit Musliminnen, jedoch selbstverständlich nur mit getauften.

Nikolas Jaspert, Die Kreuzzüge, Darmstadt [5]2010, S. 97

M2 **Heilmethoden**

Über die Behandlung zweier Patienten durch einen orientalischen und einen abendländischen („fränkischen“) Arzt berichtet im 12. Jh. ein Araber:

Sie führten mir einen Ritter vor, der einen Abszess* am Bein hatte, und eine Frau, die an Auszehrung** litt. Dem Ritter machte ich ein erweichendes Pflaster, und der Abszess öffnete und besserte sich; der Frau verschrieb ich eine Diät [...].

Da kam ein fränkischer Arzt daher und sagte: „Der weiß doch überhaupt nicht, wie sie zu behandeln sind!“, wandte sich an den Ritter und fragte ihn: „Was willst du lieber: mit einem Bein leben oder mit beiden Beinen tot sein?“ Der antwortete: „Lieber mit einem Bein leben!“ Da sagte er: „Holt mir einen kräftigen Ritter und ein scharfes Beil!“ Ritter und Beil kamen, ich stand dabei. Er legte das Bein auf einen Holzblock und sagte zu dem Ritter: „Gib dem Bein einen tüchtigen Hieb, der es abtrennt.“ Er schlug, unter meinen Augen, einmal zu, und da das Bein nicht abgetrennt war, ein zweites Mal: Das Mark des Beines spritzte weg, und der Ritter starb sofort. Hierauf untersuchte er die Frau und sagte: „Die da hat einen Dämon im Kopf, der sich in sie verliebt hat. Schert ihr die Haare.“ Sie schoren sie, und sie aß wieder von ihren gewohnten Speisen, Knoblauch und Senf, wodurch die Auszehrung sich verschlimmerte. „Der Teufel steckt in ihrem Kopf“, urteilte er, nahm ein Rasiermesser und schnitt ihr kreuzförmig über den Kopf, entfernte die Haut in der Mitte, bis der Schädelknochen freilag, und rieb ihn mit Salz ein: Die Frau starb augenblicklich.

Da fragte ich: „Habt ihr mich noch nötig?“ Sie verneinten, und ich ging weg, nachdem ich von ihrer Heilkunde gelernt hatte, was ich vorher nicht wusste.

Francesco Gabrieli, Die Kreuzzüge aus arabischer Sicht, a. a. O., S. 118 f. (vereinfacht)

*Abszess: *gefährliche Eiterbeule*

**Auszehrung: *Abmagerung infolge einer Krankheit wie Tuberkulose oder Krebs*

M3 **Christ und Muslim spielen Schach.**

Buchmalerei aus Spanien, 13. Jh.

Das Schachspiel stammt wohl aus Indien. Es war im arabischen und abendländischen Kulturraum verbreitet und galt als königliches bzw. ritterliches Strategiespiel.

Nach den ersten Kreuzzügen fanden sich in den Kreuzfahrerstaaten Muslime und Christen aller Stände zusammen, um Schach zu spielen.

M4 **Arabisches im deutschen Wortschatz**

Viele Wörter in unserer Sprache stammen aus dem Arabischen oder – durch die Araber vermittelt – aus dem Persischen und Indischen; solche Worte sind z. B.:

Algebra, Alkali, Alkohol, Aprikose, Azur, Baldachin, Benzin, Chemie, Damast, Diwan, Droge, Drogerie, Gamasche, Gaze, Ingwer, Jacke, Kaffee, Kandis, Karaffe, Kattun, Kümmel, Lack, Laute, Limonade, Magazin, Marzipan, Matratze, Muskat, Musselin, Orange, Rose, Safran, Sandale, Satin, Schal, Sirup, Sofa, Spinat, Tabak, Taft, Zenit, Ziffer, Zimt, Zucker.

Nabil Osman, Kleines Lexikon deutscher Wörter arabischer Herkunft, München [8]2010

1. *Untersuche Fulchers Aussage und beurteile die dargestellte Entwicklung (M1).*
2. *Vergleiche das Vorgehen der Ärzte (M2). Welche Krankheitsursachen werden genannt?*
3. *Diskutiert, ob der Bericht (M2) glaubwürdig ist.*
4. *Ordne die Lehnwörter nach Sachgebieten (M4). Schlage diejenigen nach, die du nicht kennst. Nimm das Ergebnis in dein Portfolio auf.*
5. *Die Historiker überlieferten in erster Linie die Konflikte und Kriege zwischen den Muslimen und Christen. Auf das Zusammenleben (M1 und M3) gingen sie selten ein. Nenne mögliche Gründe.*

Aufbruch nach Osten

1 Die Marienburg am Ufer der Nogat (heute Malbork/Polen).
Foto, um 1990.
Die Ordensburg war von 1309 bis 1457 Sitz des Deutschen Ordens. Sie ist eine der größten Burgen Europas und nach der Schutzheiligen des Ordens benannt.

Jenseits der Elbe

Die Bevölkerung West- und Mitteleuropas war ständig gewachsen und das Ackerland zu knapp, um sie zu ernähren. Seit dem 11. Jh. waren immer mehr Menschen bereit, in weiter entfernte Gegenden zu ziehen, um sich dort eine neue Existenz aufzubauen. Siedler zogen aus Flandern, Friesland, dem Rheinland und Westfalen in das Gebiet östlich von Elbe und Oder. Sie folgten den Aufrufen weltlicher und geistlicher Fürsten. Diese *Ostsiedlung* wurde begleitet von Feldzügen. Im *Wendenkreuzzug* von 1147 unterwarfen sächsische Fürsten gemeinsam mit polnischen und dänischen Adligen slawische (wendische) Stämme an der Ostseeküste. Sie nahmen ihnen das Land und zwangen sie, Christen zu werden.

Wer war zuständig?

Für die Lösung der Probleme bei der Ansiedlung der Einwanderer waren *Lokatoren* (Siedlungsunternehmer) zuständig. Im Auftrag der weltlichen und geistlichen Herren vermaßen sie das Land und vergaben es an die Siedler. Sie berieten sie bei der Einrichtung von Bauernhöfen und der Anlage von Dörfern. Die Lokatoren bekamen dafür von den Herren größere Grundstücke überlassen sowie das Amt des Dorfrichters und Bürgermeisters (*Schulzen*) übertragen.
Es entstanden viele Dörfer und zahlreiche Städte wie Lübeck, Kiel, Schwerin, Rostock, Wismar, Stettin (heute Szczecin) und Breslau (heute Wroclaw). Der Handel zwischen West- und Ostmitteleuropa wuchs. In den gebirgigen Gegenden Sachsens, der Slowakei und Siebenbürgens wurden Bergleute angesiedelt, um Gold, Silber und Kupfer zu fördern.

Neue Volksstämme entstehen

Die Siedler brachten ihre Bräuche mit. Manche ließen sich ihre alten und neuen Rechte von ihren Herren bestätigen. Neusiedler und Slawen wohnten anfangs noch nebeneinander in eigenen Dörfern. Aus den beiden Gruppen entwickelten sich die Brandenburger, Mecklenburger, Pommern und Schlesier.

Der Deutsche Orden

Während der Kreuzzüge wurde im Heiligen Land im 12. Jh. der *Deutsche Orden* gegründet. Er entwickelte sich von einem Orden zur Pflege von Kranken und Pilgern zu einem geistlichen Ritterorden, der dem Papst direkt unterstellt war. Er verpflichtete sich zum Schutz von Christen und zum Kampf gegen Ungläubige. An seiner Spitze stand ein auf Lebenszeit gewählter „Hochmeister".
Durch Schenkungen erhielt der Deutsche Orden viele Besitzungen in ganz Europa.
1225/26 bat der polnische Herzog *Konrad von Masowien* den Orden um Hilfe gegen die heidnischen Pruzzen. Dafür bot er ihm das Kulmer Land an. Hochmeister *Hermann von Salza* sah dies als Gelegenheit zum Aufbau einer eigenen Landesherrschaft an. Von Papst und Kaiser ließ er sich seine Gebiets- und Herrschaftsansprüche bestätigen.
Zwischen 1231 und 1280 führten die Ordensritter einen Eroberungskrieg gegen die Pruzzen. Der Eroberung folgten die Besiedlung, der Ausbau einer Verwaltung und die allmähliche Verschmelzung von Siedlern und einheimischen Pruzzen. Im Herrschaftsgebiet des Ordens wurden über 1400 Dörfer angelegt und 90 Städte gegründet. Zentrum der Ordensherrschaft wurde 1309 die Marienburg, eine der größten Burgen Europas.

Aufstieg und Zerfall eines Staates

Die Herrschaft des Ordens erreichte um die Mitte des 14. Jh. ihren Höhepunkt. Auseinandersetzungen mit den polnisch-litauischen Herrschern schwächten die Ordensmacht. Nach der Niederlage in der *Schlacht bei Tannenberg* 1410 beschleunigte sich der Niedergang. Hundert Jahre später ging der Ordensstaat im Herzogtum Preußen auf.

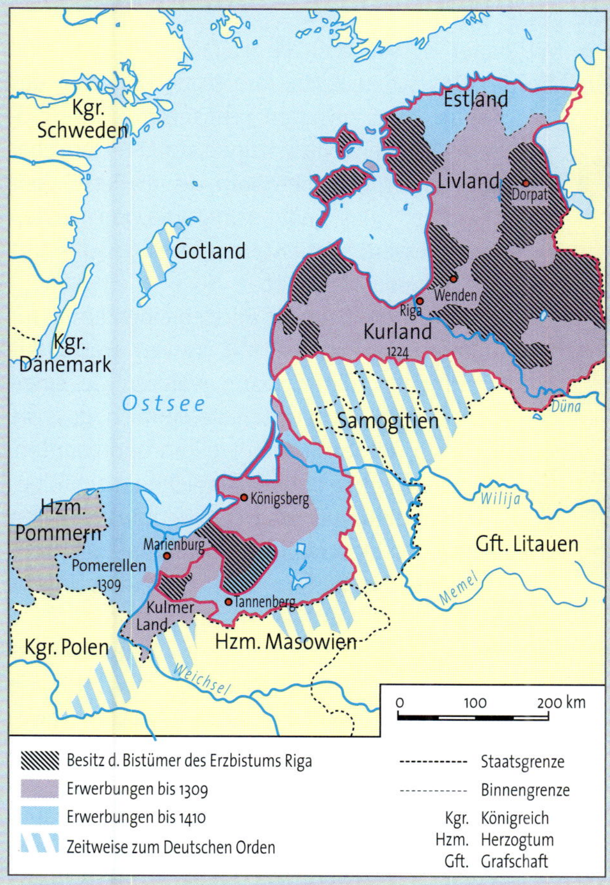

M1 Staat des Deutschen Ordens.

M2 Das Versprechen von Rimini

Kaiser Friedrich II. verspricht in einer im März 1226 in Rimini ausgestellten Urkunde dem Deutschen Orden:

Dass sie das Land, das sie vom Herzog Konrad [von Masowien] nach dessen Versprechen erhalten werden, ferner jedes Gebiet, das ihnen dieser vielleicht sonst überlässt, schließlich was sie mit Gottes Gnade im Land der Pruzzen erobern werden, in Freiheit ohne Dienstleistungen und Steuerpflicht, ohne irgendwelche üblichen Lasten innehaben und keinem für ihr Land Rechenschaft schuldig sind. Es soll ihnen ferner zum Vorteil ihres Hauses gestattet sein, Weg- und andere Zollstätten zu errichten, Messen und Märkte zu bestimmen, Geld zu schlagen, Steuern und andere Abgaben zu erheben [...]. Außerdem verleihen wir ihnen das Recht, Richter und Verwaltungsbeamte einzusetzen, die das ihnen untertänige Volk, die zum Glauben Bekehrten, [...] gerecht regieren und leiten.

Walther Hubatsch (Hrsg.), Quellen zur Geschichte des Deutschen Ordens, Göttingen 1954, S. 46 f. (vereinfacht)

M3 Gegen die Ungläubigen

Papst Urban IV. ruft 1262 zugunsten des Deutschen Ordens zu einem Kreuzzug auf. Er begründet ihn wie folgt:

Vor einiger Zeit haben sich unsere geliebten Söhne des Deutschen Ordens mit Klagen an uns gewandt, weil in Livland, Kurland und Preußen bei ihrem Streben, den Glauben zum Ruhme Gottes herrlich auszubreiten, ungefähr 50 Ordensbrüder, die dort eingesetzt waren, wie wir gehört haben, von den Händen der Ungläubigen grausam umgebracht worden sind. Der Hilfeschrei hat sich verdoppelt, und reichlich fließen die Tränen aus dem Grunde, weil wieder in den genannten Ländern einige Ordensbrüder von denselben Ungläubigen aufs Schrecklichste erschlagen worden sind, während die Masse der neu Getauften schmählich in ihren früheren Irrglauben zurückfiel. [...] Die Heiden aber sollen sich nicht rühmen können, straflos Christi Namen bekämpft zu haben.

Wolfgang Lautemann (Bearb.), Mittelalter. Reich und Kirche, München ^{2}1978, S. 668 f. (vereinfacht)

M4 Die Samogiten klagen

1399 wenden sich die Samogiten mit einem Aufruf an ihre Nachbarn.

Unterdrückt und durch Qualen erschöpft bitten wir Euch, ihr geistlichen und weltlichen Fürsten, uns anzuhören. Der Deutsche Orden will nicht unsere Seelen für Gott, sondern unsere Felder für sich selbst gewinnen. Er hat uns dazu gebracht, dass wir entweder Bettler oder Räuber werden müssen, um unser Leben zu erhalten, und wie wagten sie es nach alledem, sich unsere Brüder zu nennen und uns zu taufen? Wer andere waschen will, sollte selber sauber sein. Alle Früchte unseres Landes haben uns die Ritter genommen. Sie gestatteten uns weder zu jagen noch zu fischen, noch mit den Nachbarn Handel zu treiben. Jedes Jahr führten sie unsere Kinder als Geiseln weg, unsere Ältesten haben sie nach Preußen verschleppt, andere samt ihren Familien durch Feuer ausgerottet [...]! Habt Erbarmen mit uns! Von ganzem Herzen wollen wir Christen werden, aber wir wollen mit Wasser, nicht mit Blut getauft werden.

Valentin Gitermann, Geschichte Russlands, Bd. 1, Frankfurt a. M. 1987, S. 396

1. *Stelle fest, in welche heutigen europäischen Staaten die Gebiete des Deutschen Ordens liegen (M1).*
2. *Nenne die Vorteile, die Kaiser Friedrich II. dem Orden verschaffte (M2). Beurteile sie.*
3. *Vergleiche M3 mit dem Kreuzzugsaufruf von 1095 (M3, Seite 140). Arbeite die Unterschiede heraus.*
4. *Fasse die Vorwürfe der Samogiten zusammen (M4). Bewerte sie. Berücksichtige dabei auch M3.*
5. *Die Ostsiedlung war eine „Begegnung zwischen den Kulturen". Diskutiert diese Aussage.*

Könige und Vasallen streiten um die Macht

1 Krönungsbild Heinrichs des Löwen.
Ausschnitt aus einer Buchmalerei, die um 1185/88 im Kloster Helmarshausen (Hessen) entstanden ist. Zu sehen sind Heinrich der Löwe und seine Frau Mathilde. Links und rechts von ihnen stehen ihre Vorfahren.

- *Vergleiche diese Buchmalerei mit Abb. 2 auf Seite 131. Erläutere, wechen Rang Herzog Heinrich der Löwe auf dieser Buchmalerei für sich beanspruchte.*

Aufstieg und Fall eines „ungekrönten Königs"

Einer der mächtigsten Fürsten des 12. Jh. war *Heinrich der Löwe* aus der Familie der *Welfen*. In seinen Herzogtümern Sachsen und Bayern schwächte er andere Adlige, indem er ihre Lehen einzog und auf sie bei der Verwaltung seines Landes verzichtete. Um Handwerk und Handel zu fördern, gründete er Städte, darunter Lübeck und München. Dabei nahm er wenig Rücksicht auf die Rechte anderer geistlicher und weltlicher Herren. Da er Kaiser *Friedrich I. Barbarossa* („Rotbart") aus der Familie der *Staufer* unterstützte, ließ dieser ihm freie Hand. Schließlich überspannte Heinrich aber den Bogen: Für weitere Hilfe forderte er von Friedrich I. immer größere Zugeständnisse. Als der sich weigerte, ließ Heinrich den Kaiser in einem Krieg im Stich. Das nahmen die anderen Fürsten des Reiches zum Anlass, über den zu mächtig gewordenen Heinrich zu Gericht zu sitzen und ihn abzusetzen.

Früher glaubten die Geschichtswissenschaftler, dies sei mit Zustimmung des Kaisers geschehen, der damit das untreue Verhalten seines Vasallen bestrafen wollte. Heute meinen einige von ihnen, Friedrich I. hätte Heinrich den Löwen gerne begnadigt, um ihn als Helfer zu behalten. Die anderen Fürsten hätten aber auf seinem Sturz beharrt, um beide gleichzeitig zu schwächen und so sich selbst zu stärken.

Alle gegen einen?

Im Mittelalter versuchten die Herzöge, Grafen und Bischöfe im Deutschen Reich, ihre Macht zulasten des Königs, ihres obersten Lehnsherrn, zu vergrößern. Sie alle wollten keinen starken Herrscher über sich. Daher betonten sie ihr Recht „seit alters her", dass jeder König von den Fürsten gewählt werden musste, auch wenn er das Amt von seinem Vater erbte.

Mehrfach erklärten die Fürsten einen König für abgesetzt, wenn sie mit dessen Herrschaft unzufrieden waren. Dann wählten sie einen Gegenkönig. So machten sie deutlich, dass sie im Reich mitbestimmen wollten und konnten.

Starb ein König ohne männlichen Nachfolger und erlosch damit das Herrscherhaus, wählten die Fürsten oft schwache, manchmal sogar ausländische Nachfolger, die ihnen ihre Macht nicht streitig machten.

Nicht immer konnte ein König sich darauf verlassen, dass die Fürsten ihn im Notfall tatsächlich unterstützten, wie es ihre Pflicht als seine Lehnsnehmer und Vasallen war.

Vom Fürsten zum Landesherrn

Wenn ein König schwach war oder sich mächtige Fürsten um die Krone stritten, konnten die Fürsten ihre Macht ausdehnen. Sie behandelten ihre Lehen als Privatbesitz und vergrößerten ihr Herrschaftsgebiet durch Kauf, Tausch oder Heirat. Die deutschen Könige konnten diese Entwicklung nicht aufhalten. Einige förderten oder duldeten den Aufbau von *Territorialstaaten* (lat. *terra*: Land). So verzichtete der Staufer Friedrich II.* gegenüber den Fürsten auf Zoll- und Münzrechte sowie auf das Recht, Festungen zu errichten, um die Wahl seines Sohnes zum deutschen König zu erreichen. Spätere Könige versuchten vergeblich, einmal aufgegebene Vorrechte wiederzubekommen. Manche verkauften sogar weitere Rechte an die Fürsten, wenn sie Geld brauchten.

Im späten Mittelalter und zu Beginn der Neuzeit regierten viele Fürsten in ihren Territorien wie „ungekrönte Könige". Diese Landesherren beriefen bei Bedarf Vertreter der Stände ein, bauten eigene Verwaltungen auf, erließen Gesetze, zogen regelmäßig Steuern ein, sorgten für den Schutz ihrer Untertanen und übernahmen das alleinige Recht, in ihren Territorien Straftaten zu verfolgen (Gewaltmonopol).

Das Neben- und Miteinander von König und vielen kleinen und großen Herrschern legte die Grundlage für den föderalen** Aufbau des Deutschen Reiches, auf den sich heute noch einige Länder der Bundesrepublik Deutschland berufen.

*Zu Friedrich II. siehe das nächste Kapitel.

****föderal**: *wenn sich weitgehend selbstständige Herrschaftsgebiete in einem Bündnis zusammenschließen*

M1 Rechte für die Fürsten

Aus dem „Gesetz zugunsten der Fürsten" (lat. Statutum in favorem principum) Kaiser Friedrichs II. vom Mai 1232:

1. Keine neue Stadt oder Burg darf auf geistlichem Gebiet weder von Uns noch von sonst jemandem unter irgendeinem Vorwande errichtet werden.
2. Neue Märkte dürfen die alten nicht beeinträchtigen.
3. Niemand darf zum Besuch eines Marktes gezwungen werden.
4. Alte Straßen dürfen nur mit der Einwilligung der auf sie Angewiesenen verlegt werden. [...]
6. Jeder Fürst soll seine Freiheiten, Gerichtsbarkeiten, Grafschaften und Centen* [...], ob sie nun frei in seiner Hand oder zu Lehen gegeben sind, nach der bewährten Gewohnheit seines Landes unangefochten genießen.
7. Die Centgrafen** haben ihre Gerichtsbarkeit vom Landesherrn oder dem von ihm Belehnten zu empfangen. [...]
17. Wir werden in keinem Lande eines Fürsten Geld schlagen lassen, wodurch die Münze dieses Fürsten an Wert verliert. [...]
19. In Unseren Städten hat der Ankläger dem Angeklagten an dessen Gericht zu folgen, außer der Angeklagte, der fürstlicher Untertan ist, wird in der Stadt aufgegriffen; in diesem Falle muss er sich in ihr verantworten.

Wilfried Hartmann (Hrsg.), Frühes und hohes Mittelalter 750-1250. Deutsche Geschichte in Quellen und Darstellung, Bd. 1, Stuttgart 1995, S. 405 f. (vereinfacht)

***Cent**: *niederes Gericht*
****Centgraf**: *Vorsitzender der Centen*

M2 Das Reich zur Zeit der Staufer.

1. *Arbeite heraus, inwiefern die Urkunde (M1) die Macht des Königs schwächte und die der Fürsten stärkte.*
2. *Ein Reich – aber keine Einheit! Erläutere diese Aussage anhand der Karte (M2).*

1 **Kaiser Friedrich II. mit Falke.**
Buchmalerei, 3. Viertel des 13. Jh.
Friedrich II. schrieb u.a. ein Werk mit dem Titel „Über die Kunst, mit Vögeln zu jagen". Das abgedruckte Bild stammt aus einer nach seinem Tode erstellten Handschrift dieses sogenannten „Falkenbuches".

2 **Eine kaiserliche Münze.**
Vorder- und Rückseite einer Goldmünze (Ø 2,1 cm). Solche Münzen, die „Augustalen" (die „Kaiserlichen"), wurden zwischen 1231 und 1266 in Messina und Brindisi geprägt.
Die Vorderseite zeigt Friedrich II., er trägt den mit einer Fibel über der Schulter zusammengehaltenen Kaisermantel sowie den mit Schleife und Bändern geschmückten Lorbeerkranz. Die Umschrift lautet: IMP(erator) ROM(anorum) – CESARAVG(ustus).
Auf der Rückseite der Münze erscheint ein Adler als kaiserliches Herrschaftssymbol – persönliches Siegeszeichen und Sinnbild der Staufer. Die Umschrift nennt den Namen des Münzherrn in der lateinischen Form FRIDERICUS.

Friedrich II. – ein besonderer Herrscher?

Das „Staunen der Welt" …

Friedrich II. stammte aus dem schwäbischen Adels- und Königsgeschlecht der Staufer. Sein Großvater war Friedrich I. Barbarossa. 1194 wurde er in Italien geboren, da sein Vater *Heinrich VI.* nicht nur römisch-deutscher Kaiser und König, sondern auch König von Sizilien war.
Friedrich II. war drei Jahre alt, als sein Vater starb. Schon als Vierjähriger wurde er zum König von Sizilien gekrönt. Kurz darauf starb seine Mutter, *Konstanze von Sizilien*. Sie hatte dem Papst die Vormundschaft für ihren Sohn übertragen. Mit 14 Jahren wurde Friedrich mündig, mit 16 zum deutschen König gewählt und mit 20 in Aachen gekrönt. 1220 folgte die Kaiserkrönung in Rom.
Friedrichs Heimat und der Mittelpunkt seiner Herrschaft waren nicht die deutschen Reichsgebiete, sondern Sizilien und Unteritalien. Dort entmachtete er den Adel und erließ zahlreiche Gesetze. Zu Verwaltern und Richtern ernannte er nur treue Dienstleute. Als Herrscher unterschied er nicht zwischen Christen, Juden und Muslimen. Sowohl die christliche als auch die muslimische Kultur, die in seiner Heimat Sizilien nebeneinander existierten, hatten ihn geprägt. Friedrich II. war für einen Herrscher seiner Zeit ungewöhnlich gebildet: Er sprach mehrere Sprachen und interessierte sich für Wissenschaft, Kunst und Natur. Manche nannten ihn damals das „Staunen der Welt" (lat. *Stupor mundi*).

… oder ein Ketzer?

In Norditalien forderte Friedrich II. von den Städten Steuern und Anerkennung seiner Herrschaft. Der Papst sah dadurch den Kirchenstaat bedroht. Er hatte gehofft, der Kaiser wäre sein treuer Vasall. Nun kritisierte er ihn, weil er nicht gegen Muslime, Juden und Ketzer vorging. Daher stärkte der Papst den Städten in Oberitalien den Rücken und verhängte den Bann über Friedrich II. Sein Nachfolger erklärte ihn sogar für abgesetzt. Daraufhin wählten 1246 die Erzbischöfe von Mainz und Köln zusammen mit anderen Bischöfen, Grafen und Adligen *Heinrich Raspe*, den Landgrafen von Thüringen, zum Gegenkönig. Er starb bereits ein Jahr danach und wurde durch *Wilhelm von Holland* ersetzt. Noch bevor der Konflikt entschieden war, starb Friedrich II. unerwartet 1250.
Die Nachfolger Friedrichs II. konnten das Erbe nicht bewahren. Sein Sohn *Konrad IV.* starb 1254 mit 26 Jahren in Italien.

▶ ***Internettipp:*** *www.planet-wissen.de (Friedrich II.)*

■ *Prüfe, in welche Tradition sich Friedrich II. mit den Münzbildern (Abb. 2) stellt. Berücksichtige dabei auch M4 auf Seite 126.*

Wie Historiker über Friedrich II. urteilen

Herrscher wie Friedrich II. beschäftigen die Geschichtsschreiber (*Historiker*) bis in die Gegenwart. Kein Zeitgenosse hat über den Stauferkaiser eine Lebensbeschreibung verfasst. Alle *Biografen* beurteilen diesen Herrscher seit dem Mittelalter bis in unsere Zeit unterschiedlich. Auch Bewertungen eines Historikers darf man daher nicht ungeprüft übernehmen. Du solltest dich jeweils über den Verfasser informieren und zu einer wichtigen Frage in mehreren Büchern nachlesen. Oft setzen sich neue Bücher mit den Ergebnissen und Urteilen früher erschienener Werke kritisch auseinander.

M1 Kaiser Friedrich II.
Briefmarke der Deutschen Post von 1994.

M2 Mittelalterliche Zeugnisse

Der Mönch Salimbene da Parma schreibt Ende des 13. Jh.:

Friedrich II. war ein durchtriebener Mann, arglistig, ausschweifend, boshaft und jähzornig. Gelegenlich aber zeigte er auch tüchtige Eigenschaften, wenn er willens war, seine Güte und Freigebigkeit zu beweisen; dann war er freundlich, fröhlich, voll Anmut und edlen Strebens. [...] Und – um es kurz zu machen – wäre er ein guter Katholik gewesen und hätte Gott, die Kirche und seine eigene Seele geliebt, so hätte er wenige seinesgleichen unter den Herrschern der Welt gehabt.

Ricobald von Ferrara meint in seiner um 1300 verfassten Kaisergeschichte:

Friedrich war nicht groß, von gedrungenem Körperbau, leicht rötlichem Haar, übermenschlich klug, sehr gebildet und sprachenkundig, ein erfahrener Fachmann in allen mechanischen Künsten, mit denen er sich gern beschäftigte. Am meisten erfreute er sich an der Falkenjagd. [...] Beleidigern gegenüber zeigte er wenig Milde; gütig aber war er zu seinen geliebten Freunden, von denen er sehr oft erfuhr, dass sie treulos gegen ihn waren.

Erster Text aus: Herbert Nette, Friedrich II. von Hohenstaufen, Reinbek bei Hamburg [13]2003, S. 147. Zweiter Text: Klaus van Eickels/Tania Brüsch, Kaiser Friedrich II. Leben und Persönlichkeit in Quellen des Mittelalters, Düsseldorf 2000, S. 441f.

M3 Ein Biograf wägt ab

Der an der Universität Cambridge lehrende Historiker David Abulafia schreibt um 1991:

Man sollte die Herrscherqualitäten Friedrichs nicht unterschätzen, aber er war ganz bestimmt nicht der unversöhnliche Gegner des Papsttums, als der er gewöhnlich hingestellt wird. Er legte vielmehr eine aufrichtige, manchmal erstaunliche Kompromissbereitschaft* an den Tag und war sein ganzes Leben lang ein überzeugter Anhänger der Kreuzzugsbewegung. Zwar gab es in seiner Regierungspraxis manches, das ihn von seinen Thronnachbarn in Frankreich und Spanien unterschied: eine straffer zentralisierte** Verwaltung in Sizilien (freilich nicht von ihm geschaffen), ein extrem dezentrales*** Regierungssystem in Deutschland. In beiden Fällen aber ging er von dem aus, was er vorfand, stellte es in seiner gleichsam klassischen, ursprünglichen Form wieder her und übernahm dann die Rolle eines soliden Konservativen****: Und nichts anderes war er, denn sein Denken enthielt nur sehr wenige Elemente, die man als radikal bezeichnen könnte.

David Abulafia, Herrscher zwischen den Kulturen. Friedrich II. von Hohenstaufen, Berlin 1991, S. 397

*__Kompromiss__: *Übereinkunft durch gegenseitige Zugeständnisse*
**__zentralisieren__: *von einer zentralen Stelle aus leiten*
***__dezentralisieren__: *Gegensatz von zentralisieren*
****__konservativ__: *am Bestehenden festhaltend*

M4 Was sollte betrachtet werden?

Der Historiker Wolfgang Stürner meint um 2000:

Seit je übte Friedrich dadurch besondere Faszination aus, dass sich seine Tätigkeit nicht im Staatsmännisch-Politischen erschöpfte, dass er darüber hinaus vielmehr, hochbegabt und erfüllt von einer wenigstens bei mittelalterlichen Regenten kaum sonst zu beobachtenden Vielfalt der Interessen, an den wichtigsten künstlerischen und wissenschaftlichen Entwicklungen seiner Zeit regen Anteil nahm. [...]

Friedrichs reiche Begabung und seine vielfältig ausgreifende Aktivität führen dazu, dass uns bei der Betrachtung seines Lebens zugleich die Gesellschaft seiner Zeit mit ihren wesentlichen Eigenheiten in ihrer ganzen Fülle und Buntheit vor Augen tritt, und das macht den besonderen Reiz des Umgangs mit seiner Biografie aus.

Wolfgang Stürner, Friedrich II., Teil 2: Der Kaiser 1220-1250, Darmstadt 2000, S. 594f.

1. *Erstelle einen tabellarischen Lebenslauf Kaiser Friedrichs II. und begründe, warum die Deutsche Post die Briefmarke (M1) veröffentlichte.*
2. *Vergleiche die Urteile über Kaiser Friedrich II. Was hoben die Biografen im Mittelalter hervor, was betonen Historiker heute (M2, M3 und M4)? Versuche, die Unterschiede zu erklären.*

Wer wählt den König des Heiligen Römischen Reiches?

1 Der Kaiser und die Kurfürsten.
Kolorierter Holzschnitt (14 x 29,6 cm), 2. Hälfte des 16. Jh.
Von links nach rechts: Die drei geistlichen Kurfürsten – der Erzbischof von Trier, der Erzbischof von Köln und der Erzbischof von Mainz.
In der Mitte sitzt der Kaiser mit den Herrschaftszeichen. Rechts von ihm stehen die weltlichen Kurfürsten mit Symbolen der vier Hofämter – der König von Böhmen als Erzmundschenk mit einem Glas, der Pfalzgraf bei Rhein als oberster Erztruchsess mit Geschirr, der Herzog von Sachsen als Erzmarschall mit Schwert und der Markgraf von Brandenburg als Erzkämmerer mit Schlüssel.*
Zu Füßen der Fürsten befinden sich ihre Wappen. Das Wappenbild des Kaisers zeigt einen Adler mit zwei voneinander abgewandten Köpfen.
Der Doppeladler blieb das Symbol des Reiches bis zu dessen Auflösung 1806.

Zu den Hofämtern siehe Seite 128.

Erben oder wählen?
Die Nachfolge der römisch-deutschen Könige war lange Zeit nicht eindeutig geregelt. Meist folgte der älteste Sohn seinem Vater auf den Thron. Oft wurde der Sohn schon als Kind zum Nachfolger bestimmt und zu Lebzeiten des Vaters gekrönt. Dies setzte aber die Zustimmung der Herzöge, Grafen und Bischöfe voraus. Sie beanspruchten das Recht, den König zu wählen. Insofern bestand im Reich keine Erbmonarchie wie in Frankreich oder England, sondern ein *Wahlkönigtum*.
Pläne der Staufer, das Reich in eine Erbmonarchie zu verwandeln, scheiterten am Widerstand der mächtigen Fürstenhäuser. Nach dem Ende des staufischen Herrscherhauses wählten die deutschen Fürsten bis 1273 ausländische Herrscher zu ihren Königen.

Die „Goldene Bulle"
Im Laufe der Zeit wurde der Kreis der wahlberechtigten Fürsten kleiner. Seit 1257 trafen sie sich zur Königswahl in der Freien Reichsstadt Frankfurt am Main. 1273 wählten erstmals sieben Kurfürsten (*kür*: prüfende Wahl) den König und künftigen Kaiser des Heiligen Römischen Reiches. Unter Kaiser *Karl IV.* wurden die Bedingungen der Wahl bekräftigt und 1356 auf dem Nürnberger Reichstag verkündet. Dieses Reichsgesetz erhielt später die Bezeichnung *„Goldene Bulle"*, weil das Schriftstück mit einer Goldblechkapsel versiegelt war. Es bestimmte, dass die Königswahl „binnen Jahr und Tag" nach dem Tod eines Königs stattfinden musste. Derjenige sollte König sein, der bei der Wahl die meisten Stimmen der Kurfürsten erhielt. Dies sollte Gegenkönige verhindern. Der gewählte König durfte ohne Krönung durch den Papst den Titel eines Kaisers führen. Der vornehmste und mächtigste unter den geistlichen Kurfürsten, der Erzbischof von Mainz, erhielt das besondere Recht, die offene Abstimmung zu leiten und seine Stimme als Letzter abgeben zu dürfen. Damit ihre Zahl gleich blieb, durften die Kurfürstentümer nicht geteilt werden. Die rheinischen Erzbischöfe gaben sie an ihre gewählten Nachfolger weiter. Die vier weltlichen Kurfürsten vererbten Besitz und Stimmrecht an ihre ältesten Söhne.
Das Königswahlrecht machte die Kurfürsten zu den höchsten Würdenträgern nach dem König. Sie verstanden sich als die Vertreter des Reiches und seiner Rechte gegenüber dem König. Er war nicht der alleinige Gebieter über das Königreich, sondern dessen Oberhaupt und Verwalter. Stark war er nur, wenn er sich auf einen großen Familienbesitz stützen konnte oder die Mehrheit der Fürsten auf seiner Seite hatte. Um Mehrheiten zu erreichen, wurden den Kurfürsten nicht selten zusätzliche Einkünfte und Vorrechte versprochen.

M 1 Die Kurfürsten ziehen zur Wahl nach Frankfurt am Main.
Holzschnitt aus einer Sammlung von Reichsgesetzen von 1485.

M 2 Ein König kommt ins Amt

Die in der „Goldenen Bulle" von 1356 festgelegte Form der Wahl bleibt bis 1806 in Kraft.

Nachdem die Kurfürsten in die Stadt Frankfurt eingezogen sind, sollen sie sogleich bei Anbruch des folgenden Tages in vollzähliger Anwesenheit die Messe „de Sancto Spiritu" (dt. „vom Heiligen Geist") singen lassen, damit der Heilige Geist ihre Herzen erleuchte und ihren Verstand mit dem Licht seiner Kraft erfülle, auf dass es ihnen gelinge, mit seinem Beistand einen gerechten, redlichen und tüchtigen Mann zum römischen König und künftigen Kaiser zu wählen zum Heil der Christenheit.

Wenn nun diese Messe zu Ende ist, sollen alle Kurfürsten an den Altar herantreten, um folgenden Eid in der Landessprache zu leisten: „Ich schwöre auf diese hier gegenwärtig vor mir liegenden heiligen Evangelien Gottes, dass ich gemäß der Treue, zu der ich gegen Gott und das Heilige Römische Reich verpflichtet bin, nach all meinem Verstand und meiner Einsicht mit Gottes Beistand der Christenheit ein weltliches Oberhaupt wählen will, das heißt einen römischen König und künftigen Kaiser, der dazu geeignet ist, und dass ich meine Wahlentscheidung ablegen werde ohne alle Verabredung, Belohnung, Entgelt oder Versprechen – so wahr mir Gott helfe und alle Heiligen." Wenn nun die Kurfürsten oder ihre Gesandten diesen Eid geleistet haben, sollen sie zur Wahl schreiten und fortan die Stadt Frankfurt nicht verlassen, bevor die Mehrzahl von ihnen der Christenheit ein weltliches Oberhaupt gewählt hat [...]. Falls sie dies jedoch binnen dreißig Tagen noch nicht getan hätten, sollen sie von da an nur Brot und Wasser genießen und keinesfalls aus der Stadt weggehen, bevor sie oder die Mehrzahl von ihnen ein weltliches Oberhaupt der Gläubigen gewählt haben [...]. Nachdem aber sie gewählt haben, muss die Wahl so geachtet werden, als wenn sie von allen ohne Gegenstimme einhellig vollzogen wäre [...].

Wer so zum römischen König gewählt worden ist, soll sogleich nach vollzogener Wahl, bevor er in irgendwelchen anderen Angelegenheiten oder Geschäften aus Vollmacht des Heiligen Reiches seine Tätigkeit beginnt, den geistlichen und weltlichen Kurfürsten alle ihre Privilegien, Rechte, Freiheiten und Vergünstigungen, alten Gewohnheiten und auch Würden und alles, was sie vom Reich bis zum Tag seiner Wahl empfangen und besessen haben, ohne Verzug und Widerspruch durch seine Siegel bestätigen und bekräftigen.

Die Goldene Bulle, nach König Wenzels Prachthandschrift, mit der dt. Übersetzung von Konrad Müller und einem Nachwort von Ferdinand Seibt, Dortmund ^{3}1989, S. 108 ff. (vereinfacht)

1. *Untersuche den Holzschnitt (M 1). Welche Kurfürsten nähern sich der Stadt auf dem Wasser? Woran ist Frankfurt zu erkennen? Siehe dazu Abbildung 1 auf Seite 152.*
2. *Zähle die Verpflichtungen auf, die der Eid der Kurfürsten enthält (M 2, Zeile 12-22). Erläutere ihre Bedeutung.*
3. *Fasse zusammen, wozu Wähler und Gewählter unmittelbar nach der Wahl verpflichtet wurden (M 2). Was ist der Zweck dieser Verpflichtung?*

Durchblick – Kompetenzen überprüfen

M1 Was war wichtig?

Karl der Große herrschte über das größte Reich, das im Frühmittelalter auf dem Gebiet des ehemaligen Römischen Reiches durch Eroberungen entstanden ist. Der Ostteil seines Reiches wurde im 10. Jh. zum Deutschen Reich mit einem König an der Spitze. Da Karl der Große und der deutsche König Otto I. den Papst gegen seine Feinde unterstützten, verlieh dieser ihnen die □□□□□□würde.

Im Reich der Franken galt das Geblütsrecht: Der älteste männliche Nachkomme oder Verwandte des Königs wurde sein Nachfolger. Im Deutschen Reich setzten die mächtigsten geistlichen und weltlichen Fürsten, die sieben □□□□□□□□□□, die Königswahl durch. 1356 legte die „□□□□□□□ □□□□□“ das Wahlverfahren fest. Der König war aber nicht nur der höchste Adlige seines Reiches. Er war auch der Beschützer der Kirche und galt als ein von Gott eingesetzter Herrscher.

Der König war auf die Herzöge, Fürsten, Grafen und Bischöfe angewiesen: Sie mussten seine Befehle und die Gesetze überall im Reich umsetzen, Steuern einziehen und ihm im Krieg mit Soldaten aushelfen. Dafür lieh der König ihnen Land, über das sie als Grundherren verfügen konnten. Außerdem gab er ihnen Rechte und Ämter, die hohe Einkünfte brachten. Diese □□□□□ sahen die weltlichen Fürsten, Herzöge und Grafen bald als ihr Eigentum an. Sie vererbten sie in ihren Familien. Die Kontrolle über die Lehen der geistlichen Fürsten verloren die Könige, als die Päpste ihnen verboten, Bischöfe in ihr Amt einzusetzen. Die Oberhäupter der römisch-katholischen Kirche wollten im □□□□□□□□□□□□□□□□ auch die Einflüsse der Kaiser auf Papst und Kirche beenden, um ihre Unabhängigkeit zu vergrößern. Der Machtkampf wurde zur Zeit des Staufer-Kaisers □□□□□□□□□ □□. hart geführt. Im Deutschen Reich stärkte der Streit letztlich die Fürsten. Sie wurden allmählich zu unabhängigen Landesherren, die eigene Gesetze erließen und sich Rat und Unterstützung von ihren Ständeversammlungen holten.

Im 11. Jh. eroberten Muslime die Heiligen Stätten, wo Jesus Christus gelebt hatte und gestorben und begraben worden war. Das veranlasste den Kaiser von Byzanz, den Papst um Hilfe zu bitten. Dieser rief die Christen zu einem □□□□□□□□ auf. Es folgten mehrere Kriegszüge und die Gründung von Kreuzfahrerstaaten. Nach 200 Jahren mussten sich die Christen geschlagen zurückziehen. Durch den engen Kontakt mit der arabischen Welt lernten sie aber die Kultur des islamischen Morgenlandes besser kennen.

M2 Kaiser und Papst.
Bild aus der Heidelberger Handschrift des „Sachsenspiegels“, um 1330.

M3 König, Kaiser, Papst – richtig oder falsch?

- *Die mittelalterlichen Könige regierten von einer Hauptstadt aus.*
- *Es gab keine mittelalterlichen Königinnen.*
- *Kaiser und Papst waren die mächtigsten Herrscher.*
- *Könige und Fürsten verstanden sich immer gut.*
- *Die wichtigste Aufgabe der Kurfürsten war die Beratung der Könige.*

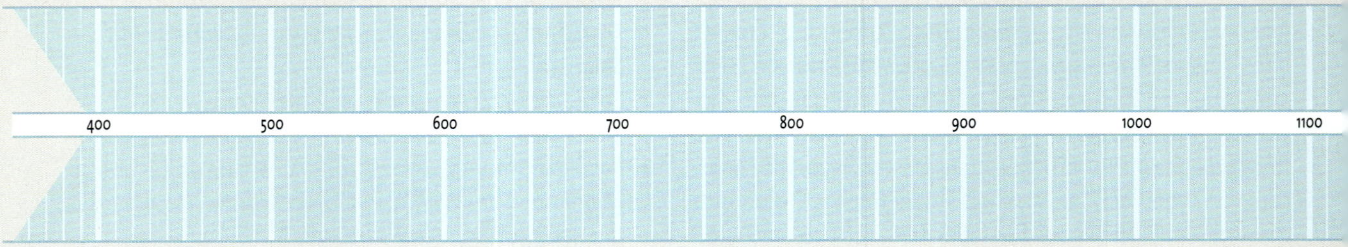

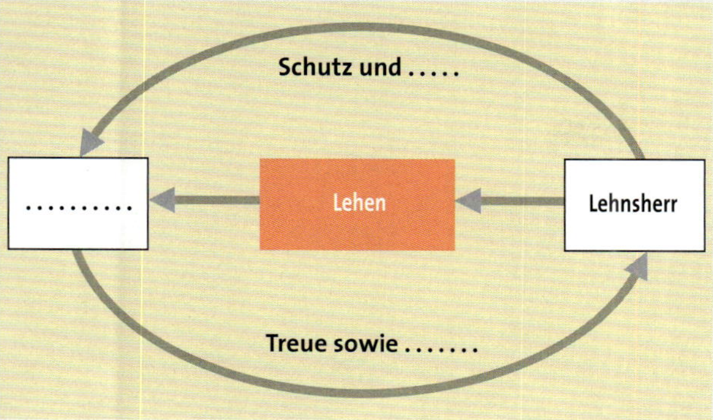

M 4 Wie funktionierte das frühe Lehnswesen?

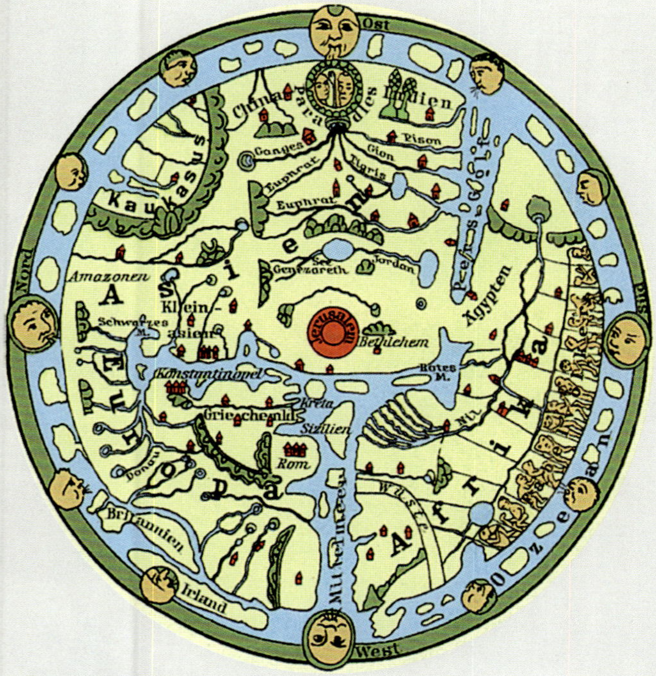

M 5 Das christliche Weltbild.
Vereinfachte Nachzeichnung einer Weltkarte aus dem 13. Jh. (Ausschnitt).

M 6 Karls-Medaille.
Seit 1950 wird in Aachen der Internationale Karlspreis an Persönlichkeiten verliehen, die sich um die Einigung Europas verdient gemacht haben.
Die Vorderseite der Medaille zeigt das Große Stadtsiegel Aachens aus dem 12. Jh. mit Karl dem Großen auf dem Thron.

1. *Schreibe die fehlenden Begriffe der Zusammenfassung (M 1) in dein Heft.*
2. *Lege einen Zeitstrahl an. Füge ein, von wann bis wann Karl der Große, Otto I., Friedrich I. Barbarossa und Friedrich II. von Staufen als Kaiser herrschten sowie Gregor VII. und Urban II. Oberhäupter der römisch-katholischen Kirche waren.*
3. *Beschreibe M 2. Wozu fordert das Bild die beiden Oberhäupter der Christenheit auf? Nenne Gründe für diese Aufforderung.*
4. *Überprüfe die Aussagen (M 3). Sollten falsche darunter sein, schreibe die richtige Lösung in dein Heft.*
5. *Zeichne das Schaubild (M 4) ab, ergänze die fehlenden Begriffe und Informationen und erkläre das Lehnswesen.*
6. *Entwickle aus folgenden Begriffen ein Kreuzworträtsel: Bann – Canossa – Investitur – Kreuzzug – Kurfürst. Gehe so vor, dass du dir Umschreibungen ausdenkst, indem du die Begriffe mit eigenen Worten erklärst. Lasse anschließend dein Rätsel von deinem Nachbarn lösen.*
7. *Schreibe zu folgenden Namen und Begriffen Sätze in dein Heft: Papst Urban II. – Wallfahrer – Ablass – Juden – Muslime – Jerusalem – Kreuzfahrerstaaten – Saladin – Akkon. Reihe die Aussagen so aneinander, dass daraus eine „Kleine Geschichte der Kreuzzüge“ wird.*
8. *Auf der Karte (M 5) bildet Jerusalem den Mittelpunkt der Welt. Erläutere diesen Eintrag.*
9. *Diskutiert, ob Karl der Große als Vorbild für die heutige Europapolitik taugt (M 6). Nennt Argumente dafür und dagegen.*
10. *Informiere dich, wer den letzten Karlspreis wofür erhalten hat.*

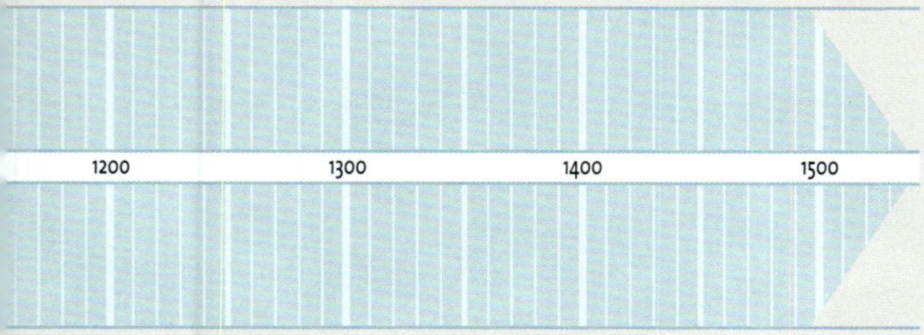

Neues Denken – neue Welten

Ein starkes Stück

„Hast du gehört, wie die Medici die neue Kapelle ihres Palastes von Benozzo Gozzoli ausmalen lassen?", rief Giovanni die Treppe hinauf. „Du wirst es mir sicher gleich sagen. Du platzt ja vor Aufregung", stichelte Fabricio. „Das Wandbild gegenüber dem Altar stellt den Zug der Heiligen Drei Könige dar."
„Und was regt dich daran denn so fürchterlich auf?" „Stell dir vor, der eine König sieht aus wie der byzantinische Kaiser und der andere wie das Oberhaupt der Christen von Konstantinopel. Du erinnerst dich: Sie sind vor rund zwanzig Jahren zu einem Konzil hierher nach Florenz gekommen. – In der Hoffnung auf Hilfe gegen die Osmanen. Vor allem aber: auf Einladung Cosimos von Medici, der sich in ihrem Glanz gesonnt hat. Doch damit nicht genug: Auch Cosimo und sein Sohn Piero werden auf dem Bild zu sehen sein. Das Unverschämteste aber ist: Der jüngste der Heiligen Drei Könige auf dem Wandgemälde soll angeblich in allem Cosimos Enkel Lorenzo gleichen! Benozzo malt ihn genauso, wie wir ihn alle vor wenigen Wochen bei dem bombastischen Aufzug gesehen haben, den die Medici zu Ehren des Papstes und des Herzogs von Mailand veranstaltet haben: Lorenzo reitet in einem prächtigen Kostüm auf einem Schimmel."
„Das ist in der Tat ein starkes Stück", gab Fabricio zu, „ein Medici als Heiliger. Und dabei ist Lorenzo gerade erst zehn Jahre alt."
„Ja", trumpfte Giovanni auf, „in der Öffentlichkeit geben sich die Medici so bescheiden, aber da sieht man, dass es mit ihrer Bescheidenheit nicht weit her ist. Ich bin gespannt, wie weit es die Medici noch bringen werden."

Dieter Brückner

Zug der Heiligen Drei Könige nach Bethlehem.
Fresko (210 x 270 cm) an der Ostwand der Kapelle im Palazzo Medici Riccardi in Florenz von Benozzo Gozzoli, 1459/60 (Ausschnitt).

Einblick – Orientierung gewinnen

Nachdem du die Erzählung auf der vorhergehenden Seite gelesen hast, wirst du vielleicht fragen: „Wozu die Aufregung um ein Wandbild? Denkmäler gibt es doch überall! Und nicht nur aus Stein und Bronze." – Die Historiker wissen übrigens gar nicht genau, ob Lorenzo de Medici sich und seiner Familie mit den Wandbildern wirklich ein „Denkmal" setzen wollte. Wenn ja, so würde es aber gut in diese Zeit passen, die von vielen als neu oder zumindest als der Übergang in eine neue Zeit empfunden wurde.

Seit Mitte des 15. Jh. nahm die Zahl der Gelehrten, Künstler und Unternehmer zu, die meinten, in einer Zeit zu leben, in der Neues gedacht und gewagt werde, in der nicht mehr gelte, was bisher gegolten hatte, und nicht mehr geglaubt werde, was bisher geglaubt wurde.

Das folgende Kapitel geht auf Ursachen und Wirkungen dieser Zeit ein. Dabei untersuchen wir folgende Fragen:

- Wie reagierten die Menschen auf die schweren Krisen und Katastrophen des 14. und 15. Jh.?
- Was ist das Neue an Künstlern wie Michelangelo, Leonardo da Vinci und Albrecht Dürer?
- Welche Erfindungen und Entdeckungen der Zeit um 1500 haben das Denken und Leben grundlegend verändert?
- Wie gelang es den Europäern, im 15. und 16. Jh. ihre Herrschaft über einen großen Teil der Welt auszudehnen? Welche Folgen hatte ihr Vorgehen für die Völker in anderen Kontinenten?
- Was wollten Reformatoren wie Martin Luther erreichen? Welche Folgen hatte ihr Wirken?
- Folgte auf die Reformation eine Zeit der Glaubenskriege?

Am Ende dieses Abschnitts kannst du feststellen, was sich im Vergleich zum Mittelalter verändert hat. Du kannst beurteilen, ob wirklich eine neue Zeit angebrochen ist und wie lange der Übergang zwischen den beiden Epochen gedauert hat. Und vielleicht hast du dann auch eine eigene Meinung zu der Frage, welcher der Menschen, die du in diesem Kapitel kennengelernt hast, ein Denkmal „verdient" hat.

1 Denkmal zur Erinnerung an den 500. Jahrestag der „Entdeckung" Amerikas.
Foto aus San Juan (Puerto Rico), um 1992. Die 12 m hohe Skulptur stammt von Jaime Suárez und wurde 1992 errichtet. Sie hat die Form eines indianischen Totempfahls und ist mit Nachbildungen von Keramiken aus der Zeit vor Kolumbus verziert.

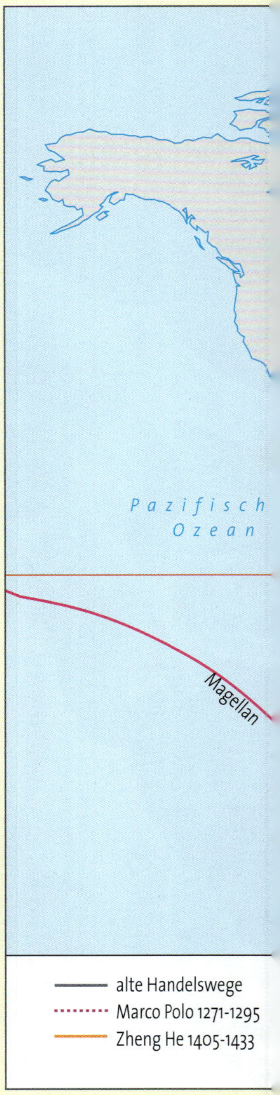

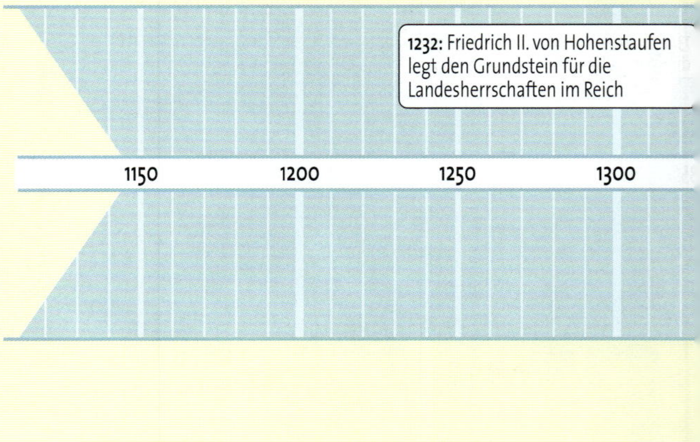

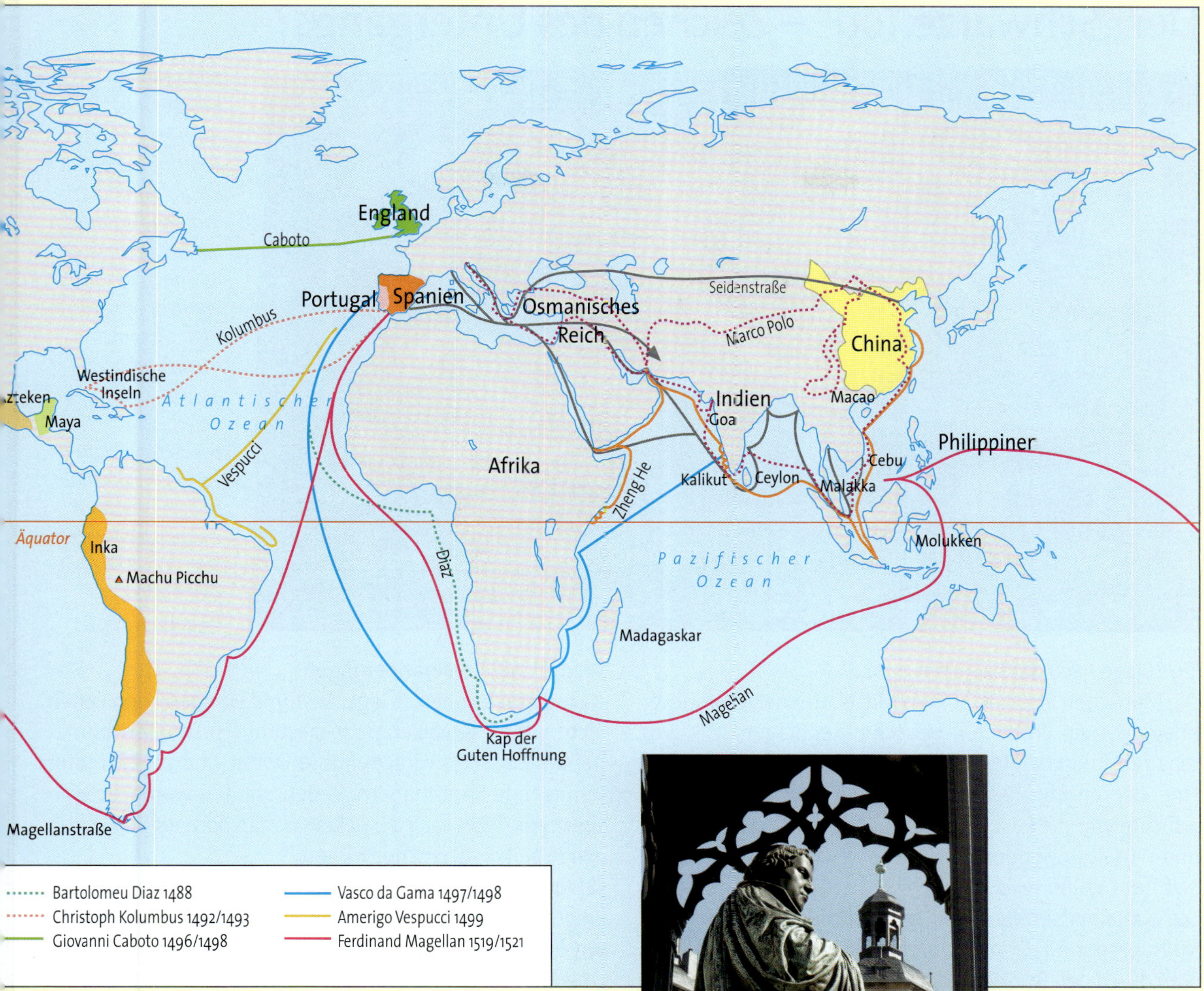

2 **Fern- und Entdeckungsreisen bis 1521 (Auswahl).**

3 **Luther-Denkmal auf dem Wittenberger Marktplatz.**
Foto, um 2004.
Die von Johann Gottfried von Schadow entworfene Bronzefigur wurde zum Reformationsfest 1821 enthüllt. Sie ist das erste öffentliche Denkmal für einen deutschen Bürger und wurde Vorbild für weitere Denkmäler.

- **1347/51:** Die Pest wütet in Europa; die Bevölkerung nimmt stark ab
- **um 1450:** Gutenberg erfindet den Buchdruck
- **1492:** Kolumbus landet auf einer Insel vor der Küste Mittelamerikas
- **nach 1500:** Kopernikus ist sich sicher, dass die Erde sich um die Sonne dreht
- **1517:** Luther veröffentlicht seine 95 Thesen; die Reformation beginnt

1350 · 1400 · 1450 · 1500 · 1550 · 1600 · 1650 · 1700 · 1750

- **1350-1600:** Die Zeit des Humanismus und der Renaissance: Die Antike wird wiederentdeckt
- **1453:** Die Osmanen erobern Konstantinopel; das Byzantinische Reich zerfällt
- **1524/25:** Der „Bauernkrieg“ stellt die Ordnung infrage
- **1555:** Der „Augsburger Religionsfrieden“ bestätigt die Glaubensspaltung
- **1618-1648:** 30 Jahre dauernder europäischer Machtkampf

Der „Schwarze Tod“ – Zeichen des Untergangs?

1 **Massenbestattung.** *Buchmalerei aus Tournai im heutigen Belgien, um 1352/53. Während anfangs die Pesttoten noch in Särgen bestattet wurden, verscharrte man sie später in Massengräbern.*

▶ ***Lesetipp:*** *Harald Parigger, Sebastian und der Wettlauf mit dem Schwarzen Tod – Die Pest überfällt Europa, Würzburg 2008*

Eine Plage nach der nächsten

Die Menschen litten im späten Mittelalter nicht nur unter Kriegen. Auch Erdbeben, Heuschreckenplagen, Missernten und Hungersnöte machten ihnen das Leben schwer.

Eine der größten Katastrophen der europäischen Geschichte war die Pest. Sie wurde aus Asien eingeschleppt und wütete besonders grausam zwischen 1347 und 1351. Seit dem 17. Jh. wird sie auch *„Schwarzer Tod“* genannt. Die Krankheitserreger der Pest wurden entweder wie Schnupfen und Grippe durch eine Tröpfcheninfektion oder durch den Biss des Rattenflohs verbreitet.

Wo die Seuche auftrat, waren alle gesellschaftlichen Schichten betroffen. Besonders hoch waren die Verluste der ärmeren Bevölkerung, die in den Städten und Dörfern unter unsauberen Wohnverhältnissen lebte. Rund ein Drittel der europäischen Bevölkerung starb an der Pest. Die Zahl der Toten in den Ländern und Städten war unterschiedlich. In Florenz sank die Einwohnerzahl von über 100 000 auf etwa 50 000; Prag und Nürnberg blieben dagegen von der Pestwelle verschont.

Da die Menschen die Ursache für die Katastrophen nicht kannten, verstanden viele sie als Strafe Gottes. Zahlreiche Gläubige schlossen sich daher zusammen und zogen singend und sich selbst schlagend (*geißelnd*) durch die Städte. Die Geißler wollten sich damit von den Sünden befreien und Gott gnädig stimmen.

Die fürchterlichste Begleiterscheinung der Pest war die Verfolgung und Ermordung von Juden. Da sie nur scheinbar weniger oft erkrankten als andere, beschuldigte man an vielen Orten Juden, die Pest durch Vergiftung von Brunnen und Quellen verursacht zu haben, ohne es jedoch beweisen zu können.

Weitreichende Veränderungen

Naturkatastrophen, Kriege, Pest und Hungerkrisen ließen nicht nur die Bevölkerung insgesamt schrumpfen. Immer mehr Menschen verließen ihre Dörfer und zogen hinter schützende Stadtmauern. In den Städten waren sie willkommen, denn nach der Pest war man dort auf den Zuzug von Arbeitskräften angewiesen.

Schlechte Ernten beschleunigten diese Wanderungsbewegung (*Migration*). Immer mehr Grundherren und Bauern gaben ihre Höfe auf, weil ihr Einkommen nicht zum Überleben ausreichte. Viele Dörfer und Landstriche verfielen. Bis zum Ende des 15. Jh. lag der Anteil der *Wüstungen*, so die Bezeichnung für die aufgegebenen Siedlungen und landwirtschaftlich nicht mehr genutzten Flächen, in den deutschen Ländern bei durchschnittlich 25 Prozent, in einigen Gegenden sogar bei 50 Prozent.

Kein Weltuntergang

Die Pest leitete keinen Weltuntergang ein – wie manche Zeitgenossen glaubten. Während viele Menschen sich noch intensiver dem Glauben zuwandten, verloren einige Schriftsteller, Künstler und Gelehrte ihr bisheriges Vertrauen in Gott. Sie begannen, ihr Schicksal selbstbewusst in die Hand zu nehmen und leiteten damit – so die Meinung mancher Historiker – eine neue Zeit ein.

▶ ***Filmtipp:*** *Karl IV. und der Schwarze Tod. ZDF-Reihe „Die Deutschen II“, 2009*

▶ ***Internettipp:*** *www.planet-wissen.de (Pest in Europa)*

M1 Katastrophenmeldungen

Kaiser Karl IV. erzählt aus dem Jahre 1338:

Bei Sonnenaufgang weckte uns ein Ritter aus dem Schlaf mit den Worten: „Herr, steht auf, der Jüngste Tag bricht an, denn alle Welt ist voll Heuschrecken."* Wir erhoben uns und stiegen zu Pferd und ritten eilends, um ihr Ende zu sehen, bis nach Pulkau sieben Meilen weit.** Erst dort war das Ende ihres Zuges. Seine Breite konnten wir nicht überschauen. Ihr Surren glich einem lärmenden Geräusch. [...] Sie schwirrten so dichtgedrängt wie Schneeflocken. Heftiger Gestank strömte von ihnen aus. Sie verteilten sich: Die einen zogen nach Bayern, andere nach Franken, andere in die Lombardei, andere hierhin und dorthin über die ganze Erde.***

Am 25. Januar 1348 bebt die Erde. Das Zentrum des Erdbebens ist Villach in Kärnten, der Durchmesser des betroffenen Gebietes beträgt über 600 Kilometer. Etwa 10 000 Menschen sterben. Ein Augenzeuge berichtet:

Die Stadt Villach, die Burgmauer, das Kloster, die Kirchen und alle Mauern und Türme bis auf elf Zinnen fielen zu Boden. [...] Mitten in der Stadt zerspaltete sich das Erdreich und es lief Wasser heraus, ganz wie Schwefel, und floss wieder in die Löcher im Erdreich.

Erster Text: Kaiser Karl IV., Selbstbiographie, übers. und eingel. von Ottokar Menzel, Berlin 1943, S. 62 f. Zweiter Text: Arno Borst, Das Erdbeben von 1348, in: Historische Zeitschrift, Bd. 233 (1981), S. 534 f.

Siehe dazu M4.
**etwa 28 km*
***Andere Quellen bestätigen die Heuschreckeneinfälle. Sie führten zu großen Schäden an den Früchten; erst ein früher Schneeeinbruch Mitte Oktober 1338 stoppte sie.*

M2 Die Pest breitet sich aus

Gabriele de Mussis, ein junger Notar aus Piacenza, der 1346 in Caffa am Schwarzen Meer lebt, berichtet:

So gelangte man aus [...] Caffa mit einigen Schiffen, welche von zwar noch lebenden, aber bereits mit der Seuche infizierten* Seeleuten gesteuert wurden, nach Genua, mit anderen nach Venedig, mit wieder anderen in weitere Regionen der Christenheit. Es klingt unglaublich: Kaum gingen die Matrosen irgendwo an Land – die krankmachenden Ausdünstungen begleiteten sie ja – und kamen dort mit den Menschen in Berührung, starben diese. Aufgrund des pestbringenden Ansteckungsstoffs ereilte in jeder Stadt, jedem Ort und jedem Land die Bewohner beiderlei Geschlechts ein rascher Tod. Wenn jemand erkrankte, brach er bald darauf zusammen und starb.

Klaus Bergdolt, Der Schwarze Tod in Europa. Die Große Pest und das Ende des Mittelalters, München 1994, S. 39 (vereinfacht)

***infizieren**: anstecken*

M3 Auswirkungen der Pest

Der Schriftsteller Giovanni Boccaccio erlebt die Pest in Florenz. Über die Folgen schreibt er 1350:

Und fast alle hatten nur ein grausames Ziel vor Augen: die Kranken und ihre Sachen zu meiden und zu fliehen. [...] Bei einer so schrecklichen und elenden Verfassung unserer Stadt war das ehrwürdige Ansehen der Gesetze, der göttlichen und menschlichen, fast völlig gesunken und vernichtet [...]. Durch diese Heimsuchung hatte die Herzen der Männer und Frauen eine solche Angst befallen, dass ein Bruder den anderen verließ, der Onkel den Neffen, die Schwester den Bruder und [...] die Frau ihren Mann, und was [...] fast unglaublich ist, Väter und Mütter scheuten sich, zu ihren Kindern zu gehen und sie zu pflegen, als ob sie nicht die ihren gewesen wären.

Klaus Bergdolt (Hrsg.), Die Pest 1348 in Italien, Heidelberg 1989, S. 43 f.

M4 Was die Bibel vorhersagt ...

In der Offenbarung des Johannes, dem letzten Buch des Neuen Testaments, wird das Ende der Welt verkündet:

Denn es ist gekommen der große Tag seines [Gottes] Zorns, und wer kann bestehen? [...] Und er [der fünfte Engel] tat den Brunnen des Abgrunds auf; und es ging auf ein Rauch aus dem Brunnen wie ein Rauch eines großen Ofens, und es ward verfinstert die Sonne und die Luft von dem Rauch des Brunnens. Und aus dem Rauch kamen Heuschrecken auf die Erde; und ihnen ward Macht gegeben, wie die Skorpione auf Erden Macht haben.

Offenbarung 6.17 und 9.2-3

	1340	1440
in Millionen (Schätzungen)		
Iberische Halbinsel	9	7
Frankreich	19	12
Italien	9,3	7,5
Britische Inseln	5	3
Deutsches Reich und Skandinavien	11,6	7,5
Insgesamt	**53,9**	**37,0**

M5 Bevölkerung in Europa.

Nach: Josiah C. Russel, Artikel „Bevölkerung", in: Lexikon des Mittelalters, Bd. 2, München – Zürich 1983, Sp. 14

1. *Schildere die Stimmung, die in weiten Teilen Europas herrschte (M1 und M4).*
2. *Beschreibe, wie sich die Menschen in den Pestzeiten veränderten (M2 und M3). Finde dafür eine treffende Bezeichnung.*
3. *Boccaccio nennt das Verhalten der Menschen „unglaublich" (M3). Erkläre seine Aussage (M2 und M3).*
4. *Arbeite heraus, welches Gebiet am stärksten von dem Bevölkerungsrückgang betroffen wurde (M5).*
5. *Erläutere die Bedeutung des Bevölkerungsrückgangs für Gesellschaft, Herrschaft und Wirtschaft.*

Beginnt eine neue Zeit?

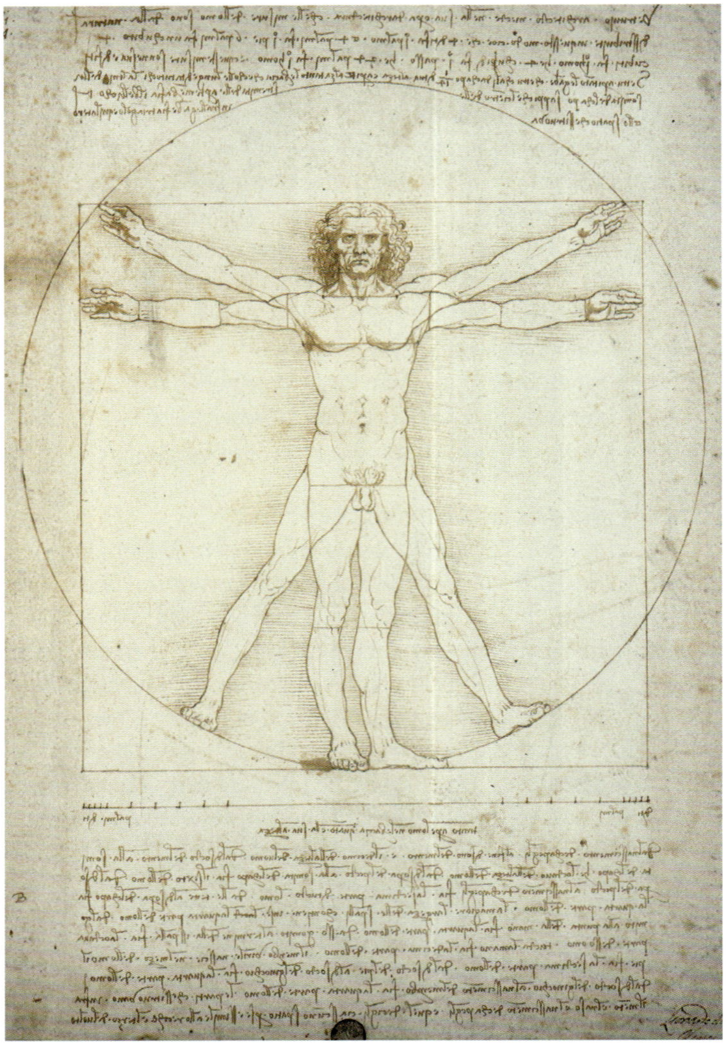

1 Der menschliche Körper als Ausdruck der Harmonie.
Skizze (34,4 x 24,5 cm) von Leonardo da Vinci, um 1485-1490. Kreis und Quadrat sind Grundformen der Harmonie, sie bestimmen die Größenverhältnisse (Proportionen) des Menschen. Nebenbei: Den Text auf dem Blatt schrieb der Linkshänder Leonardo in Spiegelschrift.

Die Antike wird wiederentdeckt

In den italienischen Stadtstaaten wie Venedig und Florenz wurde offen über Politik, Religion und Kunst nachgedacht. Das lag auch daran, dass die Führungsschichten durch Kriege und Handel mit fremden Kulturen wie dem griechisch-orthodoxen Byzantinischen Reich und dem muslimischen Orient in Kontakt gekommen waren.
Italienische Dichter, Gelehrte und Staatsmänner beklagten die Machtlosigkeit und Zerrissenheit ihrer Heimat. Seit Mitte des 14. Jh. interessierten sie sich für die untergegangene Macht des Römischen Reiches und für seine fast vergessene Kultur.

Humanismus und Renaissance

In den Schriften des römischen Schriftstellers und Politikers *Cicero* aus dem 1. Jh. v. Chr. fanden sie den Begriff „studia humanitatis“. Er bedeutete so viel wie „Fähigkeiten, die jeder braucht, um sich zum wirklichen Menschen auszubilden“. Dazu zählten Kenntnisse der Grammatik, der Redelehre (Rhetorik), der Geschichte, der Dichtkunst und der Morallehre (Philosophie). Wer sich damit beschäftigte, wurde „Humanist“ genannt.
Erst viel später bezeichnete man die geistige Bewegung als *Humanismus* oder *Renaissance*, also als „Wiedergeburt“ der Antike. Für einige Historiker beginnt mit Humanismus und Renaissance eine andere Epoche: die *Neuzeit*.*

Ein neues Bild vom Menschen

Die Humanisten begannen, die mittelalterliche Weltordnung infrage zu stellen. Für sie war das Leben der Menschen nicht mehr allein durch göttliche Fügung vorherbestimmt. Sie machten das Individuum, den einzelnen Menschen, zum Mittelpunkt der von Gott geschaffenen Welt. Jeder war für sein Tun und Handeln verantwortlich, für sein Glück und sein Leid. Einige Humanisten waren davon überzeugt, dass die Menschen alles könnten, wenn sie nur wollten.
Das neue Menschenbild der Renaissance schuf die Grundlage für ein neues Selbstbewusstsein von Gelehrten und Künstlern, die im Vertrauen auf ihre eigenen Beobachtungen und Erfahrungen viele überlieferte und Jahrhunderte geltende Vorstellungen hinterfragten.

Kennzeichen des neuen Menschen

Der „ideale“ Mensch sollte klug, höflich und weltoffen sein, sich als Krieger oder Staatsmann, Gelehrter und Künstler betätigen. Er sollte ein angenehmer und wortgewandter Gesprächspartner sein sowie gut tanzen und fechten können. Geburt und Standesgrenzen sollten keine Rolle mehr spielen, dafür umso mehr die Bildung: Die Humanisten sahen oft hochmütig auf die Ungebildeten herab.

* *Siehe dazu auch den Lerntipp auf Seite 192.*

▶ ***Lesetipp:*** *Antony Mason, Die Renaissance, Nürnberg 2006*

■ *Vergleiche die Vorstellungen vom „neuen Menschen“ mit dem Ideal der Ritter (siehe Seite 91 ff.)*

M1 Die Erschaffung Adams.
Ausschnitt aus der Deckenmalerei der Sixtinischen Kapelle in Rom von Michelangelo, 1508-1512.
Vor Michelangelo hatte kein Maler gewagt, diesen Augenblick der Vollendung der biblischen Schöpfungsgeschichte so zu gestalten.

M2 Was wäre die Welt ohne sie?

Der Gesandte und Geschichtsschreiber Gianozzo Manetti schreibt 1452:

Die Welt ist wohl von Gott geschaffen, aber der Mensch hat sie verwandelt und verbessert. Denn alles, was uns umgibt, ist unser eigenes Werk, das Werk des Menschen; alle Wohnstätten, alle Schlösser, alle Gebäude auf der ganzen Welt [...]. Von uns sind die Gemälde, die Skulpturen; von uns kommen der Handel, die Wissenschaften und philosophischen Systeme. Von uns kommen alle Erfindungen und alle Arten von Sprachen und Literaturen.

John R. Hale, Fürsten, Künstler, Humanisten, Reinbek 1973, S. 26

1. *Beschreibe, wie Michelangelo die Schöpfungsgeschichte darstellt (M1).*
2. *Fasse zusammen, welche Leistungen des Menschen Manetti und Pico della Mirandola betonen (M2 und M3).*
3. *Vergleiche M1 mit M3. Prüfe inwiefern das Bild die Auffassung Pico della Mirandolas widerspiegelt*
4. *Diskutiert, welche Chancen und Gefahren darin liegen, dass der Mensch die Welt nach seinem „eigenen freien Willen" verändern kann (M3).*

M3 Ein einzigartiges Geschöpf

Der italienische Gelehrte Giovanni Pico della Mirandola verfasst im Jahre 1486 eine Rede „Über die Würde des Menschen", die er nie gehalten hat und die erst nach seinem Tod veröffentlicht worden ist. Pico lässt darin Gott zu Adam sagen:

Wir haben dir keinen bestimmten Wohnsitz, noch ein eigenes Gesicht, noch irgendeine besondere Gabe verliehen, o Adam, damit du jeden beliebigen Wohnsitz, jedes beliebige Gesicht und alle Gaben, die du dir sicher wünschst, auch nach deinem Willen und nach deiner eigenen Meinung haben und besitzen mögest. Den übrigen Wesen ist ihre Natur durch die von uns vorgeschriebenen Gesetze bestimmt und wird dadurch in Schranken gehalten. Du bist durch keinerlei unüberwindliche Schranken gehemmt, sondern du sollst nach deinem eigenen freien Willen, in dessen Hand ich dein Geschick gelegt habe, sogar jene Natur dir selbst vorherbestimmen. Ich habe dich in die Mitte der Welt gesetzt, damit du von dort bequem um dich schaust, was es alles in dieser Welt gibt. Wir haben dich weder als einen Himmlischen noch als einen Irdischen, weder als einen Sterblichen noch einen Unsterblichen geschaffen, damit du als dein eigener, vollkommen frei und ehrenhalber schaltender Bildhauer und Dichter dir selbst die Form bestimmst, in der du zu leben wünschst. Es steht dir frei, in die Unterwelt des Viehes zu entarten. Es steht dir ebenso frei, in die höhere Welt des Göttlichen dich durch den Entschluss deines eigenen Geistes zu erheben.

Giovanni Pico della Mirandola, Über die Würde des Menschen, übers. von Herbert Werner Rüssel, Leipzig 1940, S. 48 f.

Die Kunst der Renaissance

1 Die ideale Stadt.
Gemälde eines unbekannten Florentiner Künstlers des späten 15. Jh.
Das Bild zeigt in zentralperspektivischer Malweise eine antike Stadtarchitektur, die so nie verwirklicht wurde.*

*Zentralperspektive: *Beim räumlichen Sehen bezieht sich das Auge auf einen zentralen Punkt, zu dem alle wichtigen Linien eines Bildes führen.*

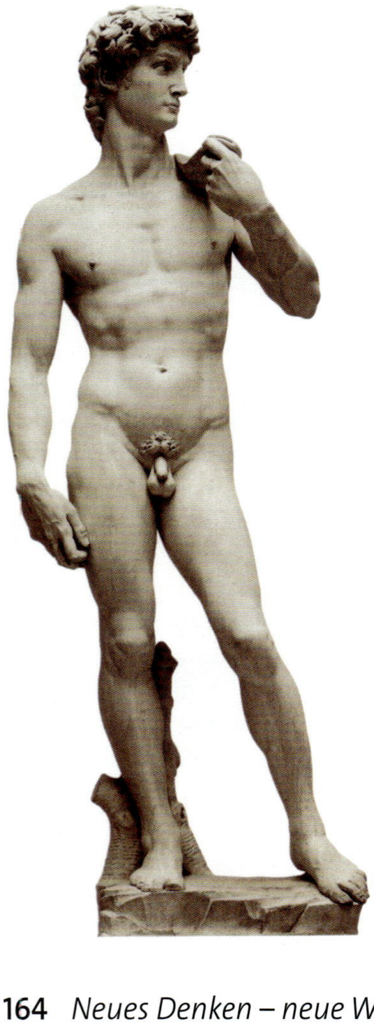

2 David.
Statue von Michelangelo, 1501-1504. Die 5,17 m hohe und fast sechs Tonnen schwere Marmorfigur war ursprünglich für eine Kirchenfassade gedacht. Sie fand dann aber ihren Platz vor dem Regierungsgebäude von Florenz. Das Original befindet sich heute in einem Museum. Mit dem biblischen Hirtenjungen David, der mit seiner Steinschleuder gegen den riesigen Goliath kämpfte, erinnerte man die mächtigen Fürsten an die Stärke und Kampfbereitschaft der kleinen städtischen Führungsschicht.

Anregungen aus der Antike und Aufschwung der Künste

Das Interesse an der Antike erfasste auch Maler, Bildhauer und Baumeister. Sie arbeiteten bald überall „nach der Art der Alten". Die Kunst des Mittelalters lehnten sie ab, vor allem die Gotik, die sich in Italien nie hatte durchsetzen können.

Die Künstler der Renaissance studierten die antiken Ruinen und Kunstwerke sowie die Äußerungen antiker Schriftsteller über Kunst und Architektur. Sie ahmten sie nicht nach, sondern ließen sich von ihnen anregen.

Vom 4. bis zum 17. Jh. gab die Kirche den Künstlern die meisten Aufträge. Kaiser, Könige und Fürsten nahmen erst den zweiten Rang ein. Im 12. Jh. erweiterte sich der Kreis der Auftraggeber um Stadtregierungen, Zünfte, Gilden und reiche Privatleute. In Florenz war es die Zunft der Tuchmacher, die den Auftrag für den Bau des Doms gab. Päpste, Fürsten und Bankiers wetteiferten miteinander, Förderer der Künste (*Mäzene*) zu werden. Sie hofften, sich durch Kunstwerke ein Denkmal zu setzen.

Wer als Künstler das Glück hatte, gefördert zu werden, kam zu hohem Ansehen. Maler, Bildhauer und Baumeister galten nicht mehr als einfache Handwerker, sondern als schöpferisch tätige, ja geniale Menschen. Einer der berühmtesten war *Leonardo da Vinci*, der von 1452 bis 1519 lebte. Er dichtete und musizierte, forschte und experimentierte, malte und entwarf Standbilder, Gebäude sowie Befestigungsanlagen.

Die Renaissance bei uns

Die Kunst der Renaissance breitete sich von Italien über ganz Europa aus. In den deutschen Gebieten setzte sie sich am Ende des 15. Jh. durch. Den Einfluss auf die Architektur kann man heute noch an vielen Gebäuden erkennen, beispielsweise am Heidelberger Schloss, am Kölner Rathaus oder an der Münchener Residenz.

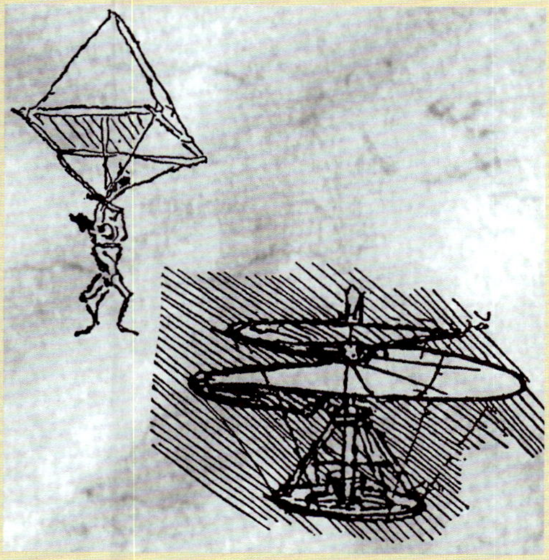

M1 **Technische Zeichnungen von Leonardo da Vinci.**
Aus den Skizzenbüchern. Oben: Fallschirm. Rechts: Luftschraube oder Luftkreisel – eine Art Hubschrauber.

M2 Leonardo – mehr als ein Künstler

Leonardo stellt etwa um 1482 dem Herzog von Mailand in einem Schreiben seine Fähigkeiten vor.

1. Ich habe Pläne für sehr leichte, aber dabei starke Brücken, die sich ganz leicht befördern lassen und mit denen man den Feind verfolgen und manchmal auch fliehen kann, und solche für andere, feste Brücken, die weder durch Feuer noch im Kampf zerstört und leicht und bequem abgebrochen und errichtet werden können, und auch Pläne, um die des Feindes zu verbrennen und zu zerstören.

2. Ich kann bei der Belagerung eines Platzes das Wasser aus den Gräben ableiten und zahlreiche Brücken, Rammböcke, Sturmleitern und andere zu einem solchen Unternehmen gehörende Geräte machen [...].

4. Ferner habe ich Pläne für Bombarden*, die sich sehr bequem und leicht befördern lassen, mit denen man kleine Steine schleudern kann, fast so, als ob es hagle, und deren Rauch dem Feind gewaltigen Schrecken einjagt [...].

6. Ferner werde ich sichere und unangreifbare gedeckte Wagen bauen, die mit ihren Geschützen durch die Reihen des Feindes fahren und jeden noch so großen Haufen von Bewaffneten zersprengen werden [...].

10. In Friedenszeiten kann ich mich wohl mit jedem anderen in der Baukunst messen, sei es bei der Errichtung öffentlicher und privater Gebäude oder bei der Leitung des Wassers von einem Ort zum anderen.
Ferner werde ich bei der Bearbeitung von Marmor, Erz und Ton sowie in der Malerei wohl etwas leisten, was sich vor jedem anderen, wer immer es sei, sehen lassen kann.

Leonardo da Vinci, Tagebücher und Aufzeichnungen, hrsg. von Theodor Lücke, München ²1952, S. 889f.

*Bombarden: *große Kanonen*

M3 Natur, Kunst und Wissenschaft

Der Sekretär des Herzogs von Aragón berichtet über einen Besuch bei Leonardo am 10. Oktober 1517:

Dieser Herr hat eine besondere Abhandlung über den Körperbau zusammengestellt, mit Illustrationen nicht nur der Glieder, sondern auch der Muskeln, Nerven, Adern, Gelenke, Eingeweide und allem, was an den Körpern der Männer wie auch der Frauen studiert werden kann, so wie noch kein anderer Mensch es jemals getan hat. All das haben wir mit unseren eigenen Augen gesehen; und er sagte, er hätte bereits mehr als dreißig Leichen zerlegt, Männer wie Frauen jeden Alters. Er hat auch über die Natur des Wassers geschrieben und über verschiedene Maschinen und andere Dinge, die er in einer endlosen Zahl von Bänden niedergeschrieben hat, und all das in Umgangssprache.

Kenneth Clark, Leonardo da Vinci, Reinbek 1989, S. 167f.

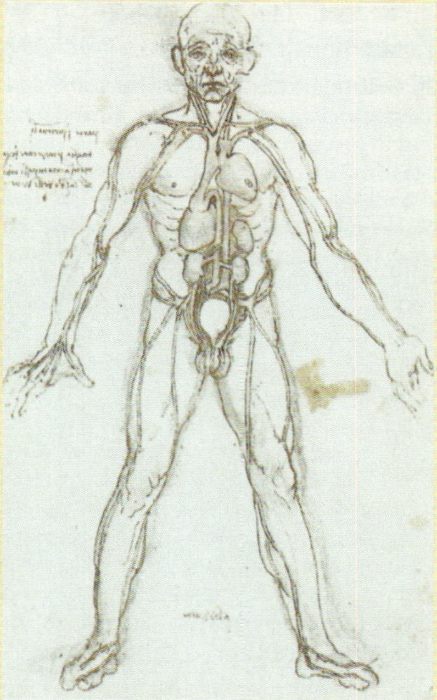

M4 **Figur mit Herz, Lunge und Hauptschlagadern.**
Zeichnung von Leonardo da Vinci, um 1490.

▶ ***Lesetipps:***
- *Albrecht Gralle, Der Gürtel des Leonardo, Zürich 2003*
- *Luca Novelli, Leonardo da Vinci, der Zeichner der Zukunft, Würzburg ²2009*
- *Susanne Rebscher, Leonardo da Vinci, Bindlach 2008*

1. *Beschreibe, wie die Erfindungen funktionieren sollten (M1). Begründe, wieso sie damals nicht verwirklicht wurden.*
2. *Zähle auf, für welche Arbeiten sich Leonardo in dem Brief anbietet (M2).*
3. *Arbeite aus dem Bericht des Sekretärs (M3) heraus, wie er Leonardos Arbeit beurteilt.*
4. *Untersuche, welche Forschungen für die Skizze notwendig waren (M4). Berücksichtige M3.*
5. *Vergleiche M4 mit Abb. 1 auf Seite 162.*

Albrecht Dürer – mehr als ein Künstler

Der bedeutendste Künstler der Renaissance nördlich der Alpen war *Albrecht Dürer*. Seine Zeitgenossen schätzten ihn als Maler so hoch wie die Künstler Italiens. Seine Holzschnitte und Kupferstiche machten ihn berühmt. Sie waren weit verbreitet. Dürer war mehr als ein hervorragender Künstler. In mehreren Büchern fasste er seine Studien zur Malkunst, zur Geometrie und über den menschlichen Körperbau zusammen. In einigen seiner Abhandlungen zur Geometrie stieß er bis an die Grenzen der damaligen Mathematik vor. Nach seinem Buch über die Befestigungskunst wurden in Nürnberg und in Straßburg Stadtmauern konstruiert.

▶ ***Lesetipp:*** *Mona Horncastle/ Barbara Yelin, Kunst-Comic Albrecht Dürer, München 2011*

M2 „Das große Rasenstück."
Zeichnung (41 x 31,5 cm) mit Wasser- und Deckfarben, um 1503.

M1 Albrecht Dürer – Lebensdaten

1471	geboren als drittes Kind eines Nürnberger Goldschmiedes
1484	Beginn einer Goldschmiedelehre bei seinem Vater
1486	Ausbildung in einer Malerwerkstatt in Nürnberg
1490	Wanderschaft in die Zentren der Malkunst am Oberrhein (Basel, Straßburg, Colmar)
1494	Rückkehr nach Nürnberg; er heiratet die Tochter eines angesehenen Patriziers in Nürnberg und richtet sich eine Werkstatt ein; Reise nach Venedig
nach 1495	es entstehen zahlreiche Gemälde, Zeichnungen, Kupferstiche und Holzschnitte im Auftrag verschiedenster Personen und Institutionen
1505/06	Reise nach Italien (Venedig, Bologna, Rom)
1509	Mitglied im Großen Rat der Stadt Nürnberg; Erwerb eines großen Hauses (heute Albrecht-Dürer-Haus)
1512	Kaiser Maximilian I. beauftragt ihn mit vielfältigen Aufgaben und zahlte ihm dafür jährlich einen Betrag
1520/21	Reise in die Niederlande zu Kaiser Karl V.
1521	Rückkehr nach Nürnberg; verstärkte Studien zu Malerei, Perspektive, Befestigungslehre und Geometrie
ab 1524	Veröffentlichung der Studien in mehreren Büchern
1528	gestorben in Nürnberg

M3 „Selbstbildnis im Pelzrock."
Ölgemälde (67 x 49 cm) von Albrecht Dürer, 1500.
Die lateinische Inschrift auf der rechten Seite des Bildes – hier kaum lesbar – lautet übertragen: „So malte ich, Albrecht Dürer aus Nürnberg, mich selbst mit meinen eigenen Farben im Alter von 28 Jahren."

M4 Bedeutung der Proportionslehre

Dürer schreibt dazu um 1520:

Außerhalb der Messung oder ahn einen Verstand einer guten Maß kann kein gut Bild gemacht werden, und ein gut Bild muß mit großer Mühe und Arbeit gemacht werden. Dann es geht nit unbesunnen zu. Dann die Linien, dormit man ein Bild umzeucht, kann weder mit Zirkelen noch Richtscheitlinien* umzogen werden. Dorum ist not, daß man findt, wie ein Bild auf das gnäuest der Natur gmäß soll abgemessen werden. Dann durch recht Gemessens würd Künstlichs gemacht.

Zit. nach: Albrecht Dürer, Schriften und Briefe, hrsg. von Ernst Ullmann, Leipzig 1978, S. 179

*Richtscheit: *schmales Brett mit parallelen Flächen und abgerichteten geraden Kanten*

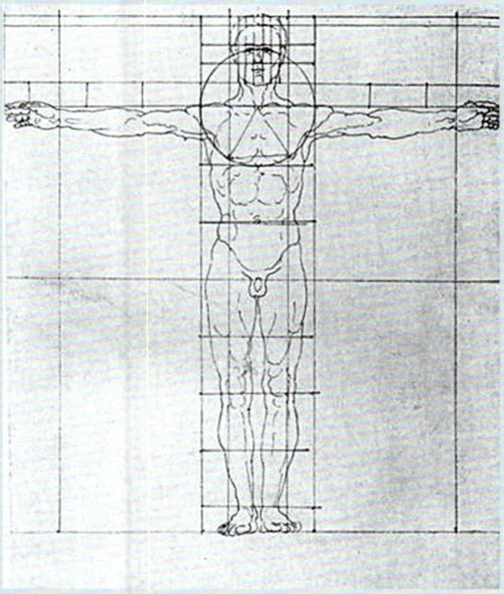

M5 Männliche Proportionsfigur im Netz.
Federzeichnung von Albrecht Dürer aus einem Skizzenbuch von 1508.
Betrachte zum Vergleich Abb. 1 auf Seite 162.

M6 „Eine Anmaßung sondergleichen"

Der Journalist und Kunsthistoriker Hanno Rauterberg schreibt 2012 über Dürers „Selbstbildnis im Pelzrock":

Ein solcher Blick war nicht vorgesehen, nicht für Könige, nicht für Kardinäle, erst recht nicht für einen Künstler, der 1500, als das Bild entstand, noch nicht mal eine größere Werkstatt besaß. Für alle galt ausnahmslos die Regel: Auf Porträts wird der Kopf von der Seite gezeigt, im Profil oder Halbprofil. Der frontale Blick war exklusiv der vera icon vorbehalten, dem wahren Bild des Jesus Christus. Dürer brach diese Regel – und gleich noch eine weitere.
Denn er posiert nicht nur als Messias, er verkleidet sich auch als mächtiger, reicher, vornehmer Bürger. Eigentlich war damals die Gesellschafts- so streng wie die Kleiderordnung: keine Pelze für Bauern, nur Fuchs, Lamm und Iltis für „gemeyne Burger und Handtwercker", und einzig die Obersten der Oberen durften sich mit dem samtigen Rückenfell des Marders schmücken, mit dem sich Dürer auf seinem Bild so stolz präsentiert. Auch das also eine Anmaßung sondergleichen: In der Welt ist er ein rechtes Nichts, in seiner Kunst aber gewinnt er alle Macht.

Die Zeit vom 16. Mai 2012, S. 47

1. *Das Selbstbildnis (M3) gilt als Ausdruck eines „Renaissance-Menschen". Erkläre! Berücksichtige dabei auch M6.*
2. *Lies M4 zum besseren Verständnis laut und arbeite die Kernaussage heraus.*
3. *Bereitet in der Klasse eine Ausstellung mit Bildern von Leonardo da Vinci und Albrecht Dürer vor. Berücksichtigt ihre Arbeitsgebiete.*

Die „Schwarze Kunst“

1 Buchdruckerwerkstatt. *Nachträglich kolorierter Kupferstich von Matthäus Merian d. Ä., 1632.*

Bücher sind gefragt

Bis ins 15. Jh. wurden in Europa Bücher handschriftlich auf Pergament, eine dünne Tierhaut, geschrieben. Mönche und Nonnen, die seit dem Mittelalter die meisten Schreibarbeiten leisteten, konnten den wachsenden Bedarf nicht mehr decken. Handschriftenhändler beschäftigten daher seit dem 14. Jh. Lohnschreiber und -schreiberinnen und verkauften die Handschriften.

Zwei chinesische Erfindungen, die über den Orient nach Europa gekommen waren, beeinflussten die Entwicklung der Bücher: die Papierherstellung und die Technik, von einer Holzplatte mit einem spiegelverkehrten Relief Schriftzeichen herzustellen. Papier machte Bücher billiger, denn im 15. Jh. kostete Pergament viermal so viel.

Gutenberg hat eine Idee

Vielleicht mag der große Bedarf an Schriften den um 1400 geborenen *Johannes Gutenberg* angetrieben haben, nach neuen Wegen zu suchen, sie anders als bisher herzustellen. Um 1450 erfand er in Mainz das Drucken mit beweglichen Metallbuchstaben. Der erste wichtige Schritt war, eine Metallmischung für haltbare Lettern (Schriftzeichen) zu finden. Der zweite war ein Gießgerät, mit dem Gutenberg beliebig viele solcher Lettern mit demselben Schriftbild und gleichen Maßen herstellen konnte. Gutenberg verbesserte auch das Zusammensetzen der Lettern, das Einfärben der Druckvorlage mit der Druckerschwärze aus Leinöl und Ruß sowie das Pressen der Vorlagen.

Eine Bibel war 1456 das erste mit dieser Technik gedruckte Buch. Es dauerte drei Jahre, bis sie fertig war. Die Kosten waren hoch: Gutenberg musste sich 800 Gulden leihen. Dafür hätte er in Mainz mehrere Häuser kaufen können! Gewinn brachten die ersten gedruckten Bibeln nicht, dafür aber der Druck von Schulbüchern und Kalendern. Gutenberg musste 1457 seine Druckerei aufgeben, um seine Schulden bezahlen zu können. 1468 starb er in Mainz.

Das Medienzeitalter beginnt

Eine breite Wirkung erzielte der Buchdruck erst, als mehr Menschen lesen lernten. Während um die Mitte des 16. Jh. in den großen Städten wie Nürnberg, Augsburg, Straßburg und Köln 25 bis 30 Prozent der Bevölkerung lesen konnten, waren es auf dem Lande viel weniger. Das gedruckte Wort verbesserte die Wissensvermittlung und schuf eine neue Öffentlichkeit. Das Medienzeitalter begann. Es veränderte das kulturelle und politische Leben.

1. *Beschreibe die auf dem Bild dargestellten Arbeiten.*
2. *Erläutere die Aussage, der Buchdruck habe eine neue Öffentlichkeit geschaffen und das kulturelle und politische Leben verändert.*

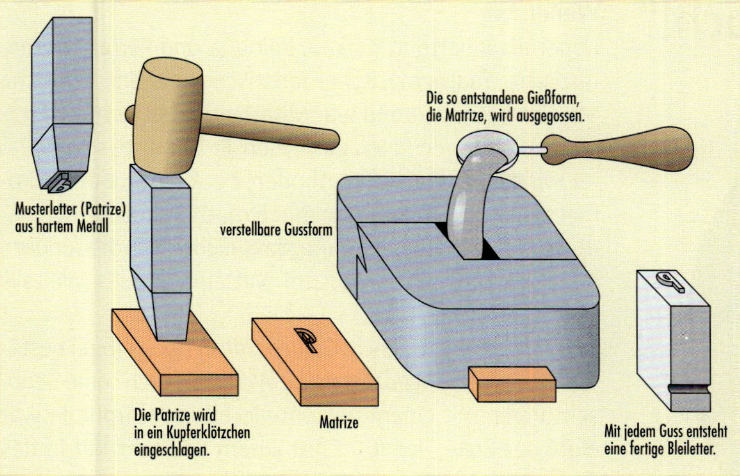

M1 Die Herstellung von beweglichen Lettern.

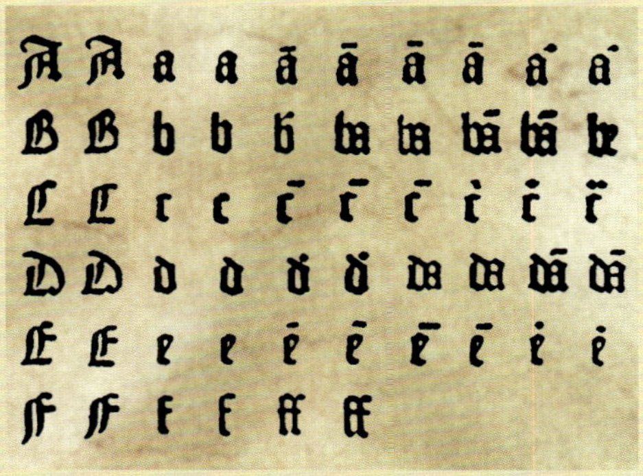

M3 Buchstabenentwürfe.
Gutenberg entwarf für die großen und kleinen Buchstaben des Alphabets nicht nur je eine Type, sondern mehrere verschiedene sowie Buchstabenverbindungen.

M2 „Wie bekommt man das so hin?"

In einem Jugendbuch lässt Wiebke von Thadden einen Gesellen beschreiben, wie Buchstaben hergestellt werden:

„Wenn man solche Lettern herstellen will, die beim Drucken Buchstaben ergeben sollen", begann der Geselle, „dann schreibt man als Erstes den Buchstaben – oder besser das ganze Alphabet – in der Schriftart, in der man es haben möchte, sauber auf ein Blatt Pergament. Dann paust man jeden Buchstaben einzeln seitenverkehrt auf eine Platte aus hartem Metall und schneidet die Buchstaben als kleine Stempel aus ihr heraus. Diese Stempel nennt man Patrizen. Die seitenverkehrte Patrize eines Buchstabens schlägt man in eine Form aus weicherem Metall und erhält so eine Vertiefung, eine seitenrichtige Matrize. Und diese Matrize legt man als Verschluss unten in eine Handgießform und gießt sie mit einer Legierung aus Blei und anderen Metallen aus. Damit erhält man eine seitenverkehrte Letter [...] und die druckt dir dann einen seitenrichtigen Buchstaben aus. Du musst dir einmal vorstellen, dass man aus einer einzigen Patrize unzählig viele gleiche Matrizen und aus einer einzigen Matrize unzählig viele gleiche Lettern herstellen kann. Mit einer Letter lassen sich dann wieder unzählig viele Buchstaben drucken. Das ist das Geheimnis unserer Druckerkunst, die man auch die Schwarze Kunst nennt – und nicht nur wegen der Druckerschwärze, mit der wir die Lettern einfärben."

Wiebke von Thadden, Thomas und die schwarze Kunst. Ein Roman aus der Frühzeit des Buchdrucks, Hamburg ²1997, S. 49f.

▶ Lesetipps:
- *Annette Neubauer, Tatort Forschung: Anschlag auf die Buchwerkstatt. Ein Ratekrimi um Johannes Gutenberg, Bindlach 2007*
- *Andreas Venzke, Gutenberg und das Geheimnis der Schwarzen Kunst, Würzburg 2008*

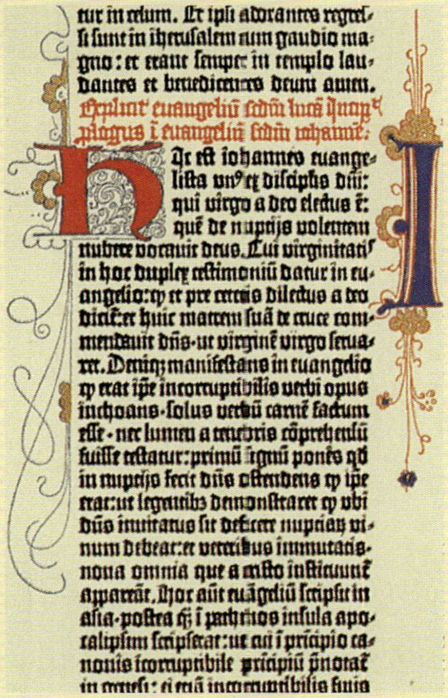

M4 Ausschnitt aus einer Seite der Gutenberg-Bibel von 1456.
Die verzierten Anfangsbuchstaben wurden nach dem Druck mit der Hand eingefügt.

▶ Exkursionstipp:
Gutenberg-Museum, Mainz

▶ Internettipps:
- *www.gutenberg.de*
- *www.gutenbergdigital.de*

1. *Vergleiche M1 und M2 und arbeite heraus, welche wichtige Arbeit nicht dargestellt ist.*
2. *Inzwischen gibt es eine große Zahl von Schriftarten. Druckt Beispiele mit dem PC aus (Groß- und Kleinbuchstaben). Macht Vergrößerungen von den Schrifttypen und beschreibt die Unterschiede. Bereitet ein Lernplakat zum Thema „Neue und alte Schriften" vor.*
3. *Erläutere den Ausdruck „Schwarze Kunst" für das Druckerhandwerk.*
4. *Erkläre die Bedeutung der Buchdruckerkunst. Erläutere, wie sie das tägliche Leben verändert hat. Nimm das Ergebnis deiner Überlegungen in dein Portfolio auf.*

„Und sie bewegt sich doch!“

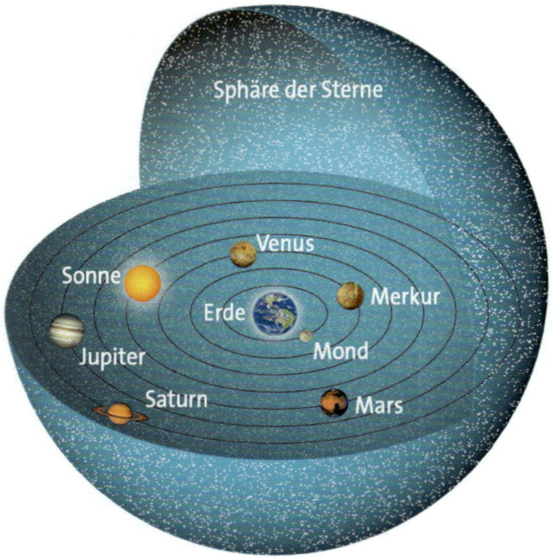

1 Das geozentrische Weltbild.

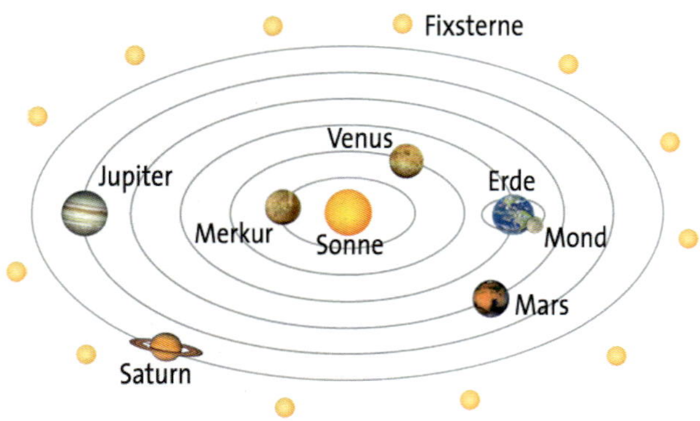

2 Das heliozentrische Weltbild nach Galilei.

Die Erde steht nicht still

„Der Erdmittelpunkt ist nicht der Mittelpunkt der Welt ... Die Erde dreht sich mit den ihr anliegenden Elementen in täglicher Bewegung einmal ganz um ihre unveränderlichen Pole.“ Diese Sätze stehen in einem Buch, das 1543 in Nürnberg unter dem Titel „Sechs Bücher über die Umdrehungen der himmlischen Kugelschalen“ gedruckt wurde. Verfasser war *Nikolaus Kopernikus* (1473 - 1543). Er verwarf das anerkannte geozentrische Weltbild (griech. *gē*: Erde), wonach die Erde der Mittelpunkt des Weltalls sei. Mit seinem Werk trug er zu einem neuen Bild der Erde bei. Die Gelehrten gingen seit der Antike davon aus, dass die Erde eine Kugel sei.

Wendezeit

Kopernikus hatte in Krakau, Bologna und Ferrara humanistische, mathematische, juristische und medizinische Studien betrieben und war Mitarbeiter des Bistums Ermland im heutigen Polen geworden. Er bediente sich neuerer wissenschaftlicher Methoden, beobachtete den Himmel systematisch und kam durch mathematische Berechnungen zu der Überzeugung, dass nicht die Erde, sondern die Sonne (griech. *helios*) im Mittelpunkt des Weltalls steht.
Der italienische Gelehrte *Galileo Galilei* (1564 - 1642) bestätigte später das *heliozentrische Weltbild* durch seine Beobachtungen mit einem neu entwickelten Fernrohr. Er war wohl der Erste, der 1609 mit einem Fernrohr tief in das Universum blickte.

Glaube gegen Wissenschaft?

Die katholische Kirche verwarf das heliozentrische Weltbild. Es stehe im Widerspruch zur Bibel. In ihr bildete die Erde den Mittelpunkt der Schöpfung und damit des Universums. Die Beweise schienen der Kirche nicht schlüssig. 1616 setzte der Papst Kopernikus’ Buch auf den *Index*, das Verzeichnis der für Katholiken verbotenen Bücher. Forscher wie Galilei ließen sich nicht abhalten, weiter nach Beweisen für Kopernikus’ Überlegungen zu suchen. Zum Ärgernis für die Kirche wurde Galilei, als er den Erkenntnissen der Natur eine größere Bedeutung zumaß als der Heiligen Schrift. Nachdem er den Papst lächerlich gemacht hatte, stellte ihn die Kirche 1633 vor ein Inquisitionsgericht. Es wollte öffentlich feststellen, dass der Glaube an die göttliche Schöpfung nicht durch menschliches Wissen bezweifelt werden dürfe. Die Richter brachten den damals 70-jährigen Forscher dazu, sein Bekenntnis zum heliozentrischen Weltbild gegen seine Überzeugung zu widerrufen. Sie verurteilten ihn zu einer lebenslänglichen Gefängnisstrafe.
Seinen Lebensabend verbrachte Galilei unter kirchlicher Aufsicht in seinem Landhaus. Abgeschieden verfasste er ein für die weitere Entwicklung der Physik wichtiges Werk über die Mechanik und die Fallgesetze. Galilei starb vier Jahre nach dieser in ganz Europa beachteten Veröffentlichung.
Erst 1992 gab die katholische Kirche öffentlich zu, dass sie Galilei zu Unrecht verurteilt hatte.

M 1 Ein Experiment

In Galileis „Dialog über die beiden hauptsächlichen Weltsysteme" von 1632 wird folgender Versuch beschrieben:

Auf einem etwa 6 Meter langen, 60 cm breiten und 8 cm dicken Holzbrett war eine Rinne von etwas mehr als 3 cm Breite eingegraben. Dieselbe war sehr gerade gezogen, und um die Fläche recht glatt zu haben, war inwendig ein sehr glattes und reines Pergament aufgeklebt; in dieser Rinne ließ man eine sehr harte, völlig runde und glattpolierte Messingkugel laufen. Nach Aufstellung des Brettes wurde dasselbe einerseits gehoben, bald 50 cm, bald 1 m hoch; dann ließ man die Kugel durch den Kanal fallen und verzeichnete in sogleich zu beschreibender Weise die Fallzeit für die ganze Strecke; häufig wiederholten wir den einzelnen Versuch, zur genaueren Ermittlung der Zeit, und fanden gar keine Unterschiede, auch nicht einmal von einem Zehntel eines Pulsschlages. Darauf ließen wir die Kugel nur durch ein Viertel der Strecke laufen, und fanden stets genau die halbe Fallzeit gegen früher. Dann wählten wir andere Strecken und verglichen die gemessene Fallzeit mit der zuletzt erhaltenen und mit denen von zwei Drittel oder drei Viertel oder irgend anderen Bruchteilen; bei wohl hundertfacher Wiederholung fanden wir stets, dass die Strecken sich verhielten wie die Quadrate der Zeiten [...]. Hierbei fanden wir außerdem, dass auch die bei verschiedenen Neigungen beobachteten Fallzeiten sich genauso zueinander verhielten, wie weiter unten unser Autor dasselbe andeutet und beweist. Zur Ausmessung der Zeit stellten wir einen Eimer voll Wasser auf, in dessen Boden ein enger Kanal angebracht war, durch den ein feiner Wasserstrahl sich ergoss, der mit einem kleinen Becher aufgefangen wurde, während einer jeden beobachteten Fallzeit; das dieser Art aufgesammelte Wasser wurde auf einer sehr genauen Waage gewogen; aus den Differenzen der Wägungen erhielten wir die Verhältnisse der Gewichte und die Verhältnisse der Zeiten, und zwar mit solcher Genauigkeit, dass die zahlreichen Beobachtungen niemals merklich voneinander abwichen.

Michael Heidelberger/Sigrun Thiessen, Natur und Erfahrung, Reinbek 1981, S. 157 (vereinfacht)

M 2 Der Versuch mit der schiefen Ebene.
Fresko von Giuseppe Bezzuoli, um 1839.

M 3 Fernrohre.
Mit diesen beiden von ihm selbst angefertigten Fernrohren führte Galilei seine Beobachtungen durch. Galilei hat die Fernrohre nicht erfunden. Die Idee, durch Kombination von zwei Linsen entfernte Gegenstände größer erscheinen zu lassen, scheint zuerst in Italien um 1590 entwickelt worden zu sein. Gebaut wurde das erste Fernrohr wahrscheinlich 1608 von einem Brillenmacher in Holland.

▶ **Lesetipp:** *Luca Novelli, Galilei und der erste Krieg der Sterne, Würzburg [2]2005*

1. *Anfang des 17. Jh. setzte sich eine neue Auffassung von Wissenschaft durch. Beschreibe sie mit dem Lehrbuchtext und M 1.*
2. *Erläutere das Experiment und sein Ergebnis (M 1 und M 2).*
3. *Weder Kopernikus noch Galilei konnten die Umlaufbahnen der Planeten um die Sonne berechnen. Dazu waren weitere Forschungen notwendig. Informiere dich, wer die Umlaufbahnen der Planeten genauer erklärt hat und wie sie aussehen. Halte das Ergebnis in deinem Portfolio fest.*

Reisen von und nach Fernost

Herausforderungen

Mitte des 13. Jh. hatten Mongolen mit ihren schnellen Pferden Teile Mitteleuropas überfallen, geplündert und ausgeraubt. Viele Menschen glaubten, das Ende aller Zeiten sei gekommen. Aber so überraschend, wie die Mongolen gekommen waren, zogen sie sich wieder zurück.
Der Papst und der französische König wollten mehr über das kriegerische Volk wissen und entsandten daraufhin Mönche in den Fernen Osten. Sie sollten Informationen über Land und Leute sammeln und die Möglichkeiten der Mission erkunden. Außerdem sollten sie dem obersten Anführer der Mongolen, dem *Großkhan*, ein Bündnis für den Kampf gegen die Muslime im Heiligen Land anbieten. Die Gesandten erreichten bei den mongolischen Herrschern nichts. Dafür lieferten sie erste umfassende Berichte über die Herrschaftsordnung sowie über die Völker- und Religionsvielfalt der Mongolen.

Marco Polos Reise nach Fernost

Seit der Antike gab es mehrere Wege zwischen Europa und Asien. Der berühmteste war die *Seidenstraße*. Sie begann in Konstantinopel und endete im *Kathay*, wie China damals hieß. Seit den Kreuzzügen hatte der venezianische und genuesische Fernhandel mit Fernost zugenommen. Über die von ihnen bereisten Länder berichteten die Fernhändler wenig. Das änderte sich mit dem 1254 geborenen Venezianer *Marco Polo*. Schon sein Vater und sein Onkel waren 1260 als Kaufleute bis an den Hof des Großkhans gereist. 1269 kehrten sie nach Venedig zurück. Zwei Jahre später machten sie sich erneut auf den Weg nach China. Der 17-jährige Marco begleitete sie. Jahre später trat der junge Kaufmann in den Dienst des mongolischen Herrschers. In dessen Auftrag bereiste er fast 17 Jahre lang ganz Asien. Erst 1295 kehrte er nach Venedig zurück.

1 „Schatzschiff" des Zheng He.
Rekonstruktionsversuch.
Das Schiff war etwa 120 m lang und 50 m breit.

- *Vergleiche das Schiff mit der Hanse-Kogge (siehe Seite 113) und der „Santa Maria" (siehe Seite 177).*

Bericht über die „Wunder der Welt"

Marco Polo ließ seine Erlebnisse von einem Schriftsteller aufzeichnen. In seinem Reisebericht beschreibt er die Menschen, ihre Sprachen und Religionen, ihre Sitten, die Landschaften und Städte sowie die Herrschaft des Großkhans. Er berichtet über Steuern, Papiergeld und Asiens großen Reichtum. Nicht immer hält er sich dabei an die Tatsachen. Marco Polos Erzählung über die „Wunder der Welt" ließ die Zeitgenossen staunen und regte weitere Reisen nach Fernost an. Sie ermunterte noch 200 Jahre später Kolumbus, die Reichtümer Asiens zu suchen.*

Von Osten nach Westen

China sah sich als das Reich der Mitte. Wegen der bis in die 1360er-Jahre dauernden mongolischen Fremdherrschaft waren die Chinesen kaum interessiert, sich mit fremden Ländern und Kulturen zu beschäftigen. Anfang des 15. Jh. änderte sich das für kurze Zeit. Im Auftrag des Kaisers unternahm Admiral *Zheng He* zwischen 1405 und 1433 sieben Reisen über den Indischen Ozean in Richtung Westen. Seine Flotte bestand aus etwa 300 Schiffen mit 30 000 Mann; darunter waren 60 gewaltige „Schatzschiffe". Sie übertrafen an Größe und Bewaffnung alles, was bis weit in die Neuzeit hinein die Meere befuhr. Über Sumatra, Indien und Sri Lanka (Ceylon) gelangten sie bis an die Ostküste Afrikas.**

Weder entdecken noch erobern

Zheng He sollte keine neuen Erdteile entdecken, sondern die Macht seines Kaisers auf den asiatischen Meeren sichern und Handel treiben. Die Frachträume seiner Schiffe waren bei der Abreise mit Seide und Porzellan gefüllt. Sie wurden gegen Gewürze, Edelsteine, Stoffe, Tiere (vor allem Pferde) und andere Kostbarkeiten eingetauscht. Auf dem Rückweg durften arabische und afrikanische Gesandte mit an Bord. Sie mussten die Oberhoheit des Kaisers von China anerkennen und Steuern zahlen.
Chinas Herrschaft über die asiatischen Meere endete bereits 1435. Ein neuer Kaiser sah keinen Nutzen mehr in den großen Reisen. Er verbot den Handel mit dem Ausland. Afrika und Europa interessierten China nicht mehr. Die Geschichte Europas und der Welt wäre wohl anders verlaufen, wenn sich China damals dem Westen zugewandt hätte.

Lies dazu Seite 176.
**Siehe dazu die Karte auf Seite 158 f.*

- *Informiere dich über die Seidenstraße. Durch welche heutigen Staaten Asiens führte sie? Warum trägt die Handelsroute diesen Namen? Halte deine Ergebnisse in deinem Portfolio fest.*

M1 **Marco Polo über Japan und Ceylon**

Der 1254 geborene venezianische Kaufmannssohn Marco Polo ist nach eigenen Angaben von 1271 bis 1295 in Asien. Er liefert die ersten Informationen über Japan nach Europa:

Sapangu [Japan] ist eine große Insel mitten im Meer, fünftausend Meilen östlich des Festlandes gelegen. Die Menschen hier sind hellhäutig und wohlgebildet. Sie sind Götzendiener. Man erzählt, dass sie auf ihrer Insel unendlich viel Gold zusammenraffen. Die Insel ist so weit vom Festland entfernt, dass kaum ein Kaufmann dorthin fährt. Deshalb gibt es dort Gold in solchem Übermaß.

Über Ceylon:

Die Einwohner werden von einem König regiert, den sie Sendeinam nennen. Sie zahlen an niemanden Tribut und leben in beinahe völliger Nacktheit. Sie erzeugen kein Getreide, jedoch Reis und Sesam, aus dem sie Breie kochen. Auch Fleisch, Milch und der Wein von den Bäumen zählen zu ihren Nahrungsmitteln. [...] Aber lassen wir das und wenden uns dem Wertvollsten zu, was es auf der ganzen Welt gibt. Hier und nur hier sind Rubine zu finden. Man findet auch Saphire, Topase, Amethyste und allerlei andere Edelsteine. Hier findet sich der größte und prächtigste Rubin der Welt. Und so sieht er aus. Er ist eine Spanne* lang und armdick. Er ist von so hohem Glanz wie kein anderer und völlig makellos. Er ist feuerrot. [...]

Die Einwohner von Ceylon sind keine Soldaten. Sie sind klein und eher schwach. Wenn sie Krieger brauchen, lassen sie sie von woandersher kommen.

Marco Polo, Das Buch der Wunder. Aus „Le Livre des Merveilles du Monde", Ms. fr. 2810 der Bibliothèque Nationale de France, Paris. Übersetzung der Handschrift Marie-Hélène Tesnière, Wiesbaden o. J. [1999], S. 148 und 158

***Spanne**: *altes Längenmaß; der Abstand zwischen Daumen und der Spitze des kleinen Finger in der gespreizten Hand*

M2 **Die Bewohner der Andamanen-Inseln.**
Miniatur aus einer französischen Handschrift, um 1412 (Ausschnitt).
Die Inseln liegen im Golf von Bengalen zwischen Birma und Indien und gehören zu Indien. Marco Polo schreibt über die Bewohner, sie „haben einen bösen Hundskopf mit Augen und Zähnen wie Hunde. Sie ernten allerlei Gewürze. Sie sind äußerst wilde Menschen, die alle verschlingen, die nicht zu ihnen gehören".

M3 **Steuereinnahmen des Kaisers von China.**
Miniatur aus einer französischen Handschrift, um 1412.
Der Handel mit Salz, Reis, Zucker, Kohle und anderen Waren stellte eine wichtige Einnahmequelle des Staates dar. Auf dem Bild übergeben die Händler den Steuereintreibern ihre Abgaben. Hinter der Theke füllt ein Beamter eine Quittung aus, ein zweiter leert einen Sack mit Goldstücken aus und ein dritter zählt die Goldstücke.

▶ ***Lesetipps:***
Roland Müller, Die abenteuerliche Reise des Marco Polo, München 2007

1. *Erläutere, was Marco Polo an Japan und Ceylon interessierte und was er seinen Lesern mitteilen wollte (M1).*
2. *Diskutiert Marco Polos Aussage (M2). Überlegt, ob man sie auch anders als auf dem Bild hätte darstellen können.*
3. *Beschreibe die drei Männer vor der Theke (M3).*

Ist das Abendland in Gefahr?

1 Der Mittelmeerraum im 16. Jh.

Osmanen erobern Konstantinopel

Nach der allmählichen Auflösung des türkischen Seldschukenreiches entstand in der heutigen Türkei das *Osmanische Reich*. Es wird benannt nach *Osman I.*, der sich 1299 zum Sultan machte. Seinen Nachfolgern gelang es im 14. und 15. Jh. schrittweise, Teile Südosteuropas zu erobern.

Im Mai 1453 nahmen die Truppen des osmanischen Herrschers *Mehmed II.* Konstantinopel ein, die Hauptstadt des Byzantinischen Reiches. Der siegreiche Herrscher sah sich als Nachfolger des byzantinischen Kaisers und bestimmte die alte und bedeutende Kaiserstadt zum Zentrum des Osmanischen Reiches. Konstantinopel hieß nun Istanbul.

Die Reaktion des christlichen Europa

Gegen die muslimische Gefahr forderte der Papst den Zusammenschluss des christlichen Europas – ohne Erfolg. Venedig und die anderen italienischen Stadtrepubliken brauchten ein gutes Verhältnis zum Osmanischen Reich, um ihren Handel mit dem Orient zu sichern. Die französischen Könige unterstützten sogar die Osmanen auf dem Balkan. Sie wollten die Macht der *Habsburger* schwächen, die sowohl auf der Iberischen Halbinsel als auch im Südwesten des Deutschen Reiches herrschten. Nur das katholische Spanien setzte Ende des 15. Jh. alles daran, die Muslime von der Iberischen Halbinsel endgültig zu vertreiben. 1492 wies es auch alle Juden aus dem Land, die sich nicht zum Christentum bekehren lassen wollten.

Die Osmanen nutzten die Uneinigkeit der christlichen Staaten: 1526 eroberten sie große Teile Ungarns und 1529 belagerten sie erstmals Wien. Die „Türkenkriege" flackerten bis zum Beginn des 18. Jh. immer wieder auf.

▶ ***Filmtipp:*** *Fetih 1453 – Die Eroberung von Konstantinopel; Regie: Faruk Aksoy, 2011*

M1 Europa in Gefahr?

Die Gefahr, die man mit der Eroberung Konstantinopels verbunden hat, stellt der im Dienste des habsburgischen Kaisers stehende Enea Silvio Piccolomini 1454 in einer Rede auf dem Frankfurter Reichstag eindringlich dar; er ruft zum „Kreuzzug" gegen die Osmanen auf.

Der Verlust Konstantinopels, erlauchteste Väter, ruhmvollste Fürsten und ihr übrigen Männer, die ihr nach Herkunft und Gelehrsamkeit ausgezeichnet seid, der einen großen Sieg der Türken, den endgültigen Untergang der Griechen, die größte Schande für die Lateiner bedeutet, ängstigt und schmerzt einen jeden von euch umso mehr, wie ich meine, je vornehmer und je edler er ist [...]. Wenn wir die Wahrheit gestehen wollen, hat die Christenheit seit vielen Jahrhunderten keine größere Schmach erlebt als jetzt. Denn in früheren Zeiten sind wir nur in Asien und Afrika, also in fremden Ländern, geschlagen worden, jetzt aber wurden wir in Europa, also in unserem Vaterland, in unserem eigenen Haus, an unserem eigenen Wohnsitz, aufs Schwerste getroffen.

Rolf Hellmut Foerster (Hrsg.), Die Idee Europa 1300-1946. Quellen zur Geschichte der politischen Einigung, München 1963, S. 40

M3 Das belagerte Konstantinopel im Jahre 1453.
Französische Buchmalerei, um 1455 (Ausschnitt).

M2 Das Ende naht

In einem Brief aus derselben Zeit wie der Aufruf M1 schreibt Enea Piccolomini:

Abgeschnitten ist der Fluss allen Wissens [...]. Jetzt ist die Dichtung, jetzt die Philosophie gewissermaßen zu Grabe getragen worden. Ich will nicht leugnen, dass es im lateinischen Westen vielerorts blühende Universitäten gibt: in Rom, Paris, Bologna, Padua, Siena, Perugia, Köln, Wien, Salamanca, Oxford, Pavia, Leipzig oder Erfurt. Sie alle sind jedoch aus griechischen Quellen abgeleitete Bächlein. Trenne den Bach von seiner Quelle – er trocknet sofort aus.

Manfred Fuhrmann, Europa. Zur Geschichte einer kulturellen und politischen Idee, Konstanz 1981, S. 37

1. *Stelle die Argumente zusammen, mit denen Enea Piccolomini die Mitglieder des Reichstages für einen „Kreuzzug" gewinnen will (M1 und M2). Bewerte die Verwendung des Begriffes „Kreuzzug" auf der Basis deines Fachwissens.*
2. *Untersuche, wie der Zeichner die militärische Lage Konstantinopels dargestellt hat (M3).*

Entdeckt Kolumbus eine „Neue Welt"?

1 Originalgetreue Nachbauten der Niña, Pinta und Santa Maria.
Foto von 1990.
Am 3. August 1492 stach Christoph Kolumbus mit über 100 Männern auf drei Schiffen von der spanischen Hafenstadt Palos aus in See. Die erste Etappe führte zu den Kanarischen Inseln. Von dort segelte man Anfang September weiter und erreichte am 12. Oktober eine Insel der Bahamas. Der tiefreligiöse Kolumbus nannte sie „San Salvador" (Heiliger Erlöser).

Der reiche Osten

Von Asien versprachen sich die Europäer im 14./15. Jh. großen Reichtum. Mit mutigen Seefahrern suchten Kaufleute einen direkten Seeweg in den Fernen Osten. Sie verstärkten ihre Anstrengungen, nachdem die Osmanen 1453 Konstantinopel erobert hatten und damit die Handelsstraßen nach Asien noch stärker kontrollierten. Zu den wirtschaftlichen Motiven kamen religiöse: Der Einfluss der Muslime sollte zurückgedrängt werden.

Die beiden christlichen Seefahrernationen Portugal und Spanien übernahmen die Führung. Ihre Atlantikhäfen wurden mithilfe der großen Handels- und Bankhäuser zum Ausgangspunkt von Entdeckungsreisen und Eroberungen.

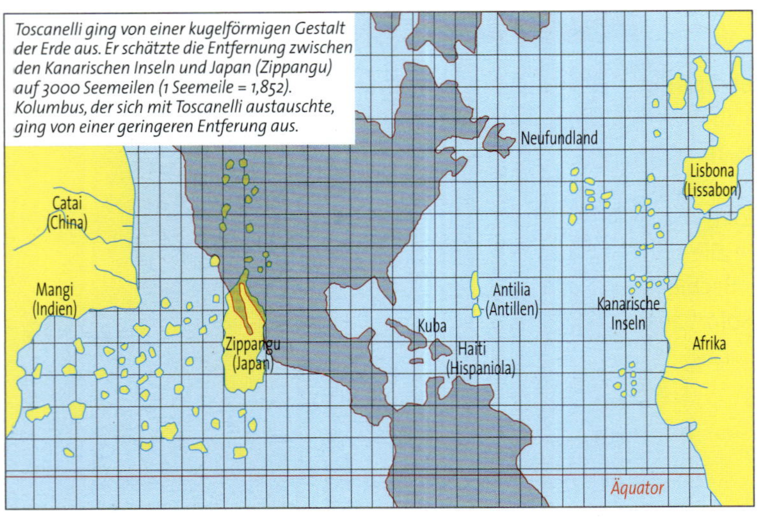

2 Weltkarte des Italieners Paolo Toscanelli.
Vereinfachte Rekonstruktion einer Karte von 1474.
Die grau eingezeichneten Flächen zeigen die wirkliche Verteilung der Landmassen.

Im Westen den Osten suchen

Am Ende des 15. Jh. wetteiferten Portugal und Spanien darum, wer zuerst den Seeweg nach Indien fand. Der Portugiese *Bartolomeu Diaz* segelte 1488 entlang der Küsten bis zur Südspitze Afrikas. Damit war der Weg in den Indischen Ozean offen.

Um bei dem „Wettlauf" vorn zu liegen, unterstützten die Könige Spaniens den seit 1477 in Lissabon lebenden *Christoph Kolumbus* aus Genua. Er hielt es für möglich, nach dem östlich von Europa gelegenen Asien zu gelangen, indem er auf dem Nordatlantik nach Westen fuhr. Kolumbus setzte voraus, dass die Erde eine Kugel sei. Ihren Umfang und damit die genaue Entfernung von Europa nach Asien kannte bis dahin niemand. Kolumbus' Berechnungen galten als unsicher. Portugiesische Experten lehnten seine Pläne als „Geschwätz" ab. Auch in Spanien stießen seine Ideen zunächst auf Widerstand.

Ein genialer Irrtum

Kolumbus und seine Mannschaft hatten Glück, als sie 1492 auf dem Weg nach Indien einen Kontinent neu entdeckten – Amerika. Sie wären verhungert oder verdurstet, wenn sie den Weg bis an ihr eigentliches Ziel ohne auf Land zu stoßen hätten zurücklegen müssen.

Im Frühjahr 1493 kehrte Kolumbus nach Spanien zurück. Das Königspaar bereitete ihm in Barcelona einen prunkvollen Empfang und machte ihn – wie vor der Reise vereinbart – zum Generalgouverneur und Vizekönig der entdeckten Gebiete.

Kolumbus unternahm noch drei Fahrten über den Atlantik. Dabei fand er weitere Inseln. Auf seiner letzten Reise erreichte er im August 1502 erstmals die Küste Mittelamerikas. Das Festland von Südamerika betrat er nie. Bis zuletzt glaubte er, den westlichen Seeweg nach Indien gefunden zu haben. Die Bewohner der entdeckten Gebiete nannte er deshalb *Indios*.

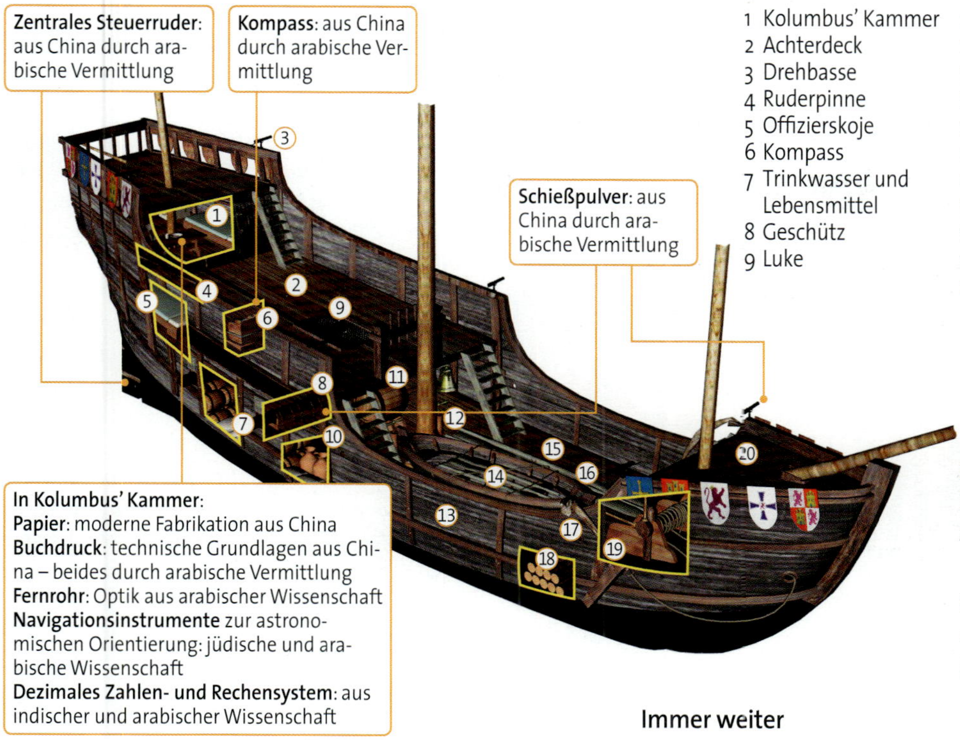

1 Kolumbus' Kammer
2 Achterdeck
3 Drehbasse
4 Ruderpinne
5 Offizierskoje
6 Kompass
7 Trinkwasser und Lebensmittel
8 Geschütz
9 Luke
10 Laderaum
11 Trinkwasserfass
12 Pumpen
13 Löschbords
14 Beiboot
15 Hauptdeck
16 Riemen und Spieren
17 Anker
18 Brennholzvorräte
19 Schiffswände
20 Vorderaufbau

3 An Bord der „Santa Maria". *Die „Santa Maria" war rund 24 m lang und etwa 8 m breit.*

▶ ***Internettipp:*** *www.planet-wissen.de (Santa Maria)*

Eine „Neue Welt"?

Der von Kolumbus entdeckte Kontinent wurde nicht nach ihm, sondern nach dem Italiener *Amerigo Vespucci* benannt. Dieser hatte im Auftrag des Florentiner Bankhauses der Medici und des portugiesischen Königs zwei Forschungsreisen nach Mittel- und Südamerika unternommen. Er erkannte, dass Kolumbus nicht in Indien gelandet war, sondern einen neuen Erdteil entdeckt hatte. Seine 1502 gedruckte Beschreibung der „Neuen Welt" fand eine größere Verbreitung als Kolumbus' Berichte. So ist zu erklären, dass der elsässische Humanist *Matthias Ringmann* 1507 dem aus Freiburg im Breisgau stammenden Kartografen *Martin Waldseemüller* vorschlug, auf einer Karte die „Neue Welt" nach Amerigo Vespucci „Amerika" zu nennen.
Auch Kolumbus hat den „neuen" Kontinent nicht entdeckt. Schon um 1000 waren Wikinger an der Ostküste Nordamerikas gelandet. Doch ihre Fahrten hinterließen keine eindeutigen Spuren.

1. *Die christliche Seefahrt profitierte vom Wissen anderer Kulturen. Begründe diese Aussage mit Abb. 3.*
2. *Lege für dein Portfolio eine Tabelle der wichtigsten europäischen Entdeckungsfahrten an (siehe dazu die Karte auf Seite 158 f.).*
3. *Begründe, warum um 1500 ein „Wettlauf nach Indien" stattfand.*
4. *Erkläre das Motto „Für Gott die Seelen, das Land dem König".*

Immer weiter

1498 umsegelte der Portugiese *Vasco da Gama* Afrika und erreichte mit einem arabischen Lotsen auf dem kürzesten Seeweg Indien. Sein Landsmann *Ferdinand Magellan* versuchte 1519 im Auftrag der spanischen Krone erneut, auf dem westlichen Seeweg nach Indien zu kommen. Er starb 1521 im Kampf gegen die Bewohner der Philippinen-Insel Mactan. Von 265 Männern, mit denen er die Reise begonnen hatte, kehrten nach drei Jahren nur etwa 30 zurück. Sie hatten erstmals die Welt umsegelt.
Nicht nur Portugal und Spanien beteiligten sich an den Entdeckungsreisen. Der unter englischer Flagge segelnde Italiener *Giovanni Caboto* entdeckte 1497 die Küste Nordamerikas. Doch die Engländer zeigten an den Gebieten kein Interesse, da sie dort weder Gold noch Silber fanden.

„Für Gott die Seelen, das Land dem König"

Spanien und Portugal stritten sich um die entdeckten Gebiete. Ein Schiedsspruch des Papstes setzte 1494 im *Vertrag von Tordesillas* den Grundsatz „Für Gott die Seelen, das Land dem König" durch. Er teilte den westlichen Ozean und die noch zu entdeckenden Länder in einen spanischen und einen portugiesischen Bereich. Die übrigen europäischen Seefahrerstaaten erkannten den Vertrag nicht an. Sie wollten sich nicht vom Atlantikhandel und von den Reichtümern der entdeckten Gebiete ausschließen lassen. Dies führte im 16./17. Jh. zu zahlreichen Seekriegen.

▶ ***Lesetipps:***
- *Rainer Köthe, Entdecker und ihre Reisen, Nürnberg 2006*
- *Maja Nielsen, Magellan. Auf den Spuren des Weltumseglers, Hildesheim 2010*

M2 **„Kolumbus, als er in India erstlich angekommen, wird von den Einwohnern aufgenommen und mit großem Geschenk verehrt und begabet."**
Nachträglich kolorierter Kupferstich (16,4 x 19,3 cm) aus dem 4. Band der „Sammlung von Reisen in das westliche Indien (America)" von 1594. Herausgeber dieses umfangreichen Werkes, dessen erster Band in vier Sprachen (französisch, deutsch, englisch und lateinisch) und dessen weitere 13 Bände in deutscher und lateinischer Sprache erschienen, war der protestantische Verleger, Kunsthändler und Kupferstecher Theodor de Bry (1528-1598) aus Frankfurt am Main.
Da es keine zeitgenössischen Bilder des Ereignisses gibt, ist diese Illustration das Fantasiebild eines Europäers, der sich von den veröffentlichten Briefen und Berichten der Entdecker anregen ließ.

M1 Die Ankunft

Das Bordbuch des Kolumbus enthält die täglichen Eindrücke des Entdeckers. Die Eintragungen sind nur durch Überlieferung eines Zeitgenossen bekannt. Das Original ist verloren gegangen. Nachdem Kolumbus mit seinen Leuten die entdeckte Insel in Besitz genommen hat, schreibt er am Freitag, den 12. Oktober 1492 in sein Tagebuch:

Da ich ihre Freundschaft gewinnen wollte und bemerkte, dass es Leute waren, die sich eher durch Liebe für unseren heiligen Glauben gewinnen und zu ihm bekehren ließen, gab ich einigen von ihnen ein paar bunte Mützen und einige Ketten aus Glasperlen und andere Dinge von geringem Wert, an denen sie großes Vergnügen fanden. Sie waren uns derart zugetan, dass es ein wahres Wunder war. Hernach kamen sie zu den Booten geschwommen, in denen wir uns befanden, und brachten uns Papageien und Knäuel von Baumwollfäden, Wurfspieße und viele andere Dinge und tauschten sie gegen Dinge ein, die wir ihnen gaben, wie kleine Glasperlen und Glöckchen. Kurz gesagt, sie nahmen einfach alles und gaben bereitwillig von allem, was sie besaßen. Aber mir schien es, als seien sie in jeder Hinsicht außerordentlich arme Leute. Sie gehen allesamt nackt herum, wie sie ihre Mutter zur Welt gebracht hat, auch die Frauen [...]. Sie tragen keine Waffen [...]. Sie sind sicher hervorragende Arbeitskräfte; sie haben einen aufgeweckten Verstand, denn ich sehe, dass sie sehr schnell alles nachsagen können, was man ihnen vorspricht. Außerdem glaube ich, dass man sie leicht zum Christentum bekehren könne, denn es scheint mir, dass sie noch keine Religion haben.

Eberhard Schmitt (Hrsg.), Dokumente zur Geschichte der europäischen Expansion, Bd. 2, München 1984, S. 112ff. (vereinfacht)

M3 Über das Gold der Indios

Einen Monat nach seiner Ankunft notiert Kolumbus in seinem Schiffstagebuch:

Montag, den 12. November
Die Indios sind fest davon überzeugt, dass [...] wir vom Himmel gekommen sind [...]. Zweifellos gibt es in diesen Gebieten riesige Mengen Gold, und nicht ohne Grund sagen die Indios, die ich mitführe, dass es auf diesen Inseln Orte gibt, wo man das Gold aus der Erde gräbt und die Leute es als dicke Ringe am Hals, an den Ohren, den Armen und Beinen tragen. Außerdem gibt es Edelsteine und Perlen und unendlich viele Gewürze.

Eberhard Schmitt (Hrsg.), Dokumente zur Geschichte der europäischen Expansion, Bd. 2, a. a. O., S. 119f.

▶ ***Lesetipps:***

- *Peter Gissy, 1492 – Das geheime Manuskript, München 2007*
- *Kirsten John, Wer war Kolumbus?, Berlin 2010*
- *Waldtraut Lewin, Columbus, München 2006*
- *Armin Maiwald/Dieter Saldeck/Peter Brandt, Christoph Columbus und das Wachsen der Welt, Würzburg 2006*
- *Christa-Maria Zimmermann, Das Gold des Columbus, München 2006*

▶ ***Internettipp:***
www.planet-wissen.de (Entdeckung Amerikas)

1. *Überprüfe, in welchen Punkten Tagebuch (M 1) und Bild (M 2) übereinstimmen und wo nicht.*
2. *Das Bild (M 2) zeigt nicht ein konkretes Ereignis, sondern gleich mehrere zeitlich unterschiedliche Szenen. Erkläre diese Aussage.*
3. *Untersuche, was Kolumbus an den Menschen interessierte (M 1 und M 3).*

Europäer zerstören indianische Kulturen

Die indianischen Hochkulturen

Kolumbus und seine Nachfolger lernten die Heimat der einst mächtigen Hochkulturen der Inka, Maya und Azteken* kennen. An der Spitze der einheimischen (indigenen) Völker standen Herrscher, die wie Götter verehrt wurden. Die Städte hatten gepflasterte Straßen, prächtige Tempel und große Paläste. Ihre Kunstwerke aus Keramik, Textilien, Gold und Silber sind Teile einer großartigen Kultur. Die Völker Alt-Amerikas kannten aber weder Pferde noch Wagen. Auch Eisen war ihnen fremd.

Entdeckt, erobert und zerstört

Der Entdeckung folgte die Eroberung. Die spanischen und portugiesischen Anführer der Expeditionen, die *Konquistadoren*, schätzten die Kultur der Inka, Maya und Azteken nicht. Sie suchten Gold, Silber und Perlen. Nichts hielt die Eindringlinge auf, weder die Unkenntnis der riesigen Länder noch Urwald und Hochgebirge, Kälte, Hitze oder Hunger.

In knapp 15 Jahren eroberten die Europäer die mittel- und südamerikanischen Reiche. Sie siegten, weil sie mit ihren Pferden, Bluthunden, modernen Waffen und Rüstungen den Einheimischen überlegen waren und sich mit List und Gewalt in Machtkämpfe der Einheimischen einmischten. Außerdem wirkten sich die von den Europäern eingeschleppten ansteckenden Krankheiten wie Pocken, Masern und Grippe für sie verheerend aus.

	1492	1570
in Millionen (Schätzungen)		
Mexiko	12,00	3,72
Peru	9,00	1,29
Kolumbien	3,28	0,98
Zentralamerika	2,93	0,44
Bolivien	2,85	0,57
Chile	1,10	0,44

1 Bevölkerungsentwicklung in einigen Gebieten.

Nach: Walther Bernecker u. a. (Hrsg.), Handbuch der Geschichte Lateinamerikas, Bd. 1, Stuttgart 1994, S. 318

■ *Arbeite heraus, in welchen Regionen der Bevölkerungsrückgang besonders stark war.*

▶ ***Lesetipps:***

- *Peter Ackroyd, Geschichte der Welt. Inka, Maya und Azteken, München 2005*
- *Urs M. Fiechtner/Sergio Vesely, Erwachen in der neuen Welt. Die Geschichte von Bartolomé de Las Casas, Osnabrück 2006*
- *Neil Morris, Mayas, Azteken, Inkas, Nürnberg 2003*

2 Goldschmuck aus Südamerika, vor 1500.

Da die Eroberer fast alle Goldfunde einschmelzen ließen, ist von den Schmuckarbeiten der früheren amerikanischen Kulturen wenig erhalten.

„Sind Indios keine Menschen?"

Die Kolonisten sahen sich als Herren der einheimischen Völker. Sie zerstörten ihre Heiligtümer und zwangen sie, in den Gold- und Silberbergwerken oder auf Plantagen zu arbeiten. Kinderarbeit war üblich. Viele vertrugen die ungewohnte Arbeit nicht und starben.

Der spanische Pater *Bartolomé de Las Casas* war einer der wenigen Europäer, die sich für die Einheimischen einsetzten. Er prangerte die Unterdrückung, Ausbeutung und Ausrottung der Indios an. Las Casas soll dem spanischen König aber auch empfohlen haben, Afrikaner in die „Neue Welt" zu holen, da sie kräftiger seien als die Indios.

Zwischen Europa und Amerika

Die Spanier errichteten zunächst Handelsstationen an der Küste. Später bauten sie Befestigungen und Städte, um von dort aus das eroberte Land zu erforschen, zu verwalten, die Natur- und Bodenschätze auszubeuten und Plantagen anzulegen. Mit diesen Kolonien begann die Europäisierung der Welt.

Die Europäer zwangen den Indios ihre Kultur, Lebens- und Arbeitsweise, ihre Sprache und Religion auf. Sie führten Zuckerrohr, Weizen, Gerste, Hafer, Hopfen, Baumwolle und Kaffee sowie Rinder, Schafe, Schweine und Pferde ein. Von den Indios lernen sie Kartoffeln, Mais, Erdnüsse, Kakao, Kürbis, Tomaten, Paprika, Vanille und Tabak kennen. Einige dieser Nahrungs- und Genussmittel wurden bald auch in Europa angebaut.

■ *Sucht Informationen über die Inka, Maya und Azteken. Stellt die Merkmale ihrer Kulturen in Kurzreferaten vor.*

**Wo die Reiche der Inka, Maya und Azteken lagen, kannst du auf der Karte auf Seite 159 sehen.*

Perspektiven wechseln: Spanier oder Indios

Wie könnt ihr mit Quellen und Darstellungen umgehen, die voneinander abweichen oder sich sogar widersprechen?
Zunächst müsst ihr überhaupt erkennen, dass ein Geschehen oder eine Entwicklung aus einer bestimmten Perspektive (Sicht) beschrieben wird, dass der Verfasser des Textes einen eigenen Standpunkt einnimmt. Achtet dazu auf die Sprache, besonders auf wertende Nomen, Verben und Adjektive.
Prüft beim Vergleich von Texten, was der eine erwähnt, der andere aber vielleicht weglässt.
Um die Quelle auf ihre Glaubwürdigkeit hin zu überprüfen, ist es auch wichtig zu wissen, wer der Autor des Textes ist, wann, wo und in wessen Auftrag er den Text verfasst hat.

M2 Maya-Zeichnung, Anfang des 16. Jh.

■ *Beschreibe, wie die Personen dargestellt sind. Wodurch wird sichtbar, dass ein Maya die Zeichnung angefertigt hat?*

M1 Die Spanier kommen!

Wie die Inkas auf die spanischen Seefahrer reagieren, schildert folgender Bericht, den ein Geistlicher Anfang des 17. Jh. überliefert hat:

Boten brachten die Nachricht von der Ankunft der Spanier vor den Inka-Herrscher. Sie erzählten, am Strande seien sonderbare Fremdlinge, wie man sie nie vorher gesehen habe, gelandet; sie hätten neue Lehren und Gesetze gepredigt; sie seien so tapfere Männer, dass sie keine Gefahr fürchteten; sie gingen in Kleider gehüllt von Kopf bis Fuß, seien weiß, hätten Bärte und ein wildes Aussehen. Sie sprachen noch von vielen anderen Dingen, die den Inka erstaunten, und als er sie fragte, von welchem Teile der Welt die Männer gekommen seien, antworteten sie, sie wüssten nicht mehr, als dass jene in großen hölzernen Häusern übers Meer führen, diese lenken und wenden und damit hin und her fahren könnten und kommen und verschwinden, wohin sie wollten; bei Nacht begäben sie sich aufs Meer und schliefen in ihren Häusern, und bei Tag gingen sie wieder an Land [...].
Der Inka war sprachlos über das Gehörte, und ihn überkam eine solche Bestürzung und Wehmut, dass er sich allein in sein Gemach zurückzog und nicht mehr herauskam bis zum Anbruch der Nacht.
Da kamen weitere Boten von der Küste und ließen ihn wissen, jene Leute seien in ihre Häuser und königlichen Paläste eingedrungen, hätten sie geplündert und alle Schätze mitgenommen.

Eberhard Schmitt (Hrsg.), Dokumente zur Geschichte der europäischen Expansion, Bd. 2, a. a. O., S. 387f. (vereinfacht)

M3 Gier nach Gold

Ein Dokument altmexikanischer Kultur ist uns durch den Franziskaner Fray Bernardino de Sahagún überliefert worden, der aztekische Erzählungen, Traditionen und Berichte gesammelt und um 1558 aufgeschrieben hat. Er überliefert folgenden aztekischen Augenzeugenbericht aus dem Jahre 1518:

Sie [die Azteken] schenkten den Göttern [den Spaniern] goldene Banner und Fahnen aus Quetzalfedern* und goldene Halsketten. Als sie das Gold in ihren Händen hatten, brach Lachen aus den Gesichtern der Spanier hervor, ihre Augen funkelten vor Vergnügen, sie waren entzückt. Wie Affen griffen sie nach dem Gold und befingerten es, sie waren hingerissen vor Freude, auch ihre Herzen waren angesteckt von den Strahlen des Goldes.
Nur nach Gold hungerten und dürsteten sie, es ist wahr! Sie schwollen an vor Gier und Verlangen nach Gold. Gefräßig wurden sie in ihrem Hunger nach Gold, sie wühlten wie hungrige Schweine nach Gold. Sie rissen die goldenen Banner an sich, prüften sie Zoll für Zoll, schwenkten sie hin und her, und auf das unverständliche fremde Rauschen im Wind antworteten sie mit ihren wilden, barbarischen Reden.

Miguel León-Portilla/Renate Heuer (Hrsg.), Rückkehr der Götter. Die Aufzeichnungen der Azteken über den Untergang ihres Reiches, Frankfurt a. M. 1986, S. 43

***Quetzalfedern**: *die Schwanzfedern des Vogels Quetzal; sie waren bei den Azteken als Schmuck sehr geschätzt und in erster Linie den Fürsten vorbehalten.*

M 4 Die Spanier auf Kuba

1511 kommen die Spanier auf die Insel Kuba. Bartolomé de Las Casas berichtet:

Ein königlicher Beamter, der [...] dreihundert Indios zugeteilt bekam, hatte nach drei Monaten durch die Arbeiten in den Gruben zweihundertsiebzig davon zu Tode gebracht, sodass ihm von allen nur dreißig blieben; das ist nur der zehnte Teil. Danach gab man ihm wiederum dieselbe Zahl und noch mehr; doch er brachte sie wiederum um, und je mehr man ihm gab, desto mehr mordete er, bis er selbst starb und der Teufel seine Seele nahm.

In drei oder vier Monaten starben in meinem Beisein mehr als siebentausend Kinder, weil ihre Väter und Mütter sie in die Gruben schickten. Und ich sah noch weitere gräuliche Dinge. Daraufhin beschlossen die Spanier, auf die Jagd nach den Indios zu gehen, die sich in den Bergen aufhielten. Dort richteten sie absonderliche Verheerungen an, und so verwüsteten und entvölkerten sie die ganze Insel.

Christoph Strosetzki (Hrsg.), Der Griff nach der Neuen Welt. Der Untergang der indianischen Kulturen im Spiegel zeitgenössischer Texte, Frankfurt a. M. 1990, S. 274

M 5 „Denn das ist die natürliche Ordnung"

Der spanische Theologe und Geschichtsschreiber Juan Ginés de Sepúlveda begründet um 1545 das Vorgehen der Spanier gegen die Indios:

Da die Indianer ihrer Natur nach Sklaven, Barbaren, rohe und grausame Gestalten sind, lehnen sie die Herrschaft der Klugen, Mächtigen und Vortrefflichen ab, anstatt sie zu ihrem eigenen Besten zuzulassen, wie es einer natürlichen Gerechtigkeit entspricht.

Denn der Körper muss der Seele, die Begierde der Vernunft, die rohen Tiere dem Menschen, das heißt also das Unvollkommene dem Vollkommenen, das Schlechte dem Besseren unterworfen sein. Denn das ist die natürliche Ordnung.

Richard Konetzke, Lateinamerika seit 1492, Stuttgart 1970, S. 8

M 6 „Wie die Indianer das Gold aus den Bergen graben."

Kupferstich aus dem 9. Band der „Sammlung von Reisen in das westliche Indien (America)" von 1601 (siehe dazu auch die Informationen in M 2, Seite 178). Die Darstellung des Bergwerkes ist frei erfunden.

Die Gold- und Silberminen von Potosi (im heutigen Bolivien) wurden 1545 entdeckt. Der im selben Jahr gegründete Ort entwickelte sich zu einer der größten Städte der damaligen Welt. 1585 lebten dort auf rund 4 000 m Höhe etwa 120 000 Menschen.

M 7 Amerika und Europa.

Karikatur aus Südamerika von 1992.

Der Text auf dem Schild heißt übersetzt: „1492: Die amerikanischen Ureinwohner entdecken die Neue Welt ..." Der Zeichner legt dem Indianer folgende Worte in den Mund: „Hey! Das wird ein großartiger Ort sein, sobald wir diese Leute beseitigt, sie um ihr Land beraubt und ihre Kultur zerstört haben werden!"

1. *Erläutere, wie die Indios die Spanier wahrnehmen.* *Arbeite* Textstellen *heraus, in denen verschiedene Sichtweisen erkennbar sind (M 1 bis M 6 sowie M 1 und M 3 von Seite 178). Begründe deine Auswahl.*
2. *Erkläre die Aussageabsicht des Zeichners (M 7). Beachte, wann und wo die Zeichnung entstanden ist. Worin besteht der Perspektivenwechsel in dem Bild?*
3. *„Entdeckungsfahrten – Fluch oder Segen?" Führt zu diesem Thema ein Streitgespräch aus der heutigen Sicht eines Europäers und eines Südamerikaners.*

Geld und Macht

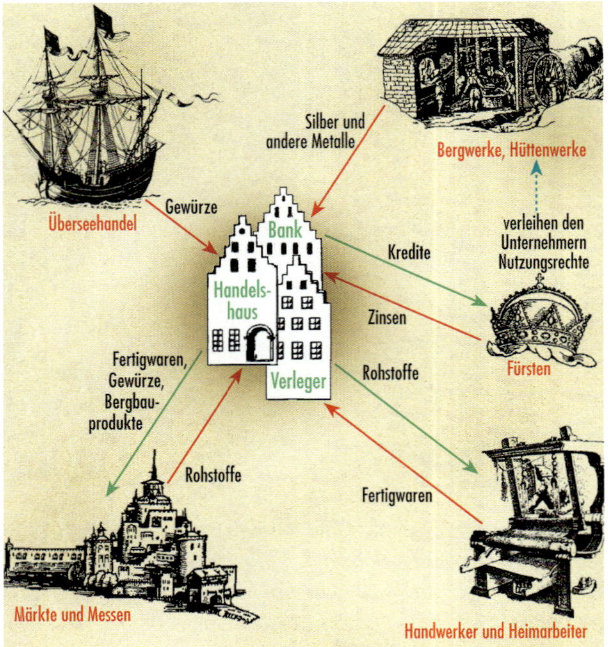

1 Eine Handelsgesellschaft um 1500.
■ *Beschreibe die Arbeitsweise einer Handelsgesellschaft.*

Aus der Sprache der Bankiers
Begriffe aus dem Mittelalter:
Bank *von ital. banca: Sitzbank, Verkaufsstand*
Bankrott *von ital. banca rotta: zerbrochene Bank*
Konto *von ital. conto: Guthaben*
Saldo *von ital. saldo: Restbetrag*
Giroverkehr *von ital. girare: kreisen*
Scheck *von arab. sakk (sprich: schack): Vertrag*
Kredit *von ital. credito: Leihwürdigkeit*
Zinssatz *von lat. censere: schätzen*
Brutto *von ital. brutto: ohne Abzug vom Rohgewicht*
Netto *von ital. netto: rein, ohne Verpackung*
Liquidität *von lat. liquidus: flüssig*

Nach: Martina Hartmann, Mittelalterliche Geschichte studieren, Konstanz 2004, S. 71 (ergänzt)

Gewinn geht über alles

Während der Renaissance setzte sich eine neue Auffassung von Arbeit und Einkommen durch: Ziel der Unternehmer war nicht mehr ein zum Leben ausreichendes Auskommen, sondern ein möglichst hoher Gewinn. Clevere Unternehmer verarbeiteten Rohstoffe nicht mehr selbst, sondern wurden zu Verlegern: Sie „legten" Handwerkern und Heimarbeitern ihre Rohmaterialien zur Bearbeitung „vor". Da zur Tuchherstellung beispielsweise mehr als 20 Arbeitsgänge notwendig waren, förderten die Verleger die Arbeitsteilung und verteilten ihre Aufträge auf mehrere Betriebe. Häufig verliehen sie die erforderlichen Arbeitsmittel, beispielsweise Webstühle. Die Verleger, die den meist auf dem Lande lebenden Heimarbeitern und Handwerkern nur einen geringen Lohn zahlten, konnten Waren billiger und schneller liefern als das „zünftige" Handwerk. Zugleich versuchten sie, einziger Anbieter eines Produktes oder Rohstoffes zu werden. Hatten die Unternehmer das erreicht, konnten sie die Preise erhöhen und die Löhne senken, um noch mehr zu verdienen.

Fernhändler, Bankiers und Unternehmer

Für die Fernhändler war es gefährlich, ihre Einnahmen als Münzen bei sich zu tragen. In den italienischen Handelsstädten wurden deshalb im 13. Jh. aus Geldwechslern Bankiers, die Zahlungen ohne Bargeld ermöglichten: Sie übernahmen Geld, stellten Wechsel* aus und lösten Zahlungsanweisungen (Schecks) ein. Außerdem verliehen sie Geld gegen Zinsen. Die Bankiers finanzierten auch riskante Entdeckungsreisen, aufwändige Hofhaltungen und teure Kriege. Päpste, Kaiser und Landesherren waren auf das Geld der Banken angewiesen. Sie überließen ihnen dafür oft neben Steuern und Zöllen das Recht, Bodenschätze zu heben.

Der Abbau von Silber, Kupfer und Blei versprach höchste Gewinne. Da immer mehr Metall gebraucht wurde, stiegen die Preise ständig. Um Bergleute anzuwerben und die komplizierten Förderanlagen zu errichten, benötigte der Unternehmer viel Geld im Voraus. Bergwerke warfen nur Gewinne ab, wenn sie die teure Grubenentwässerung nutzten, die den Erzabbau in großen Tiefen ermöglichte. Neue Schmelzverfahren lösten mehr Metall aus dem Gestein als bisher.

Um das erforderliche Kapital zusammenzubekommen, wurden Gesellschaften gegründet. In ihnen legten mehrere Eigentümer ihr Geld sowie die Produktions- und Transportmittel zusammen. Die erfolgreichsten Unternehmer wie die Familien Medici und Fugger betrieben gleichzeitig Verlage, Fernhandel, Bankgeschäfte und Bergbau. Diese Wirtschaftsform heißt *Frühkapitalismus*.

**Wechsel*: *schriftliche Verpflichtung zur Zahlung bis zu einem bestimmten Zeitpunkt*

M1 Die Fugger zu Beginn des 16. Jh. in Europa.
Die Fugger beteiligten sich an der Finanzierung von Entdeckungsfahrten. Sie waren in Südamerika aktiv und machten beim Sklavenhandel mit.

M2 Der Reichtum der Fugger

Der Historiker Heinz Schilling schreibt 1994 über das Kapital der Fugger-Familie 1527:

Bergwerke	270 000 Gulden
Sonstige Immobilien	150 000 Gulden
Waren (v. a. Kupfer)	380 000 Gulden
Bargeld	50 000 Gulden
Ausstände*	1 165 000 Gulden
Privatkonten der Familie	430 000 Gulden
Schwebende Geschäfte**	70 000 Gulden

Bedenkt man, dass ein mittlerer Bauernhof etwa 150 Gulden wert war, ein hoher Staatsbeamter mit 700 bis 800 Gulden Jahresgehalt zufrieden sein musste und in Augsburg die untere Oberschicht bereits bei einem Vermögen von 450 Gulden begann, während jeder Bürger mit weniger als 50 Gulden Gesamtbesitz als steuerbefreiter „Habenichts" galt, so wird der ungeheure Reichtum des Augsburger Großbürgertums deutlich.

Nach: Heinz Schilling: Ruhe im Sturm – der historische Hintergrund der Augsburger Jahreszeiten-Bilder, in: „Kurzweil viel ohn' Maß und Ziel". Alltag und Festtag auf den Augsburger Monatsbildern der Renaissance, hg. vom Deutschen Historischen Museum Berlin, München 1994, S. 21-23

**das, was andere den Fuggern noch schulden*
***zurzeit noch laufende Geschäfte*

▶ ***Lesetipp:***
Harald Parigger, Fugger und der Duft des Goldes. Die Entstehung des Kapitalismus, Würzburg 2009

M3 Im Fuggerkontor.
Miniatur (etwa 16 x 10 cm) von Narziss Renner aus dem Trachtenbuch des Matthäus Schwarz, 1526.
Der Ausschnitt zeigt Jakob II. Fugger (rechts) und seinen Chefbuchhalter Matthäus Schwarz. Das Buch auf dem Tisch zeigt – hier nicht lesbar – die Seitenüberschriften „uns soll" (links) und „wir sollen" (rechts). Dahinter verbirgt sich die doppelte Buchführung, die festhielt, welche Waren gekauft und bezahlt oder welche verkauft und bezahlt worden waren.

1. *Nenne die heutigen Staaten Europas, in denen die Fugger tätig waren.*
2. *Untersuche, welche Unternehmungen der Fugger aus der Karte M 1 nicht hervorgehen.*
3. *Im Hintergrund von M 3 sind die Aktenfächer einzelner Kontore zu sehen. Kannst du die Namen der Städte entziffern (Ofen = Budapest und Antorff = Antwerpen)? Worüber mögen die beiden gerade sprechen? Verfasse einen Dialog über ein Geschäft. Nutze dazu M 2 und M 3.*
4. *Untersuche M 2. Was will der Historiker mit den Angaben erreichen? Welche Informationen enthält der Auszug nicht?*

Die Reformation beginnt

1 Qualen des Fegefeuers.
Teil eines Altarbildes (113,2 x 64,7 cm), um 1480.
Fegefeuer *(zu mittelhochdeutsch vegen: reinigen): der Ort, in dem nach der katholischen Glaubenslehre die Seele eines Verstorbenen auf den Himmel vorbereitet wird.*
■ *Beschreibe einzelne Bildszenen und versuche sie zu erklären.*

Kritik an der Kirche

Der tschechische Kirchenkritiker *Johannes Hus* wurde während des Konzils von Konstanz 1415 verurteilt und verbrannt. Er lehrte, nur die Bibel zeige den Weg zu Gott, nicht die Priester, Mönche und Nonnen. Außerdem kritisierte er den Reichtum der Klöster und der hohen Geistlichen.
Andere störte die geringe Bildung der meisten Priester. Einige konnten nicht einmal die lateinische Bibel lesen. Immer wieder wurde eine Reform der Kirche gefordert.

Auf der Suche nach Gott

Viele Gläubige suchten Antwort auf die Frage: „Wie rechtfertige ich mein sündhaftes Leben vor Gott, um das ewige Leben zu erlangen?" Die Menschen stellten sich Gott als einen strengen Richter vor. Das Bild vom Jüngsten Gericht, von den Qualen des Sünders im Fegefeuer und seinen ewigen Leiden in der Hölle war jedem Christen vertraut.
Manche Christen meinten, sie müssten mehr tun, als regelmäßig zu beten und die Heilige Messe zu besuchen, um Gott gnädig zu stimmen. Deshalb unternahmen sie Wallfahrten zu den verehrten Heiligen. Wer es sich leisten konnte, stiftete einen Altar. Andere bezahlten einen Geistlichen, der für das Seelenheil der Familie die Messe las.

Der Ablass lockt

Seit dem 11. Jh. gab die Kirche den Gläubigen die Möglichkeit, einen *Ablass* (Nachlass) der zeitlichen Sündenstrafen im Fegefeuer zu bekommen. Dafür forderten sie von den Christen Leistungen wie Stiftungen, Wallfahrten, Kreuzzüge oder Spenden zum Bau einer Kirche. Zuvor hatten die Sünder zu bereuen und zu beichten. Ein Priester musste sie freisprechen.
Ab dem 15. Jh. wurde der Ablass gegen Geld immer häufiger. Der Ablasshandel lag auch im Interesse der weltlichen Landesherren, da sie damit ihre Einkünfte steigern konnten. Sie erhielten bis zur Hälfte der Einnahmen, wenn sie Ablassverkäufe genehmigten. Als der Papst 1476 den Verkauf von Ablässen für die Seelen bereits Verstorbener zuließ, bemängelten dies sogar kirchentreue Gläubige.

„Sobald das Geld im Kasten klingt ..."

Der Ablasshandel stieß in den deutschen Ländern nach 1514 auf wachsende Ablehnung. Das lag vor allem an *Albrecht von Hohenzollern*. Mit 23 Jahren war er Erzbischof von Magdeburg und Bischof von Halberstadt, ein Jahr später wurde er auch Erzbischof von Mainz. Seine Ämterhäufung widersprach dem Kirchenrecht. Doch Albrecht hatte die Zustimmung des Papstes erkauft. Das Geld hatte ihm das Augsburger Bankhaus Fugger geliehen. Damit er es zurückzahlen konnte, erlaubte der Papst Albrecht den Ablasshandel. Eine Hälfte der Einnahmen bekam der Erzbischof, die andere der Papst für die neue Peterskirche in Rom.
In dem Leipziger Mönch *Johannes Tetzel* fand Albrecht einen Ablassprediger, dem die Menschen „wie Verrückte" (Luther) zuliefen. Ihm wurde vorgeworfen, beim Ablass mehr aufs Geld als auf Beichte und Reue zu setzen und die Gläubigen mit dem Versprechen „Sobald das Geld im Kasten klingt, die Seele aus dem Feuer springt" zu verführen.

Martin Luther protestiert

Für diese Ablasspraxis hatte der 1483 in Eisleben in Thüringen geborene Mönch *Martin Luther* kein Verständnis. Seit 1512 war er Professor für Bibelauslegung und Prediger in Wittenberg. Am 31. Oktober 1517, am Abend vor Allerheiligen, schrieb er seinen Vorgesetzten, darunter auch Erzbischof Albrecht, einen Brief, in dem er den Ablass kritisierte. Wie unter Gelehrten üblich, legte er ein in lateinischer Sprache geschriebenes Papier mit *95 Thesen** bei. Seine Kollegen forderten zu einer Diskussion auf. Obwohl nur für Kirchenobere und Professoren bestimmt, wurden seine Thesen in deutscher Übersetzung gedruckt und auf Flugblättern im ganzen Reich verteilt. Damit begann die *Reformation*. Zur Erinnerung an die Veröffentlichung der Thesen feiern die evangelischen Christen am 31. Oktober den Reformationstag.

Wie sich vor Gott rechtfertigen?

Luther hatte ein neues Glaubensverständnis entwickelt. Die Fragen, wie der Mensch seine Sünden überwinden und sich vor Gott rechtfertigen könne, beantwortete er so:

- Gott verlangt vom Menschen, seine Gebote zu befolgen, also nicht zu sündigen. Seine Gnade verspricht er aber auch dem sündigen Menschen.
- Zum Beweis seiner Gnade hat Gott seinen Sohn Jesus Christus geopfert.
- Um die Gnade zu erlangen, muss der Mensch bereit sein, an Gottes Versprechen zu glauben.
- Gottes Wille findet sich vor allem im Evangelium, der frohen Botschaft von Jesus.

***These:** *Behauptung, die noch bewiesen werden muss*

2 Martin Luther als Mönch.
Gemälde (43,4 x 29,5 cm) von Lucas Cranach dem Älteren, um 1522.

Die Kirche wehrt sich

Erzbischof Albrecht verurteilte Luthers Lehren und meldete sie dem Papst. Im Frühjahr 1518 klagte Tetzels Orden Luther wegen Ketzerei an. Als Luther zum Verhör nach Rom gerufen wurde, wandte er sich an seinen Landesherrn, Kurfürst *Friedrich III. (den Weisen) von Sachsen*. Dieser erreichte beim Papst, dass die Anhörung 1518 auf dem Augsburger Reichstag stattfand. Als Luther seine Lehre widerrufen sollte, lehnte er ab.

▶ ***Internettipps:***
www.luther.de
www.martinluther.de
www.wege-zu-luther.de

▶ ***Filmtipps:***
- *Luther und die Nation. ZDF-Reihe „Die Deutschen", 2008*
- *Luther, Regie: Eric Till, 2003 (siehe auch hier Seite 191)*
- *Luther – Kampf mit dem Teufel; Regie: Günther Klein, 2007*

M2 „Eyn Frag an eynen Müntzer ...“

Holzschnitt (18,9 x 27,3 cm) von Jörg Breu dem Älteren, um 1530.
Der Holzschnitt ist Teil eines Flugblattes. Über und unter dem Holzschnitt befinden sich Textzeilen, die obere beginnt so:
„Eyn Frag an eynen Müntzer/ wahin doch sovil Geltz kumme das man alltag müntzet ...“
Ein Kardinal betrachtet von seinem Pferd aus das Treiben. Am Kreuz hängt ein übergroßer Ablassbrief mit Siegeln.

M1 Gnädiger Gott gesucht

Martin Luther sucht eine neue Antwort auf die Frage: Wie finde ich einen gnädigen Gott? Er findet 1520 diese Lösung:

Also hilft es der Seele nichts, ob der Leib heilige Kleider anlegt, wie die Priester und Geistlichen tun, auch nicht, ob er in den Kirchen und heiligen Stätten sei. Auch nicht, ob er mit heiligen Dingen umgeben ist. Auch nicht, ob er bete, faste, wallfahre und viele gute Werke tue [...]. Es muss noch etwas anderes sein, das die Seele fromm und frei macht. Denn alle guten Werke und Verhaltensweisen kann auch ein an sich böser Mensch ausüben [...].

Sicher ist nur, dass die Seele auf das Wort Gottes nicht verzichten kann [...].

Gott spricht: „[...] glaube an Christus, und ich gebe dir alle Gnade, Gerechtigkeit, Friede und Freiheit; glaubst du, so hast du; glaubst du nicht, so hast du nicht. Denn was dir unmöglich ist mit allen Werken, das wird dir leicht und kurz durch den Glauben [...].“

Hieraus ist leicht zu erkennen, warum der Glaube so viel vermag und dass keine guten Werke ihm gleich sein mögen. Denn kein gutes Werk hängt an dem göttlichen Wort wie der Glaube [...]. Gute, fromme Werke machen nimmermehr einen guten, frommen Mann, sondern ein guter Mann macht gute fromme Werke.

Martin Luther, Werke, Bd. 7, Weimar 1897, S. 21 f., 24 und 32 (stark vereinfacht)

M3 Allgemeines Priestertum

Luther wendet sich 1520 öffentlich an die weltlichen Fürsten und erklärt:

Papst, Bischöfe, Priester und Klostervolk wird der geistliche Stand genannt, Fürsten, Herren, Handwerks- und Ackerleute der weltliche Stand [...]. Niemand soll darüber schüchtern werden und das von Herzensgrund. Denn alle Christen sind in Wahrheit geistlichen Standes, unter ihnen ist kein Unterschied, es sei denn des Amtes halben allein [...]. Das rührt alles daher, dass wir eine Taufe, ein Evangelium, einen Glauben haben und gleiche Christen sind [...]. Demnach werden wir also allesamt durch die Taufe zu Priestern geweiht [...].

Denn was aus der Taufe gekrochen ist, das kann sich rühmen, dass es schon zum Priester, Bischof und Papst geweihet sei, obwohl nicht einem jeglichen ziemt, solches Amt zu üben [...].

Ein Schuster, ein Schmied, ein Bauer, ein jeglicher hat seines Handwerks Amt und Werk, und dennoch sind sie alle gleich geweihte Priester und Bischöfe, und ein jeglicher soll mit seinem Amt oder Werk den anderen nützlich und dienstlich sein [...].

Martin Luther, An den christlichen Adel deutscher Nation ..., hrsg. von Ernst Kähler, Stuttgart 1962, S. 14-19 (stark gekürzt und vereinfacht)

1. *Erkläre, wodurch nach Luther der Mensch Gottes Gnade erreichen kann (M1).*
2. *Beschreibe das Geschehen in der Mitte und auf der linken Seite des Holzschnittes (M2).*
3. *Erläutere, wie Luther seine Reform begründet (M3).*

Ein neuer Glaube setzt sich durch

1 Luther spricht vor Kaiser Karl V. am 18. April 1521 in Worms.
Historiengemälde (66 x 125 cm) von Anton von Werner, um 1877. Das Bild ist die Nachbildung eines 3,5 x 7 m großen Wandbildes, das Anton von Werner 1870 für die im Zweiten Weltkrieg zerstörte Aula der Kieler Gelehrtenschule gemalt hat. Die Originalunterschrift lautet: „Hier stehe ich, ich kann nicht anders, Gott helfe mir, Amen."

- *Das Bild vermittelt eine bestimmte Deutung der Person und Lehre Luthers. Beschreibe sie. Erkläre, auf wessen Seite der Maler steht. Inwiefern stellt das Bild ein „Schlüsselereignis" der Reformation dar? Prüfe, ob das Bild eine Quelle für die Geschehnisse auf dem Wormser Reichstag ist. Beachte dazu die Entstehungszeit des Bildes.*

Nur die „Heilige Schrift" zählt

In einem Streitgespräch mit dem Theologen *Johannes Eck* behauptete Luther 1519, nicht nur der Papst könne irren, sondern auch ein Konzil. Christen sollten sich nur an die Bibel halten.

Nach Luther brauchte ein getaufter Christ niemanden, der zwischen ihm und Gott vermittelte – keinen Priester, Bischof oder Papst, auch keine Heiligen. Jeder Christ war für sein Handeln gegenüber Gott selbst verantwortlich.

Der Bruch

Die römisch-katholische Kirche missbilligte Luthers Lehre. Sie forderte deren Widerruf und drohte mit dem Kirchenbann. Aber Luther widerrief nicht, sondern brach öffentlich mit der Kirche. Daraufhin verhängte der Papst am 5. Januar 1521 den Bann über ihn.

Mit dem Kirchenbann wurde Luthers Lehre zum Fall für die Fürsten. Denn auf den Bann musste die Reichsacht folgen: Wer geächtet war, war vogelfrei, also rechtlos. Jeder durfte ihm straflos Gewalt antun. Doch Luthers Landesherr Friedrich der Weise erreichte, dass ein Schiedsgericht beim Reichstag in Worms über den Kirchenkritiker urteilen sollte.

Der erst 19 Jahre alte, seit 1519 regierende Kaiser *Karl V.* wollte die Einheit der katholischen Kirche erhalten. Doch Luther verweigerte erneut den geforderten Widerruf. Im Streit verließ er Worms. Zu seinem Schutz ließ ihn Friedrich der Weise scheinbar überfallen und auf die Wartburg in Sicherheit bringen. Der Kaiser verhängte daraufhin über Luther und seine Anhänger die Reichsacht.

Nicht alle Teilnehmer des Wormser Reichstages hatten dafür gestimmt. Einige kritisierten Kirche und Kaiser und setzten sich für Luther ein. Der Kaiser musste den Zerfall des Reiches, der Kirche und des Glaubens fürchten.

2 Katharina von Bora.
Ölgemälde (21,5 x 15,5 cm) von Lucas Cranach d. Ä., um 1526.

▶ ***Internettipp:*** *www.lutherin.de*

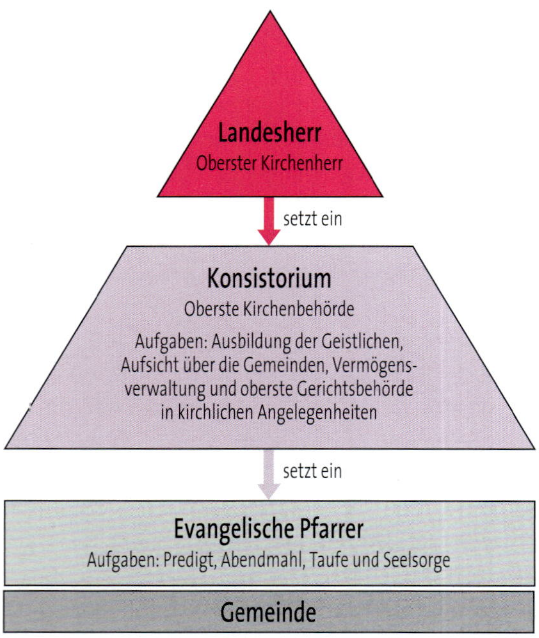

3 **Aufbau einer evangelisch-lutherischen Landeskirche.**

▶ ***Internettipp:***
www.planet-wissen.de (Zeitalter der Reformation)

Folgen in Stadt und Land

Schon vor dem Wormser Reichstag, erst recht aber danach begannen Luthers Anhänger mit einer Reformation „von unten": Einige Gemeinden wählten ihre Geistlichen, stellten die Predigt des Evangeliums ins Zentrum des Gottesdienstes und feierten nur noch Taufe und Abendmahl. Sie lösten Klöster auf und vertrieben Geistliche, die am katholischen Glauben festhielten. Einige radikale Anhänger der reformatorischen Vorstellungen, die sogenannten „Bilderstürmer", zerstörten Kircheneinrichtungen. In den Heiligendarstellungen sahen sie nur „Götzenbilder".
Viele Priester, Mönche und Nonnen gründeten Familien. Auch der 41-jährige Luther heiratete am 13. Juni 1525 die 26-jährige ehemalige Nonne *Katharina von Bora*, mit der er bereits seit zwei Jahren zusammengelebt hatte.

Wo bleibt das Gewissen?

Einige Landesherren und Vertreter der Reichsstädte nutzten nach 1525 die Uneinigkeit im Reich, um ihre Eigenständigkeit gegenüber Kaiser und Reich auszubauen. Sie führten eigenmächtig und zum Teil über die Köpfe der Einwohner hinweg den neuen Glauben ein.
Das widersprach Luthers ursprünglicher Auffassung: Er hatte auf das Gewissen des einzelnen Christen vertraut. Jede Gemeinde sollte selbst entscheiden.
Mit dem Bauernkrieg* änderte Luther aber seine Einstellung: Um die „rechte Zucht" zu gewährleisten, billigte er den wachsenden Einfluss der Obrigkeit auf die Reformation. Die Landesherren regierten nun in alle Bereiche der neuen *Konfession* (Glaubenbekenntnis, -gemeinschaft; von lat. *confessio*: ich bekenne) hinein. Sie bestimmten die Kirchen- und Gemeindeordnung, und sorgten für Ausbildung und Anstellung der Geistlichen und Lehrer. Außerdem beaufsichtigten die Landesherren Kirchen, Schulen, Universitäten, Kranken- und Armenhäuser sowie andere öffentliche Einrichtungen und bezahlten diese aus dem Kirchenvermögen oder der Landes- oder Stadtkasse.
Luther unterstützte diese Änderungen. Um seine Lehre zu festigen, schrieb er zahlreiche Abhandlungen für Pfarrer und Prediger, Kirchenlieder und Lehrbücher.

**Lies dazu die Seiten 193ff.*

■ *Informiert euch über die Reformation in eurer Gegend. Wenn ihr in einem überwiegend protestantischen Gebiet lebt: Wann und von wem wurde die Reformation eingeführt? Was geschah mit den Klöstern? Gab es Widerstände? Wenn ihr in einer überwiegend katholischen Region lebt: Hat es in eurer Heimat im 16. Jh. reformatorische Bestrebungen gegeben? Warum haben sie sich nicht durchgesetzt? Befragt dazu einen Experten. Haltet das Ergebnis in eurem Portfolio fest.*

M 1 **Wormser Reichstag: Martin Luther vor Karl V.**
Briefmarke der Deutschen Bundespost von 1971.
Die Bildvorlage geht auf einen Holzschnitt von 1577 zurück.

M 2 **Luther und Karl V. in Worms**

Als Luther am 18. April 1521 auf dem Reichstag aufgefordert wird, seine Lehren zu widerrufen, begründet er seine Ablehnung angeblich so:

Wenn ich aber nicht mit Zeugnissen der Schrift oder mit offenbaren Vernunftgründen besiegt werde, so bleibe ich von den Schriftstellen besiegt, die ich angeführt habe, und mein Gewissen bleibt gefangen in Gottes Wort. Denn ich glaube weder dem Papst noch den Konzilien, allein, weil es offenkundig ist, dass sie öfters geirrt und sich selbst widersprochen haben. Widerrufen kann und will ich nicht, weil es weder sicher noch geraten ist, etwas gegen sein Gewissen zu tun.
Gott helfe mir. Amen.

Auf Luther antwortet Kaiser Karl V.:

Ihr wisst, dass ich von den allerchristlichsten Kaisern der edlen deutschen Nation, den katholischen Königen von Spanien, den Erzherzögen von Österreich und den Herzögen von Burgund abstamme, die alle bis zu ihrem Tod treue Söhne der katholischen Kirche gewesen sind [...]. Deshalb bin ich entschlossen, alles zu halten, was meine Vorgänger und ich bis zum gegenwärtigen Augenblick gehalten haben [...]. Denn es ist sicher, dass ein einzelner Bruder in seiner Meinung irrt, wenn diese gegen die der ganzen Christenheit, wie sie seit mehr als tausend Jahren und heute gelehrt wird, steht, denn sonst hätte ja die ganze Christenheit heute und immer geirrt.

Erster Text: Martin Luther, Werke, Bd. 7, Weimar 1897, S. 837f. (vereinfacht)
Zweiter Text: Fritz Dickmann (Bearb.), Renaissance, Glaubenskämpfe, Absolutismus, München [2]1976, S. 126

M 3 **Die Reformation „von unten"**

In Wittenberg beginnen die Anhänger Luthers 1521, die neuen Vorstellungen umzusetzen; ein Zeitgenosse berichtet:

Der Propst* zu Wittenberg hat Erich Saltes Tochter zu Ehe genommen. Ein Barfüßermönch** ist ein Schuster geworden und hat eines Bürgers Tochter genommen. Ein anderer Barfüßer ist ein Bäcker geworden und hat eine Frau genommen. Ein Augustiner ist ein Schreiner geworden und hat eine Frau genommen. Dr. Feldkirch hat seine Köchin genommen. Der Rat zu Wittenberg hat den Barfüßern und Augustinern gesagt, sie sollen ihre Klöster räumen, und hat alle Wertsachen in den Klöstern aufgezeichnet. Der Rat hat 14 Männer eingesetzt und verordnet, dass alle armen Leute erfasst werden sollen. Sie seien von den eingezogenen geistlichen Gütern zu versorgen. Die Pfarrkirche steht alle Tage zu; nur am Sonntag hält man eine deutsche Messe darin und predigt, und das Volk geht eifrig zum hochwürdigen Sakrament und nimmt es selbst auf dem Altar. Allenthalben lassen die Mönche und Pfaffen ihre Kopfhaare wachsen und nehmen sich Eheweiber.

Karl Kaulfuß-Diesch (Hrsg.), Das Buch der Reformation, Leipzig [2]1917, S. 287f. (vereinfacht)

***Propst**: Vorsteher, Aufseher einer kirchlichen Einrichtung*
****Barfüßermönch**: Die Angehörigen des Franziskaner-Ordens gingen aus Demut und Enthaltsamkeit barfuß oder trugen Sandalen.*

M 4 **Die Reformation „von oben"**

Der Landgraf Philipp von Hessen notiert sich im Januar 1527 auf einem „Merkzettel", worauf er im Zusammenhang mit der Einführung der Reformation achten will.

Ferner ist in Marburg eine Ordnung zu erstellen, die Messe und Zeremonien betreffend.
Ferner ist zu berücksichtigen, dass man der Armen gedenke und zu diesem Zweck die Bruderschaften, Spitäler und Stiftungen heranziehe.
Ferner ist es nötig, mit dem Rat der Richter Aufsichtsbeamte einzusetzen, die überall gute Prediger einsetzen und die schlechten absetzen.
Ferner ist an die Spitäler zu gedenken.
Ferner ist hier in Marburg eine Universität zu errichten.
Ferner haben die Aufsichtsbeamten überall Schulen einzurichten und sie mit frommen und gelehrten Lehrern auszustatten und für deren Versorgung zu sorgen.
Ferner soll man das Silbergeschirr aus den Klöstern holen, das ich noch nicht eingezogen habe.

Zit. nach: Margret Suchier, Das landesherrliche Kirchenregiment Philipps von Hessen, in: Praxis Geschichte H. 3/1990, S. 48

1. *Vergleiche M 1 mit dem Gemälde auf Seite 187. Beschreibe die Hauptunterschiede.*
2. *Arbeite die gegensätzlichen Standpunkte heraus (M 2).*
3. *Zähle auf, wer von der Reformation betroffen war und was sich durch sie änderte (M 3 und M 4).*

Absichten von Bildern erkennen

Kurz vor und dann vor allem während der Reformation erschienen erstmals im Reich zahlreiche Spottbilder. Sie wandten sich an eine oft noch leseunkundige Öffentlichkeit. Wie giftige Pfeile wurden die Bilder zwischen den Lagern der Reformwilligen und ihren Gegnern hin und her geschossen. Zentrale Gestalten des Bilderkampfes waren Luther und die Päpste.
Die meisten Spottbilder erschienen als Flugblätter, oft ohne den Zeichner zu nennen. Es ist bekannt, dass auch namhafte Künstler solche Bilder zeichneten, allen voran *Lucas Cranach der Ältere*. Er arbeitete mit Luther zusammen. Nach Luthers Tod endete der erste „Bilderkampf" der deutschen Geschichte.

M 1 „Ich bin der Papst."
Holzschnitt, um 1500.
Flugblatt gegen Papst Alexander VI., der von 1492 bis 1503 die Kirche führte.

M 2 Wendekopf.
Holzschnitt (26,5 x 16,0 cm) um 1520/22 (Ausschnitt).
Die einführenden lateinischen Verse auf diesem Flugblatt lauten übersetzt:

Wenn Du, Leser, fragst,
was für ein ungeheuerliches Bild hier vorliegt/
Aus ihm kannst Du
die Lehre Luthers erfahren/
Denn wie Dir beim ersten Anblick der
verehrungswürdige Prediger erscheint/

Ist er umgewendet in Wahrheit
nichts anderes als ein Narr/

Dem ersten Anschein nach verkünden so
die Prediger glänzende Worte/
die doch nichts als Narrheiten enthalten.

1. *Beschreibe die Gestalt auf dem Holzschnitt M 1 und schreibe einen Begleittext.*
2. *Erkläre, wie der Holzschnitt M 2 benutzt werden muss, und fasse seine Aussage in einem Satz zusammen: „Luther ist ..."*
3. *Untersuche, aus welchen religiösen Lagern die beiden Holzschnitte stammen.*
4. *Bis heute nutzen Zeichner die Möglichkeit, mit Bildern ihre Meinung zu aktuellen Themen auszudrücken. Welche Abbildungen sind gemeint? Ihr findet sie vor allem in Tageszeitungen. Wählt ein Beispiel aus und präsentiert es im Unterricht.*

Legenden um Luther

M1 **Luther (Joseph Fiennes) schlägt die 95 Thesen am Tor der Schlosskirche in Wittenberg an.**
Szenenbild aus dem Film „Luther", 2003.

M2 „Es ist ein Spielfilm ..."
Auf den Hinweis, dass der Film-Reformator nur teilweise dem historischen Luther entspräche, sagt Mandy Müller von der Thüringer Tourismus GmbH:
Der echte Luther war eher beleibt. Im Film aber ist er rank, schlank, mit braunen Mandelaugen. Das Kino mag nun mal schöne Menschen. Auch ist nicht jede Filmszene historisch belegt: etwa jene, in der Luther Friedrich dem Weisen die übersetzte Bibel überreicht – sehr ergreifend, aber frei erfunden. Es ist ein Spielfilm, keine Dokumentation. Doch die wesentlichen Ereignisse stimmen.
Die Zeit Nr. 45 vom 30. Oktober 2003

M3 „Goldener Kompass"
Der Film „Luther" von Eric Till wird im Mai 2004 mit dem „Goldenen Kompass" des Christlichen Medienverbundes ausgezeichnet. Der damalige Ministerpräsident von Sachsen-Anhalt, Wolfgang Böhmer, begründet die Entscheidung so:
Mit dem Luther-Film ist es gelungen, eine ansprechende und spannende Produktion zu erstellen, die nicht auf fiktiven Ideen fußt, sondern Geschichte und Religion durch ein Filmerlebnis vermittelt. [...]
Es gilt mehr denn je, Menschen Mut zu machen und aus der Verwurzelung in Geschichte und Glaube die Gegenwart und Zukunft zu gestalten.
www.welt.de/data/2004/05/04/273254.html (Zugriff: 20. März 2006)

▶ *Tipp:*
Weitere Informationen über den Film „Luther" findest du im Internet.

M4 „Hier stehe ich ..."
Der evangelische Theologe Friedrich Schorlemmer aus Wittenberg schreibt:
Was ist eine berühmte Person ohne ihre Legenden? Die drei populärsten Worte Luthers sind ebenso wenig belegbar wie die dramatischen Hammerschläge am Vortag von Allerheiligen 1517 an die Tür der Schlosskirche. Oder das Tintenfass, mit dem er in der winzigen Wartburg-Kemenate im Wutausbruch nach dem Teufel geworfen habe. Diese Erdichtungen bezeichnen in der Sache durchaus Zutreffendes. Ein spektakulärer Hammerschlag fand nicht statt, doch die Thesen wurden in der Tat in Windeseile in ganz Deutschland verbreitet und fanden einen überraschenden Widerhall. Und mit Tinte, mit geschriebenen, gedruckten und von den Menschen aufgenommenen Worten hat dieser Mann die Welt verändert und dem Teufel und all seinem Wesen das Handwerk gelegt. (Er-)Dichtung wird hier zur Wahrheit, denn sie bündelt Grundhaltungen.
„Hier stehe ich. Ich kann nicht anders." Das wollen die damaligen Beobachter in Worms am Ende seiner Verteidigungsrede gehört haben. Diese Worte hat Luther nie gesprochen! Doch sie stimmen völlig überein mit dem, was er dort als ein Abgehärmter* mit demonstrativ geschorener Tonsur vor Kaiser und Reich vortrug. Ungebrochen seinem Gewissen folgend, seiner Erkenntnis getreu, hat er dem massiven öffentlichen und „staatsoffiziellen" Druck widerstanden, der ihm ein Revoco! (ich widerrufe) abnötigen wollte. Er konnte wirklich nicht anders. Aber: Das hat er so nicht gesagt, sondern praktisch getan. Aufrecht. Mutig. Gewiss.
Friedrich Schorlemmer, Hier stehe ich – Martin Luther, Berlin 2 2003, S. 12f.

***abgehärmt**: *mager, dürr, von Sorgen gezeichnet*

1. *Diskutiert mögliche Motive, die die Produzenten des Luther-Filmes bewogen haben mögen, das Leben des Reformators zu verfilmen.*
2. *Recherchiert, was in den Medien an dem Luther-Film gelobt und was bemängelt worden ist. Bildet euch ein eigenes Urteil.*
3. *Klärt den Begriff „Legende" und überlegt, welche Bedeutung den in M4 erwähnten Luther-Legenden für unser Bild von Luther bis heute zukommt.*
4. *Unsere Vorstellungen von der Vergangenheit werden heute oft durch Filme geprägt. Diskutiert, welche Folgen sich daraus ergeben können (M2).*

Wann beginnt eine neue Epoche?

Tausend Jahre „Zwischenzeit"?
Wir haben uns daran gewöhnt, die Zeit zwischen 500 und 1500 als „Mittelalter" zu bezeichnen. Doch die Menschen, die in dieser Zeit lebten, kannten den Begriff noch gar nicht. Ihn haben erst humanistische Gelehrte Ende des 15. Jh. geprägt. Sie kennzeichneten damit die 1000 Jahre zwischen dem Ende der Antike und ihrer Wiederentdeckung als eine Art „Zwischenzeit" (lat. „media aetas"). Ihre eigene, durch Renaissance und Humanismus geprägte Epoche erklärten sie zur „Neuzeit". Damit legten sie auch den Grundstein für das Vorurteil vom „finsteren Mittelalter".

M1 **Bibliothek des Klosterpalastes San Lorenzo el Real de Escorial bei Madrid.**
Foto, um 2010.
Die Renaissance-Bibliothek stammt aus dem 16./17. Jh. und hat eine umfangreiche Handschriftensammlung.

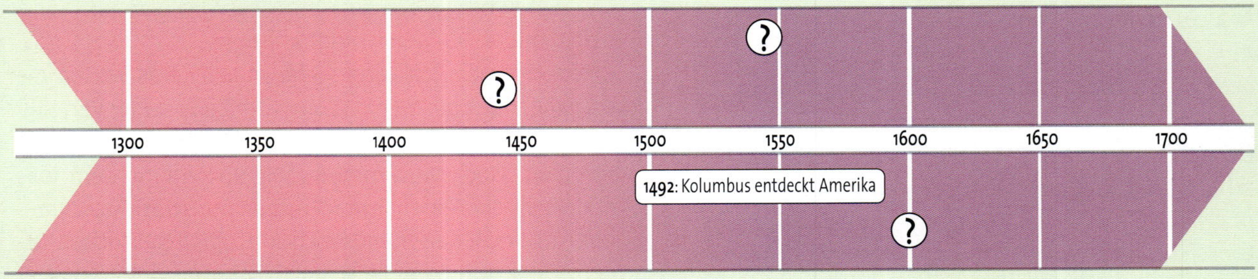

Wann beginnt und endet eine Epoche?
Epochengrenzen lassen sich nicht so einfach festlegen. Wenn Historiker das Ende einer Epoche bzw. den Anfang einer neuen bestimmen wollen, müssen sie zunächst fragen, wann sich bestimmte Verhältnisse und Denkweisen grundlegend verändert haben. Von einer neuen Epoche sprechen sie erst dann, wenn sich das Zusammenleben der Menschen in vielen Bereichen grundlegend verändert hat. Solche Änderungen treten aber nicht plötzlich ein, sondern nur allmählich. Sie lassen sich deshalb auch nicht auf ein bestimmtes Jahr oder ein konkretes Ereignis wie die Erfindung des Buchdrucks oder die Entdeckung Amerikas festlegen.
Vieles spricht dafür, dass sich in einer Übergangszeit um 1500 in Europa eine Reihe von grundlegenden Veränderungen im Leben und Denken der Menschen vollzogen hat. Jedoch änderten sich um 1500 nicht alle Verhältnisse, die das „Mittelalter" als Epoche ausmachen: Die Ständegesellschaft oder die Grundherrschaft blieben beispiels-

1. *Übertragt den Zeitstrahl auf ein Plakat. Ergänzt weitere Ereignisse und Entwicklungen, die den Übergang vom Mittelalter zur Neuzeit kennzeichnen. Begründet eure Entscheidungen. Markiert den Zeitraum zwischen beiden Epochen.*
2. *Erkläre, warum es schwierig ist, genaue Epochengrenzen zu bestimmen.*
3. *Prüfe, ob die Epocheneinteilung Antike – Mittelalter – Neuzeit auch für die Geschichte Mittel- und Südamerikas sinnvoll ist.*
4. *Diskutiert die Behauptung des Historikers Peter Moraw: „Die Neuzeit überwand nicht das Mittelalter, sondern setzte es fort."*

Die Bauern erheben sich

Gegen die Obrigkeit

Was im Frühjahr 1525 aus dem Schwarzwald gemeldet wurde, klang ungeheuerlich: „In stetten und uf dem Land" lehne sich der „gemeine Mann" gegen die Obrigkeit auf. Auch in anderen Gebieten verweigerten Bauern, Angehörige der ländlichen und städtischen Unterschichten sowie Arbeiter der Bergwerke (Bergknappen) ihre Dienste und Abgaben. Mit ihren Geistlichen verfassten sie Beschwerdeschriften. Blieben sie unerhört, schlossen sie sich in „Haufen" zusammen, um Veränderungen zu erzwingen. Die Aufständischen stürmten Klöster, Schlösser und Burgen, plünderten sie und steckten sie in Brand. Da die Erhebungen meist von den Bauern ausgingen, sprachen schon die Zeitgenossen vom *Bauernkrieg*.

Die Ursachen waren oft von Ort zu Ort verschieden: Die Preise für landwirtschaftliche Erzeugnisse waren stetig gesunken. Einige Grundherren hatten versucht, ihre Einkommensverluste durch Ausweitung der Dienste und Abgaben auszugleichen. Am heftigsten wehrten sich die Bauern gegen die Einschränkungen der „alten" Selbstverwaltungsrechte wie der gemeinsamen Nutzung von Wäldern, Wiesen und Seen (*Allmende*). Der „gemeine Mann" lehnte sich auch gegen neue Steuern auf, von denen Adel, Klerus und Beamte meist befreit waren. Hinzu kamen Klagen über die Geistlichen. Ihnen wurde vorgeworfen, Kirchengelder zu verprassen und die Seelsorge zu vernachlässigen. In manchen Gegenden waren diese Klagen über hundert Jahre alt und hatten bereits zu zahlreichen Unruhen geführt.

Die Aufständischen beriefen sich dabei auf das „alte Recht", das wiederhergestellt werden sollte, und auf die von den Reformatoren verkündete christliche Freiheit des „göttlichen Rechts".

Der Bauernkrieg bestand aus einzelnen Aufständen ohne gemeinsame Leitung und ohne einheitliches Ziel. Die einen wollten nur ihre früheren Lebens- und Rechtsverhältnisse wiederherstellen. Andere forderten, die Leibeigenschaft aufzuheben und die Klöster zu enteignen. Wenige lehnten die Herrschaft von Adel und Kirche ganz ab und wollten in ihren Dörfern und Städten selbst entscheiden.

Wer von den Aufständischen geglaubt hatte, in Luther einen Verbündeten zu finden, wurde enttäuscht. Er tadelte zwar die Willkür der Herren, aber noch schärfer verurteilte er den Aufruhr gegen die seiner Meinung nach von Gott gewollte „Obrigkeit".

Anders verhielt sich der Pfarrer *Thomas Müntzer*. Er widersprach Luther und wollte Gottes Reich schon auf Erden verwirklichen. Im Frühjahr 1525 rief er von Mühlhausen (Thüringen) aus den „gemeinen Mann" zum Kampf zwischen Gottlosen und Auserwählten auf.

1 „Der Bundtschu ..."
Nachträglich koloriertes Titelblatt einer Schrift von 1514. Der mit Riemen gebundene Schuh ist seit dem 13. Jh. das Symbol der Bauern. Er steht im Gegensatz zum Stiefel der adligen Ritter.

Das blutige Ende

Die Obrigkeit war angesichts der vielen Aufstände zunächst wie gelähmt. Doch bald schlugen ihre Truppen die Erhebungen nieder. 70 000 Menschen kamen dabei ums Leben. Allein in der *Schlacht bei Frankenhausen* (Thüringen) fanden am 15. Mai 1525 mehr als 5 000 den Tod. Die Anführer, darunter auch der Reformator Thomas Müntzer, wurden in Mühlhausen hingerichtet. Der letzte Aufstand fand 1526 in Tirol statt.

Die „Bilanz" des Bauernkrieges weist aber nicht nur Opfer auf. In etwa einem Drittel der Aufstandsgebiete kamen danach Reformen in Gang. Sie schränkten die Willkür der Fürsten und Herren ein.

▶ ***Lesetipp:*** *Manfred Mai, Nichts als die Freiheit! Der deutsche Bauernkrieg, München 2004*
▶ ***Filmtipp:*** *Thomas Müntzer und der Krieg der Bauern, ZDF-Reihe „Die Deutschen II", 2010*

1. *Arbeite den Zusammenhang von Reformation und Bauernkrieg heraus.*
2. *Informiere dich, ob dein Wohn- oder Schulort vom Bauernkrieg betroffen war. Berichte der Klasse.*

M 1 **Die „Zwölf Artikel" der Bauern**

Unter dem Einfluss eines Stadtpfarrers fasst der Kürschner Sebastian Lotzer Februar/Anfang März 1525 in Memmingen (Schwaben) zwölf zentrale Forderungen der Bauern an die „weltlichen und geistlichen Obrigkeiten" zusammen. Sie werden gedruckt und von Tirol bis Thüringen bekannt.

1. Es ist unsere demütige Bitte und unser Wunsch, dass jede Gemeinde den Pfarrer selbst wählen soll und diesen auch wieder absetzen kann. Er soll das heilige Evangelium rein und klar predigen.

2. Wir geben gern den rechten Kornzehnten, wie es die Bibel vorschreibt. Er soll aber für den Unterhalt des Pfarrers und als Almosen verwendet werden.

3. Man hat bisher behauptet, wir seien Eigenleute*, was zum Erbarmen ist, da uns Christus alle mit seinem kostbaren Blutvergießen erlöst und loskauft hat – den Hirten ebenso wie den Höchsten, keinen ausgenommen. Darum ergibt sich aus der Schrift, dass wir frei sind, und deshalb wollen wir's sein. Nicht, dass wir völlig frei sein und keine Obrigkeit haben wollen: Das lehrt uns Gott nicht. [...]

4. Bisher ist es Brauch gewesen, dass kein Untertan Wild, Geflügel oder Fische fangen durfte. Dies ist eigennützig und entspricht nicht dem Wort Gottes und der brüderlichen Liebe. [...]

6. Unsere Dienste gegenüber den Grundherren werden von Tag zu Tag vermehrt. Wir begehren, nicht so hart belastet zu werden, und erkennen nur die Dienste an, die schon unsere Eltern geleistet haben. [...]

9. Für Vergehen setzt man immer neue Strafen fest. Wir wünschen, dass man aufgrund alter geschriebener Strafsatzungen Recht spricht und nicht nach Lust und Laune des Grundherrn.

10. Wiesen und Äcker, die sich Herren zu Unrecht angeeignet haben, sollen wieder an die Gemeinde zurückgegeben werden.

11. Nach dem Tode eines Erbbauern soll der Besitz nicht an den Grundherrn zurückgehen, damit den Witwen und Waisen nichts genommen wird.

12. Wenn einer oder mehrere der aufgestellten Artikel nicht dem Worte Gottes entsprechen, so wollen wir ihn fallen lassen, wenn man uns dies anhand der Heiligen Schrift beweist.

Nach: Günther Franz (Hrsg.), Quellen zur Geschichte des Bauernkrieges, München 1963, S. 174 ff. (zusammengefasst, vereinfacht und in heutiges Deutsch übertragen)

*Eigenleute: *Leibeigene*

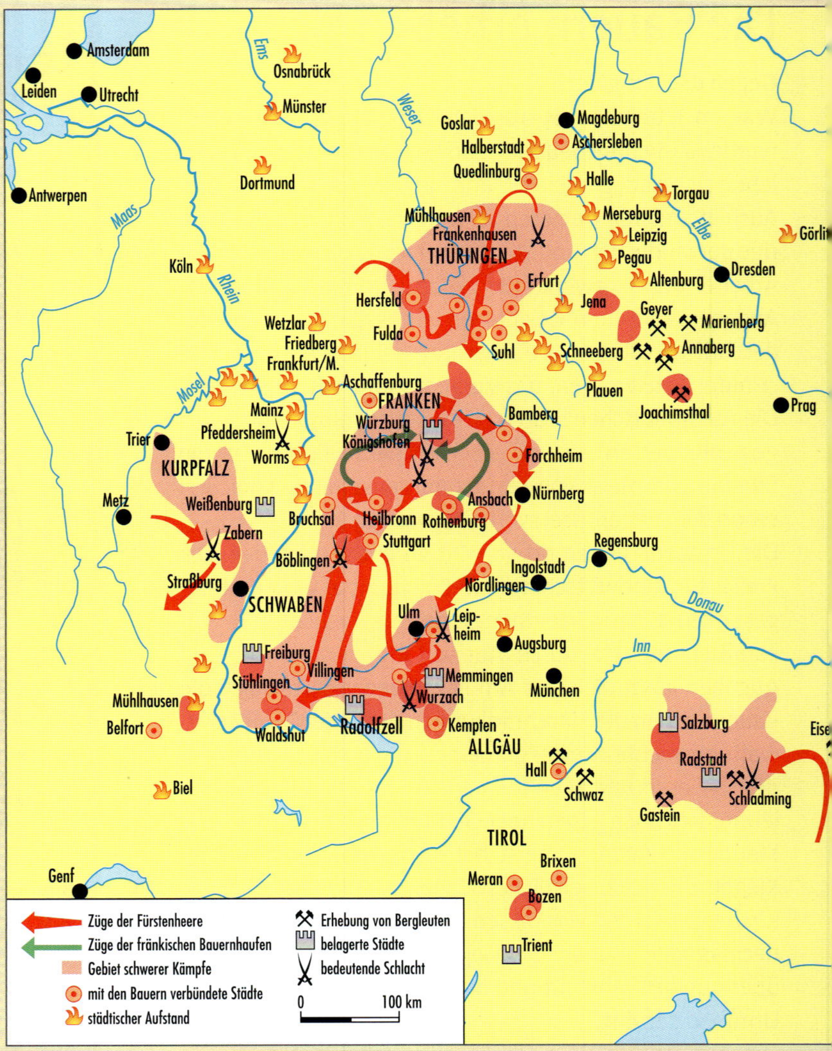

M 2 **Aufstandsgebiete im Bauernkrieg.**

M 3 **„Was ist das?"**

Luther reagiert auf die „Zwölf Artikel" (M 1) und schreibt im Mai 1525 an die Bauern; zum 3. Artikel bemerkt er:

Es soll kein Leibeigener sein, weil uns Christus hat alle befreiet. Was ist das? Das heißt christliche Freiheit ganz fleischlich machen. [...] Denn ein Leibeigener kann wohl Christ sein und christliche Freiheit haben, gleichwie ein Gefangener oder Kranker Christ ist und doch nicht frei ist. Es will dieser Artikel alle Menschen gleich machen und aus dem geistlichen Reich Christi ein weltlich, äußerlich Reich machen, welchs unmöglich ist ...

Wolfgang Lautemann/Manfred Schlenke (Hrsg.), Geschichte in Quellen. Renaissance – Glaubenskämpfe – Absolutismus, München ²1976, S. 153

M4 **Über die Ursachen des Aufruhrs**

Der Geistliche Thomas Müntzer schließt sich 1518 der Reformation an. Über die Ursachen des Bauernaufruhrs schreibt er im Spätherbst 1524:

Es ist der allergrößte Gräuel auf Erden, dass niemand der Bedürftigen Not sich will annehmen [...].

Sieh zu, die Grundsuppe des Wuchers, der Dieberei und Räuberei sind unsere Herren und Fürsten; sie nehmen alle Kreaturen als Eigentum: Die Fische im Wasser, die Vögel in der Luft, das Gewächs auf Erden muss alles ihr sein. Darüber lassen sie dann Gottes Gebot ausgehen unter die Armen und sprechen: Gott hat geboten, du sollst nicht stehlen. Es hilft ihnen aber nicht. So sie nun alle Menschen nötigen, den armen Ackersmann, Handwerksmann und alles, was da lebt, schinden und schaben, und wenn einer sich dann am Allergeringsten vergreift, so muss er hängen.

Da sagt dann der Doktor Lügner* auch noch: Amen. Dabei machen die Herren das selber, dass ihnen der arme Mann feind wird. Die Ursache des Aufruhrs wollen sie nicht wegtun, wie kann es auf die Dauer gut werden? Wenn ich das sage, muss ich aufrührerisch sein, wohlan!

Thomas Müntzer, Schriften und Briefe, hrsg. von Gerhard Wehr, Zürich 1989, S. 113 (leicht vereinfacht)

Doktor Lügner: *Gemeint ist Martin Luther.*

M5 **„Wider die stürmenden Bauern“**

Luther hat drei Schriften gegen Müntzer und die Aufständischen verfasst. In dem Beitrag „Wider die stürmenden Bauern“ vom Mai 1525 heißt es:

Dreierlei greuliche Sünden wider Gott und Menschen laden diese Bauern auf sich, daran sie den Tod verdienet haben an Leib und Seele mannigfältiglich.

Zum ersten, daß sie ihrer Obrigkeit Treu und Huld geschworen haben, untertänig und gehorsam zu sein, wie solchs Gott gebeut, da er spricht: „Gebt dem Kaiser, was des Kaisers ist“; und [...] „Jedermann sei der Obrigkeit untertan“ etc. Weil sie aber diesen Gehorsam brechen mutwilliglich und mit Frevel, und dazu sich wider ihre Herren setzen, haben sie damit verwirkt Leib und Seel, wie die treulosen, meineidigen, lügenhaften, ungehorsamen Buben und Bösewichte pflegen zu tun [...].

Zum andern, daß sie Aufruhr anrichten, rauben und plündern mit Frevel Klöster und Schlösser, die nicht ihr sind, womit sie als die öffentlichen Straßenräuber und Mörder alleine wohl zwiefältig den Tod an Leib und Seele verschulden [...]. [...]

Zum dritten, daß sie solche schreckliche, greuliche Sünde mit dem Evangelio decken [...].

Wolfgang Lautemann/Manfred Schlenke (Hrsg.), a. a. O., S. 154

▶ ***Internettipp:*** *Infos über das Panoramabild (M6) findest du unter www.panorama-museum.de*

M6 **Szene aus dem Bauernkrieg.**
Ausschnitt aus einem großen Panoramabild, das der Maler Werner Tübke zwischen 1979 und 1981 für die Bauernkriegsgedenkstätte in Frankenhausen (Thüringen) gemalt hat. Oben steht Thomas Müntzer mit der gesenkten Fahne. Am unteren Bildrand sind (von links nach rechts) folgende Künstler und Denker der Zeit zu erkennen: Jerg Ratgeb, Albrecht Dürer, Martin Luther, Lucas Cranach, Sebastian Brant, Philipp Melanchthon, Erasmus von Rotterdam und Ulrich von Hutten.

1. *Nenne die Pflichten der Bauern, die diese als bedrückend empfanden (M1).*
2. *Ordne die Artikel der Bauern (M1) nach Themen und arbeite heraus, wie sie ihre Forderungen begründen.*
3. *Beurteile, ob die Bauern eine friedliche Einigung oder einen gewaltsamen Konflikt anstrebten (M1).*
4. *Erläutere die Aussagen der Karte (M2).*
5. *Stelle fest, wie Müntzer seinen Aufruf begründet (M4).*
6. *Führt als Luther und Müntzer ein Streitgespräch zum Thema „Dürfen sich die Bauern gegen die Obrigkeit wehren?“. Benutzt dazu die Darstellung sowie M3 bis M5.*
7. *Der Künstler hat die Personen am unteren Bildrand absichtlich so zusammengestellt (M6). Informiert euch über sie, über ihre Lebensdaten, Berufe und ihre Einstellung zur Reformation und zum Bauernkrieg. Was wollte der Maler wohl mit dieser Zusammenstellung ausdrücken?*

Der Glaube spaltet Europa

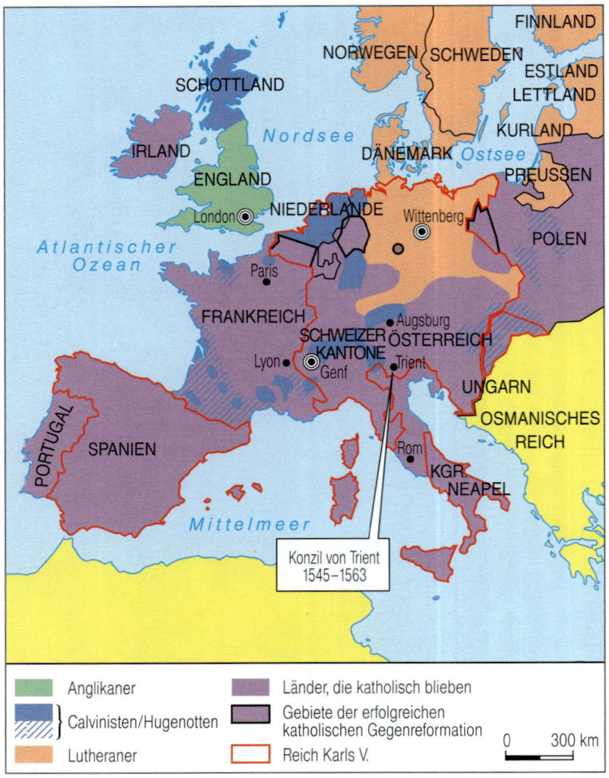

1 Konfessionen in Europa Ende des 16. Jh.

Ende der Glaubenseinheit

Kaiser Karl V. konnte nicht verhindern, dass einige Fürsten und Reichsstädte sich zu Luthers Lehre bekannten und die Grundaussagen ihres Glaubens 1530 im *Augsburger Bekenntnis* veröffentlichten. Sie verwarfen die Ehelosigkeit der Priester (*Zölibat*), das Klostergelübde sowie die Beichte und forderten einen anderen Gottesdienst. Als die katholische Kirche das Bekenntnis ablehnte, war der Kaiser bereit, die Glaubenseinheit zu erzwingen. Obwohl seine Truppen 1547 gegen die verbündeten evangelischen *Reichsstände** siegten, gelang es ihm nicht, seine Stellung im Reich zu stärken und die *Kirchenspaltung* zu verhindern. Sogar einige katholische Reichsfürsten verweigerten ihm ihre Unterstützung. Sie wollten keinen zu mächtigen Kaiser.

Erst Karls Bruder und Nachfolger *Ferdinand I.* konnte die Auseinandersetzungen 1555 im *Augsburger Religionsfrieden* beilegen. Die Protestanten, die sich dem „Augsburger Bekenntnis" angeschlossen hatten, wurden im Reich rechtlich anerkannt. Damit durften die Reichsstände ihren Glauben frei wählen. Ihre Untertanen mussten sich ihren Entscheidungen anschließen oder das Land verlassen und auf Haus und Hof verzichten. Der Rechtsgrundsatz lautete: *Wessen das Land, dessen die Religion* (lat. *cuius regio, eius religio*).

Auch Rom bewegt sich

Die katholische Kirche hielt nun eine umfassende Reform für notwendig. Auf dem *Konzil von Trient*, das in mehreren Sitzungen von 1545 bis 1563 tagte, wurden die neuen Konfessionen nochmals verworfen. Beschlossen wurde:

- Die Grundlage des Glaubens sind Bibel und kirchliche Überlieferung.
- Der Mensch kann den Weg zu Gott nur über die Priester der katholischen Kirche finden.
- Ämterkauf und -häufung sowie Ablassmissbrauch sind untersagt.
- Einführung eines geschlossenen Beichtstuhls.
- Eine bessere Ausbildung der Priester.

Wichtiger Helfer bei der Umsetzung ihrer Reformen wurde der durch *Ignatius von Loyola* 1534 gegründete Jesuitenorden.

Reformatoren neben und gegen Luther

Angeregt durch Luther führten die beiden schweizerischen Reformatoren *Huldrych Zwingli* und *Johannes Calvin* von Zürich und Genf ausgehend die neue Lehre in ihrer Heimat ein. Mehr als Luther ging es ihnen um die Einheit von Bürger- und Kirchengemeinde. Mit der weltlichen Obrigkeit wurden Kirchenbesuch und Teilnahme am Abendmahl notfalls gewaltsam durchgesetzt. Luther lehnte Zwinglis und Calvins Vorstellungen ab. Lutheraner, Zwinglianer und Calvinisten gingen getrennte Wege.

Vielfalt oder Chaos?

Dänen, Schweden, Norweger und Finnen übernahmen Luthers Lehre. Nach der Einigung der Zwinglianer mit den Calvinisten 1549 verbreiteten sich die calvinistisch-reformierten Glaubensanhänger vor allem in Frankreich, wo sie *Hugenotten* genannt wurden, in den Niederlanden, in England sowie in der Pfalz, in Hessen und Ostfriesland.

In England entstand die anglikanische Staatskirche. Sie war eine Mischung aus katholischer Tradition und calvinistisch-reformierten Auffassungen. Um 1567 lösten sich die ersten *Puritaner* (lat. *purus*: rein), die Anhänger der „reinen" calvinistisch-reformierten Lehre, aus der anglikanischen Staatskirche. Sie gingen teilweise in die Niederlande oder wanderten nach Nordamerika aus.

Diese konfessionelle Vielfalt ist bis heute in vielen Regionen Europas erhalten geblieben. Inzwischen fordern aber viele Katholiken und Protestanten von ihren Kirchenführern, die Einheit der Kirche wiederherzustellen.

***Reichsstände**: *die geistlichen und weltlichen Fürsten sowie Freien Reichsstädte, Grafen und Ritterorden, die direkt vom Kaiser belehnt worden waren*

■ *„Die Landesfürsten waren die Gewinner der Reformation." Begründe diese Aussage.*

M 1 Zwinglis Regeln

In Zürich werden 1530 folgende Regeln Zwinglis erlassen:

Wir gebieten, dass jedermann ohne Ausnahme, der sich nicht durch Krankheit oder andere redliche Gründe bei der Gemeinde oder beim Pfarrer entschuldigen kann, alle Sonntage bei guter Zeit zur Kirche gehe und bis zu Ende verbleibe.

Kein Wirt darf Einheimischen an Sonn- und Feiertagen vor der Kirche Speise und Trank geben. Kein Einheimischer soll sich nachts nach 9 Uhr mehr im Wirtshause finden lassen, auch dürfen nach dieser Zeit keine Schlaftrünke außer dem Hause verabreicht werden, Kranke vorbehalten [...]. Weil das Spiel, wie unsere biederen Landleute klagen, die meiste Ursache aller Winkelwirtschaften, Frevel und anderer Unfuge ist, so haben wir auf das Ansuchen unserer Landleute alle Spiele verboten, es sei mit Karten, Würfeln, Brettspiel, Kegeln, Wetten usw.

Hermann Schuster (Hrsg.), Quellenbuch zur Kirchengeschichte, Bd. I/II, Frankfurt a. M. 91976, S. 120f.

M 2 Calvinistische Vorschriften

In seinem Buch „Unterricht in der christlichen Religion" von 1536 schreibt Calvin:

Die erste Grundlage der Zucht besteht nun darin, dass persönliche Ermahnungen stattfinden. Das bedeutet, dass der, der aus eigenem Antrieb heraus nicht seine Pflicht tut, oder der sich frech aufführt, oder dessen Lebenswandel an Ehrbarkeit zu wünschen übrig lässt, oder der etwas Tadelnswertes begangen hat, sich ermahnen lässt, und dass ein jeder seinen Eifer daran wendet, seinem Bruder, wenn es die Sache erfordert, solche Ermahnung zukommen zu lassen. Vor allem aber sollen die Pastoren und Ältesten* hierüber wachen. Denn ihre Aufgabe ist es nicht allein, dem Volke zu predigen, sondern auch hin und her in den einzelnen Häusern Ermahnung und Ermunterung auszuteilen, wenn man irgendwo durch die allgemein geschehene Unterweisung nicht weit genug vorangekommen ist.

Hermann Schuster (Hrsg.), Quellenbuch zur Kirchengeschichte, Bd. I/II, a. a. O., S. 120f. (vereinfacht)

***Älteste:** zwölf ausgewählte Männer „von ehrbarem Lebenswandel"*

▶ ***Internettipps:***
- *www.calvin.de*
- *www.planet-wissen.de (Calvin)*
- *www.zwingli.ch*

M 3 Huldrych Zwingli.
Gemälde von Hans Asper, 1531/32.

M 4 Johannes Calvin.
Gemälde eines unbekannten Malers, 16. Jh. (Ausschnitt).

M 5 Taufgottesdienst in der zweiten Hugenottenkirche von Lyon (Frankreich).
Anonymes Gemälde, um 1565.
In der Mitte des Chores steht die Kanzel. Die Männer behielten ihre Hüte während des Gottesdienstes auf; sie wurden nur abgesetzt, während aus der Bibel gelesen oder wenn der Name Gottes ausgesprochen wurde.

1. *Erkläre, was Zwingli mit seiner Regel erreichen möchte (M 1).*
2. *Erläutere Calvins „Vorschriften" (M 2). Wie mögen sie sich auf das Gemeindeleben ausgewirkt haben?*
3. *Untersuche, für welche Art des Gottesdienstes der Kirchenraum (M 5) gestaltet wurde.*

Hexen vor Gericht

1 Hexen brauen ein Unwetter. *Holzschnitt von 1489/90.*

Kommt der Teufel?

Seit Langem glauben Menschen an Zauberei und unheimliche und unerklärbare Mächte. Im Mittelalter sahen Kirche und Staat darin einen Aberglauben. Dies änderte sich Ende des 15. Jh. Die Zeit der blutigen Hexenverfolgungen begann.

Viele Christen litten unter der Glaubensspaltung und den Kriegen. Darüber hinaus trugen ein kälteres Klima und mehr Regen zu häufigen Missernten, Teuerungen und Hungersnöten bei. Die Menschen fürchteten sich vor der Zukunft. Konflikte und Aberglauben nahmen zu.

Der „Hexenhammer"

Die katholische Kirche forderte 1484 in der „Hexenbulle", Hexen zu bekämpfen. Drei Jahre später veröffentlichte der Dominikanermönch *Heuricus Institor* dazu einen Kommentar. Der lateinische Titel des Werkes lautet *Malleus maleficarum* („Hammer der Schadensstifterinnen"). Mit dem „Hammer" sollte das Unrecht zerschmettert werden. Hexerei umfasste vier „Straftaten":

- Teufelspakt, bei dem Gott geleugnet wird,
- Teufelsbuhlschaft, eine Hochzeit mit dem Satan,
- Schadenszauber, die Schädigung und Vernichtung von Menschen und Tieren, und
- Hexensabbat, auf dem Hexen und Teufel ausschweifende Feste feiern und neue Straftaten ersinnen.

▶ ***Lesetipps:***
- *Harald Parigger, Die Hexe von Zeil, München 2002*
- *Dietlof Reiche, Die Hexenakte, München 2009*

Hexen vor Gericht

Die Hexenprozesse fanden nicht nur in katholischen Gebieten statt. Die Gerichtsherren konnten entscheiden, ob sie einen Prozess wollten. Häufig taten sie es auf Druck der Bevölkerung.

Ein Hexereiverdacht konnte jeden treffen. Für einen Prozess genügte es, einem Nachbarn die Schuld an einem Unglück zu geben. Manchmal reichte schon ein Streit, um wegen Hexerei angezeigt zu werden. Vielfach klagte man Außenseiter der Gesellschaft an. Die Zahl der Prozesse stieg, als die Angeklagten unter Folter gezwungen wurden, weitere Personen zu nennen, die angeblich an den Hexenversammlungen teilgenommen hatten.

In ganz Europa fanden zwischen 1430 und 1780 Hexenverfolgungen statt. Überall brannten Scheiterhaufen. Vermutlich wurden allein im Reich rund 25 000 Menschen hingerichtet. Etwa 75 bis 80 Prozent aller Verurteilten waren Frauen. Häufig kamen sie aus den ländlichen Unterschichten. Die Gerichte verurteilten aber auch reiche Frauen und Männer. Selbst Kinder verschonten sie nicht.

Widerstand gegen die Prozesse

Im 16. Jh. versuchte der Arzt *Johannes Weyer* aus Kleve, den Hexenglauben als Wahnvorstellung zu entlarven. Wichtiger für das Ende der Prozesse wurde Anfang des 17. Jh. der Jesuit *Friedrich Spee von Langenfeld*. Er griff den Hexenglauben zwar nicht direkt an, lehnte aber die grausame Folter ab. Der Straftatbestand der Zauberei und Hexerei wurde Ende des 17. Jh. immer mehr eingeschränkt. Aber noch im 18. Jh. fanden einzelne Hexenprozesse statt.

Opfer	Staat/Gebiet	Konfession	Zeitraum
Schätzungen			
2700	Lothringen	katholisch	1580-1620
2000	Kurköln	–	1626-1635
1700	Mecklenburg	lutherisch	1570-1630
2000	Kurmainz	katholisch	1590-1630
1200	Würzburg	–	1616-1630
1000	Bern	calvinistisch	1580-1620
1000?	Schottland	calvinistisch	1560-1670
907	Vorderösterreich	katholisch	1560-1650
900	Bamberg	–	1616-1630
600	Ungarn	–	1710-1750
600	Schleswig und Holstein	lutherisch	1600-1660

2 Die größten Hexenverfolgungen in Europa.

Nach: Wolfgang Behringer, Witches and witch-hunts. A global history, Cambridge 2004, S. 130 (aktualisiert)

■ *Arbeite den zeitlichen Höhepunkt der Hexenverfolgungen heraus (Abb. 2). Nenne mögliche Gründe dafür.*

M1 Beinschraube. *Sie wurde auch „Spanischer Stiefel“ genannt.*

M2 Die „Hexenbulle“

1484 erlässt Papst Innozenz VIII. folgende Verlautbarung, für die sich die Bezeichnung „Hexenbulle“ eingebürgert hat.

Uns ist neuerdings zu unserem nicht geringen Leidwesen zu Ohren gekommen, dass [...] eine große Anzahl von Personen beiderlei Geschlechts, des eigenen Heiles vergessend und vom katholischen Glauben abfallend, mit [...] Teufeln Unzucht treiben und mit ihren Zaubersprüchen, Beschwörungen und Verschwörungen sowie anderen abscheulichen abergläubischen Handlungen und zauberischen Übertretungen Verbrechen und Vergehen bewirken, dass sie Geburten der Frauen, die Jungen der Tiere, die Feldfrüchte, die Weintrauben und die Früchte der Bäume sowie auch Männer, Frauen, Zugtiere, Kleinvieh, Schafe und [...] die Weinberge auch, die Obstgärten, Wiesen, Weiden und das Korn sowie andere Erzeugnisse des Bodens verderben, ersticken und umbringen. Und sie belegen die Männer, die Frauen, das Groß- und Kleinvieh und die Lebewesen mit grausamen inneren und äußeren Schmerzen und Qualen und peinigen sie [...].

Peter Segl, Als die Ketzer fliegen lernten. Über den Hexen„wahn“ im Mittelalter, Abensberg 1991, S. 8

M3 Das Protokoll der Rebekka L.

Rebekka L., eine angesehene Frau aus Nördlingen, wird am 1. Juni 1590 in Abwesenheit ihres Ehemannes verhaftet. Das Protokoll zeichnet den Verlauf ihrer Gefangenschaft:

2. Juni Erstes Verhör durch die Ratsherren [...]. Verlesen der Anklage;
Reaktion: Anrufung Gottes, „so wahr Christus am Kreuz für sie gelitten, sie sei unschuldig [...]“.

6. Juli Gegenüberstellung mit Apollonia A. und der Ratsherrnwitwe Maria Sch., die auch als Hexen angeklagt sind. Beide belasten Rebekka L. und behaupten, sie auf dem Weinmarkt und bei anderen Hexenzusammenkünften gesehen zu haben.

10. Juli Apollonia A., Maria Sch. und eine andere Angeklagte werden verbrannt, ohne ihr falsches Zeugnis widerrufen zu haben. Dies versetzt Rebekka L. in Aufregung; Brief an ihren Ehemann.

29. Juli [...] Verhör und erste Folterungen mit Daumenschrauben und Spanischen Stiefeln. Rebekka bestreitet alle Vorwürfe.

30. Juli Abermals Folter [...]. Rebekka L. leugnet jede Schuld. Am Nachmittag erneut Folter, diesmal wird sie mit auf den Rücken gebundenen Händen aufgezogen. Erstes Bekenntnis Rebekkas: Teufelsbuhlschaft und -pakt.

Juli/Aug. Bei weiteren Verhören gesteht Rebekka L. den Hexenritt, den Schadenszauber und nennt Namen ihrer „teuflischen Gespielinnen“; ausschließlich Frauen aus ihrem näheren Bekanntenkreis [...].

2. Aug. Nach dem Verhör verfällt Rebekka L. in tiefe Verzweiflung. Ihr Geständnis bedeutet für sie den qualvollen Tod, ein Widerruf neue Folterqualen [...].

3. Aug. Erneutes Verhör. Rebekka L. bekennt, dass sie ihren Mann um Gift gebeten habe, „Gott wolle es ihr verzeihen. Sie habe es nur getan, um ihren Kindern die Schande ihres schimpflichen Todes zu ersparen [...].“

10. Aug. Sie widerruft alles und erhebt schwerste Anklagen gegen den Rat. Der Hohe Rat erreicht den Widerruf des Widerrufs [...].

20. Aug. Erneute Folterung. Rebekka L. gesteht, tote Kinder gegessen zu haben.

21. Aug. Sie gesteht einige Morde, die bereits eine andere Frau gestanden hatte.

2. Sept. Verkündung des Todesurteils.

9. Sept. Verbrennung von Rebekka L. und vier anderen Frauen.

Eva Maria/Wilhelm Lienert, Die geschändete Ehre der Rebekka L. oder: Ein ganz normaler Hexenprozeß ..., in: Praxis Geschichte 4/1991, S. 33 (vereinfacht)

M4 „So sind wir schließlich alle Zauberer“

Der Jesuit Friedrich Spee von Langenfeld kritisiert 1631 die Prozesse:

Man kann nicht alles Ärgernis aus der Welt schaffen, man muss vieles geschehen lassen, was sich nicht gut ändern lässt. Es ist besser, dreißig und noch mehr Schuldige laufen zu lassen, als auch nur einen Unschuldigen zu bestrafen [...].

Was suchen wir so mühsam nach Zauberern? Hört auf mich, ihr Richter, ich will euch gleich zeigen, wo sie stecken. Auf, greift Kapuziner, Jesuiten, alle Ordenspersonen und foltert sie, sie werden gestehen. Leugnen welche, so foltert sie drei-, viermal, sie werden schon bekennen.

Wolfgang Behringer (Hrsg.), Hexen und Hexenprozesse in Deutschland, München 1988, S. 377 ff.

▶ ***Internettipp:*** *www.friedrich-spee.de*

1. *Liste auf, welche „Verbrechen“ die „Hexenbulle“ nennt (M2). Prüfe, welche beweisbar sind.*
2. *Nenne die Straftaten, die Rebekka L. vorgeworfen werden und die sie bekennt (M3).*
3. *Beurteile den Hexenprozess aus heutiger Sicht (M3).*
4. *Erläutere die Argumente, die Spee gegen die Hexenprozesse anführt (M4). Für welchen Rechtsgrundsatz spricht er sich aus?*

30 Jahre Mord und Totschlag?

1 Der „Prager Fenstersturz".
Titelholzschnitt aus einer Zeitung des Jahres 1618.
Im Verlauf eines Handgemenges mit protestantischen Ständevertretern Böhmens wurden zwei Räte des katholischen Königs aus einem Fenster der Prager Burg (Hradschin) geworfen. Die Männer überlebten den Sturz, doch der Anschlag wurde zum Anlass für den Dreißigjährigen Krieg erklärt.

- *Diskutiert, auf welcher Seite des Aufstandes der Verfasser dieser Zeichnung wohl stand. Begründet eure Ansicht.*

Anlass des „Großen Krieges"

Auch nach dem Augsburger Religionsfrieden von 1555 gab es regelmäßig Streit, wenn sich durch einen Herrscherwechsel die Konfession änderte. Da der Reichstag in Regensburg die Probleme nicht beenden konnte, schlossen sich 1608 einige protestantische Fürsten mit mehreren Städten zu einem militärischen Schutzbündnis zusammen: der *Union*. Im Gegenzug verbündeten sich ein Jahr danach die meisten katholischen Reichsstände in der *Liga*.
Anlass des Dreißigjährigen Krieges war die Erhebung protestantischer Adliger Böhmens gegen ihren katholischen König *Ferdinand* aus dem Hause Habsburg. Sie warfen ihm vor, das Recht der freien Religionsausübung gebrochen zu haben. Im August 1619 wählten sie den pfälzischen Kurfürsten zum neuen König.
Der abgesetzte Herrscher wurde kurz danach Kaiser des Heiligen Römischen Reiches Deutscher Nation. Mit Söldnern* unter dem Kommando seines Feldherrn *Tilly* holte er sich die böhmische Königskrone zurück. Er vertrieb den aufständischen Adel und 150 000 böhmische Protestanten. Der *Böhmisch-Pfälzische Krieg* endete 1624.

Der weitere Kriegsverlauf

Um weitere protestantische Gebiete zu unterwerfen, zog das Heer der katholischen Liga in den Norden des Reiches. Daraufhin griff der dänische König ein, der als Herzog von Holstein deutscher Reichsfürst war. England, Frankreich und die Niederlande unterstützten ihn. Die kaiserlichen Truppen unter dem Oberbefehl *Albrecht von Wallensteins* vertrieben die gegnerischen Armeen aus Holstein, Mecklenburg und Pommern. 1629 endete der *Niederdeutsch-Dänische Krieg*.
Der Kaiser hoffte, alle seit Mitte des 16. Jh. in protestantischen Besitz übergegangenen Güter übernehmen zu können. Doch diesen Machtzuwachs wollten weder alle Reichsfürsten noch das katholische Frankreich und das protestantische Schweden zulassen.
1630 landete König *Gustav Adolf II. von Schweden* mit seinen Soldaten auf der Ostseeinsel Usedom. Sie marschierten bis an den Rhein und eroberten Bayern. Mit der Ermordung Wallensteins und der Niederlage der Schweden bei Nördlingen war der sogenannte *Schwedische Krieg* 1634 vorbei.
Im Mittelpunkt der folgenden Phase stand der 1635 begonnene und bis 1648 dauernde *Schwedisch-Französische Krieg*. In dessen Verlauf brachen die protestantischen Reichsstände mit den Schweden, fielen kaiserliche Armeen in das katholische Frankreich ein und verwüsteten französische und schwedische Truppen Bayern.

Um Glauben oder Macht?

Der Dreißigjährige Krieg bestand aus mehreren Feldzügen, die zwischen 1618 und 1648 nacheinander ausgetragen wurden. Zu den Konfessionsgegensätzen war der Kampf der großen Staaten wie Schweden und Frankreich um die Vormacht in Europa und gegen das Haus Habsburg gekommen. Je nachdem, wie es ihnen politisch und militärisch zweckmäßig erschien, gingen die deutschen Fürsten über die Konfessionen hinweg Bündnisse ein, um ihre Stellung zu sichern oder auszubauen.

„Der Krieg ernährt den Krieg"

Mit sogenannten Kontributionen wurde der Krieg bezahlt. Das konnten Kriegssteuern sein oder vom Feind erzwungene Waren und Gelder. Häufig bestand kein Unterschied in der Behandlung von Freundes- und Feindesland. Wer nicht zahlen konnte oder wollte, dem drohte die „Exekution", die gewaltsame Eintreibung der verlangten Beträge oder Waren. Der Grundsatz „Der Krieg ernährt den Krieg" beschönigt die mit ihm verbundenen Ausbeutungen, Verwüstungen und Plünderungen.

*Söldner: *Soldat, der für Geld (Sold) Kriegsdienst leistet*

Auch Not bringt den Tod

Der Dreißigjährige Krieg war eine Katastrophe. Er prägte eine ganze Generation, weitere Generationen litten an seinen Folgen. Die moderne Kriegsführung mit Feuerwaffen und Geschützen erhöhte die Zahl der Opfer. Aber während der Kriegsjahre starben die Menschen nicht nur im Kampf. Auch Not brachte den Tod. Die Kontributionen und Plünderungen nahmen der Bevölkerung oft das Lebensnotwendige. Missernten vergrößerten den Hunger und die herumziehenden Söldner verbreiteten Seuchen.
In manchen Orten war es einfacher, die Namen der Überlebenden anzugeben als die der Toten. Etwa 40 Prozent der ländlichen und rund ein Drittel der städtischen Bevölkerung kamen ums Leben. Die Bevölkerung des Reiches sank von etwa 16 auf elf Millionen Menschen. Erst um 1720 lag die Zahl wieder annähernd so hoch wie vor dem Krieg.

2 Plünderung eines Dorfes.
Ölgemälde (51 x 85 cm) von dem flämischen Maler Sebastian Vrancx (Ausschnitt), um 1620.

Verwüstet und zerstört

Weite Teile des Landes waren verwüstet, viele Felder lagen brach. Es fehlten Menschen und Geld, um die zerstörten Bauernhöfe wieder aufzubauen und die verwüsteten Felder wieder fruchtbar zu machen.
Nur wenige Landstriche wie das Oldenburger Land blieben verschont.
Kontributionen und Einwohnerverluste belasteten die vom Krieg betroffenen Städte besonders. Handwerk und Handel verloren ihre Kunden und die Steuereinnahmen sanken. Er gab auch Ausnahmen: Die Städte Hamburg und Köln beispielsweise blieben unparteiisch, handelten mit allen beteiligten Mächten und wurden reicher. Trotzdem: Der Dreißigjährige Krieg ließ das Reich in fast jeder Hinsicht hinter die anderen europäischen Großmächte zurückfallen.

▶ ***Lesetipps:***
- *Günther Bentele, Wolfsjahre, Hamburg 2007*
- *Tilman Röhrig, In 300 Jahren vielleicht, Würzburg [9]1999*

▶ ***Filmtipp:***
Wallenstein und der Krieg. ZDF-Reihe „Die Deutschen", 2008

■ *Wallenstein, Tilly und Gustav Adolf sind die bekanntesten Feldherren des Dreißigjährigen Krieges.
Bildet drei Arbeitsgruppen, recherchiert in Lexika oder im Internet und stellt die drei Personen in Kurzreferaten vor. Macht dabei deutlich, wen sie vertraten und in welcher Beziehung sie zueinander standen.
Die Referate könnt ihr in euer Portfolio aufnehmen.*

M1 **Der Brand Magdeburgs.**
Kolorierter Kupferstich von 1631 (Ausschnitt).
Kaiserliche Truppen eroberten das mit Schweden verbündete Magdeburg. Dabei entstand am 20. Mai 1631 ein Brand, der die Stadt einäscherte. Etwa 20 000 Menschen fanden den Tod.

M2 **Ein Söldner berichtet**

Peter Hagendorf dient ab 1627 im Heer der Liga. Von ihm ist ein Tagebuch überliefert. Aus diesem wissen wir, dass seine erste Frau und sieben seiner Kinder während des Krieges gestorben sind. Über die Erstürmung Magdeburgs 1631 schreibt er:

Den 20. Mai [1631] haben wir mit Ernst angesetzt und gestürmt und auch erobert. Da bin ich mit stürmender Hand ohne allen Schaden in die Stadt gekommen. Aber in der Stadt, am Neustädter Tor, bin ich zweimal durch den Leib geschossen worden, das ist meine Beute gewesen. [...] Ist mir doch von Herzen Leid gewesen, dass die Stadt so schrecklich gebrannt hat [...]. Wie ich nun verbunden bin, ist mein Weib in die Stadt gegangen, obwohl sie überall gebrannt hat, und hat wollen ein Kissen holen und Tücher zum Verbinden und worauf ich liegen könnte. So habe ich auch das kranke Kind bei mir liegen gehabt. [...] Sie [die Frau des Söldners] kommt nach anderthalb Stunden gezogen mit einer alten Frau aus der Stadt. Die hat sie mit sich hinausgeführt, ist eines Seglers Weib gewesen und hat ihr helfen tragen Bettgewand. So hat sie mir auch gebracht eine große Kanne von vier Maß mit Wein und hat außerdem auch zwei silberne Gürtel gefunden und Kleider, sodass ich dafür zwölf Taler eingelöst habe zu Halberstadt.

Jan Peters (Hrsg.), Peter Hagendorf – Tagebuch eines Söldners aus dem Dreißigjährigen Krieg, Göttingen 2012, S. 104 f.

M3 **Kriegsleiden und -folgen**

Ein Pfarrer aus Großbieberau (Hessen):

1634: Bald fielen die Schweden über den Rhein herüber und jagten die Kaiserlichen aus ihrem Quartier, und bald jagten diese wieder jene hinaus. Die Folge war, dass das ganze Land zwischen Main und Rhein ausgepresst wurde. Kein Mensch durfte sich auf dem Land blicken lassen, sonst wurde ihm nachgejagt wie einem Wild. Ergriff man einen, dann wurde er [...] unbarmherzig geschlagen, bis er verriet, wo er sein Geld oder sein Vieh oder sein Pferd hatte. Gefangene wurden nackend an heiße Öfen angebunden oder aufgehängt und mit Rauch gedämpft. Zuberweise schüttete man auch Wasser und Jauche in den Hals der Leute und sprang anschließend mit den Füßen auf die angeschwollenen Bäuche. Diese barbarische Tränkung wurde „der schwedische Trunk" genannt. [...]

1635: Inzwischen hat Gott uns neben dem Kriegsleid noch die Pest hinterhergeschickt. Die Leute sterben schnell und haufenweise dahin, sodass man sie gar nicht alle begraben konnte. [...] Durch diesen Krieg nun, durch Pest, Teuerung und Hungersnot sind der Leute so wenig im Land geworden, dass unsere Nachkommen es schwerlich glauben werden.

Günther Franz (Hrsg.), Quellen zur Geschichte des deutschen Bauernstandes in der Neuzeit, Darmstadt 1963, S. 117 ff. (stark vereinfacht)

	Städte	Dörfer
Mark Brandenburg	60	5 000
Meißen, Schlesien, Mähren	213	2 744
Böhmen und Österreich	103	1 126
Pfalz	106	807
Franken und Stift Würzburg	36	393
Vogtland und Thüringen	41	409
Stift Merseburg, Halle, Magdeburg, Halberstadt, Hildesheim	103	1 105
Braunschweig, Lüneburg und Stift Bremen	38	406
Stift Osnabrück, Minden, Paderborn, Fulda	304	1 027
Westfalen	97	1 019
Stift Köln, Metz, Trier	205	2 033

M4 **Anzahl der im Dreißigjährigen Krieg zerstörten Städte und Dörfer.**

Nach: Der Große Ploetz, Die Enzyklopädie der Weltgeschichte, Freiburg [35]2008, S. 897

1. *Stelle die Folgen des Krieges in einer Übersicht stichwortartig zusammen (M 1 bis M 4).*
2. *Beschreibe den Angriff auf Magdeburg (M 1 und M 2) aus der Sicht eines Einwohners.*
3. *Beschreibt die Sichtweisen der Textquellen und vergleicht sie (M 2 und M 3).*
4. *Söldner – Täter oder Opfer? Diskutiert das Thema!*
5. *Informiere dich, ob und wie stark dein Wohn- oder Schulort vom Dreißigjährigen Krieg betroffen war.*

Ein Jugendbuch beurteilen

Verdichtete Wirklichkeit

Für sein Jugendbuch „In 300 Jahren vielleicht“ von 1983 hat *Tilman Röhrig* Literatur und Quellen zum Dreißigjährigen Krieg ausgewertet. Die Personen und die Handlung seiner Erzählung hat er aber frei gestaltet. Alles könnte sich so abgespielt haben, wie er es beschreibt. Allerdings lässt sich nicht eindeutig erkennen, wo er auf nachprüfbaren Tatsachen aufbaut und wo nicht. Obwohl seine Geschichte also keine Quelle ist, können wir sie als historische Darstellung lesen. Röhrigs Buch veranschaulicht uns den Kriegsalltag: Wir sollen uns in die Menschen hineinversetzen, ihr Denken, ihre Gefühle und ihr Handeln verstehen.

M2 Umschlag der Taschenbuchausgabe 2010.

Leitfragen

Wenn wir uns mit einem historischen Jugendbuch beschäftigen, können wir von diesen Fragen ausgehen:

- Wer steht im Mittelpunkt? Steht sie/er für eine Gruppe oder Schicht?
- Wie entwickelt sich die Person im Laufe der Handlung? Wie sieht sie andere Menschen, ihre Umwelt und die Politik? Wie wird sie von ihnen beeinflusst?
- Wie verknüpft die Autorin/der Autor die tatsächlichen Ereignisse mit der von ihr/ihm erfundenen Handlung?
- Erfahren wir, woher sie/er ihr/sein historisches Wissen hat? Finden sich im Text zeitgenössische Quellen?
- Gelingt es der Autorin/dem Autor, uns ein anschauliches Bild der Ereignisse zu vermitteln?

M1 „Soldaten! Soldaten!“

Tilman Röhrig erzählt, was der 15-jährige Jockel im Oktober 1641 erlebt.

Jockel öffnete die Fäuste, legte die Hände zu einem Trichter vor den Mund und brüllte: „Soldaten!“ Der Schrei stach ihm wie eine Spitze in den Kopf. „Soldaten!“ Und wieder: „Soldaten!“ So hetzte er in die Richtung des Kirchturms. „Soldaten! Soldaten!“, brüllten jetzt auch die anderen und folgten ihm. [...]

Aufgeschreckt stürzten die Bewohner von Eggebusch aus den Stuben, aus den Türen, durch die engen Straßen. „Wo?!“ – „Noch nicht!“ – „Aber in der Nähe!“ Kinder weinten, Männer brachten Sensen und Dreschflegel, und Frauen bewaffneten sich mit Stöcken. Jetzt erreichten auch Jockel und Tobias den Dorfbrunnen. Soldaten!

Die Rufe eilten aus allen Richtungen und vereinigten sich auf dem Marktplatz. Das Entsetzen in diesem Wort war immer wieder neu. Außer Veit kannte niemand in Eggebusch ein Schlachtfeld. Niemand außer ihm hatte je die vielen Tode der Landsknechte* gesehen – flüchtige durch den Zufall, quälende im langen Kampf.

Hier in Eggebusch waren die Soldaten unverwundbar. Geld wurde den Truppen kaum bezahlt. Von ihren Kriegsherren erhielten sie Dörfer und Städte als Sold. Sie mussten sich selbst versorgen. Der kleine Ort bedeutete für die Söldner nur eine der tausend Vorratskammern, die sie plünderten und zerstörten. Hier galt nur ihr Hunger, ihre Gier.

Der Dorfvogt** war auf seinen Karren gestiegen. Um ihn herum drängten sich die wenigen Menschen, die der jahrelange Krieg noch übrig gelassen hatte. Fünfzig abgezehrte Gesichter, die Kinder mitgezählt. Mit ausgestrecktem Arm zeigte er über die flachen Hügel nach Osten. „Drüben am Fluss. Die Reitertrupps sind schon da. Sie schlagen ein Lager auf. Es sind unsere!“ „Unsere!“ Der Vater von Jockel, Christoph Markart, spuckte das Wort auf den Boden. „Gott steh uns bei!“ – „Herr, erbarme dich unser!“, flehten Stimmen aus der Gruppe.

In Eggebusch wusste niemand mehr, zu wem sie gerade gehörten: es war gleichgültig: Lagerten drüben am Fluss Schweden, Brandenburger, Italiener, Kaiserliche – die anderen oder die Unseren – sie plünderten und mordeten, zerrissen die Orte und Menschen mit großen Bissen wie Wölfe. [...]

„Früher war jedes Haus in Eggebusch bewohnt“, erzählte seine Großmutter. „Damals vor dem Krieg ...“, und ihre Stimme klang dann so, als erzähle sie ein altes Märchen.

Tilman Röhrig, In 300 Jahren vielleicht, Würzburg ^{9}1999, S. 20-21 und 23

***Landsknecht**: *Bezeichnung für einen in „kaiserlichen Landen“ geworbenen Söldner*
****Dorfvogt**: *Ortsvorsteher*

1. *Informiere dich über den Schriftsteller Tilman Röhrig.*
2. *Bearbeite den Textauszug (M1) nach dem Leitfaden des Lerntipps.*
3. *M1 erläutert die „Kriegsfinanzierung“. Prüfe mit dem Lehrbuchtext, ob die Darstellung korrekt ist.*

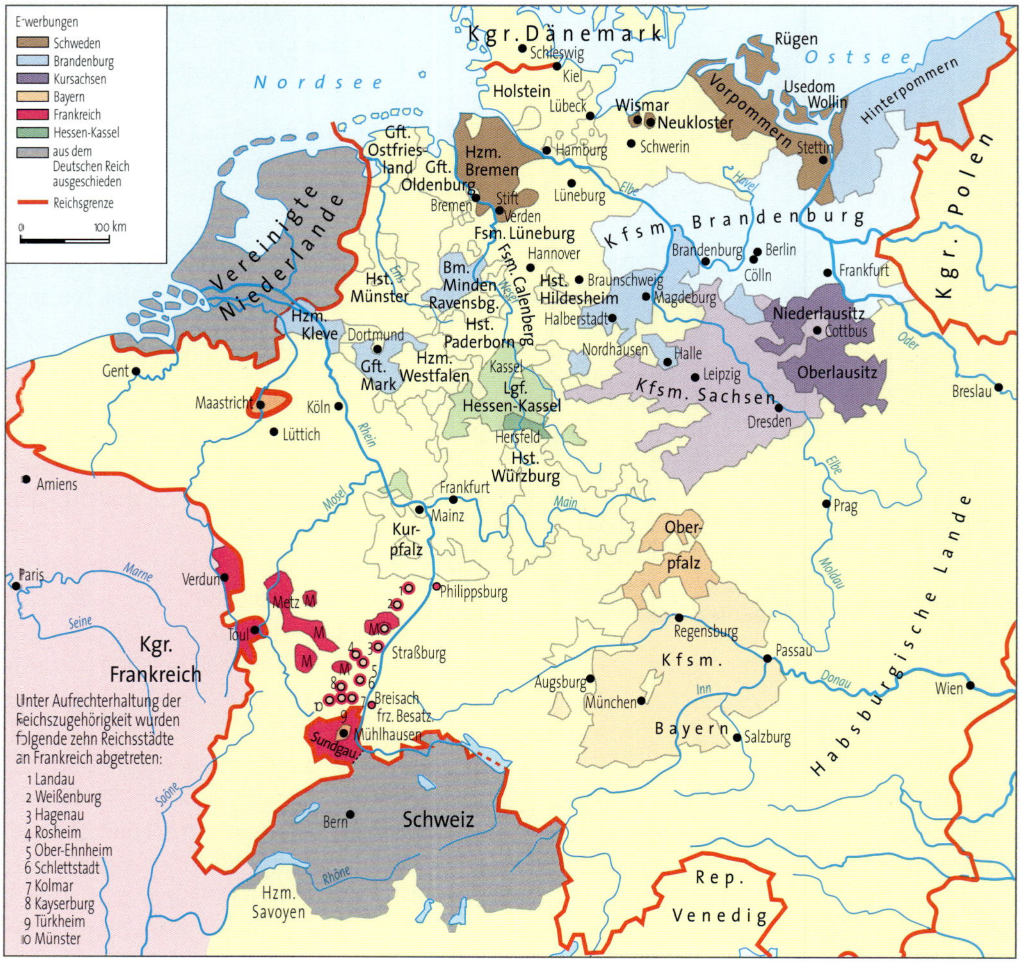

1 Gebietsveränderungen nach dem Dreißigjährigen Krieg 1648.

■ *Nenne die heutigen Staaten, die 1648 auf dem Gebiet des Deutschen Reiches lagen.*

Der Westfälische Frieden

Kongresse in Münster und Osnabrück

Noch während des Krieges versammelten sich seit 1643/44 Gesandte aller am Krieg beteiligten Mächte zum ersten Friedenskongress der europäischen Geschichte in Münster und Osnabrück. Die Verträge von Osnabrück zwischen Kaiser, Reichsfürsten und Schweden sowie von Münster zwischen Kaiser, Reichsfürsten und Franzosen schufen eine europäische Friedensordnung. Sie regelten Gebietsansprüche und den konfessionellen Ausgleich.

Der konfessionelle Ausgleich

Der Westfälische Frieden bekräftigte den Augsburger Religionsfrieden und dehnte ihn auf die Calvinisten aus. Die konfessionellen Besitzstände des Jahres 1624 waren wiederherzustellen. Alle religiösen Streitfragen sollte der Reichstag zwischen den getrennt beratenden katholischen und protestantischen sowie den calvinistischen Reichsständen entscheiden.

Das Reich – ein Bund selbstständiger Einzelstaaten

Der Frieden im Reich wurde nur durch Gebietsabtretungen an die Sieger und die Garantiemächte des Friedens Frankreich und Schweden möglich. Den deutschen Reichsständen wurde die Landeshoheit bestätigt, einschließlich des Rechts, Kriege zu erklären und Frieden zu vereinbaren. Sie waren frei, Bündnisse miteinander und mit fremden Staaten zu schließen, sofern sie sich nicht gegen Kaiser und Reich richteten. Der Kaiser brauchte bei Angelegenheiten des Reiches wie Kriegserklärungen und Friedensschlüssen die Zustimmung der Reichsstände.
Die Bestimmungen sicherten die Staatenvielfalt im Heiligen Römischen Reich Deutscher Nation bis 1806. Zusammengehalten wurden die Territorialstaaten durch gemeinsame Einrichtungen wie den *Reichstag* und das *Reichskammergericht*.

■ *Arbeite die Bedeutung des Westfälischen Friedens heraus für*
- *Rechte und Besitz der Konfessionen,*
- *das Verhältnis der Territorialstaaten zum Reich und*
- *die Machtverhältnisse in Europa.*

M 1 Aus dem Osnabrücker Friedensvertrag

In Artikel II des am 25. Oktober 1648 verkündeten Friedensvertrages zwischen dem Kaiser (und seinen Verbündeten) sowie der Königin Christina von Schweden (und ihren Verbündeten) heißt es:

Beiderseits sei immerwährendes Vergessen und Amnestie* alles dessen, was seit Anbeginn dieser Unruhen an irgendeinem Ort und auf irgendeine Weise vom einen oder andern Teil, hüben und drüben, feindlich begangen worden ist [...]; vielmehr sollen alle und jede hin und her, sowohl vor dem Kriege als auch im Kriege, mit Worten, Schriften oder Taten zugefügten Beleidigungen, Gewalttaten, Feindseligkeiten, Schäden und Unkosten ohne alles Ansehen der Personen oder Sachen dergestalt gänzlich abgetan sein, dass alles, was deshalb der eine vom andern fordern könnte, in immerwährendem Vergessen begraben sein soll.

Armin Reese, Pax sit Christiana. Die Westfälischen Friedensverhandlungen als europäisches Ereignis, Düsseldorf 1988, S. 131

*Amnestie: *Erlass von Strafen*

M 3 „Neuer Auß Münster vom 25. deß Weinmonats im Jahr 1648 abgefertigter Freud= und Friedensbringender Postreuter."

Nachträglich kolorierter Holzschnitt (etwa 15 x 32 cm) von einem Flugblatt (34,6 x 32,9 cm), das der Augsburger Verleger Marx Anton Hannas 1648 vertrieb.
Am oberen Bildrand (links) verkündet eine „Fama" die Botschaft, der Götterbote Merkur (rechts) übergibt dem Reiter die Nachricht. Im Hintergrund des Blattes sind die Ziele des Reiters erkennbar.

M 2 Über die Bedeutung des Friedens

Der Historiker Michael Salewski urteilt 1993:

Gewiss beschleunigte das Friedenswerk die Aufsplitterung des Reiches in eine Unzahl von kleinen und kleinsten souveränen Territorialstaaten, darin konnte man auf der einen Seite ein Zeichen der Ohnmacht sehen. Auf der anderen war diese „Atomisierung" [...] Voraussetzung zur Ausbildung einer schier unendlichen Fülle von individuellen, originellen Staats- und Gesellschaftsformen. Die in der Folgezeit entstehenden zahlreichen kleinen Residenzen prägen noch heute das Bild unserer Landschaften und Städte; die kulturelle Vielfalt, wie sie den Deutschen seither selbstverständlich geworden ist, geht auf diese politische Entwicklung wesentlich zurück.

Michael Salewski, Deutschland. Eine politische Geschichte. Von den Anfängen bis zur Gegenwart, Bd. 1, München 1993, S. 149

M 4 Gedenkmünze 350 Jahre Westfälischer Friede.

Der Entwurf der Silbermünze stammt von Aase Thorsen. Sie hat einen Durchmesser von 3,25 cm und wurde 1998 in einer Auflage von 4,5 Millionen geprägt.

▶ Buch- und Filmtipps:
- *Peter Milger, Gegen Land und Leute. Der Dreißigjährige Krieg (ARD/hr 1998), München 2001*
- *Hans-Christian Huf, Mit Gottes Segen in die Hölle. Der Dreißigjährige Krieg (ZDF 2003), München 2005*

1. *Beurteile die Bedeutung des Artikels II für die damalige Zeit und überlege, ob er noch heute als Grundlage eines Friedensvertrages dienen könnte (M 1).*
2. *Erkläre Michael Salewskis Haltung mit eigenen Worten (M 2). Schreibe eine Gegenposition.*
3. *Erläutere die einzelnen Bildelemente des Holzschnittes (M 3).*
4. *Die Bildseite der Münze (M 4) zeigt vier Symbole: eine Taube mit Ölzweig, zwei ineinander verschlungene Hände, ein Tintenfass mit Feder und eine Darstellung zweier Lippenpaare. Informiere dich über die Symbole und erkläre sie. Was haben sie mit dem Westfälischen Frieden zu tun?*

Durchblick – Kompetenzen überprüfen

M1 Was war wichtig?

In der Mitte des 14. Jh. breitete sich die □□□□ in Europa aus. Durch sie starb in nur wenigen Jahren rund ein Drittel der europäischen Bevölkerung. Das hatte weitreichende Folgen. Die Überlebenden begannen, an sich und Gott zu zweifeln. Zugleich entstand eine Wirtschaftsform, in der es nicht mehr wie zuvor darum ging, ein zum Leben ausreichendes Auskommen zu erwirtschaften, sondern hohe Gewinne zu erzielen. In Italien setzte nach der Pest eine kulturelle Blüte ein: Gelehrte und Künstler interessierten sich mehr als je zuvor für die □□□□□□. Sie sahen den Menschen als Mittelpunkt der von Gott geschaffenen Welt. Seine Pflicht sollte es sein, alle seine Begabungen auszubilden. □□□□□□□□□□□ und □□□□□□□□□□□ beeinflussten Theologie, Literatur, Philosophie, Kunst und Architektur. Große Künstler wie *Leonardo da Vinci* und *Albrecht Dürer* waren auf vielen Gebieten tätig. Wissenschaftler wie *Nikolaus Kopernikus* und *Galileo Galilei* erforschten die Gesetze des Weltalls, ohne dabei Rücksicht auf biblische Vorstellungen zu nehmen. Sie entwickelten ein neues Weltbild: Nicht die Sonne bewegt sich um die Erde, sondern die Erde um die Sonne. Die Erfindung des Buchdrucks mit beweglichen Lettern durch *Johannes Gutenberg* sorgte bald für die schnelle Verbreitung der neuen Erkenntnisse und Ideen.

Der Handel mit Gewürzen, Edelsteinen, Stoffen und anderen kostbaren Waren aus dem Orient und aus Asien war seit der Eroberung Konstantinopels durch die Osmanen für die europäischen Händler schwierig geworden. Spanier und Portugiesen suchten daher verstärkt einen Seeweg nach Indien: Die Fahrt des *Christoph Kolumbus* im Auftrag der spanischen Könige endete allerdings nicht in Indien, sondern in Amerika. Weitere Entdeckungsreisen folgten. Die europäischen Entdecker wurden □□□□□□□□: Sie beuteten die überseeischen Länder rücksichtslos aus und zwangen den einheimischen Völkern ihre Lebensweise und den christlichen Glauben auf.

Wie viele Zeitgenossen kritisierte *Martin Luther* den Papst und die Kirche, dass sie sich zu wenig um die Gläubigen kümmerten und sich mehr für Geld und Macht interessierten. Seine öffentliche Kritik des □□□□□□□□□□□□□ leitete die □□□□□□□□□□□ ein. Weder Luther, der von vielen Humanisten und seinem Landesherrn unterstützt wurde, noch der Papst gaben in dem Streit nach. Da Kaiser *Karl V.* die Macht fehlte, um die Einheit des Christentums aufrechtzuerhalten, spaltete sich die Christenheit in eine römisch-katholische und verschiedene evangelische oder reformierte Kirchen. Der „Augsburger Religionsfrieden" bestätigte die Spaltung der Christenheit. Die Herrschenden bestimmten nun den Glauben ihrer Untertanen. Bei Machtkämpfen standen sich alte und neue Glaubensrichtungen feindlich gegenüber. Kriege waren die Folge. In Böhmen entwickelte sich aus einem regionalen Konflikt ein 30 Jahre dauernder Krieg um religiöse und politische Macht in ganz Europa. Er fand erst im □□□□□□□□□□□□□ □□□□□□□ ein Ende.

M2 Kolumbus landet auf Hispaniola (Haiti).
Nachträglich kolorierter Holzschnitt von 1493. Die Illustration stammt aus dem in lateinischer Sprache gedruckten Brief des Kolumbus über die Entdeckung Amerikas.

M3 Stimmt – stimmt nicht

- Florenz und andere oberitalienische Städte waren Ausgangspunkt für ein neues Denken und neue Wirtschaftsformen.
- Die Fugger waren ein bedeutendes deutsches Handelshaus.
- Christoph Kolumbus war Portugiese.
- In den eroberten Ländern lebten einfache Kulturen.
- Indios und Spanier lebten friedlich miteinander.

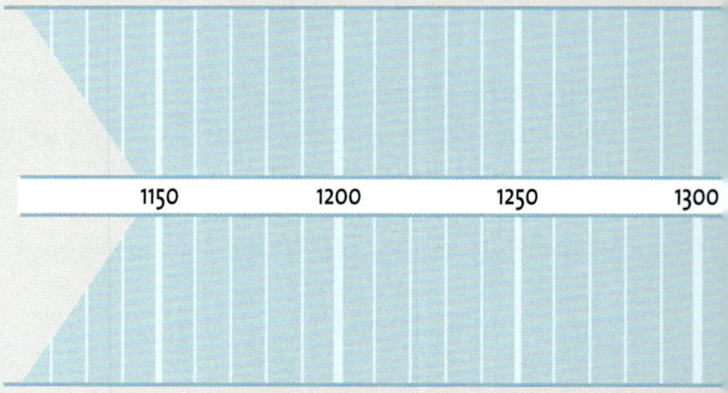

M4 Nein zur 500-Jahr-Feier.
Graffiti aus Spanien von 1992. Die Aufschrift lautet: „Kann man einen Völkermord feiern? Nein zur 500-Jahr-Feier."

M6 Johannes Gutenberg.
Briefmarke der Deutschen Post von 2000.

M7 Martin Luther.
Briefmarke der Deutschen Post von 1996.

M5 Der Papst als Esel.
Holzstich aus der Werkstatt von Lucas Cranach d. Ä., 1528. Zwei Esel halten über dem Kopf eines dritten eine mit Kot verschmutzte Krone. Die beiden anderen Esel halten Hellebarden (Hieb- und Stichwaffen) im Arm.

M8 350 Jahre Westfälischer Frieden.
Briefmarke der Deutschen Post von 1998.

1. *Schreibe die fehlenden Begriffe der Zusammenfassung (M1) in dein Heft.*
2. *Lege einen Zeitstrahl an. Füge auf ihm die Daten der Ereignisse ein, die in der Zusammenfassung (M1) genannt wurden. Kennzeichne auf dem Zeitstrahl auch den Übergang vom Mittelalter zur Neuzeit.*
3. *Erkläre die Begriffe: Renaissance – Humanismus – Neues Weltbild – Schwarze Kunst – Reformation – Mittelalter – Neuzeit.*
4. *Vergleiche M2 mit M2 auf Seite 178. Wie wird jeweils die Ankunft der Europäer dargestellt?*
5. *Überprüfe die Aussagen (M3). Sollten falsche darunter sein, schreibe die richtige Lösung auf.*
6. *Diskutiert die Auffassung, die das Graffiti (M4) vertritt.*
7. *Erkläre die Aussage der Karikatur (M5). Deute dabei die Esel als Sinnbilder für bestimmte Eigenschaften, berücksichtige Informationen über den Künstler und beachte die Entstehungszeit.*
8. *Ein Briefmarkensammler möchte wissen, warum die Deutsche Post mit Marken an Gutenberg (M6), Luther (M7) und den Westfälischen Frieden (M8) erinnert hat. Informiere ihn.*

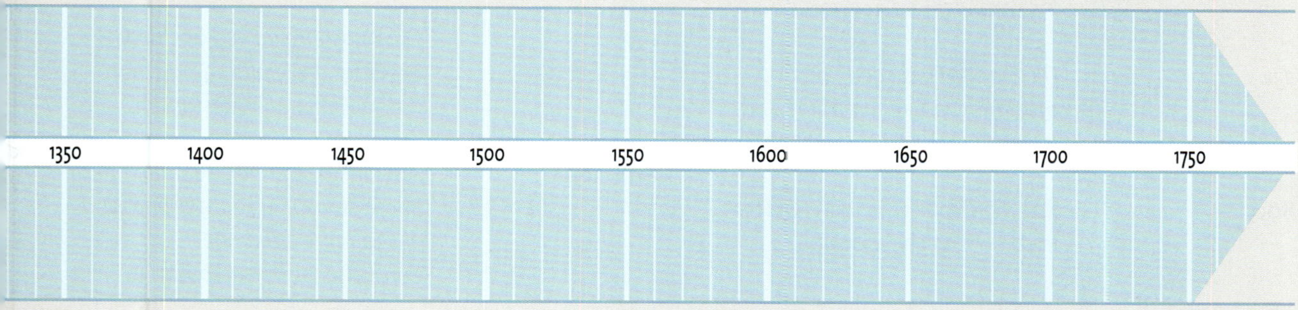

Kleines Lexikon zur Geschichte

Daten

753 v. Chr.	*Rom wird der Sage nach am 21. April gegründet.*
um 500 v. Chr.	*Rom wird Republik.*
Ende des 2. Jh. v. Chr.	*Die Römer beherrschen Italien und den Mittelmeerraum.*
1. Jh. v. Chr.	*Rom wird allmählich zur Monarchie.*
44 v. Chr.	*Caesar wird von Anhängern der Republik ermordet.*
31 v. Chr. - 14 n. Chr.	*Octavian/Augustus begründet ein Kaiserreich.*
um das Jahr 4 v. Chr.	*Jesus Christus wird geboren.*
um 300	*Germanische Völkerschaften verlassen ihre Herkunftsgebiete und dringen in das Römische Reich ein; die „Völkerwanderung" beginnt.*
391	*Das Christentum wird alleinige Staatsreligion im Römischen Reich.*
395	*Das Römische Reich wird in einen westlichen und östlichen Herrschaftsbereich aufgeteilt.*
476	*Ende des Weströmischen Reiches.*
um 498	*Der fränkische König Chlodwig bekennt sich zum Christentum.*
622	*Der Prophet Mohammed flieht von Mekka nach Medina; Beginn der islamischen Zeitrechnung.*
7./8. Jh.	*Muslime dringen über Spanien bis ins Reich der Franken vor.*
732	*Die Franken besiegen das muslimische Heer bei Tours und Poitiers.*
800	*Karl der Große wird vom Papst in Rom zum Kaiser gekrönt.*
1077	*Heinrich IV. leistet dem Papst Buße vor der Burg Canossa; Höhepunkt des Investiturstreits.*
1096	*Der Erste Kreuzzug zur Befreiung Jerusalems von den Muslimen beginnt.*
seit dem 12. Jh.	*Die Zahl der Städtegründungen nimmt deutlich zu.*
1122	*Mit dem „Wormser Konkordat" wird der Investiturstreit im Deutschen Reich beendet.*
1356	*Die „Goldene Bulle" regelt die Königswahl im Deutschen Reich.*
1350 - 1600	*Die Zeit der Renaissance: Die Antike wird wiederentdeckt.*
um 1450	*Johannes Gutenberg erfindet in Mainz das Drucken mit beweglichen Buchstaben aus Metall.*
1453	*Die Osmanen erobern Konstantinopel.*
1492	*Christoph Kolumbus landet in Amerika; die Zeit der europäischen Entdeckungen und Eroberungen beginnt.*
1517	*Martin Luther stellt seine 95 Thesen gegen den Ablass zur Diskussion; die Reformation beginnt.*
1524/25	*Der große Bauernkrieg: Ländliche und städtische Unterschichten erheben sich.*
1555	*Der Augsburger Religionsfrieden bestätigt die Spaltung zwischen Katholiken und Protestanten.*
1618 - 1648	*Aus einem regionalen Konflikt mit konfessionellem Hintergrund wird ein 30 Jahre dauernder europäischer Machtkampf.*

Begriffe

Ablass, -handel: Nachlass der Strafen für Sünden gegen bestimmte Leistungen (Geldspende, Teilnahme an einer Wallfahrt oder an einem →*Kreuzzug*). Voraussetzungen für den Ablass waren Reue, Beichte und Freisprechung von den Sünden (Absolution) durch einen Priester. →*Luther* kritisierte den Ablasshandel, mit dem die weltlichen und geistlichen Herren ihre Einkünfte steigerten.

Acht →*Reichsacht*

Adel: in der →*Antike* die herrschende Schicht; in der Römischen Republik z.B. die →*Patrizier*. Die herausgehobene Stellung des Adels in der Gesellschaft beruhte auf Leistungen im Krieg, Herkunft aus einer besonderen Familie oder Besitz über Land und Leute. Im →*Mittelalter* bildete der Adel (althochdeutsch *adal*: Geschlecht) einen Stand der →*Ständegesellschaft*. Er bestand aus Familien, die aufgrund von Geburt, Besitz oder Leistung eine höhere Stellung einnahmen. Vom übrigen Volk grenzte er sich durch Vorrechte (Privilegien), Umgangsformen und Kleidung ab. Zum niederen Adel gehörten die →*Ritter* und (ursprünglich unfreien) Dienstmannen (Ministerialen) der →*Könige*. Zum Hochadel zählten Herzöge (→*Stammesherzog*) und die Vertreter der Könige in einem Amtsbezirk, die →*Grafen*. Die Herrscher nahmen sich das Recht, verdiente Personen in den Adelsstand zu erheben. Seit dem 14. Jh. konnte der Adelsstand durch einen Adelsbrief des →*Kaisers* verliehen werden: „Briefadel" im Gegensatz zum Uradel. Im Verlauf der Novemberrevolution von 1918 wurden in Deutschland alle Adelsvorrechte aufgehoben. Adelsbezeichnungen sind Teil des Namens und werden nicht mehr verliehen.

Antike (lat. *antiquus*: alt): in der europäischen →*Geschichte* die Zeit von etwa 1000 v. Chr. bis ins 5. Jh. n. Chr., in der die Griechen und Römer den Mittelmeerraum beherrschten und kulturell prägten.

Aristokratie (griech. *aristos*: Bester; *kratéin*: Herrschaft = „Regierung der Besten"): Ordnung des Zusammenlebens, in der die Abstammung von einer vornehmen Familie (→*Adel*) Voraussetzung für die politische Macht war.

Bann: Kirchenstrafe, die den Verurteilten aus der Gemeinschaft der Gläubigen ausschloss. Der Bann konnte durch Buße aufgehoben werden (→*„Gang nach Canossa"*).

Benediktinerregel (lat. *regula Benedicti*): Anordnungen, die das Zusammenleben im →*Kloster* regeln. Sie wurden wohl im 6. Jh. von →*Benedikt von Nursia* verfasst. Die seit dem 7. Jh. überlieferte Benediktinerregel verpflichtete die Mönche und Nonnen (→*Mönchtum*), arm und ehelos zu leben, ihrem Abt zu gehorchen und ihrem Kloster treu zu bleiben. Ziel der Regel war es, ein weltabgewandtes, religiös bestimmtes Leben zu sichern, zu beten und zu arbeiten (lat. *ora et labora*: bete und arbeite). Die Benediktinerregel galt ab 816 im Karolingischen Reich für alle Klöster. Im 11. Jh. übernahmen sie auch andere →*Orden* wie die Zisterzienser. Auch die im 13. Jh. gegründeten Bettelorden (Franziskaner und Dominikaner) orientierten sich an ihr; sie lehnten aber die feste Bindung an ein Kloster ab.

Biografie: die Lebensgeschichte einer Person. Über berühmte Politiker, Wissenschaftler, Schriftsteller, Schauspieler und Sportler werden oft Biografien verfasst. Stellt eine Person ihren Lebenslauf selbst dar, ist es eine Autobiografie.

Bischof (von griech.: *epískopos*): kirchlicher Würdenträger; zunächst Vorsteher einer Kirchengemeinde, später Verwalter und kirchlicher Richter in einem bestimmten Gebiet (Bistum bzw. Diözese).

Buchdruck →*Gutenberg*

Bürger: im →*Mittelalter* alle freien Bewohner einer Stadt, die das Bürgerrecht besaßen und damit am politischen und sozialen Leben der Stadt teilnehmen durften. Das Bürgerrecht war im Mittelalter erblich. Es beruhte auf städtischem Grundbesitz. Kein Bürgerrecht hatten Gesellen, Gesinde, Arme und Juden (→*Judentum*) (seit dem 12./13. Jh.). Heute sind Bürger alle Mitglieder eines Staates.

Byzanz: Bezeichnung für die östliche, griechisch-orientalisch geprägte Hälfte des Römischen Reiches. 330 hatte →*Kaiser* →*Konstantin I.* die alte griechische Stadt Byzantion zur Hauptstadt des Oströmischen Reiches gemacht. Aus Byzantion wurde Konstantinopel. Das Byzantinische Reich endete mit der Eroberung Konstantinopels durch die Osmanen 1453. Aus Konstantinopel wurde Istanbul.

Canossa →*„Gang nach Canossa"*

Christentum: auf →*Jesus Christus* zurückgehende Religion. Im römischen Weltreich wurde das Christentum nach 391 n. Chr. zur alleinigen →*Staatsreligion*. Es teilte sich in einen katholischen und griechisch-orthodoxen Bereich auf. Die von →*Luther* eingeleitete →*Reformation* führte in der →*Neuzeit* zur →*Kirchenspaltung*.

Christianisierung: Ausbreitung des Christentums. Im Römischen Reich wurde die auf →*Jesus Christus* zurückgehende Religion (→*Christentum*) 391 n. Chr. zur alleinigen →*Staatsreligion* erklärt. Dies war Voraussetzung für die

Christianisierung der im →*Imperium Romanum* lebenden Bevölkerung. Nach dem Zerfall des Römischen Reiches wurde die Christianisierung durch die →*Missionierung* fortgesetzt.

Demokratie (griech. *demos*: Volk; *kratéin*: Herrschaft): Herrschaft des Volkes über sich selbst.

Deutsches Reich →*Heiliges Römisches Reich Deutscher Nation*

Diktatur: Form der Alleinherrschaft. Zur Überwindung von Notsituationen konnte in der römischen →*Antike* auf Empfehlung des →*Senats* und Anordnung eines →*Konsuls* ein Diktator für sechs Monate die Regierungsgewalt übernehmen. Den Anordnungen des Diktators mussten sich alle fügen.

Dreifelderwirtschaft: ertragreiche Methode des Getreideanbaus, die Ende des 8. Jh. eingeführt wurde. Das Ackerland wurde in drei Teile geteilt und im jährlichen Wechsel wie folgt bewirtschaftet: Ein Drittel des Bodens trug Winter-, ein Drittel Sommergetreide und ein Drittel lag brach, damit der Boden wieder Nährstoffe anreichern konnte.

„familia“: in der römischen Gesellschaft die dem „Pater familias“ unterstehende Hausgemeinschaft einschließlich der →*Klientel* und →*Sklaven*.

Feudalismus (von lat. *feodum*, *feudum*: Lehngut): die Zeit, in der →*Lehnswesen* und →*Grundherrschaft* die Voraussetzung für wirtschaftliche und politische Macht in Europa waren. Sie dauerte bis ins 19. Jh. hinein.

Frühkapitalismus: im 15. Jh. entstandene Wirtschaftsform, in der es für Unternehmer nicht mehr wie zuvor darum ging, allein ein zum Leben ausreichendes Auskommen zu erwirtschaften, sondern möglichst hohe Gewinne zu erzielen. Beispiele sind die Medici in Florenz und die Fugger in Augsburg.

„Gang nach Canossa“: Höhepunkt des Konfliktes zwischen →*Kaiser* und →*Papst* (→*Investiturstreit*). →*Heinrich IV.* leistete 1077 in Canossa vor →*Gregor VII.* Buße, um sich vom →*Bann* zu befreien und sein Herrscheramt zu behalten. Seit Ende des 19. Jh. wird eine unliebsame Selbsterniedrigung „Gang nach Canossa“ genannt.

Geozentrisches Weltbild: Vorstellung, dass die Erde im Zentrum unseres Planetensystems steht. Bereits in der →*Antike* gab es Widerspruch gegen diese Auffassung. Sie wurde durch das →*heliozentrische Weltbild* abgelöst (→*Kopernikus*). Die Kirche hielt lange an dieser Vorstellung fest, damit nicht Gottes Bedeutung als Schöpfer der Erde angezweifelt wird (→*Galilei*).

Geschichte (lat. *historia*): alles, was Menschen in der Vergangenheit gemacht haben und durch →*Quellen* überliefert wurde. Die Darstellung von Geschichte ist immer das Ergebnis einer bestimmten Sichtweise und Rekonstruktion von ausgewählten Teilen der Vergangenheit.

Ghetto: Bezeichnung für ein von anderen Stadtteilen abgetrenntes Wohngebiet. Judenviertel gab es bereits in der Spätantike. Anfang des 13. Jh. beschloss die Kirche die räumliche Trennung von Juden (→*Judentum*) und Christen (→*Christentum*). Sie wurde zunächst kaum befolgt. Das erste Ghetto im Deutschen Reich entstand 1462 in Frankfurt am Main. Die Bezeichnung stammt aus Venedig, wo die Juden seit 1516 im Stadtteil „Ghetto Nuovo“ wohnen mussten.

Glaubenspaltung →*Kirchenspaltung*

„Goldene Bulle“: Reichsgesetz von 1356, dessen Siegel in einer goldenen Kapsel („Bulle“) aufbewahrt wurde. Es legte das Verfahren für die Wahl des →*Königs* und →*Kaisers* des →*Heiligen Römischen Reiches Deutscher Nation* fest. König sollte derjenige sein, der bei der Wahl die meisten Stimmen der →*Kurfürsten* erhielt. Im 13. Jh. gab es sieben Kurfürsten: drei geistliche und vier weltliche. Die „Goldene Bulle“ war als „Reichsgrundgesetz“ ein wichtiger Teil der Verfassung des Heiligen Römischen Reiches Deutscher Nation bis zu dessen Ende 1806.

Graf: ein Vertreter des →*Königs* in einem Amtsbezirk (Grafschaft). Ein Graf sprach im Auftrag des Königs Recht und sorgte im Krieg für die Aufstellung des Heeres. Das Amt war mit einem Lehen (→*Lehnswesen*) verbunden, das mit der Zeit erblich wurde. Mit der Entstehung von →*Territorialstaaten* verloren die Grafen ihre Bedeutung.

Grundherrschaft: Herrschaft über Land und Leute. Die Grundherren übergaben Teile ihres Landbesitzes an Bauern zur Bewirtschaftung. Diese mussten ihnen dafür einen Teil der Erträge abliefern und Dienste leisten. Die Grundherren gewährten den Bauern Schutz und Hilfe und durften über sie bei einfachen Straftaten richten (→*Leibeigene*). Die größten Grundherren in der Epoche des →*Feudalismus* waren die →*Könige*, der →*Adel* und die Kirche.

Hanse: zunächst eine Gemeinschaft von Kaufleuten im Ost- und Nordseeraum. Unter Führung Lübecks entstand um die Mitte des 13. Jh. ein Bund von freien Hansestädten, der bis zum 15. Jh. im Ostseeraum den Handel beherrschte und zugleich stärkste politische Macht war.

Heiliges Römisches Reich Deutscher Nation: Bezeichnung für das im 10. Jh. entstandene deutsche Reich der abendländischen →*Kaiser*. Von den anderen Reichen wie Frankreich unterschied es sich dadurch, dass dessen Herrscher sich als Nachfolger der römischen Kaiser und als Schutzherren der römisch-katholischen Kirche verstanden. In den →*Quellen* finden wir erst seit dem 11./12. Jh. die Bezeichnung „Reich der Deutschen" (lat. *regnum teutonic[or]um*). Die Bezeichnung „Heiliges Reich" (lat. *sacrum imperium*) ist seit Mitte des 13. Jh. nachweisbar. Ende des 15. Jh. setzte sich für die deutschen Teile der von den habsburgischen Kaisern regierten Gebiete die Bezeichnung „Heiliges Römisches Reich Deutscher Nation" durch.

Heliozentrisches Weltbild: die von →*Kopernikus* und →*Galilei* vertretene Vorstellung, dass die Sonne im Zentrum unseres Planetensystems steht; es löste das →*geozentrische Weltbild* ab.

Hellenismus: Zeit zwischen dem 3. und 1. Jh. v. Chr., in der die griechische Architektur, Kunst und Sprache über den ganzen Mittelmeerraum und Vorderasien verbreitet wurden.

Herzog →*Stammesherzog*

Hörige →*Leibeigene*

Humanismus (lat. *humanitas*: Menschlichkeit): Denkweise, die ab dem 14. Jh. dazu beitrug, dass sich das Wissen über Grammatik, Sprache, →*Geschichte*, Dichtkunst und Morallehre änderte. Die antike Wissenschaft und Kunst (→*Antike*) waren für Humanisten Ausgangspunkt ihrer Lehren. Der Humanismus prägte die Kunst und Kultur der →*Renaissance*.

Imperium Romanum (lat. *imperare*: befehlen): das Weltreich der Römer; Gebiete unter römischer Herrschaft.

Indigene Völker: Ureinwohner; einheimische Völker. Die Europäer nannten die süd- oder mittelamerikanischen Völker nach ihrer Entdeckung durch →*Kolumbus*, der annahm, Indien entdeckt zu haben, „Indios". Zu den indigenen Völkern zählten die Azteken, Inka und Maya. Die Eroberer zerstörten die wirtschaftlichen Lebensgrundlagen, die hoch entwickelten Kulturen und die Reiche der indigenen Völker.

Investitur, Investiturstreit (lat. *investire*: bekleiden): →*Könige*, →*Kaiser* und →*Päpste* stritten sich im 11./12. Jh. darüber, wer die →*Bischöfe*, Äbte und Äbtissinnen in ihre Besitzrechte und geistlichen Ämter einsetzen durfte. Der Investiturstreit endete im →*Heiligen Römischen Reich Deutscher Nation* mit einem Vertrag zwischen Papst und König: dem „Wormser Konkordat" (1122). Darin verzichtete der Kaiser auf die Investitur der Bischöfe, Äbte und Äbtissinnen in ihr geistliches Amt. Er behielt sich aber vor, ihnen die weltlichen Vasallenpflichten (→*Vasallen*) und die dazugehörenden Rechte und Lehen (→*Lehnswesen*) zu übertragen.

Islam: Anfang des 7. Jh. von →*Mohammed* gegründete Religion. Das arabische Wort bedeutet die völlige Hingabe der gläubigen Muslime an ihren Gott Allah. Nur derjenige, der diese Hingabe zeigt, gilt als Muslim.

Judentum: Bezeichnung für die Religion des „Volkes Israel" sowie aller Menschen, die der jüdischen Gemeinschaft durch Geburt oder Glauben angehören. Der jüdische Glaube ist die älteste monotheistische Religion und beeinflusste →*Christentum* und →*Islam*.

Kaiser: höchster weltlicher Herrschertitel. Der Begriff ist abgeleitet von dem Namen →*Caesar*, der Bestandteil des Titels der Herrscher des Römischen Reiches seit →*Augustus* war. Das abendländische Kaisertum wurde von →*Karl dem Großen* in Konkurrenz zum byzantinischen Kaisertum geschaffen (→*Byzanz*). Das Recht, einen Kaiser zu krönen, blieb bis ins Spätmittelalter dem →*Papst* vorbehalten. Mit der Kaiserkrönung →*Ottos I.* 962 wurde das Kaisertum auf das später so genannte →*Heilige Römische Reich Deutscher Nation* übertragen. Kaiser wurde, wer zum deutschen →*König* gewählt worden war (→*„Goldene Bulle"*). Hauptaufgabe des Kaisers war der Schutz der Kirche und die Erhaltung der Einheit des →*Christentums*. Die →*Reformation* und die →*Kirchenspaltung* ließen diese Aufgaben der Kaiser in den Hintergrund treten. Der letzte vom Papst gekrönte Kaiser war →*Karl V.* (1500-1558).

Kaiserpfalz →*Pfalz*

Kalender: Verzeichnis der nach Wochen und Monaten geordneten Tage eines Jahres. Schon die alten Ägypter teilten die Zeit in Tage, Monate und Jahre ein. Grundlage dafür waren Beobachtungen sich regelmäßig wiederholender Naturgeschehnisse wie der Umlauf der Erde um die Sonne oder des Mondes um die Erde.

Kirchenspaltung: die Aufteilung der mittelalterlichen katholischen Einheitskultur nach der →*Reformation* und dem „Augsburger Religionsfrieden" von 1555 in mehrere →*Konfessionen* und Kirchen (Katholiken, Lutheraner, Zwinglianer, Calvinisten, Anglikaner und Hugenotten). Zu den Folgen zählen die Glaubenskriege: Je stärker die Konfessionen und ihre Abgrenzung alle Lebensbereiche bestimmten, umso mehr wurden aus zunächst religiös motivierten Konflikten politische Auseinandersetzungen. Ein Beispiel dafür ist der Dreißigjährige Krieg. Der →*Westfälische Frieden* beendete das Zeitalter der Glaubenskriege, nicht aber die Kirchenspaltung.

Klientel: abhängige Personen in der römischen Gesellschaft, die von angesehenen und reichen Bürgern (z.B. →*Patrizier*) Hilfe erhielten. Sie unterstützten ihre Schutzherren (→*Patrone*) bei ihren Geschäften oder der Bewerbung um ein politisches Amt.

Kloster (lat. *claustrum*: Verschluss): abgeschlossener Bereich, in dem Mönche oder Nonnen nach bestimmten Regeln unter der Aufsicht eines Abtes bzw. einer Äbtissin leben und arbeiten (→*Mönchtum*). Eine der einflussreichsten Klosterordnungen ist die →*Benediktinerregel*.

König: Herrschertitel; der König regiert und/oder repräsentiert eine →*Monarchie*. Im frühen →*Mittelalter* wurde er von einer adligen Führungsschicht (→*Adel*) gewählt, auch wenn die Wahl oft nur die Weitergabe des Titels an einen Erben bestätigte. Seit dem 14. Jh. regelte die →*„Goldene Bulle“* das Wahlverfahren im Reich. Könige herrschten im frühen Mittelalter zunächst über eine Gruppe von Menschen (Personenverband) und erst später über ein Gebiet (→*Territorialstaat*).

Kolonisation (von lat. *colere*: Land bebauen): Seit dem 8. Jh. v. Chr. wanderten Griechen aus ihrer Heimat aus. Sie gründeten rund ums Mittelmeer und an den Küsten des Schwarzen Meeres sogenannte Tochterstädte. Gründe für die Kolonisation waren: Bevölkerungswachstum, Landknappheit, Konflikte zwischen →*Aristokratie* und Volk, Kriege, Handel und Abenteurertum. Seit dem Zeitalter der Entdeckungen im 16. Jh. gründeten Europäer Kolonien und Stützpunkte in Amerika, Afrika und Asien.

Konfession: christliches Bekenntnis. Mit der →*Reformation* entstand neben dem katholischen das evangelisch-lutherische Glaubensbekenntnis (→*Luther*), in dem die Bibel als einzige Quelle des Glaubens anerkannt wird. Im Gegensatz dazu sind für die katholischen Christen (→*Christentum*) auch die Schriften der Kirchenväter und Konzilsentscheidungen Quellen des Glaubens. Die Anhänger des evangelischen Glaubens spalteten sich in weitere Konfessionen wie die Anglikaner, Calvinisten und Zwinglianer (→*Kirchenspaltung*).

Konstantinopel →*Byzanz*

Konsul (lat. *consul*): einer von zwei Inhabern des höchsten Staatsamtes in der Römischen Republik (→*Republik*). Sie wurden für ein Jahr gewählt und besaßen im Krieg den Oberbefehl über die Armee. Nach →*Augustus* ernannten die römischen →*Kaiser* die Konsuln, gleichzeitig verloren sie ihre Befugnisse.

Kreuzzüge: von den →*Päpsten* ausgerufene Kriege gegen die Feinde des christlichen Glaubens (→*Christentum*). Den Teilnehmern wurde ein Nachlass (→*Ablass*) ihrer Sündenstrafen versprochen. Der erste Kreuzzug begann 1096, der letzte endeten im Orient 1291 nach der Rückeroberung Akkons durch die Muslime (→*Islam*). Der Name wird von dem Kreuz abgeleitet, mit dem sich die Teilnehmer kennzeichneten. Später wurden auch Kriege gegen Abweichler von der römisch-katholischen Lehre (Ketzer) als Kreuzzüge bezeichnet.

Kurfürsten: die Fürsten, die den →*König* und →*Kaiser* des Deutschen Reiches „küren“ (wählen) durften. Die →*„Goldene Bulle“* von 1356 sah vier weltliche und drei geistliche Kurfürsten vor.

Lehnswesen: Als Gegenleistung für die Aufstellung von Reitern (→*Ritter*) oder für die Übernahme bestimmter Dienste verliehen →*Könige* und Fürsten Grundbesitz oder einträgliche Ämter und Vorrechte an Gefolgsleute. Wer sie vergab, war Lehnsherr, wer sie erhielt →*Vasall*. Die Lehnsherren mussten ihre Vasallen beschützen. Diese schuldeten den Lehnsherren Dienste, Abgaben, Rat und Treue. Da Grundbesitz die Basis der Herrschaft war (→*Grundherrschaft*), gab es auch Vasallen als Lehnsherren. Die Zeit, in der Lehnswesen und Grundherrschaft die Grundlagen für wirtschaftliche und politische Macht bildeten, wird auch als →*Feudalismus* bezeichnet.

Leibeigne: Im Gegensatz zum nur wirtschaftlich abhängigen Hörigen waren die Leibeigenen und ihre Familien im →*Mittelalter* auch persönlich vom Grundherrn (→*Grundherrschaft*) abhängig. Er durfte über sie richten. Leibeigene konnten nur mit seinem Einverständnis heiraten oder den Hof verlassen. Wenn das Land verkauft oder vererbt wurde, gehörten die Leibeigenen dem neuen Besitzer. Erst im 18. Jh. wurde die Leibeigenschaft abgeschafft.

Limes: die durch Wälle und Wachtürme gesicherte Grenze des Römischen Reiches, hinter der militärische Befestigungsanlagen (Kastelle) lagen. Auf germanischem Gebiet wurde Ende des 1. Jh. mit dem Bau des insgesamt 550 Kilometer langen Limes begonnen.

Markt (von lat. *mercatus*: Handel): zunächst der Platz, an dem Güter verkauft oder gekauft werden. Das Recht, einen ständigen, wöchentlichen oder jährlichen Markt abzuhalten, war dem Marktherrn (→*König*, →*Bischof*, Fürst) vorbehalten. Er sicherte die Freiheit des Handels, schützte die An- und Abreise der Marktbesucher und erhob dafür einen Marktzoll. Aus dem Marktrecht entwickelte sich oft ein →*Stadtrecht*.

Minne: die in der höfischen Dichtung thematisierte Liebe. Sie wird seit etwa Mitte des 12. Jh. zu einem zentralen Thema in der deutschen Lyrik und Epik und enthält das Werben eines →*Ritters* um die Liebe einer Dame.

Missionierung: Verbreitung einer Religion und die Gewinnung von Anhängern für sie. Im Reich der Franken setzte die christliche Mission (→*Christentum*) mit der Taufe →*Chlodwigs* Ende des 5. Jh. ein. Sie wurde von den Päpsten (→*Papst*) mithilfe von Mönchen (→*Mönchtum*) betrieben und von den christlichen Herrschern unterstützt.

Mittelalter: in der europäischen →*Geschichte* die Zeitspanne zwischen →*Antike* und →*Neuzeit*: etwa 500 bis 1500. Die mittelalterliche Kultur entwickelte sich auf den Grundlagen der Antike, germanischer Traditionen und des →*Christentums*. →*Klöster* (→*Orden*), →*Grundherrschaft* und →*Lehnswesen* prägten die Gesellschaft. Kennzeichen des Hochmittelalters sind die zahlreichen Stadtgründungen und die Herrschaft der →*Könige* und römisch-deutschen →*Kaiser*. Den Begriff „Mittelalter" haben humanistische Gelehrte (→*Humanismus*) Ende des 15. Jh. geprägt. In ihren Augen waren die tausend Jahre zwischen dem Ende der Antike und ihrer Wiederentdeckung (→*Renaissance*) nur eine „Zwischenzeit", ein „mittleres Zeitalter" (lat. „*media aetas*").

Mönchtum (griech. *monachos*: allein lebend): Menschen, die ein ausschließlich religiös bestimmtes Leben führen wollen, werden Mönche oder Nonnen und gehen in ein →*Kloster*. Im Auftrag der Päpste (→*Papst*) missionierten Mönche auch (→*Missionierung*). Grundlage des abendländischen Mönchtums wurde die seit dem 7. Jh. überlieferte →*Benediktinerregel*.

Monarchie (griech. *mon-archia*: Allein-Herrschaft): Königsherrschaft, Regierung eines →*Königs* oder →*Kaisers*. Monarch wurde man in der Regel durch Erbfolge oder Wahl.

Neuzeit: in der europäischen →*Geschichte* die Epoche, die das →*Mittelalter* ablöst. →*Renaissance*, →*Humanismus*, die Entdeckungen und Eroberungen (→*Kolumbus*), der Buchdruck (→*Gutenberg*), die Entstehung von →*Territorialstaaten*, die →*Reformation*, soziale Konflikte wie der Bauernkrieg und weitere Veränderungen in der Wirtschaft (→*Frühkapitalismus*) prägten das Ende des Mittelalters und den Beginn der Neuzeit.

Orden: Gemeinschaft von Mönchen oder Nonnen (→*Mönchtum*), die nach einer festgelegten Ordnung (lat. *ordo*) in einem →*Kloster* leben (→*Benediktinerregel*).

Ostsiedlung: die Vergrößerung und christliche →*Missionierung* (→*Christentum*) des deutschen Siedlungsraumes zwischen dem 11. und 14. Jh. über Elbe und sächsische Saale hinaus nach Osten. Der im Heiligen Land während des dritten →*Kreuzzuges* 1190 entstandene „Deutsche Orden" schuf im Gebiet des späteren Ostpreußen und im Baltikum mit den Siedlern einen gut funktionierenden Staat.

Papst (lat. *papa*: Vater): Oberhaupt der römisch-katholischen Kirche; ursprünglich nur der Ehrentitel des →*Bischofs* von Rom. Die Päpste verstanden sich als Nachfolger des Apostels Petrus und leiteten daraus ihre Vorrangstellung ab. Mit der Krönung →*Karls des Großen* und →*Ottos I.* zu →*Kaisern* beanspruchten die Päpste, über das Kaisertum bestimmen zu können.

Patrizier (lat. *patres*: „Väter"): die Nachkommen der ältesten adligen Familien, die zu Beginn der Römischen Republik (→*Republik*) allein regierten (→*Adel*, →*Aristokratie*). Sie übernahmen die wichtigsten Staatsaufgaben und stellten die Priester. Gegen ihre Macht kämpften seit dem 5. Jh. v. Chr. die →*Plebejer*, also die römischen Bürger, die keine Patrizier waren. Sie bekamen erst Ende des 3. Jh. v. Chr. nach den →*Ständekämpfen* dieselben Rechte wie die Patrizier. Nach ihnen wurden die angesehenen und reichen Familien in den mittelalterlichen Städten (→*Mittelalter*) ebenfalls Patrizier genannt. Sie stellten zunächst allein die Mitglieder des Rates und besaßen die politische Führung in den Städten (→*Stadtrecht*).

Patron →*Klientel*

Pfalz (lat. *palatium*: Palast): Gebäude für den reisenden Herrscher (→*Reisekönigtum*); Stützpunkte der königlichen Verwaltung und Herrschaft (→*König*).

Plebejer (lat. *plebs*: „Menge, Volk"): im alten Rom die römischen Bürger, die keine →*Patrizier* waren. In den →*Ständekämpfen* bemühten sie sich um die Gleichstellung mit den Patriziern.

Prinzipat: Bezeichnung für die 27 v. Chr. von →*Augustus* begründete Herrschaftsform, in der der →*Kaiser* den Titel „princeps" (dt. „der erste Mann im Staat") trug und weitestgehend unumschränkt regierte.

Provinz: ursprünglich der Amtsbereich eines römischen Magistrats (Staatsbeamten). Im 3. Jh. v. Chr. wurde jedes von den Römern gewonnene außeritalische Gebiet, das von einem Statthalter verwaltet wurde, als Provinz bezeichnet.

Quellen: Texte, Bilder, Gegenstände (Überreste) und mündliche Überlieferungen, aus denen wir Kenntnisse über die →*Geschichte* gewinnen. Quellen sind die Grundlage für die Geschichtsschreibung.

Reformation (lat. *reformatio*: Wiederherstellung, Zurückformung): von →*Luther* ab 1517 ausgehende Bewegung, die eine Glaubensreform zum Ziel hatte und in einer Spaltung der katholischen Kirche in verschiedene →*Konfessionen* endete (→*Kirchenspaltung*).

Reichsacht (althochdeutsch *ahta*: Verfolgung): eine vom →*König* oder →*Kaiser* verhängte Strafe, die die Recht- und Friedlosigkeit des Geächteten im ganzen Reich bewirkte. Gründe für die Ächtung waren Verrat, Nichtbefolgung einer Gerichtsladung oder Verhängung des →*Banns*. Einen Geächteten durfte jeder straflos töten. Sein Besitz wurde beschlagnahmt und zerstört. →*Luther* und seine Anhänger wurden 1521 geächtet.

Reichskirche: Bistümer und →*Klöster* als Stützpunkte der deutschen →*Könige*. →*Otto I.* und seine Nachfolger belehnten (→*Lehnswesen*) königstreue →*Bischöfe* und Äbte mit →*Grundherrschaften*, um ihre Macht gegenüber den mächtigen →*Stammesherzögen* zu stärken.

Reichsstadt: eine vom →*König* auf königlichem Grund oder auf Reichsland gegründete Stadt. Sie war nur dem König oder →*Kaiser* unterstellt, also reichsunmittelbar. Reichsstädte waren z. B. Augsburg, Frankfurt am Main, Hamburg, Nürnberg und Regensburg. Ihre besondere Stellung verloren sie erst beim Untergang des →*Heiligen Römischen Reiches Deutscher Nation* 1806.

Reichstag: eine vom →*König* einberufene Versammlung der Großen des Reiches. Zu den Teilnehmern zählten Herzöge (→*Stammesherzog*), →*Grafen*, →*Bischöfe*, Äbte und Äbtissinnen sowie die Vertreter der freien →*Reichsstädte*. Vorläufer der Reichstage waren die Hoftage, zu denen die Könige ihre →*Vasallen* einluden. Sie sollten den Herrscher beraten und unterstützen.

Reisekönigtum: Während des →*Mittelalters* gab es im Deutschen Reich keinen festen Regierungssitz des →*Königs*. Die Herrscher zogen von Ort zu Ort, um für Recht und Frieden zu sorgen. →*Pfalzen* und →*Klöster* (→*Reichskirche*) dienten ihnen als Königssitze auf Zeit.

Renaissance: moderner Begriff für die „Wiedergeburt" der antiken Kunst und Kultur (→*Antike*), die seit Mitte des 14. Jh. von Italien ausging, bis etwa 1600 anhielt und die Kultur aller europäischen Staaten beeinflusste. In dieser Zeit machte sich der Mensch zum Mittelpunkt jeder Erfahrung (→*Humanismus*). In diese Zeit fielen zahlreiche bedeutende Entdeckungen (→*Kolumbus*) und Erfindungen (→*Gutenberg*).

Republik (lat. *res publica*: öffentliche Angelegenheit): Staatsform mit jährlich wechselnder Regierung hoher Beamter, die nach der Vertreibung der etruskischen →*Könige* in Rom um 500 v. Chr. entstand. Mit →*Augustus* verloren Beamte, →*Senat* und Volksversammlung an Einfluss, die Kaiserzeit (→*Kaiser*) begann.

Ritter: Sie leisteten Waffendienst zu Pferde und gelobten ihrem Herrn (→*Lehnswesen*), christlich, tapfer, treu und gerecht zu sein. Ihre tugendhafte Werbung um die Liebe einer Frau wurde von Minnesängern verbreitet (→*Minne*).

Romanisierung: Ausbreitung der Sprache und der Lebensweise der Römer im →*Imperium Romanum*. Sprache und Brauchtum der einheimischen Bevölkerung wurden verdrängt.

Senat (lat. *senatus*: Rat erfahrener Politiker): Seine Mitglieder bestimmten die Politik. Senatoren stammten vor allem aus adligen Familien (→*Patrizier*, →*Adel*) und waren vorher Regierungsbeamte.

Sklaven: unfreie und rechtlose Menschen. Die Eigentümer konnten über sie nach Belieben wie über Sachen verfügen. Kriegsgefangene wurden oft zu Sklaven gemacht. Auch bei Zahlungsunfähigkeit konnten Menschen versklavt werden (Schuldknechtschaft). Sklaven konnten von ihren Eigentümern freigelassen werden.

Staatsreligion: eine von den Herrschern für ihre Untertanen festgelegte Form des Glaubens. Ende des 4. Jh. wurde das →*Christentum* im römischen Weltreich zur Staatsreligion erklärt.

Stadtrecht: bis in die →*Neuzeit* von weltlichen oder geistlichen Fürsten den Bewohnern ihrer Städte gewährte Freiheiten und Sonderrechte (Privilegien). Sie regelten das Verhältnis der Stadtbewohner zu ihren Stadtherren, das Zusammenleben untereinander und die Verwaltung.

Ständegesellschaft: gesellschaftliche Ordnung, in der Rechte und Ansehen der Menschen vor allem von ihrer Herkunft abhängen. Im →*Mittelalter* gab es drei Stände. Zum ersten Stand zählte der Klerus (→*Bischöfe*, Äbte und Äbtissinnen, Priester), zum zweiten der →*Adel* und zum dritten die freien Bauern und →*Bürger*. Die Stände unterschieden sich durch jeweils besondere Aufgaben, Pflichten und Vorrechte (Privilegien). Diese Ordnung galt als von Gott gewollt und unveränderlich.

Ständekämpfe: Auseinandersetzungen zwischen den →*Plebejern* und den →*Patriziern* um politische, rechtliche und militärische Gleichberechtigung im alten Rom. Sie endeten nach 200 Jahren um 287 v. Chr. damit, dass die Beschlüsse der Plebsversammlungen auch von den Patriziern befolgt werden mussten.

Stammesherzog: Bei den germanischen Völkern war der Herzog der gewählte oder durch Los bestimmte Heerführer (der, der vor dem „Heer zog"). Ab dem 7. Jh. übertrugen die →*Könige* ihnen vor allem militärische Aufgaben. Wo sie sich an die Spitze bestimmter „Stämme" setzten, entstanden Stammesherzogtümer. Die bedeutendsten waren die der Franken, Bayern, Schwaben und Sachsen.

Staufer: schwäbisches Adelsgeschlecht (→*Adel*), benannt nach der im 11. Jh. gebauten Burg Staufen, die zwischen Göppingen und Schwäbisch Gmünd liegt. Die Staufer stellten von 1138 bis 1254 die deutschen →*Kaiser* und →*Könige*. Zu den bedeutendsten Staufern zählt Kaiser →*Friedrich II.* Unter den Staufern erreichte die ritterliche Kultur (→*Ritter*) mit Minnesang (→*Minne*) und Turnieren ihren höchsten Glanz.

Territorialstaat (lat. *territorium*: Gebiet): Herrschaftsgebiet (Territorium), über das ein Landesherr ohne Einmischung eines anderen Herrn regierte. Die Landesherren waren auf die Zustimmung der Stände (→*Ständegesellschaft*), also des →*Adels*, des Klerus und der Städte (→*Bürger*), angewiesen, um ihre Kriege und aufwändige Hofhaltung bezahlen zu können. Sie versammelten die Ständevertreter daher auf Landtagen und gaben ihnen Mitspracherechte, versuchten aber, ihren Einfluss gering zu halten. Aus dem Territorialstaat entwickelte sich der moderne Staat, dessen Kennzeichen eine zentrale Verwaltung, ein einheitliches Recht, ein alleiniges Recht des Staates auf Verfolgung von Straftaten (Gewaltmonopol) sowie eine regelmäßige Besteuerung der Bevölkerung waren.

Vasallen (keltisch *gwas*: Knecht): Personen oder Einrichtungen wie →*Klöster*, die für bestimmte Dienste oder Ämter Lehen erhielten (→*Lehnswesen*).

„Völkerwanderung": umfangreiche Wanderungsbewegungen von germanischen Völkern, die ihren Lebensmittelpunkt dauerhaft verlagerten (Migration). Zwischen dem 3. und 6. Jh. n. Chr. drangen sie in die römischen →*Provinzen* ein. Gründe dafür waren Klimaverschlechterungen im Norden, Bevölkerungswachstum sowie die wirtschaftliche Anziehungskraft des Römischen Reiches. Die Anführer der germanischen Völker gründeten auf römischem Boden neue Herrschaftsgebiete. Sie waren oft nur von kurzer Dauer. Die „Völkerwanderung" trug zum Zerfall des Römischen Reiches bei.

Westfälischer Frieden: Der in Münster und Osnabrück geschlossene Frieden beendete 1648 den Dreißigjährigen Krieg. Durch ihn verlagerte sich das politische Schwergewicht vom →*Heiligen Römischen Reich Deutscher Nation* auf die →*Territorialstaaten*, gleichzeitig gewannen andere europäische Mächte durch ihn Einfluss auf die deutsche Politik.

„Wormser Konkordat" →*Investitur, Investiturstreit*

Zunft: Seit dem 11. Jh. schlossen sich städtische Handwerker zu christlichen Gemeinschaften zusammen. Diese Zünfte wehrten sich gegen die alleinige Macht der →*Patrizier* in den Städten, erließen Vorschriften über das Arbeitsleben, kontrollierten Menge und Qualität der Waren und sorgten bei Krankheit und Tod für ihre Mitglieder und deren Familien.

Augustus (63 v. Chr.-14 n. Chr.): Noch unter dem Namen Octavian wurde der Großneffe und Haupterbe →*Caesars* nach 31 v. Chr. „der erste Mann im Staat" (lat. *princeps*; →*Prinzipat*). Der →*Senat* verlieh ihm 27 v. Chr. wegen seiner Verdienste den Ehrentitel „Augustus" (dt. „der Erhabene"). Er herrschte weitestgehend unumschränkt und vererbte seine Macht in seiner Familie. Der Monat August wurde nach ihm benannt. Spätere →*Kaiser* übernahmen die Bezeichnung „Augustus" in ihren Kaisertitel.

Benedikt von Nursia (um 480-547): Das Leben des Ordensgründers (→*Orden*) ist quellenmäßig (→*Quellen*) nicht gesichert. Die nach ihm benannte Regel für das Klosterleben (→*Kloster*) prägte das abendländische →*Mönchtum* (→*Benediktinerregel*).

Bonifatius (um 672/75-754; ermordet): Mönch (→*Mönchtum*) aus Wessex (England), der eigentlich Winfrid hieß. Er missionierte (→*Missionierung*) im Auftrag des →*Papstes* im Reich der Franken, gründete Bistümer und →*Klöster*. Seit dem 12. Jh. wird er als „Apostel der Deutschen" bezeichnet.

Caesar (*Gaius Iulius C.*, 100-44 v. Chr.): Feldherr, Staatsmann und Schriftsteller. Er begann 49 einen Bürgerkrieg, um seine Machtansprüche durchzusetzen. Als unumschränkter Herrscher (Diktator, seit Anfang 44 auf Lebenszeit, →*Diktatur*) ordnete Caesar die Neuordnung des Staates an. An den Iden (15.) des März 44 v. Chr. wurde er von Angehörigen des →*Senats* ermordet. Der Monat Juli wurde nach ihm benannt. „Caesar" wurde zum Teil des Titels der römischen Herrscher; sein Name lebt in den Wörtern „Kaiser" und „Zar" fort.

Chlodwig (466-511): seit 481/82 →*König* der Franken aus der Familie der Merowinger. Er trat das römische Erbe in Gallien an und dehnte seine Herrschaft über alle fränkischen Stämme aus. Sein Übertritt zum christlichen Glauben (→*Christentum*) war für das Fränkische Reich von großer politischer Bedeutung.

Friedrich I. (um 1122-1190), genannt „Barbarossa" (ital. „roter Bart"): Herzog von Schwaben (seit 1147), römisch-deutscher →*König* (seit 1152) und →*Kaiser* (seit 1155) aus dem schwäbischen Adelsgeschlecht der →*Staufer*. Sein größter Rivale war →*Heinrich der Löwe*. Auf dem Höhepunkt seiner Macht begann Friedrich I. 1189 einen →*Kreuzzug*. Er gelangte nur bis an die Südküste Kleinasiens. Dort ertrank er am 10. Juni 1190 in dem Fluss Saleph (türk. Göksu).

Friedrich II. (1194-1250): deutscher →*König* und →*Kaiser* aus dem schwäbischen Adelsgeschlecht der →*Staufer*. Zentrum seiner Herrschaft war das christlich und muslimisch geprägte Sizilien. Er stritt mit den lombardischen Städten in Norditalien und den →*Päpsten* um die Macht. Durch die Überlassung zahlreicher Rechte an die geistlichen und weltlichen Fürsten wurden diese zu Landesherren (→*Territorialstaat*).

Galilei, Galileo (1564-1642): italienischer Mathematiker, Physiker und Philosoph. Er gilt als einer der Mitbegründer der exakten Naturwissenschaften. Als er das →*heliozentrische Weltbild* durch Beobachtungen bestätigte, kam er in Konflikt mit der Kirche.

Gregor VII. (eigentlich Hildebrand von Soana, um 1020-1085): Der Benediktinermönch wurde 1073 →*Papst*. Als Oberhaupt der römisch-katholischen Kirche setzte er sich gegen Ämterkauf und Priesterehe ein. Gregor VII. stufte die päpstliche Gewalt höher ein als die weltliche und lehnte im →*Investiturstreit* jeden Einfluss von Laien – auch der gesalbten Herrscher – auf die Kirche ab.

Gutenberg, Johannes (um 1400-1468): Um 1450 erfand Johannes Gensfleisch, genannt Gutenberg, in Mainz das Drucken mit beweglichen Metallbuchstaben und revolutionierte damit den Buchdruck. Seine Erfindung fand rasche Verbreitung und leitete große Veränderungen ein.

Hannibal (247-183 v. Chr.): Feldherr aus Karthago und erbitterter Gegner der Römer.

Heinrich der Löwe (um 1129-1195): wurde 1142 Herzog von Sachsen und erhielt 1156 von seinem Vetter, →*Kaiser* →*Friedrich I.* Barbarossa aus dem Geschlecht der →*Staufer*, auch Bayern als Lehen (→*Lehnswesen*). Heinrich der Löwe förderte die deutsche →*Ostsiedlung* und ließ zahlreiche Städte gründen. Da er 1176 dem Kaiser die Heeresfolge verweigerte, verlor er 1180 die beiden Herzogtümer Bayern und Sachsen, nicht aber seinen Eigenbesitz um Braunschweig-Lüneburg, nachdem ein →*Reichstag* über ihn die →*Reichsacht* verhängt hatte.

Heinrich IV. (1050-1106): Der in Goslar geborene Herrscher war seit 1056 →*König* und ab 1084 →*Kaiser*. Im →*Investiturstreit* verhängte →*Papst* →*Gregor VII.* den →*Bann* gegen ihn. Mit dem →*„Gang nach Canossa"* löste er sich 1077 von dem Bann. Der Konflikt mit der Kirche aber blieb. 1105 wurde Heinrich IV. von seinem Sohn Heinrich (V.) und den Fürsten bekämpft und abgesetzt.

Hildegard von Bingen (1098-1179): Gründerin und Leiterin des →*Klosters* Rupertsberg bei Bingen sowie Autorin von heil- und naturkundlichen Schriften.

Jesus Christus (um 4 v. Chr.-30 n. Chr.; hingerichtet): Stifter des →*Christentums*; er wurde als Jude in Bethlehem in Palästina geboren und um 30 (an einem Freitag) wegen seines Anspruchs, der Sohn Gottes und der Erlöser (Messias) zu sein, von den Römern in Jerusalem gekreuzigt. Das Bekenntnis zu Jesus als „Christus" (griech. *christos*: „der Gesalbte") und seiner Auferstehung ist Mittelpunkt des christlichen Glaubens.

Karl der Große (lat. *Carolus Magnus*, frz. *Charlemagne*; 748-814): →*König* der Franken (seit 768) und Langobarden (seit 774). Er erneuerte das weströmische Kaisertum (→*Kaiser* seit 800), dehnte seine Herrschaft über weite Teile des heutigen Europa aus, trieb die →*Missionierung* voran und förderte Bildung, Wissenschaft und Kunst.

Karl V. (1500-1558): →*König* von Kastilien und Aragon (seit 1516) und →*Kaiser* des →*Heiligen Römischen Reiches Deutscher Nation* (seit 1519) aus dem Geschlecht der Habsburger. Er beherrschte große Gebiete in Europa und Südamerika. Karl V. versuchte vergeblich, die religiöse Einheit des Reiches zu bewahren (→*Reformation*, →*Kirchenspaltung*); 1556 dankte er als Kaiser ab.

Kolumbus, Christoph (1451-1506): Seefahrer aus Genua, der versuchte, in westlicher Richtung nach Indien zu gelangen. Im Auftrag der spanischen Krone begann er seine Reise und entdeckte dabei 1492 zufällig Amerika.

Konstantin I., der Große (um 285-337): Feldherr und römischer →*Kaiser*. Konstantin erkannte mit dem Toleranzedikt von Mailand 313 das →*Christentum* als gleichberechtigte Religion an. Er ließ sich aber erst auf dem Sterbebett taufen. Im Jahre 330 hatte er →*Konstantinopel* (→*Byzanz*) zur Hauptstadt des Römischen Reiches gemacht.

Kopernikus, Nikolaus (1473-1543): Kirchenmann und Astronom. Er fand durch Berechnungen heraus, dass die Sonne im Mittelpunkt der Welt steht (→*heliozentrisches Weltbild*).

Luther, Martin (1483-1546): Reformator (→*Reformation*). Er veröffentlichte 1517 in Wittenberg seine 95 Thesen über den →*Ablass*, bestritt später die Führungsrolle des →*Papstes* und die Unfehlbarkeit der Kirchenversammlungen (Konzilien). 1520 wurde ihm der Prozess gemacht, ein Jahr später die →*Reichsacht* über ihn verhängt. Keiner sollte ihn mehr schützen dürfen. Doch der →*Kurfürst* von Sachsen, Friedrich III., der Weise, gewährte ihm Schutz auf der Wartburg. Der Reformator übersetzte die ganze Bibel neu, verfasste zahlreiche Lehrwerke und Kirchenlieder.

Mohammed (um 570-632): Gründer des →*Islam*. Nach arabischen →*Quellen* aus dem 9. und 10. Jh. lernte Mohammed („der Gepriesene") als junger Mann die Lehren der Juden und Christen kennen (→*Judentum*, →*Christentum*). Mit etwa 40 Jahren fühlte er sich zum Gesandten Gottes (Allahs) berufen. Die arabische Zeitrechnung beginnt mit seiner Auswanderung (arab. *Hedschra*) von Mekka nach Medina 622. Mohammed war nicht nur Religionsstifter, sondern auch Herrscher über weite Teile Arabiens. Für ihn und seine Nachfolger waren und sind Religion und Staat eine Einheit.

Otto I., der Große (912-973): deutscher →*König* und →*Kaiser*. Er sicherte das Reich gegen die Ungarn, gründete zahlreiche Bistümer, förderte die →*Missionierung* und machte die →*Reichskirche* zur Stütze seiner Herrschaft. Nach dem Vorbild →*Karls des Großen* ließ er sich 962 in Rom zum Kaiser krönen.

Spartacus (starb 71 v. Chr. auf dem Schlachtfeld): römischer Sklave und Gladiator. Er war gemeinsam mit anderen →*Sklaven* aus einer Gladiatorenschule geflohen und hatte sich an die Spitze eines Heeres von 40 000 entrechteten Männern gestellt, um gegen die römische Unterdrückung zu rebellieren. In der Entscheidungsschlacht fand er 71 v. Chr. mit dem größten Teil seiner Anhänger den Tod.

Varus (47/46 v. Chr.-9 n. Chr.): römischer Senator und Feldherr. Bei einem Aufstand der germanischen Völker unter Führung des Cheruskerfürsten Arminius wurde er 9 n. Chr. mit seinen drei Legionen geschlagen; Ort der Schlacht ist wahrscheinlich Kalkriese bei Osnabrück (Niedersachsen).

Wallenstein, Albrecht von (1583-1634; ermordet): Feldherr und Staatsmann. Mit seiner Heirat 1609 sowie durch die Unterstützung des →*Kaisers* bei der Niederwerfung des böhmischen Aufstandes 1618/20 gewann er große Gebiete. Dem Kaiser stellte er im Dreißigjährigen Krieg ein Söldnerheer zur Verfügung. Er erhielt den Oberbefehl über alle kaiserlichen Truppen im Reich. Später wurde er als Verräter verdächtigt und von kaiserlichen Offizieren ermordet.

Wo steht was?

Wer steht wo?

Wer steht wo?

Bildnachweis

Abtei St. Hildegardis, Ebingen – S. 101; Agency Giraudon, Vanves – S. 11; Alimdi.net / Raimund Kutter, Deisenhofen – S. 164; Archäologische Staatssammlung, München – S. 37; Archiv für Kunst und Geschichte, Berlin – S. 25, 34, 59, 62, 84, 125, 140, 162, 165, 166, 168, 175, 205, 206; Archiv für Kunst und Geschichte / Peter Connolly, Berlin – S. 24, 42, 43 (2), 44; Archiv für Kunst und Geschichte / Gerard Degeorge, Berlin – S. 45; Archiv für Kunst und Geschichte / Dieter Demme, Berlin – S. 195; Archiv für Kunst und Geschichte / Erich Lessing, Berlin – S. 23, 60; Badisches Landesmuseum, Karlsruhe – S. 58; Bayerische Staatsgemäldesammlungen / Alte Pinakothek, München – S. 167; Bayerisches Nationalmuseum, München – S. 59; Biblioteca Apostolica Vaticana, Rom – S. 134, 150; Biblioteca Nationale Marciana, Venedig – S. 69; Bibliothèque Nationale de France, Paris – S. 124, 160, 173 (2); Bildarchiv Cesa, Cölbe – S. 114; Bildarchiv Cinetext, Frankfurt – S. 33; G. Binding, Darmstadt – S. 115 (3); Bodleian Library, Oxford – S. 89, 143; Bridgeman Art Library / British Library Board, Berlin – S. 138; British Museum, London – S. 13; Burgerbibliothek, Codex 120 II, fol.97r, Bern – S. 144; Citadelles & Mazenod, Paris – S. 20, 88; Alfredo Dagli Orti, Paris – S. 67; DAI, Rom – S. 14; Das Jerusalem Museum, Jerusalem – S. 60; Das Österreichische Parlament, Wien – S. 16; Deutscher Kunstverlag, München – S. 97; Deutsches Historisches Museum, Berlin – S. 92; Deutsches Schifffahrtsmuseum, Bremerhaven – S. 111 (2), 112; Domkapitel, Aachen – S. 124, 126; dpa Picture-Alliance, Frankfurt – S. 159; dpa Picture-Alliance / www.bildagentur-online.com, Frankfurt – S. 158; Förderverein zur Erhaltung der Burgruine Freienfels e.V., Weinbach – S. 83; Forschungs- und Landesbibliothek, Gotha – S. 4, 120/121; Fotolia / philipK76 – S. 79; Fränkisches Freilichtmuseum, Bad Windsheim – S. 82; Klaus Gast, Barsighausen – S. 19; Germanisches Nationalmuseum, Nürnberg – S. 102, 185, 186, 207; Geschichtspark Bärnau-Tachov, Bärnau – S. 94; Frauke Gewecke, Christoph Kolumbus, Frankfurt/Main 2006, S. 134 – S. 207; Hans-Joachim Gogler, Gelnhausen – S. 109; Graphische Sammlung Albertina, Wien – S. 137 (2); Gutenberg-Museum, Mainz – S. 169; Fanny Hartmann – S. 4, 80/81; Herzog-Anton-Ulrich-Museum, Braunschweig – S. 183; Herzog-August-Bibliothek, Wolfenbüttel – S. 148; Historisches Museum der Stadt Frankfurt – S. 153; http://www.wikipedia – S. 59 (2), 77; http://www.wikipedia / Peter Schmelze – S. 59; Interfoto, München – S. 75; KNA-Bild, Bonn – S. 100; Königliche Bibliothek, Brüssel – S. 85; Königliche Bibliothek, Kopenhagen – S. 97 (3); Kunsthistorisches Museum, Wien – Einband, 35, 108, 132; Kunsthistorisches Museum / Schatzkammer der Wiener Hofburg, Wien – S. 136 (2); Kunstmuseum, Winterthur – S. 197; Kunstmuseum im Ehrenhof, Düsseldorf – S. 201; Landeshauptstadt Hannover / Museum August Kestner, Foto: Chr. Trepper, Hannover – S. 17; Landesmuseum, Mainz – S. 48; Les Editions Albert René, Paris – S. 30, 79; Ingeborg Limmer, Bamberg – S. 117; Francois Martin, Genf – S. 197; Mauritius images / Robert Harding, Mittenwald – S. 10; Mauritius images / Günter Rossenbach, Mittenwald – S. 46; Mauritius images / Franz Waldhäusl, Mittenwald – S. 11: Mikado, Lübeck – S. 104; Musée d'Art et d'Histoire, Genf – S. 197; Museo Archäologico, Rom – S. 15; Museo del Ort, Santale de Bogota – S. 179; Museo di Fisca di Storia Naturale, Florenz – S. 171; Museo Thyssen-Bornemisza, Madrid – S. 59; Museum der Stadt Regensburg – S. 184; Museum für Vor- und Frühgeschichte, Frankfurt – S. 56; Neue Filmproduktion GmbH, NFP / Rolf von der Heyd, Halle – S. 191; Pieter Nijdeken – S. 113; Patrick Périn – S. 70; Palazzo Pitti, Florenz – S. 5, 156/157; Photo Scala, Florenz – S. 18, 29, 31, 163; Photo Scala / Musei Capitolini Rom, Florenz – S. 3, 6, 8/9; Pierpont Morgan Library, N.Y. – S. 141; PLAYMOBIL, geobra Brandstätter GmbH & Co KG, Zirndorf – S. 82; Presseamt der Stadt Aachen – S. 155; Preußischer Kulturbesitz, Berlin – S. 68, 178, 198; Preußischer Kulturbesitz / Antikensammlung, SMB, Jürgen Liepe, Berlin – S. 78; Preußischer Kulturbesitz / RMN, Gérard Blot, Berlin – S. 71; Preußischer Kulturbesitz / Staatl. Kunstsammlungen Dresden, André Rous, Berlin – S. 103; Preußischer Kulturbesitz / Staatsbibliothek zu Berlin, Ruth Schacht, Berlin – S. 142/143; Real Biblioteca de San Lorenzo de El Escorial, Madrid – S. 145; Reiss-Museum, Mannheim – S. 64; Rheinisches Landesmuseum, Bonn – S. 118; Rheinisches Landesmuseum, Trier – S. 11; Tilman Röhrig, In 300 Jahren vielleicht, Arena Verlag, Würzburg – S. 203; Römisch-Germanisches Museum, Köln – S. 36, 55; Saalburg-Museum, Bad Homburg – S. 51; Dr. Helmut Schareika, Stuttgart – S. 42; Sächsische Landesbibliothek, Dresden – S. 167; SLUB Dreseden / Deutsche Fotothek, Christa Hüttle, Dresden – S. 122; Soestmarketing – Touristinformation, Soest – S. 119; St. Bonifatius-Kirche, Hünfeld – S. 73; Staatliche Kunstsammlungen / Kupferstich-Kabinett, Dresden – S. 119; Staatsarchiv, Bremen – S. 112; Staatsbibliothek, Bamberg – S. 72, 91, 131; Staatsgalerie, Stuttgart – S. 187; Stadtarchiv, Erfurt – S. 83; Stadtarchiv, Hamburg – S. 110; Stadtbibliothek, Nürnberg – S. 108 (2); Städtisches Museum / Foto: Peter Pfeifer, Stuttgart, Göppingen – S. 150; Freya Stephan-Kühn, Viel Spaß im Mittelalter! Spiel- und Lesebuch zur mittelalterlichen Geschichte, Würzburg 1997, S 64 – S. 99; Hans Dieter Stöver, Caesar und der Gallier, dtv Verlag, München – S. 31; Ute Thönissen, Nettetal – S. 49; Universitätsbibliothek, Heidelberg – S. 87, 92, 93, 123, 154; Universitätsbibliothek, Leipzig – S. 116; Varusschlacht im Osnabrücker Land / Museum und Park Kalkriese, Braunsche-Kalkriese – S. 38, 39(4); Verkehrsamt, Gelnhausen – S. 109; Westermann Verlag, Braunschweig – S. 155; WMG-Lippe, Detmold – S. 38; Arnold Wolff, Köln – S. 114; Michael Yamashita, Die Drachenflotte des Admirals Zeng He, Federking & Thaler, München 2006, S 49 – S. 172.

Internet für Einsteiger

Informationen per Mausklick
Das Internet ist ein weltweites Netz (*www: World Wide Web*), das Millionen von Computern verbindet. Es enthält Daten aller Art: Texte, Grafiken, Bilder, Filme oder Tonaufnahmen.
Für den Geschichtsunterricht können Internetinformationen von Museen, Universitäten, Bibliotheken und Schulen ebenso wichtig sein wie Artikel aus Nachschlagewerken.
In diesem Buch findest du einige Internetadressen, die dir geschichtliche Informationen bieten. Sie enthalten oft weiterführende *Links* (Querverweise) zu anderen *Websites*. Wenn man sich per Mausklick von einer Seite zur nächsten hangelt, nennt man das „surfen".

Finden, was man sucht
Fehlt dir die Adresse für eine gewünschte Information, brauchst du eine Suchmaschine wie *www.google.de*. In dieses spezielle Programm tippst du möglichst genaue Stichwörter ein. Sonst brechen zu allgemeine Informationen über dich herein. Ein Suchprogramm durchkämmt nur einen Teil des Internets. Findet es nicht das Gewünschte, kannst du andere Suchmaschinen nutzen.

Downloading mit Lesezeichen
Inhalte einer Website kannst du auf deinen Computer kopieren. Das nennt man Herunterladen (*Downloading*). Webadressen, die regelmäßig abgefragt werden sollen, können als Lesezeichen oder Favoriten abgespeichert werden. Sie sind damit leicht wiederzufinden.

Vorsicht ist Pflicht
Da weltweit jeder seine Angebote unkontrolliert ins Internet stellen kann, musst du sie stets kritisch prüfen, beispielsweise mit neueren Nachschlagewerken (*Lexika*). Alle Mitteilungen aus dem Internet sind wie Zitate aus Büchern nachzuweisen, damit andere sie auch nachlesen können. Außerdem: Informationen allein bringen nicht viel. Erst der gekonnte Umgang mit ihnen ermöglicht Erkenntnisse. Abgesehen davon: Surfen ist nicht kostenlos!

Selbst im Internet aktiv
Auch eigene Arbeitsergebnisse können auf einer Website präsentiert werden. Über *E-Mail* (elektronische Post) kannst du auf dem Computer geschriebene Briefe und andere Texte weltweit an bestimmte Empfänger verschicken. Per Mausklick geht das blitzschnell.

▶ ***Internettipps** findest du an vielen Stellen des Buches. Beachte, dass sich die Angaben im World Wide Web häufig ändern!*

Positionen vergleichen

Nur über wenige Ereignisse, Entwicklungen und Persönlichkeiten der Geschichte gibt es einheitliche Urteile. Zeitzeugen und Historiker haben häufig verschiedene Meinungen über ein Geschehen oder den Charakter eines Menschen. Das liegt zum einen daran, dass die Vergangenheit ebenso vielfältig ist wie die handelnden Personen. Zum anderen hängt jedes Urteil über ein Ereignis oder eine Entwicklung von den Fragen ab, mit denen wir die vorliegenden Quellen und Darstellungen auswerten: Wir alle urteilen nämlich von unserem jeweiligen Standpunkt aus. Er gründet sich auf unsere bisherigen Erfahrungen und wird von unseren Interessen beeinflusst. Die Maßstäbe unserer Urteile hängen auch davon ab, in welcher Zeit wir leben und aus welchem Land oder welcher Kultur wir kommen. Manchmal wandeln sich die Auffassungen im Laufe der Zeit. All das beeinflusst eine Meinung über ein Geschehen oder eine Person. Achte bei einem Vergleich mehrerer Texte zuerst auf die inhaltlichen Gemeinsamkeiten, dann auf die Unterschiede. Suche nach Gründen für voneinander abweichende Urteile.

Bücher finden

Wenn du ein Thema gründlich erarbeiten willst, benötigst du Fachliteratur. In der Schul- oder Stadtbücherei sind Bücher alphabetisch in einem Verfasser- und in einem Sachkatalog aufgelistet. Auf einer Karteikarte oder auf einem Bildschirm erhältst du Angaben über Verfasser, Erscheinungsort und -jahr sowie die Signatur: eine Folge von Zahlen und Buchstaben, mit denen das Werk in der Bibliothek eingetragen ist. Findest du zu deinem Thema mehr Bücher, als du auswerten kannst, musst du einige auswählen. Prüfe auf jeden Fall anhand des Inhaltsverzeichnisses, ob das Buch für dich ergiebig sein könnte.
Und das *Internet*? Seine Bedeutung für die Beschaffung auch wissenschaftlicher Informationen, zumal aus dem Ausland, wächst. Es kann die Arbeit in der Bibliothek nicht ersetzen, aber ergänzen.

▶ ***Lesetipps** findest du auf vielen Seiten des Buches.*

Experten befragen

Um ein Thema zu erweitern oder zu vertiefen, könnt ihr einen Experten befragen, also jemanden, der sich in seinem Wissensgebiet besonders gut auskennt. Für das Fach Geschichte sind das Mitarbeiter von Museen und Universitäten oder Archivare. Auch Angehörige bestimmter Berufe oder Orden sind Fachleute in ihrem Bereich.
Bevor ihr einen von ihnen zu euch in die Klasse einladet, müsst ihr Fragen sammeln, aufschreiben und bündeln. Einer von euch übernimmt die Gesprächsleitung, ein anderer könnte wesentliche Aussagen protokollieren. So entsteht eine Zusammenfassung zu einem Thema, die es bisher vielleicht noch nicht gab.

Geschichtsmappe führen

Eine Geschichtsmappe (Heft oder Ringordner, am besten im Format DIN A4) hilft dir, das zu ordnen, was du im Geschichtsunterricht erarbeitet hast. Gegliedert nach den Unterrichtseinheiten ist sie eine wichtige Gedächtnisstütze, damit du dich an Ergebnisse erinnern, deine Fähigkeiten, sachkundig (kompetent) mit Texten, Informationen, Zeitstrahlen und Bildern umzugehen, überprüfen und dich auf Tests gut vorbereiten kannst.
In die Geschichtsmappe gehören:

- Hausaufgaben
- Tafelbilder
- Arbeitsblätter
- Merksätze

Portfolio anlegen

Ein Portfolio (von lat. *portare*: (mit sich) tragen; *folium*: Blatt, Buchseite) ist etwas anderes. Auf der Grundlage deiner Geschichtsmappe und des Geschichtsbuchs suchst du Themen aus, die dich besonders interessieren und die du vertiefen möchtest. Das Portfolio enthält alle Arbeiten, die du zusätzlich erbracht oder weiterentwickelt hast – und auf die du vielleicht sogar stolz bist. Es ist deine „Schatzkiste", mit der du zeigen kannst, was du im Geschichtsunterricht selbstständig gestaltet hast.
Das Portfolio gibt dir, deinen Mitschülern, deiner Lehrkraft und deinen Eltern Auskunft darüber, wie du beim historischen Lernen vorgegangen bist. Diese Lernberichte können zeigen, was dir schon gut gelungen ist, aber auch, was dir vielleicht noch schwerfällt. Darauf kannst du beim nächsten Mal zurückgreifen, Bewährtes übernehmen, Schwieriges neu anpacken. Weil das Portfolio eine besondere Lernleistung ist, kann es vom Lehrer auch zur Leistungsbewertung herangezogen werden.

Einen Lernbericht findest du auf Seite 100.

Rollen spielen

Manche Ereignisse in der Vergangenheit verstehen wir nur deshalb schwer, weil wir uns das Verhalten der Menschen nicht vorstellen können. Vielleicht ändert sich das, wenn wir eine bestimmte Situation nachspielen. Wir schlüpfen dann in eine fremde Rolle hinein und überlegen uns dabei, was diese Person damals gefühlt, gedacht, gesagt und getan haben könnte. Die Informationen dafür können uns die Quellen liefern.
Auf dieser Grundlage versetzen wir uns in die Lage anderer Menschen, in ihre Entscheidungs- und Handlungsspielräume und stellen diese zugleich für andere verständlich dar.
In einem Rollenspiel sollen Meinungen ausgetauscht werden. Ihr könnt dazu vorbereitete oder abgesprochene Dialoge vortragen. Spannend wird es, wenn ihr spontan auf eine euch vorher unbekannte Äußerung eures Partners antworten müsst. Dabei solltet ihr stets die geschichtliche Ausgangslage berücksichtigen, sodass das Rollenspiel glaubwürdig ausfällt.

Vorbereitung

- Spielregeln festlegen, Spielleiter und Spielfläche bestimmen

Durchführung

- Thema und Situation besprechen: Worum geht es? Welche Vorgaben sind zu beachten?
- Rollen verteilen und erarbeiten: Wer ist beteiligt? Mit welchen Gefühlen, Gedanken, Argumenten, Verhaltensweisen, Zielen?
- Beobachtungsaufträge an die Zuschauer verteilen
- Spiel

Auswertung

- Die Spieler tauschen ihre Erfahrungen aus, und die Zuschauer teilen ihre Beobachtungen mit.

Bei allem Eifer dürft ihr nicht vergessen: So wie ihr eine Geschichte spielt, hat sie sich in der Vergangenheit nicht zugetragen.